표지제자(表紙題字) : 하석(何石) 박원규(朴元圭) 선생(www.hasok.net)

한 권으로 끝내는 기술적 분석의 모든 것

차트의기술

김정환 지음

 이레미디어

주식시장을 이해하고 시세를 판단하는 데 쓰이는 도구들은 많다. 이를테면 기업의 영업이익이나 순이익 등을 따져 성장 가능성을, 혹은 기업의 순자산이나 총 부채 등을 따져 가치를 판단할 수도 있고, 혹은 해당 회사의 주식가격이 체결되는 양상을 관찰해서 매매자들의 심리적 상태를 이해하는 방법도 있다. 시장에서는 대개 전자를 기본적 분석, 혹은 내재적 분석이라고 하고, 후자를 일컬어 기술적 분석, 모멘텀 분석이라고도 한다.

이러한 분석의 도구들은 마치 유행과 같아서 때로는 전자가 때로는 후자가 득세를 하게 된다. 경기와 주가가 비교적 일관성이 있고, 예상이익과 기업의 내용이 추정 가능한 장기 우상행 국면이나 우하향 국면에서는 내재적 분석에 근거한 중장기 투자가 옳고, 매 5년 혹은 10년 주기로 나타나는 과열/침체 국면에서는 기술적 분석의 유용성이 커지기 마련이다. 왜냐하면 거품이 끼거나 과도한 절망이 지배하는 시장은 논리와 이성이 사라지고 탐욕과 공포만 남게 되기 때문에 내재적 분석의 도구들은 적절치 않기 때문이다.

하지만 세상 모든 일이 그렇듯이 이런 기준이 항상 자로 잰 듯이 적용되는 것은 아니다. 왜냐하면 전자와 후자는 각각의 장점과 약점이 있기 때문에 굳이 이분법적으로 재단하기보다는 그 장점과 단점을 잘 취합해서 사용하면 그야말로 금상첨화가 될 수도 있기 때문이다. 그런 점에서 나는 지금 한국시장과 같이 과거에 비해 변동성이 줄어들고 기업의 실적이나 회계자료들이 과거에 비해 훨씬 투명해진 시점에서는 내재적 분석에 입각한 투자가 정석이라고 믿는다. 물론 언젠가 또 새로운 산업의 등장에 따른 투기열풍이 불게 되면 상황이 달라지겠지만 지금은 분명히 그 방법이 옳다.

그렇다면 당분간 기술적 분석은 녹슨 칼마냥 창고에 던져두고 외면하는 것이 옳은가?라고 묻는다면 거기에는 단연코 "아니다"라고 답할 것이다. 그 이유는 내재가치적 접근이 장기적으로는 분명히 합당한 방법이지만, 그래도 시세는 가능하면 조금이라도 더 합당한 가격에 사고파는 것이어야 하기 때문이다. 그래서 나는 주식을 고를 때 장기 전망이나 포트폴리오 구성의 제1원칙은 내재가치를 중심으로 두되, 막상 그 주식을 매입하는 시점은 기술적 분석을 통해 판단한다. 그것은 "결국 시장은 심리다"라는 말을 누구도 부정할 수 없기 때문이다.

하지만 개인 투자자들이 기술적 분석을 쉽게 익히고 그것을 전가의 보도처럼 사용하는 데는 단호히 반대한다. 아무리 유용한 칼도 그것을 누가 사용하느냐에 따라 사과를 깎기도 하고 닭과 소를 잡기도 하지만, 때에 따라서는 자기 손을 베고, 사람을 죽이는 흉기로 쓰이기도 하기 때문이다. 그래서 칼의 사용법 배울 때 교도소에서 배우면 사람을 베게 되고, 일식집 주방에서 배우면 생선회를 만드는 데 쓰듯이 기술적 분석도 어떻게 익히고 어떻게 사용하는지가 가장 중요하기 때문이다,

과거 우리나라에는 너도나도 기술적 분석의 대가를 지칭하는 시절이 있었다. '급등주' '대박주'라는 말이 예사로 쓰이고, '그것을 알려주마'라고 말하는 어설픈 전문가들이 넘쳐났다. 하지만 솔직히 나는 그 점이 너무 안타깝고도 두려웠다. 아무리 어두운 세상이지만 이래서는 안 되는 것이었다. 그래서 나는 제도권/비제도권에서 자칭 '고수', '대가'라고 칭하는 많은 사람을 만났고 인터뷰하고 따져보기도 했다, 하지만 그들 중에 그 누구도 내게 진정성을 보여준 사람은 없었다.

하지만 이 책의 필자는 달랐다. 그는 우리나라 일위 증권사에서 차분하게 공부했고, 긴 시

간 동안 내공을 쌓았다. '낭중지추'라는 말이 있다. 그는 쉽게 말하지 않지만 그렇다고 그의 실력이 감춰지지는 않았다. 나는 그를 안 지 오래되고 이 혼탁한 시장에서 신뢰하는 몇 안 되는 전문가 중의 한 사람이다. 그는 나와 오랫동안 교류하면서 시장을 이야기했고, 서로 많은 도움을 주었다. 그러면서 나는 그로부터 많은 영감을 얻었고 지금도 그의 의견은 귀를 귀울여 경청한다. '장자'에 등장하는 '포정'처럼 그의 칼은 조용히 틈새를 갈랐고 십 년이 지나도 날이 무뎌지는 법이 없었다. 그래서 나는 그를 만날 때마다 책을 한 권 쓰라고 권했다. 내가 알고 있는 그의 능력이 많은 사람에게 알려지기를 바라는 마음에서였다.

그가 내 권유를 받아들여서 책을 쓴 것인지 아니면 다른 이유가 있는지는 모르지만, 나는 지금 그의 책에 추천사를 쓰면서 행복하다. 이 책은 분명히 한국 기술적 분석의 역사에서 중요한 기준이 될 것이다. 그의 성격상 섹시하고 화끈한 대박의 황금률을 주장하지 않지만, 투자자라면 꼭 알아두어야 할 좋은 교과서를 한 권 냈다는 생각이다. 이 책은 새겨두면 좋을 책이다. 다만 그가 알려주고자 하는 것은 어디까지나 소를 잡는 방법인데 이 칼로 손을 베는 독자가 있다면 곤란하다. 독자들은 이 책을 두고 자기의 생각을 보태고 연마해서 시장을 이해하는 좋은 도구로 사용하는 현명함이 필요하고, 그렇게 된다면 이 책의 저자와 독자 모두가 행복한 경험이 될 것이라 믿어 의심치 않는다.

불필요한 말이지만, 그는 서도(書道)의 대가다. 그래서 그는 글씨를 쓰는 사람의 절제를 아는 사람이다. 그가 쓴 책이 더 빛나는 이유는 저자의 이런 이력들도 무관치 않으리라 믿는다.

경북 안동에서

시골의사 박 경 철

『차트의 기술』이 세상에 나온 지도 벌써 6년여의 시간이 흘렀다. 우선 생각지도 못한 독자들의 과분한 사랑에 머리 숙여 감사의 말씀을 전하고자 한다. 처음엔 그동안 해온 기술적 분석에 관한 이론을 정리한다는 생각으로 펜을 들었는데, 개정판을 내리라고는 상상하지 못했다.

최근 몇 년간 주식시장은 유럽의 재정위기 장기화, 글로벌 경기부진 심화 등으로 어려운 시기를 견디고 있다. 이 책이 처음 나왔던 시기와는 전혀 다른 모습으로 시장은 전개되고 있는 것이다. 차화정(자동차, 화학, 정유업종)에 이어 전차(전기전자와 자동차업종)로 설명되는 극소수 업종의 종목들이 시장을 이끌면서 시장전체의 움직임 자체를 왜곡하는 측면이 나타나고 있다. 시장에서 가장 당황스러워하는 사람들은 개인 투자자들이다.

이와 같이 주식시장은 투자자들이 깨닫지 못하는 사이에 조금씩 다양한 방법으로 진화해 오고 있다. 다시 말해 어제와 같은 시장은 없는 것이다. 그런데 아이러니하게도 기술적 분석의 전제는 과거는 반복된다는 것이다. 기술적 분석을 하다보면 시선이 '과거'를 향하기 마련이다. 그러나 주식시장은 항상 살아 움직이는 생물과도 같아서 그 가장 깊은 지점이 '미래'에 속해 있다는 점을 염두에 두어야 할 것이다.

월스트리트의 투자 격언 가운데 "현명한 투자자는 자신이 수집한 사실을 자신의 이론에 끼

위 맞추지 않는다(It is never wise for an investor to fit his facts to his theories)"는 말이 있다. 주식시장에서 수익을 내기 위해 필요한 것은 무엇보다 객관적인 시각이다. 자신이 습득한 이론에만 매달린다면 시장이 보내주는 신호들이 결코 보이지 않을 것이다. 기본적인 이론을 습득하고, 이를 응용하고, 시장이 보여주는 신호들을 객관적으로 해석한다면 훌륭한 투자자가 될 것이라고 믿어 의심하지 않는다.

  바쁜 일상을 핑계로 전면적인 개정보다는 기본 이론을 토대로 현 시점에서 투자에 꼭 필요한 것들을 첨부하였다. 독자 여러분들의 성공 투자와 이 책에 대한 질정을 바란다.

2013년 봄의 길목에서

김 정 환

　책장에 꽂혀 있는 빛바랜 책들을 보자니 그동안의 시간들이 스쳐지나간다. '기술적 분석'을 한 지 꽤 오래 되었다. 처음 '기술적 분석'을 만난 것은 증권회사에 입사해서 영업을 시작했을 때였다. 그 시절 고객이 맡긴 돈을 '어떻게 해서 수익을 낼 것인가?'라는 근본 문제에 부딪쳐 짙은 안개 속을 헤매고 있을 때, 내게 희미하나마 작은 빛을 던져준 것이 바로 '기술적 분석'이었다. 처음 다가선 것이 20대 중반이었고, 이제 40대가 되었으니 대략 20여 년간을 '기술적 분석'과 교제한 셈이다. 그러나 여전히 '기술적 분석'은 나에게 만만치 않은 대상이다. 정확히 말하자면 '기술적 분석'보다는 이를 이용해 분석하는 증권시장 자체가 만만하지 않은 것이다.

　이런 주식시장이 모든 투자가들에게 만족할 만한 수준의 열매를 쉽사리 내어줄 리 없다. 모든 일이 그러하듯 그저 대충해서 이룰 수 있는 일은 세상 어디에도 존재하지 않는다. 설령 운이 좋아서, 혹은 주변의 알려지지 않은 정보를 이용해 처음부터 수익을 거둔다 해도 결코 오래 가지 못한다. 주식시장에서도 노력이 따르지 않은 한때의 행운은 오히려 인생을 망치기도 한다는 사실을 그동안 주위에서 수없이 목격해왔다. '불광불급(不狂不及)'이라는 말이 있다. 미치지 않으면 미치지 못한다는 말이다. 이는 주식시장에도 통하는 진실이다. 남이 미치지 못할 경지에 도달하려면 미치지 않고는 안 된다. 그야말로 미치려면(及) 미쳐야(狂) 하는 것이다.

『논어(論語)』의 「옹야편(翁也篇)」에 나와 있는 것처럼, 타고난 재능으로 고수에 이른 사람보다는 피나는 노력으로 고수에 이른 사람이 훨씬 더 위대해 보이고, 피나는 노력으로 고수에 이른 사람보다는 그 일에 미쳐 있는 사람이 훨씬 더 위대해 보인다. 그리고 더 위대해 보이는 사람은 그 일을 시종일관 즐기고 있는 사람이다. 우리나라에서 '즐긴다'라는 표현은 마치 사회적인 책임을 방기한 채 멋대로 '놀고 먹는다'는 뉘앙스를 주기도 한다. 그러나 '즐긴다'는 것은 대단히 멋있고 중요한 것이다. 이는 내가 하는 일을 즐기는 것 속에서 그 일을 행하는 힘과 창조력이 솟아날 수 있기 때문이다. 물론 이러한 상태가 처음부터 쉬운 것은 아니지만, 자신에게 주어진 일을 피하지 말고 적극적으로 해나간다면 처음에는 '의도적'으로 즐기려는 마음에서 출발하였지만 나중에는 '진정으로' 즐기는 단계에 이를 수 있을 것이다.

오늘날은 '마니아'들의 시대다. 마니아란 그 일에 미쳐 있고, 또한 그 일을 시종일관 즐기는 사람이다. 세상이 복잡하고 다원화되다 보니 사람들이 미치는 영역도 천차만별이다. 마니아와 전문가는 다르다. 전문가는 그것으로 밥 먹고 살지만, 마니아는 즐긴다. 그것도 그냥 즐기는 게 아니라 미쳐야 마니아다. 좋게 얘기하면 열정이지만 그것으로는 좀 모자란다. 광(狂)이고 벽(癖)이어야 한다. 기술적 분석에 '미친 사람', 즉 '기술적 분석의 마니아'가 되어보자. 마니아가 되기 위해서 몰입의 즐거움을 깨달아야 한다. 몰입을 통해 행복해지고 그럼으로써 마니아가 되기 때문이다. 마치 신이 들린 사람들처럼 자신의 일에 몰입할 수 있다면 그것은 성공과 성취 그리고 행복으로 가는 지름길이 될 것이다.

흔히 인생을 게임에 비유한다. 게임에는 언제나 승자와 패자가 있다. 인생법칙과 똑같이 주식시장에도 승자와 패자가 존재한다. 주식시장은 사람들의 생각과 조화를 이루면서 움직이기도 하고 그렇지 않을 때도 있다. 흥미로운 사실은 주식시장이 인간본성과는 정반대로 움직일 때가 많다는 것이다. 그러면 그 차이를 어떻게 알 수 있을까? 그것은 아주 쉬운 일이다. 시장언어를 배우는 것이다. 그렇다. 주식시장에도 언어가 있다. 우리는 그것을 기술적 분석이라고 한다.

노자의 『도덕경』을 보면 첫 문장에 '도가도비상도, 명가명비상명(道可道非常道, 名可名非常名)' 이라고 나와 있다. 즉 '도라고 할 수 있는 도는 영원한 도가 아니고 이름 지을 수 있는 이름은 영원한 이름이 아니다'라는 것이다. 마찬가지로 언제나 어떤 시장에나 적용할 수 있고 효과를 볼 수 있는 그런 매매기법과 투자 전략은 존재하지 않는다. 따라서 항상 연구하고 노력해서 부족한 점을 끊임없이 보충해야 된다. 기술적 분석의 대가들은 대부분 지적 호기심이 왕성한 'T자형 인간'이었다.

엘리어트가 그랬고, 일목산인과 앙드레 코스톨라니가 그랬다. T자형 인간이란, T의 '─'는 횡적으로 많은 것을 아는 것(Generalist)이며 'ㅣ'는 종적으로 한 분야를 깊이 안다(Specialist)는 것을 의미한다. 따라서 기술적 분석을 잘하기 위해서는 기술적 분석 한 분야에만 국한하지 말고 좀 더 넓게 알려고 하는 노력을 병행해야 할 것이다.

안무가 아그네스 드밀은 이렇게 말했다.

"삶은 확실성이 아니라 다음에 무엇을 어떻게 해야 할지 모르는 불확실성의 형태를 띤다. 어떻게 해야 할지 완전히 아는 그 순간부터 우리는 조금씩 죽어간다. 모든 것을 알고 있는 상태에서는 결코 훌륭한 예술가가 될 수 없다. 그릇된 방향일지 모른다고 생각하면서도 암흑 속에서 뛰고 또 뛰는 것이 바로 예술가이다."

주식 투자는 곧 예술이라는 말이 있듯이, 주식 투자를 위해서 예술혼의 본질에 접근해가는 것도 좋은 방법이리라. 사실 기술적 분석은 예술이기도 하다. 차트에서 봉을 합하면 패턴이 된다. 가격과 지표가 움직일 때, 그들은 흐름과 리듬에 대한 분위기와 감정의 강도와 무엇이 일어나고 있고 어떻게 매매할 것인가에 대한 미학을 만들어낸다.

주위에 있는 주식 투자에 관한 책이라면 아무 것이나 한번 펼쳐보시라. 거기에는 투자에 대한 온갖 격언들로 가득 차 있을 것이다. 불행히도 이런 격언을 줄줄 외우고, 기술적 분석에 따른 특정 거래 시스템을 자유자재로 사용할 수 있다 하더라도 반드시 최고의 투자가가 될 수 있는 것은 아니다. 그것은 마치 회화기법을 모두 익혔다고 해서 피카소처럼 위대한 화가가 될 수 없는 것과 같다. 앞서 말한 바와 같이 인생이 그러하듯 투자 역시 게임과 다를 바 없다. 지는 것보다 이기는 것이 훨씬 더 즐겁고, 행운과 기술이 중요한 성공 요인이 된다는 점에서 그렇다. 여기서 말하는 행운이란 철저한 준비를 통해 기회가 왔을 때 붙잡는 것이다. 하지만 아울러 승부에 연연하기보다 그 순간의 상황에 온전히 몰입할 때 승리할 가능성 역시 단연코 높아진다. 삶이든 주식시장이든 혼란스럽고 예측할 수 없기는 매한가지다. 우리가 아무리 애써도 삶과 증시는 자신만의 방식대로 흘러간다. 결국 맑은 정신과 열린 마음으로 매 순간을 충만하게 사는 것만이 최고의 방법이라고 할 수 있을 것이다.

투자설명회나 기타 외부 강의를 다녀보면 맨 마지막에 수강생들이 하는 질문은 한결같다. 괜찮은 기술적 분석에 관한 책이 있으면 소개해달라는 것이다. 이럴 때마다 늘 난감했다. 시중에 기술적 분석에 관한 책들이 여러 권 나와 있지만, 저마다 장단점을 갖고 있기에 딱히 '이 책이다'라고 권하기가 쉽지 않기 때문이었다. 그래서 막연히 '언젠가는 한번 기술적 분석에 관한 내용을 책으로 정리해야지'하고 생각만 해왔다.

마침내 머릿속에만 있던 생각을 실행에 옮기게 되었다. 그 동안 국내 출판된 기술적 분석에 관한 책들을 보면 독자층을 대부분 초보자들에게 맞추고 있다. 초보자에서 중급자까지 폭넓게 읽히는 책을 써 보고 싶었다. 그래서 이를테면 '기술적 분석의 원론'에 해당되는 책을 염두에 두고 이 책을 쓰기 시작했다. '원론(原論)'이 보여주는 장점은 근본이 되는 이론을 기술한 것이기에 일목요연하지만, 한편으로 무척이나 지루하고 딱딱하다는 단점이 있다. 이론의 나열에 따른 딱딱함을 해소하고자 그 동안 증시에서 겪은 일화와 여러 가지 흥미로운 증권 관련 이야기를 첨부했다. 단순한 일화들이지만 실제로 매매하는 투자자들에게는 도움이 될 만한 내용들이라고 생각한다.

이 책에서는 기술적 분석의 전반적인 이론들과 월스트리트의 새로운 이론을 실제 사례를 통해 소개했다. 특히 최근 제3의 분석법으로 각광을 받고 있는 '심리적 분석'에 많은 지면을 할애하였다. 이것이 다른 책에서는 볼 수 없는 점이라고 생각한다. 그동안의 경험을 살려 이 책을 썼지만 감히 '기술적 분석'의 모든 것을 알았다고 말하지는 못하겠다. 이제 겨우 그 언저리의 맛을 느끼기 시작했을 뿐이다. 아니, 이 말도 나의 교만 섞인 발언일 수 있다. 그저 멀리서 '기술적 분석'의 그림자를, 좀 더 정확히 말하자면 그 그림자가 만들어내는 그림자의 그림자 정도를 감지했다고나 할까? 그래서 이 책에서는 아쉽게도 나의 이론으로 '기술적 분석'을 말하지 못하고 있다. 그러나 언젠가는 순수한 나의 이론으로 '기술적 분석'을 풀이하고 이야기하게 되길 기대해본다.

PART 6

패턴 분석 : 지속형(Continuation Pattern)

PART 7

캔들차트(Chandle Chart)에 대하여

PART
10

일목균형표에 대한 이해

1

기술적 분석에
대하여

바람의 방향을 알아맞히기 위해 꼭 일기 예보자가 될 필요는 없다.

-밥 딜런-

인류에게 발효 음식의 발견은 크나큰 축복이었다. 부패는 썩는 것이고 발효는 익는 것이다. 발효 현상은 생식(生食)과 화식(火食)으로 이분되던 조리 문화에 새로운 지평을 열었다. 발효는 미생물이 자신의 효소로 유기물을 변화시켜 특유의 산물을 만들어내는 현상이다. 발효 음식은 장기간 저장이 용이하며, 그 속에는 영양소도 풍부하다. 그러나 숙성된 음식이 자아내는 최고의 풍미를 맛보기 위해 어느 정도 기다리는 인내심은 필수이다. 만들자마자 즉시 맛을 볼 수 있는 발효 식품은 없다. 삶에서도 농익은 경지에 도달하기 위해서는 수련의 과정이 필요하다. 인도에 있는 '다지어링 히말라야 특급 열차(Darjeering Himalayan Express)'에는 다음과 같은 글이 적혀 있다고 한다. "Slow(천천히)는 네 개의 철자로 되어 있고 Life(삶)도 그렇다. Speed(속도)는 다섯 개의 철자로 되어 있고 Death(죽음)도 그렇다." 이제 막 시작인 기술적 분석도 마찬가지다. 여러분의 땀과 인고의 세월이 어울려 숙성되어야 소기의 목적을 달성할 수 있다.

01 | 기술적 분석이란 무엇일까?

Quotation

옛 중국의 건봉선사에게 제자 한 사람이 물었다. "사방이 다 불토로 뚫리고 큰길 하나가 곧바로 열반의 문으로 뚫렸는데 그 길을 가려면 어디서부터 출발해야 합니까?" 건봉선사는 대답한다. "눈앞이 곧 길이다." 그리고 나서 선사는 한마디를 더 한다. "곧바로 여기에서부터 출발하라." '눈앞이 곧 길'이라는 말은 참으로 멋있는 말이다. 무엇보다 마음속에 희망을 심어주는 말이기에 그런 것이리라. 여러분 앞에 '기술적 분석가(Chartist)'의 길이 펼쳐져 있다. 이제 그 길로 들어가 보자.

증권 분석이란 개별 증권의 투자수익률과 위험에 대한 체계적인 예측을 통하여 투자자가 보다 유리한 투자를 할 수 있도록 의사결정에 유용한 모든 정보를 정리, 요약, 분석하는 것을 의미한다. 이 경우 자료와 정보는 증권의 투자성과에 영향을 미치는 전반적인 경제 환경과 산업 전망뿐만 아니라 발행기업의 제반여건과 관련된 것을 포함한다. 수익과 위험을 전망하는 증권 분석은 기술적 분석과 기본적 분석으로 분류된다. 기술적 분석이란 과거 및 현재의 시장가격 변동을 연구하여 특징들을 찾아내고, 이를 통해 미래의 가격 변화를 예측하려는 기법이다. 이에 비해 기본적 분석은 어떤 시장의 내재가치를 결정하기 위해 그 시장의 가격에 영향을 미치는 관련된 모든 요인을 살펴보는 분석 기법이다. 한마디로 기술적 분석은 시장 움직임 연구에 집중하는 반면, 기본적 분석은 가격의 상승이나 하락, 보합을 유발하는 수요와 공급 등의 경제적 힘에 초점을 맞추고 있다.

기술적 분석의 장점 중 하나는 어떠한 거래방법과 기간에도 적용할 수 있다는 적용성이다. 주식시장뿐만 아니라 기타 금융 및 상품거래 분야에서도 이 원리는 적용된다. 기술적 분석을 통해 다양한 종류의 시장과 종목을 쉽게 분석할 수 있는데 비해 기본적 분석은 그렇지 못하다. 기본적 분석의 경우 다루어야 하는 엄청난 양의 자료 때문에 대부분의 기본적 분석가들은 세분화되고 전문화된다. 이러한 이유로 기본적 분석에 쏟아 붓는 노력과 시간을 기술적 분석에 돌려 투입한다면 오래지 않아 만족할 만한 결과를 얻을 수 있게 된다.

기술적 분석가는 시장의 특성을 파악하기 위하여 노력하는데, 예를 들면 시장의 추세와 같은 것이다. 결론적으로 기술적 분석의 장점은 시장의 순환적 특성을 알아내기 위하여 투자자가 그의 노력과 자본을 집중시킬 수 있다는 것이다. 또한 기술적 분석은 분석하는 사람에 따라 여러 가지 분석도구 중에서 자기가 원하는 방법으로 자유롭고 세심하게 선택할 수 있다. 이에 반해 기본적 분석가는 한 분야 혹은 전문화 경향 때문에 자신의 분야 이외에는 다양한 분석을 하지 못하게 된다.

POSCO에 투자를 한다고 가정해보자. 이 종목에 투자하기 위해서는 매출액 증가율, 순이익 증가율, 예상수익, PER, ROE 등 재무상태 이외에 이 회사의 수익에 직접적으로 연관이 있는 국제 철강가격의 변화(철광석, 원료탄의 가격 변화)에 대한 전문적인 식견이 있어야 한다. 일반인들이 이러한 분석을 하면서 주식 투자를 한다는 것은 현실적으로 쉽지 않은 일이다. 올바른 기업 분석 후 기업의 내재가치를 보고 투자한다고 해도 주식시장의 움직임과 역행하는 투자자가 된다면, 소위 블루칩에 투자하고도 손해를 볼 수도 있다. 결론적으로 우량 주식에 투자한다고 해도 시장 및 종목의 움직임을 볼 수 있어야 하는 것이다. 기술적 분석가가 갖는 또 다른 이점은 '큰 그림'이다. 모든 시장을 분석함으로써 전반적으로 시장이 어떻게 움직이고 있는지에 대해 뛰어난 감을 얻을 수 있고, 하나의 결과만을 좇음으로써 발생하는 '좁은 시각'을 피할 수 있다.

기술적 분석을 가장 쉽게 설명해줄 수 있는 것은 무엇일까? 오랜 고민 끝에 미술전시장에서 달의 움직임, 즉 '삭망주기(朔望週期)'를 이해하는 것과 같다는 데 생각이 이르게 되었다. 2000년 연수차 뉴욕과 샌프란시스코를 돌아볼 기회가 있었다. 어느 날 맨해튼에서 피델리티 관계자에게 그들의 영업전략에 대한 이야기를 듣고 오후엔 시간을 내어 동행했던 직원들과 세계 제일의 박물관인 메트로폴리탄박물관을 구경하게 됐다. 평소 미술에 관심이 많았기에 어마어마한 소장품과 높은 수준

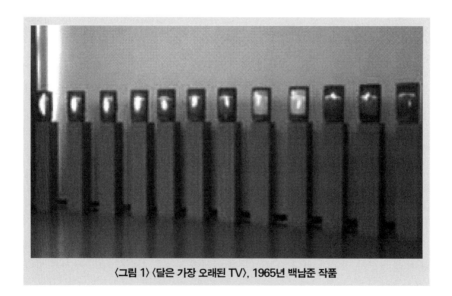

〈그림 1〉〈달은 가장 오래된 TV〉, 1965년 백남준 작품

의 작품 앞에서 입이 다물어지지 않았다. 뛰어난 미술품이나 예술작품을 보았을 때 순간적으로 느끼는 정신적 충격인 스탕달 신드롬(Stendhal Syndrome)마저 느낄 수 있었다.

스탕달 신드롬은 프랑스의 작가 스탕달이 1817년 이탈리아 피렌체에 있는 산타 크로체 성당에서 레니(Guido Reni)의 〈베아트리체 첸치〉를 감상하고 나오던 중 무릎에 힘이 빠지면서 황홀경을 경험했다는 사실을 자신의 일기에 적어놓은 데서 유래한다. 메트로폴리탄박물관을 나오자, 마침 근처에 있는 구겐하임미술관에서 열리고 있는 '백남준의 세계'전이 보고 싶어졌다. 한국에서부터 관심이 많았던 전시인지라 피곤했지만, 박물관을 나와 10여 분을 걸어서 구겐하임미술관에 도착했다. 평일임에도 불구하고 엄청난 인파에 놀라지 않을 수 없었다. 나사(NASA)에서 설치했다는 〈야곱의 사다리〉를 비롯하여 백남준 선생의 대표적인 작품들이 창작 연대별로 잘 전시되어 있었다.

그중에서 필자의 눈길의 끌었던 것이 바로 초승달부터 보름달까지 달이 변화하는 과정을 12개의 흑백TV 모니터에 표현한 〈달은 가장 오래된 TV〉라는 작품이었다. 작품의 해설을 보니 동양에선 오래 전부터 그립고, 보고 싶고, 멀리 떨어진 사람이 있으면, 달에 소원을 빌고 달을 매개체로 누군가를 그려 냈는데, 그런 의미에서 달은 가장 오래된 TV라는 것이다. 그때 문득 기술적 분석이야말로 바로 이러한 달의 삭망주기와 같다고 생각했다. 이러한 필자의 생각은 1980년대 『주식의 기술적 분석 선물옵션』이라는 책으로 잘 알려진 윌리엄 엥이 "초승달은 저평가를, 보름달은 주가의 고평가를 유발하므로 초승달일 때 사서 보름달일 때 팔라"고 주장한 것과 일치한다. 따라서 제 아무리 좋은 주식이라도 보름달 국면에서 사서 기울기 시작하면 손해를 볼 수밖에 없는 것이다. 한마디로 주식이나 시장의 움직임 연구에 집중하는 것이 바로 기술적 분석이다.

02 기술적 분석의 기본 가정

다음은 전미(全美) 경제교육협의회(National Council on Economic Education)가 초등학교 6학년과 중학교 1~2학년 학생들을 위해 발간한 금융 교과서에 소개된 '주식시장'에 대한 설명이다.

당신의 투자자 성공할 것이라는 보장은 없다. 그러나 주식 소유자로서 당신은 그 기업이 어떻게 경영돼야 하는가에 대해 말할 자격은 있다. 또 기업이 창출해내는 이익을 나눠 가질 자격도 있다. 그러나 당신이 주식을 가지고 있는 기업이 성공할 것이라는 보장은 없다. 기업이 이익을 내지 못하면 당신의 손실을 자동으로 보상해주는 어떤 안전장치나 보험도 없다.

There is no guarantee that your investment will be successful. As an owner of stocks, you have some say about how the corporation should be run. You also get to share in the profits that are made. But there is no guarantee that the corporation in which you are an owner will be successful. If the corporation dose not make a profit, there is no built-in safety net or insurance to reimburse you for your losses.

위의 설명을 보고 무엇을 느꼈는가. 주식시장에서 가장 중요한 것은 대박의 환상을 좇는 모험이 아니라 철저한 '위험 관리'라는 것을 강조하고 싶다. "우리는 주식을 매매하는 것이 아니라 위험을 사고판다. 그것이 기술적 트레이더로서 위험을 보는 유일한 방법이다"라고 말한 마크 밴 스토크의 말을 기억하자.

기술적 분석에 관한 대부분의 책들을 보면 기술적 분석은 다음과 같은 세 가지 주요 기본 가정을 전제로 하고 있다고 나온다. 이 세 가지 조항은 기술적 분석의 원조라고 일컬어지는 찰스 다우의 이론이 발표된 이래로 기술적 분석의 철학 혹은 이론적 근거가 되고 있다.

기술적 분석의 기본 전제 1
시장의 움직임은 모든 것을 반영한다
(Market action discounts everything)

증시에서 가격의 움직임이란 다시 말해서 수요, 공급의 원칙에 따른 결과적인 현상이다. 이 현상의 원인이 경제적, 사회적, 정치적 또는 그 밖의 다른 어떤 것이든지 간에 기술적 분석가들은 이것이 모두 가격에 반영된다고 믿는다. 즉 이미 알려진 것은 물론, 알려지지 않았거나 예측 가능한 시장 참여자들의 판단과 감정, 정치적 혹은 사회적인 큰 변혁, 심지어는 전혀 예측할 수 없는 불가항력적인 천재지변까지도 이미 가격에 반영되었거나, 곧 반영된다는 것이다.

한편 기술적 분석가들은 시장이 강세 또는 약세로 진행되는 것에는 반드시 어떤 이유가 있다고 생각한다. 반면에 이러한 이유를 밝히는 것이 미래를 예측하는 데 있어 반드시 필요하다고는 믿지 않는다. 이 가정은 기술적 분석이 갖는 가장 기초가 되는 것이며, 매우 중요하다.

주가는 추세를 이루며 움직인다(Prices move in trend)

추세란 개념은 기술적 분석에 있어서 필수적인 요소이다. 기술적 분석가들이 수많은 시간을 들여 밝히고자 노력하는 것이 바로 추세다. 어떤 움직임이든 한번 시작하면 반대방향보다는 같은 방향으로 계속 나아가려는 경향이 강하다. '추세를 이루고 있다'라는 전제는 뉴턴의 제1법칙인 '관성의 법칙(Law of Inertia)'을 채택한 것이다. 이 법칙을 주식시장에 적용한다면 "어떤 추세는 전환하기까지 같은 방향으로 계속 움직이려고 한다"라고 말할 수 있다.

기술적 분석에서는 추세 분석이 시작점이 되고 이러한 추세 분석의 기본원리는 추세순응(Trend Following) 전략이 기초가 된다. 추세순응형 전략이란 추세가 상승 추세로 확인될 때는 매수, 하락 추세로 인식될 때 매도 쪽에 가담하는 것을 말한다. 이는 주추세가 상승인 가운데 일시적으로 하위 추세인 단기 추세가 미세조정을 할 수 있지만 이에 개의치 않고 매수하는 매매 전략을 말한다. 따라서 신고가 갱신의 경우 그동안 상승이 부담스럽더라도 주추세를 좇아 매수하게 되며, 신저가 갱신의 경우 매도하게 되는 매매 전략이 이에 해당한다.

역사는 되풀이된다(History repeats itself)

증시에서 시장 참여자들의 행동은 차트상에 나타나게 된다. 차트는 그 당시 가격 움직임을 객관적으로 종이 위에 나타낸 것에 불과하지만 차트 위에 나타나는 가격의 움직임이란 결국 시장 참여자들에 의해 비롯된 것이다. 따라서 기술적 분석가들은 어떤 형태의 모형(패턴)들이 반복되어 출현하고 있음을 발견하게 되고, 이는 인간의 행동과 밀접한 관계가 있으리라는 점을 어렵지 않게 파악할 수 있다.

역사는 반복의 법칙을 가지고 있다. 규칙적인 반복 현상은 예측을 가능하게 한다. 밤과 낮, 사계절의 순환이 바로 그것이다. 적벽대전에서 제갈공명이 갑자기 동남풍을 불러일으킨 사건도 그렇다. 공명은 재야에서 공부하면서 1년 365일의 일기 변화를 관찰한 데이터를 수십 년 동안 축적했고, 이 데이터에 의해 매년 그때쯤이면 바람이 방향을 바꿔 동남쪽에서 불어온다는 사실을 알고 있었던 것이다. 모르는 사람이 볼 때는 공명의 '기도발'로 동남풍이 분 것이지만, 축적된 데이터를 가지고 있는 사람의 입장에서 보면 반복의 원리를 이용한 것이다.

또한 역사적으로 큰 사건이 터질 때마다 투자자들은 과거 주식시장의 역사를 연구함으로써 현재 주식시장의 흐름을 파악하려 한다. 유명한 작가인 마크 트웨인이 "역사는 반복되지 않지만 일정한 리듬에 따라 움직인다"라고 말했듯이 투자자들은 과거 주식시장의 역사적 교훈을 가장 큰 '참고서'로 인식하기 때문이다. 기술적 분석과 시장 움직임에 대한 연구의 많은 부분은 인간심리 연구와 관련이 있다. 이에 대해서는 뒤에 자세히 언급할 기회가 있을 것이다.

투자자들은 일단 한번 가졌던 생각을 좀처럼 바꾸기 힘들다. 새로운 생각을 그때 마다 즉시 수용하기보다 오히려 당초 품었던 생각을 고수하고 자기에게 유리한 쪽으로 강화하려는 경향이 강하다. 결론적으로 말하면 차트에 나타나는 패턴들은 과거에 그랬던 것처럼 미래에도 잘 들어맞을 것이라는 사실로 도출될 수 있다. 마지막 전제, 즉 '역사는 되풀이된다'를 다르게 말하면 '미래를 이해하는 열쇠는 과거의 연구에 놓여 있다' 또는 '미래는 과거의 반복이다'라고 말할 수 있을 것이다.

03 | 기술적 분석에 대한 비판

촉나라를 세운 유비는 한때 숙적인 조조의 식객이었다. 유비의 인물됨을 알아본 조조가 유비를 수하에 두고 후환을 미연에 막겠다는 술책 때문이었다. 그러나 유비는 조조의 의도를 간파해 천하통일의 야심을 감추고 농사일로 소일한다. 그래도 의심이 많은 조조는 유비를 술자리로 청해 다짜고짜 '천하에 영웅은 조조와 유비 둘 뿐'이라고 말한다. 이 말에 유비는 자신의 꿍꿍이가 드러난 것으로 깜짝 놀라 손에 쥔 수저를 떨어뜨리고 만다. 때마침 천둥번개가 쳤기에 유비는 천둥소리에 놀라 숟가락을 떨어뜨렸노라고 소인 행세를 하면서 궁지에서 벗어난다. 후대 사람들은 이러한 유비의 지혜를 도광양회(韜光養晦 : 자신의 능력을 노출시키지 않고 은거하면서 때를 기다림)라고 부른다.

주식매매에도 투자하기 좋은 적절한 시기가 있다. 일반 투자자들이 실패하는 요인 중 하나는 바로 일 년 내내 주식을 보유하고 있기 때문이다. 때가 아니면 물러설 줄도 알아야 한다. 주식시장에서 경험이 많지 않은 사람들과 일부 학자들은 기술적

분석에 대하여 몇 가지 비판을 제기하기도 한다. 이러한 비판을 소개하면 다음과
같다.

기술적 분석에 대한 비판 1

자기 성취적 예언(Self-fulfilling prophecy)

차트상의 잘 알려진 어떤 패턴의 모양에 따라 시장 참여자들이 은연중에 그 패
턴을 완성시켜간다는 비판이다. 기술적 분석은 상황에 따라 차트 해석 기준이 애매
하기 때문에 주관적인 해석을 한 후에 자기의 예측을 정당화시키려고 노력한다는
것이다. 진행 중인 패턴을 파악한다는 것은 매우 어려운 기법이며, 노련한 패턴 분
석가들도 제각기 해석과 주장이 엇갈리는 것이 현실이다. 실제로 패턴 분석에 치중
하는 기술적 분석가라도 패턴이 완성된 후에야 패턴을 인식하게 되는 경우가 많다.
매우 숙련된 패턴 분석가라면 진행 중인 패턴의 파악이 가능할지도 모른다. 그러나
기술적 분석의 영역이 넓어지고 사용되는 기법들도 날로 다양해지고 있는 오늘날
에는 패턴 분석을 대상으로 하는 비판은 그다지 의미가 없다.

자기 성취적 예언과 관련한 또 하나의 비판은 주로 기술적 지표를 사용하는 트
레이딩 시스템의 확산에 따른 우려와 함께 제기된 것으로, 기술적 분석가들이 일정
한 신호에 따라 시장을 약세 또는 강세로 몰아간다는 것이다. 그러나 설사 이러한
현상이 나타나더라도 그것은 일시적인 것이며, 현실적으로 있을 수도 없는 일이다.
오늘날 시장에 알려진 기법만 해도 수백 가지이며, 이 수백 가지 기법의 조합까지
포함한다면 트레이딩 시스템에 의한 시장행동은 매우 다양하게 나타날 것이다. 결
론적으로 노련한 기술적 분석가들 사이에도 앞으로 어떤 양상으로 가격이 전개될

지에 대하여 의견이 일치한다는 것은 사실상 있을 수 없고, 또한 설사 의견이 일치한다고 하더라도 개개인의 거래방법이나 취향이 다르기 때문에 시장을 일시에 혹은 지속적으로 왜곡하기는 힘들다.

과연 과거 자료의 분석으로 미래의 예측이 가능한가?

종종 제기되는 또 다른 의문은 미래를 예측하는 데 과거의 가격 자료를 이용하는 것이 과연 유용한가 하는 점이다. 일기예보에서 기술적 분석에 이르기까지 알려진 모든 예측 방법들은 과거 자료에 대한 연구에 의존하고 있기 때문에 기술적 접근법에 대한 비판론자들이 이 문제를 자주 끄집어내는 것은 놀라운 일이 아닐 수 없다. 학부시절 접한 통계학 책에서조차 '사업 또는 경제 전망을 예측하는 데 있어 첫 단계는 과거로부터 관찰한 사실들을 수집하는 것'이라고 나와 있던 것을 기억한다.

차트 분석은 모든 종류의 시계열 분석에서 행해지는 것과 정확히 일치하는 과거에 대한 연구를 바탕으로 하는 것으로, 시계열 분석의 한 형태라고 말할 수 있다. 누구나 이용할 수 있는 유일한 자료의 형태는 과거 자료이다. 우리는 단지 과거의 경험을 미래에 투사함으로써 미래를 예측할 수 있다. 따라서 기술적 분석에서 미래를 예측하기 위하여 과거의 자료를 이용하는 것은 튼튼한 통계적 개념에 근거하고 있는 것이다. 만약 기술적 예측의 이러한 측면에 대해 심각한 의문을 갖는다면, 모든 경제적·기본적 분석을 포함하여 과거 자료를 근거로 예측하는 다른 모든 형태의 예측이 유효한가에 대한 의문을 가져야만 할 것이다.

랜덤워크이론(Random Walk Theory)

랜덤워크이론이란 개개의 가격변동은 시계열(Time Series)상에서 서로 상관관계가 없으며(Serially Independent), 과거의 가격 변동이 어떠했는가를 분석하더라도 그것이 미래의 가격 변동 예측에 전혀 도움을 줄 수 없다는 이론이다. 학문적 범주에서 정립되어 개발된 랜덤워크이론에 따르면 가격의 변화는 연속 독립적이며, 과거의 가격 자료는 미래 가격의 향방에 신뢰할 만한 지표가 되지 못한다. 이 말은 곧 가격의 움직임은 무작위적이고 무예측적임을 뜻한다. 이 이론은 내재가치를 기준으로 가격이 무작위로 등락한다는 효율적 시장 가설에 바탕을 두고 있다. 이것은 또한 시장은 '시장추월(Beat the Market)'의 시도와 상반되는 '단순 매수보유' 전략이 최선의 전략이라고 말한다. 그러나 기술적 분석가들은 기술적 분석을 이용한 투자 전략이 '주식을 사서 보유하는' 전략보다 훨씬 큰 수익률을 가져온다고 주장한다.

시장이 완전히 무작위적이라는 생각은 분석가들에 의해 거부되었다. 만약 시장이 정말로 무작위적이라면 어떠한 예측기법도 통하지 않기 때문이다. 어떠한 과정이 전개되는 원리를 이해하지 못하는 사람들에게 어떤 과정의 전개가 무작위적이고 예측 불가능한 것으로 보이는 것은 당연하다. 예를 들면 비전문가에게는 심전도 차트가 수많은 불규칙적 움직임처럼 느껴진다. 그러나 훈련 받은 의사에게는 작은 움직임 하나도 의미가 있으며, 무작위적인 것이 아니다. 이처럼 시장행동의 원리를 공부하지 않은 사람들에게 시장은 무작위로 움직이는 것처럼 보일 뿐이다. 그러나 차트 분석기술이 향상됨에 따라 무작위성의 환영은 점차 사라지고 있다.

경험과 분석을 통해 우리는 시장의 움직임을 예측하는 확률을 분명히 높일 수 있다. 주가의 움직임이 랜덤워크는 아니기 때문이다. 영화 〈빠삐용〉에서 주인공 스티브 맥퀸이 계속 탈주를 감행하다 평생 독방신세를 지게 되었다. 그리고 늙어서는 조그만 섬에 갇히게 된다. 이 섬의 발굽형 절벽으로 몰려오는 파도는 절벽에 부딪혀 산산이 부서지며 되돌아나가지 않기 때문에 파도를 이용해 섬에서 탈출한다는 것은 불가능했다. 자유를 갈망하던 빠삐용은 밀려오는 여섯 번째 파도까지는 절벽에 부딪혀 부서지지만 일곱 번째 파도는 되돌아나간다는 사실을 발견한다. 그리고 결국 일곱 번째 파도를 이용해 탈출을 강행한다. 빠삐용과 같은 사람들의 집념과 노력이 분석지표를 개발해내고 투자 기술을 한 단계씩 발전시키는 데 공헌한 원동력이라고 생각한다.

04 기술적 분석의 유용성

처음 주식 투자에 나서는 일반 투자자들은 '증시는 넓고 거래할 종목은 많다'라는 환상에 흥분하기 쉽다. 종목이 많을수록 기회가 많아질 것이라는 착각 때문이다. 그러나 굶주리다 초원을 만난 얼룩말들처럼 허겁지겁 이 종목 저 종목으로 옮겨다니며 욕심을 내다보면 숙련된 맹수의 먹이가 되기 십상이다.

행동재무학(Behavioral Finance)에는 '갈등하에서의 선택(Choice under Conflict)'이라는 이론이 있다. 선택할 수 있는 것이 많을 경우 사람들은 행동을 미루거나 아무런 행동도 취하지 않는 경향이 강하다는 것이 이 이론의 요지이다. 일반적으로 늘어나는 선택의 자유로 인해 사람들은 오히려 불안에 휩싸이고 어려움에 직면한다. 따라서 처음 주식 투자에 나서는 투자자라면 매매 대상을 압축할 필요가 있다. 한 투자자가 관리할 수 있는 종목의 숫자는 기껏해야 다섯 개를 넘지 못한다든지, 세 개 정도의 종목만으로 거래하는 전략이 효율적이라는 얘기도 있다. 한 종목의 매매 타이밍을 제대로 찾을 수 없다면 여러 종목들을 쫓아다닌다고 해서 확률이 높아질 수는 없을 것이다. 여러 종목을 조금씩 알기보다는 적은 종목을 철저하게 아는 것이 유리하다는 얘기다.

국내 증권사들이 분석 보고서를 내는 종목의 수는 코스닥까지 포함해서 많아야 200개 안팎이다. 전체 상장종목의 12.5% 정도인데, 특히 코스닥의 경우 6%도 채 안된다. 전문가들도 투자 대상 종목을 제한해서 관찰하고 있는 상황인데, 투자 경험이 많지 않은 일반 투자자들이 전 종목을 투자 대상으로 고려한다는 것은 대단히 무모한 행위이다. 처음 주식 투자에 나서는 투자자의 경우 증권사의 분석 대상 종목에 초점을 맞춰 투자한다면 종목 선정의 어려움을 덜 수 있을 것이다.

앞에서 살펴본 기술적 분석에 대한 끝없는 논쟁이나 비판에도 불구하고 기술적 분석에 대한 관심은 여전히 높다. 기술적 분석에 대한 예측의 신뢰도 이외에 시장 참여자들에게 도움을 줄 수 있는 요소들이 분명히 존재하기 때문이다.

가격 변동을 알 수 있는 시각화된 역사적 기록

주가 변동의 기록, 상품가격의 변동 기록 또는 환율 변동의 기록은 모두 투자자들에게는 참고할 만한 귀중한 자료가 된다. 시각적 사고(Visual Thinking)란 바로 논리적인 사고를 뛰어넘는 창조적인 사고라고 할 수 있다. 기술적 분석의 기초 자료인 차트는 바로 단순한 숫자를 시각적 자료로 바꾼 것이다. 최근 들어 컴퓨터, 특히 기록저장장치의 획기적인 발전과 더불어 그림, 즉 이미지의 신속한 처리가 가능하게 되었다. 따라서 앞으로는 문자보다는 이미지가 더욱 중요한 의사전달 수단이 될 것이다.

위험한 바다의 항해지도
: 가격 변동의 불안정성 판단에 용이

시장에 참여하는 것은 마치 거친 바다를 항해하는 것처럼 위험한 일에 비유되기도 한다. 이러한 위험한 항해를 하면서 지도가 없다면 얼마나 더 위험해질 것인가. 차트가 다루고자 하는 것은 미래의 방향이다. 이러한 미래의 방향은 객관화될 수 없다는 데 그 어려움이 있다. 그러나 경험이 많은 기술적 분석가는 차트를 통해서 미래에 대한 행로를 예측할 수 있으며, 최소한 현재 상황에서 취할 수 있는 행동에 대한 실마리를 찾을 수 있다. 따라서 차트를 이용하면 거래에 수반되는 위험의 정도에 대한 판단이 쉬워진다.

과거 사건과 가격 움직임을 비교 · 분석

기술적 분석으로도 기본적 분석을 검증할 수 있다. 즉 과거의 차트와 그 당시의 경제적 요인들을 대비하여 분석할 경우 미래에 보다 정확한 분석이 가능하게 된다. 중요한 의사결정을 내릴 때 과거의 특정 상황을 돌이켜보는 행위는 지극히 자연스럽고 당연한 과정이며, 이는 역사가 기록되는 이유 가운데 하나이다.

시장과 기간 선택의 신축성

기술적 분석가들은 단기 · 중기 · 장기의 시간적 구간에 구애를 받지 않고 원하는 시장을 쉽게 선택할 수 있다. 가령 석유를 분석하는 기본적 분석가가 독일 마르크의 현물환시장에 참가하려 한다면, 그는 기술적 분석가보다 훨씬 긴 분석기간을 필요로 할 것이다.

손익의 관리도구

시장에서 성공한 투자자나 투자한 지 얼마 되지 않은 투자자 모두 매수보다는 매도를 잘해야 한다는 것에 전적으로 동감할 것이다. 기술적 분석은 이 손절매의 포인트를 설정하는 데 매우 합리적인 방법을 제공해준다. 주식 운용을 둘러싼 문제 중에는 '행동(Commission)'의 죄뿐만 아니라 '태만(Omission)'의 죄도 있다. 실제로 주식 투자로 인해 엄청난 손해를 본 사람들이 저지른 과실은 제때에 손절매하지 않음으로 인해 일어나는 것이다. 주식 투자에 있어 금전상의 피해를 본 경우는 항상 무언가를 저질렀을 때만은 아니다. 반대로 주식을 매수한 후에 어떤 선택도 하지 않아서 일어나는 경우가 대부분이다.

차트를 신봉하지 않는 사람들에게도 차트는 여전히 유용하다

기술적 분석을 신봉하지 않는 사람들조차 최근에는 차트의 움직임에 주목한 이후 투자에 나서고 있다. 다시 말해서 차트를 전혀 믿지 않는 사람들에게도 차트는 유용한 것이다. 역설적으로 들릴지 모르지만, 만약 철저하게 기술적 분석기법을 불신하다면 기술적 분석가들이 행동하는 것과는 정반대의 매매를 하면 될 것이다.

05 │ 기술적 분석의 흐름 및 기술적 분석가들

지점 고객을 대상으로 한 투자 클리닉을 다녀보면 일반 투자자들은 시장의 주도 세력인 기관이나 외국인의 매매에는 관심을 기울이지 않고, 가격이 싸다는 이유로 3등 주식이나 단순 저가권 종목들을 사서 고생하는 것을 종종 보게 된다.

사람들은 성경을 인용해 이러한 현상을 설명하기도 하는데, 마태복음에 보면 '좋은 나무가 아름다운 열매를 맺고 못된 나무가 나쁜 열매를 맺나니 좋은 나무가 나쁜 열매를 맺을 수 없고 못된 나무가 아름다운 열매를 맺을 수 없다'라는 구절이나 '무릇 있는 자는 받아 더욱 풍족하게 되고 없는 자는 그 있는 것까지 빼앗기리라'라는 구절이 있다. 이 구절들은 인문사회학자들이 사회경제학의 부익부 빈익빈 현상을 일컫는 이른바 '마태 효과(Matew Effect)'를 설명하는 데 자주 인용된다.

주식시장에서 정보는 시세의 원천이다. 국내 주식시장에서도 국내 기관 투자자와 외국인 그리고 개인 투자자 간 정보 격차에서 비롯되는 마태 효과는 뚜렷하게 나타난다. 1990년대부터 본격적으로 전개된 정보의 수집과 분석 그리고 적용의 전

과정에서 투자 주체 간 정보 격차는 극명한 대비를 이뤘기 때문이다.

최근 기술적 분석의 흐름

전통적 기술적 분석은 컴퓨터와 통계 및 수치 해석적 기법의 활용을 통해 새롭게 변화하고 있다. 현대의 기술적 분석은 컴퓨터를 사용한 수치 해석적 기법을 이용하여 객관적이고 즉시적(Real Time) 분석 결과를 도출하고 이를 매매에 적용하여 투자 성과를 극대화하고자 하는 것이다.

전통적 기술적 분석		현대적 기술적 분석
• 그래프적(아날로그적) 분석	⇨	수치(디지털적) 분석
• 정성적/주관적 판단	⇨	객관적 판단
• 현상인식	⇨	예지적
• 정태적	⇨	동태적/자기 수정적
• 수작업	⇨	컴퓨터에 의한 시뮬레이션
• 감(感)	⇨	최적화

〈표 1〉 기술적 분석의 흐름

최근에 들어서 기술적 분석은 뉴럴네트워크(Neural Network), 전문가 시스템(Expert System), 퍼지(Fuzzy)이론 등 AI적 접근법을 접목시켜 보다 과학화되고 있다. 뿐만 아니라 시계열적 분석에 의한 추세 및 사이클 분석기법의 발달에 따라 그 영역을 갈수록 넓혀가고 있다(〈표 1〉 참고).

기술적 분석가들

최초의 기술적 분석가는 20세기 초 미국에서 나타났다. 주식시장 이론 창시자인 찰스 다우(Charlse Dow)와 〈월스트리트저널〉의 편집인으로 '다우(Dow)'를 승계한 윌리엄 해밀턴(William Hamilton) 등이 그들이다. 다우는 "평균이 모든 것을 나타낸다"라고 말하면서 다우존스산업지수와 철도지수평균가격이 경제와 주식시장에 관한 모든 지식과 희망을 반영한다고 설명했다. 해밀턴은 다우가 죽은 이후 그의 일을 물려받았고, 1929년의 대폭락 이후에 쓴 '추세의 반전'이란 사설을 통해 차트 분석의 바람을 일으켰다. 해밀턴은 자신의 저서 『주식시장 지표』를 통해 다우이론을 정립했다. 로버트 레아(Robert Rhea)라는 뉴스레터 발간인은 1932년 『다우이론(The Dow Theory)』이라는 책을 써서 다우이론을 정점에 올려놓았다.

1930년대는 차트의 황금기였다. 이 시대를 주도한 혁신적인 기술적 분석가들은 샤베이커, 레아, 엘리엇, 위코프, 갠 등이었다. 이들의 작업은 크게 두 가지 방향으로 나뉜다. 샤베이커, 위코프 같은 사람들은 차트를 시장에서 수요와 공급의 기록으로 보았으며, 엘리어트와 갠은 시장에서의 절대적인 원리를 찾았다.

1948년 에드워즈(Edwards)와 매기(John Magee)는 『주가 추세에 관한 기술적 분석』이라는 책을 출간했다. 이 책에서 추세선이나 지지 저항, 머리어깨형, 삼각형, 사각형 등의 패턴에 관한 개념들을 발표했다. 일부 기술적 분석가들은 이를 상품시장에 적용하기도 하였다. 매기의 경우 2주일이나 지난 신문만을 보았다고 한다. 그러한 이유는 현재의 뉴스에 의해서 주가 변동을 분석하게 되면 판단을 왜곡시킬 수 있기 때문이었다.

초기의 기술적 분석가들은 주식시장의 고점은 산봉우리처럼 뾰족하고 빠르게, 저점은 오랜 기간에 걸쳐서 형성된다고 기술했다. 투자정보지인 〈다우이론〉의 편집자이자 기술적 분석가인 리처드 러셀은 미국의 1966~1974년 약세장의 끝을 예견한 것으로 유명하다.

 2000년 이후 월스트리트에서 명성을 쌓아가고 있는 기술적 분석가들을 살펴보자. 프루덴셜의 수석 기술적 분석가인 아캄포라가 지난 1995년 다우지수가 5,000선에도 못 미쳤을 때 7,000선까지 상승할 것이라고 전망했고, 이 예측이 적중해 명성을 얻은 바 있다. 2009년 5월 S&P500지수가 1,000선을 넘어섰을 때 최소 10% 추가 상승이 가능하다고 밝혔으며, 실제로 S&P500지수는 강세 추세를 이어갔다.

 루이스 야마다

현재 미국에서 가장 유명한 기술적 분석가는 루이스 야마다(Louise Yamada)라는 여류 분석가이다. 2001년부터 2004년까지 4년 연속 월스트리트 최고 애널리스트에 선정된 바 있고, 현재는 야마다 테크니컬 리서치 어드바이저의 대표로 있다. 2000년 초 그녀가 주목을 받은 것은 2002년 주가를 예측하면서 미국 증시의 '4년 주기설(Four-Year Stock Market Cycle)'을 들고 나왔기 때문이다. 그녀는 "1998년이 가장 최근의 약세장이었고, 그 이전에는 1994년, 1990년, 1987년, 1984년, 1980년이었다"며 "유일한 예외가 1987년뿐이었다"고 주장하면서 "역사적인 주기이론으로 볼 때, 전저점에서 4년 만인 2002년이 또 다른 바닥을 형성할 것"이라고 덧붙였다. 당시 이 같은 주장은 미국 경기가 침체에서 벗어나 본격 회복세에 접어들면서 증시도 동반 상승할 것이란 대다수의 예상과는 상반된 것이었는데, 실제 주가는 큰 폭의 하락을 기록했다.

그녀가 다시 주목받은 것은 2004년 7월 21일 국제유가(WTI)가 수개월 혹은 수년 내에 배럴당 67달러에 이를 것이라는 전망을 했기 때문이다. 월스트리트에서 고유가를 정확하게 맞힌 사람은 야마다가 유일하다. 2008년 1월에는 S&P500지수가 2002년 이래 처음으로 약세로 돌아설 것이라고 정확히 예측하였다. 2009년 1월 루이스 야마다는 경기 상황이 악화되는 가운데 다우지수가 2002년의 저점을 경신할 것이라고 경고했는데, 실제로 다우지수는 2009년 3월 초 2002년의 저점을 경신하며 6,469포인트까지 하락하였다. 2011년에 그녀는 "2011년 말쯤 금가격은 2,000달러를 쉽게 돌파할 것"이라고 예상했지만, 금가격은 1,899달러까지 상승하고 하락세로 전환하였다.

 ## 바톤 빅스

모건스탠리 수석 글로벌 스트래티지스트 출신으로 현재 헤지펀드 트래시스 파트너스(Traxis Partneres)를 이끌고 있는 바톤 빅스는 기술적 분석을 통해 미국 증시에 대한 분석을 해왔다. 빅스는 오늘날의 모건스탠리를 키운 최고의 글로벌 투자 전략가 중 한 명으로, 대표적인 소신파 비관론자로 불린다. 예일대에서 문학을 전공한 빅스는 해병대를 제대한 후 1973년 당시 직원 수가 280명에 불과했던 모건스탠리에 입사했다. 이후 그는 연구소를 만들어 모건스탠리의 업무 영역을 전 세계로 확장시켰다. 1984년에는 바이런 위언을 데려와 미국 투자 전략가 자리를 물려준 뒤 자신은 글로벌 투자 전략가로 자리를 옮기며 모건스탠리의 투자 전략을 이끄는 쌍두마차로 활약했다. 빅스는 지난 1982년에 시작된 미국 증시의 강세장을 미리 예견했고 1989년 일본 증시 붕괴 직전에 이 시장을 떠나야 한다고 경고하는 등 여러 차례 쪽집게 전망으로 유명세를 떨쳤다. 특히 인터넷 붐으로 거품경제가 한창일 때 빅스는 비관적 전망으로 투자자들로부터 한물 간 인물로 치부되기도 했지만, 거품이 꺼지자 그의 전망이 재조명된 바 있다.

지난 2003년 모건스탠리에서 은퇴한 이후에는 모건스탠리 동료 두 명과 함께 트랙시스 파트너스라는 헤지펀드를 만들어 운용업무도 맡아왔다. 그는 자신의 저서 『부, 전쟁, 그리고 지혜(Wealth, War and Wisdom)』에서 1942년 봄 누구도 시장의 반등을 예상하지 못했고 사람들은 비관적이었지만 그때가 미국 시장의 저점이었고 이후 올랐다는 점을 강조하기도 했다. 2012년 4월 초 CNBC와의 인터뷰에서 "앞으로 S&P500지수가 5~7% 더 하락할 가능성이 아주 높아 보인다"며 "이 때문에 리스크를 줄이고 싶다"고 밝힌 바 있다. 실제로 2012년 5월에 S&P500지수는 7%가량 급락했다. 빅스는 2011년 8월부터 미국 증시의 바닥론을 외치며 실제 자신의 펀드에서 주식 비중을 크게 늘려 높은 수익을 낸 바 있다. 최고 전략가이자 헤지펀드 전설이었던 바톤 빅스는 2012년 7월에 타계했다.

일본에서는 닛코증권 출신으로 일본 기술적분석가협회 회장을 역임한 우라가미 구니오가 유명하다. 1990년 그의 저서에서 '증시 4계론'을 주장하기도 했는데, 이 책은 국내에도 1993년 『주식시장 흐름 읽는 법』이란 제목으로 번역 소개되었다. 증시 4계론은 경기가 '회복기-활황기-후퇴기-침체기'를 반복한다는 데서 출발한다. 주가는 일정한 시차를 두고 경기에 선행하기 때문에 주가 역시 4가지 국면으로 나눌 수 있다는 것이다. 우라가미 구니오는 이 4가지 국면을 '금융장세-실적장세-역금융장세-역실적 장세'라고 이름 붙였다.

사사키 히데노부

현재 일본 최고의 기술적 분석가는 사사키 히데노부 닛코코디알증권 국제시장분석부 부장이다. 사사키 부장은 1969년 일본 증권에 입사해 닛코리서치센터를 거쳐 1999년 현 닛코시티그룹으로 이직했다. 닛케이금융신문이 매년 실시하는 애널리스트 순위에서 1995년부터 9년 연속 기술적 분석가 1위에 올랐다. 1989년 일본 주식 폭락과 1995년 달러당 환율 80엔을 정확히 예측해 사사키이론이란 용어가 생겼을 정도다. 2003년 4월이 주가가 바닥이라는 것과 2007년 8월 일본 증시가 약 반년간 두 번 급락할 수 있다는 보고서를 발표해 주목받았다. 사사키 히데노부는 2008년 초 국내 한 증권사의 초청으로 방한하여 강연회를 열었다. 이 자리에서 그는 "기술적 사이클에 따르면 미국 서브프라임 모기지 문제는 서서히 안정을 찾아가지만 내년에 다시 부상할 수 있다"며 "올해 10월께 증시에 암운을 드리울 수도 있다"라고 말했다. 실제로 2008년 10월에 글로벌 증시는 폭락을 경험하게 된다.

우리나라의 경우 기술적 분석은 시장 참여자들이나 시황 분석가라면 누구나 하는 기초적 소양으로 간주되어왔다. 그러던 중 기술적 분석가(Chartist)가 증권 분석의 전문 분야로 인식된 것은 1996년 〈매일경제신문〉에서 베스트 애널리스트 중 기술적 분석가를 선정하면서부터다. 이후 〈한국경제신문〉, 〈조선일보〉 등에서도 매년 베스트 기술적 분석가를 발표하고 있다. 이들은 엘리어트 파동이론, 일목균형표, 각종 보조지표, 현재 상황과 유사했던 과거 국면을 연구하여 분석 자료를 발표하고 있다. 또한 최근에는 해외 주식시장과 금, 구리, 석유 등 상품시장, 각종 경제지표의 움직임과 주식시장을 비교 분석하는 등 다양한 방법으로 증시와 주가를 전망하고자 노력하고 있다.

2

차트의 작성과 선

10월, 이 달은 주식시장에 뛰어들기에 극히 위험한 달 가운데 하나이다.
주식 투자하기에 위험한 또 다른 달들은
7월, 9월, 4월, 11월, 5월, 3월, 6월, 1월, 12월, 8월과 2월이다.

-마크 트웨인-

마크 트웨인에 대한 일화를 하나 소개한다. 마크 트웨인이 어느 날 은행에 융자를 받으러 갔다. 그런데 은행장은 이런저런 트집을 잡으며 쉽게 융자를 해 주지 않았다. 한참 딴청만 피우던 얄미운 은행장…. 나중엔 엉뚱하게도 이런 제안을 하는 거였다. "만약 선생께서 내 두 눈 가운데 어느 쪽이 의안인지 알아맞히면 돈을 빌려 드리도록 하지요." 그러자 마크 트웨인은 서슴지 않고 대답했다. "그야 물론 왼쪽 눈이겠죠." 단번에 왼쪽 눈이 유리로 해 박은 의안이라는 걸 알아맞히자 은행장은 놀라서 입을 다물지 못했다. "아니, 그걸 어떻게 알아내셨습니까?" "그야 쉬운 일이죠. 은행장님의 왼쪽 눈은 그래도 오른쪽 눈보다 인정이 있어 보였거든요. 그래서 금세 그 눈이 의안인 줄 알았습니다." 비록 부탁하는 처지였어도, 또 아무리 약자 입장에 놓여 있었어도 못할 말까지 속 시원하게 해 버리는 마크 트웨인. 그의 자존심이 멋있다.

차트의 종류

점(占)은 왜 보는 것일까? 한마디로 말해 '미래욕(未來慾)' 때문이다. 인간은 미래를 알고 싶어 하는 특이한 동물이다. 식욕, 색욕, 수면욕을 인간의 3대 욕구라고 한다면, 미래욕은 그다음의 4대 욕구에 포함될 정도로 강력한 욕망이다. 수요가 있으면 공급이 따르기 마련이다. 미래욕을 충족시켜주는 점쟁이는 깊은 뿌리를 가진 직업 중 하나다. 점쟁이란 직업은 B.C. 3000경부터 있었다. 구조조정도 없고 명예퇴직도 없는 직업이다. 미래의 상황을 예언한다는 측면에서 보자면 주식시세를 예측하는 기술 중 하나인 기술적 분석도 '점쟁이 과(科)'에 속한다. 어쩌면 21세기의 가장 세련된 점쟁이가 기술적 분석가가 아닐까.

일반적으로 많은 기술적 분석가가 아직도 차트를 기술적 분석의 기본적인 도구로 사용하고 있기 때문에 차트를 빼놓고서 기술적 분석을 설명하기는 어렵다. 그러나 엄밀히 말해 기술적 분석과 차트 분석은 동일한 것이 아니다. 시계열화된 가격과 거래량을 차트로 구성해 그 차트 위에 선을 긋고 모형을 찾아내며, 더 나아가 각종 통계적 기법을 이용해 기술적 지표를 차트 위에 생성시켜 시장을 분석하고 예측하는 것이 기술적 분석가들의 작업이기 때문이다.

기술적 분석가들이 일반적으로 가장 많이 사용하는 차트는 바차트(Bar Chart)와 캔들차트(Candestick Chart)다. 서양식 바차트가 단순히 시장 추세만을 파악하려고 한데 비해, 캔들차트는 시장의 초기 변화를 찾는 데 주안점을 둔다. 경험이 많은 기술적 분석가들은 두세 개의 캔들차트 모양만 보고 주가가 상승할 것인지, 하락할 것인지를 예상하는 것이 가능하다. 물론 정확도는 단기간보다는 장기간에 걸친 추세 판단을 곁들일 때 더 높아진다.

이러한 일반적 형태 이외에 독특한 차트들도 많이 활용된다. 미국에서 많이 활용되는 P&F차트와 유사하게 일본에서는 삼선전환도를 사용하는데 이들 차트는 거래량과 시간은 무시한 채 큰 폭의 가격 변화만을 중시하는 차트이다. 이밖에 역시 계곡선은 가격과 거래량의 상호관련성을 중시한 차트로 가격과 거래량의 상호 변화 추이에 따라 시장의 강세와 약세를 분석하는 차트이다.

바차트

미국과 유럽에서 가장 많이 사용되는 차트다. 정해진 기간 동안 시장의 움직임을 하나의 바(Bar : 막대)에 표현하고 이 막대들을 시간경과에 따라 옆으로 늘어놓은 차트다. 종(Y)축에는 가격이, 횡(X)축에는 시간이 표시된다. 바차트는 가장 보편적인 차트로서 〈그림 1〉처럼 하루 중의 최고가와 최저가를 한 줄에 표시하여 상하로 잇고, 그날의 종가(Closing Price)를 오른쪽에 표시하여 나타낸다.

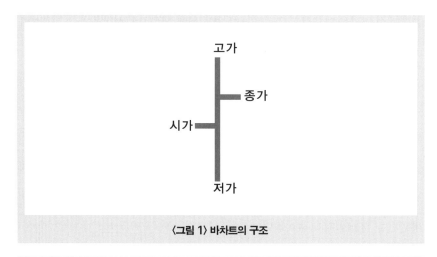

고가

종가

시가

저가

〈그림 1〉 바차트의 구조

KOSPI (1,321.76, 1,335.94, 1,321.76, 1,335.72, +14.05)

〈그림 2〉 바차트로 그려진 KOSPI

보통 바차트는 하루에 한 번씩 그리는 것이 일반적이지만, 하루 중의 움직임 (Intra-Day Movement)을 알아보기 위해서는 5분 또는 10분, 아니면 1시간 간격 등 원하는 시간대별로 세분하여 그릴 수도 있다. 또한 이렇게 단기적인 분석이 아니라 보다 장기적인 분석을 위해서는 1주일 또는 1개월 간격으로도 그릴 수 있으며, 분 기별 혹은 반기별로도 그릴 수 있다.

캔들차트

국내 투자자들에게 가장 낯익은 차트 형태다. 이 차트는 일본에서 개발되었으며 최근에는 미국을 비롯한 전 세계 기술적 분석가들 사이에서 널리 사용되고 있다. 일본에서는 납촉(蠟燭 : 로소쿠)차트라고 불리는 이 차트도 바차트와 마찬가지로 시장의 움직임을 시계열화된 방법으로 표시하지만 양초 하나하나가 각각의 의미를 지니고 있고, 또한 두 개 이상 양초들의 조합을 분석해 시장을 예측하는 기법이다. 우리나라에서는 봉차트로 불린다. 일본에서 이 차트를 연구한 후 미국에 전파한 스티브 니슨(Steve Nison)은 기술적 분야에 있어서 상당히 유명인사가 되었고, 몇 권의 관련 서적도 저술했다(『캔들차트 바이블』).

캔들차트에는 바차트와는 달리 동양사상에 입각한 음양의 원리가 들어 있다. 종가가 시가보다 높게 형성되면, 즉 시장이 상승하면 양(陽)의 양초(양선)를 그린다. 그리고 종가가 시가보다 낮게 형성되면, 즉 시장이 하락하면 음(陰)의 양초(음선)를 그리게 된다. 양초는 몸체와 수염으로 표시되는데, 몸체와 수염을 합친 전체의 길이는 바로 시장이 움직인 폭을 나타내며 수염의 상단은 고가를, 하단은 저가를 나타낸다. 물론 수염이 생략되는 시장 움직임도 있을 수 있다. 양선일 때 시가가 아래쪽에 위치하고 음선일 때는 종가가 아래쪽에 위치하는 것이 바차트와의 가장 큰 차이점이며, 시장 움직임에 따라 바차트와 똑같은 형태의 양초도 그려질 수 있다.

재미있는 것은 양선과 음선의 색상을 표현하는 방법이 동양과 서양에 따라 다르다는 것이다. 흑백으로 표시할 때는 동서양의 방법이 같아 양은 흰색, 음은 검은색으로 표시한다. 그러나 색상으로 표시할 때는 일본이나 우리나라에서는 양을 나타내는 색상인 붉은색을 양선에, 음을 나타내는 푸른색을 음선에 사용한다. 같은 맥락에서 우리나라에서는 증권시장이 활황일 때 전광판이 붉게 물들고, 급락할 때는

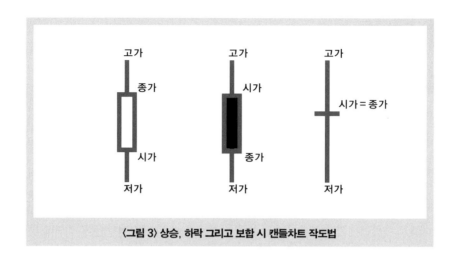

〈그림 3〉 상승, 하락 그리고 보합 시 캔들차트 작도법

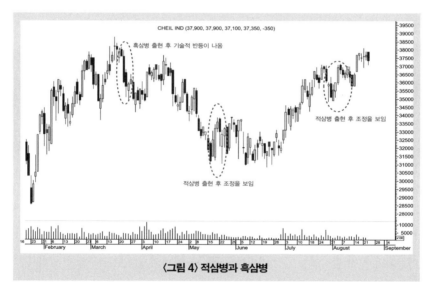

CHEIL IND (37,900, 37,900, 37,100, 37,350, -350)

흑삼병 출현 후 기술적 반등이 나옴

적삼병 출현 후 조정을 보임

적삼병 출현 후 조정을 보임

〈그림 4〉 적삼병과 흑삼병

파랗게 변한다. 그러나 서양의 기술적 분석가들은 양선을 푸른색으로, 음선을 붉은색으로 표시한다. 이러한 것은 단지 시장의 관습일 뿐이다.

캔들차트를 분석하는 기법 중에 가장 널리 쓰이는 것이 사까다 전법이다. 사께다 항구 근처에서 쌀 거래를 중개하던 혼마라는 사람이 개발한 기법으로, 이 분석법은 지금까지도 널리 쓰이고 있다. 주가 변화의 형태를 분석하는데 기본이 되는 사께다 전법은 3산·3천·3공·3병 등으로 나뉜다. 이 가운데 3병(三兵)형은 주가 흐름의 변화 양상을 비교적 쉽게 파악하는 데 도움이 된다.

3병이란 빨간봉이나 파란봉이 연속해서 3개 늘어선 것을 말한다. 빨간봉이 3개 늘어서면 적삼병, 파란봉이 3개 나타날 경우에는 흑삼병이라고 한다. 분석법은 간단하다. 주가 하락이 계속돼 저가권이 형성된 상태에서 적삼병이 나타나면 앞으로 주가가 올라갈 것으로 예상하는 것이다. 반대로 주가가 상승세를 지속하다가 고가권에서 흑삼병이 출현하면 주가가 점차 떨어질 것을 예고한다고 받아들인다. 물론 하락 국면에서 적삼병이 나타났다고 무조건 본격적인 반등이라고 볼 수는 없다. 이는 상승 추세로 전환하는 초기 신호 정도로 인식하는 것이 바람직하다.

월스트리트에서도 '세 발걸음과 한 번의 비틀거림 법칙(Three Steps and Stumble Rule)'이라는 말이 있다. 주가가 세 번의 연속 상승 후에는 종종 하락한다는 의미이다. 적삼병이 나타나면 저점에서 단기 급등한데 따른 불안감으로 매물이 나오면서 단기 조정이 이뤄지기 때문이다. 노련한 투자자들은 이때를 저가매수 시점으로 잡기도 한다.

한편 KOSPI는 1992년 이후 바닥권에서 월봉상 5차례(1992년 10~12월, 1998년 9~11월, 2001년 10~12월, 2003년 4~6월, 2009년 3~5월)의 적삼병이 출현하였는데 상승 속도에 차이가 있었지만 예외 없는 상승장을 경험하였다(〈그림 5〉 참고). 적삼병 발생과 그 후 3개월간 그리고 적삼병 출현 후 KOSPI가 최고치를 형성하기까지 주요 업종의 움직임을 살펴봤을 때 중기적(향후 3개월간)으로는 전기전자, 유통, 기계, 음식료, 화학, 보험, 운송창고, 비금속광물, 종이목재, 의료정밀, 제조, 섬유의복, 증권업에 투자하는 것이 수익률을 극대화하는 방법이었다. 그리고 장기적(향후 1년간)으로는 전기전자, 제조, 운수창고, 보험, 비금속광물, 음식료, 화학, 섬유, 의복, 통신업에 투

〈그림 5〉 KOSPI의 월봉상 적삼병 출현 모습

자하는 것이 수익률을 극대화할 수 있는 방법이었다.

　월봉상 흑삼병은 월초보다 월말의 주가가 낮은 음봉이 연속 3개 나타난 현상을 뜻한다. 상승 추세에서 흑삼병의 출현은 보통 본격적인 하락을 나타내는 경계신호로 해석된다. 주목할 점은 KOSPI에서 월봉상 흑삼병이 나타난 경우 상승은 제한된 가운데 이후 조정이 나타날 확률이 더 높았다는 것이다(〈그림 6〉 참고).

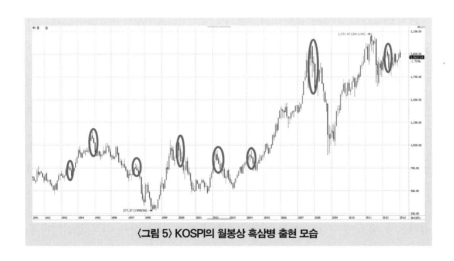

〈그림 5〉 KOSPI의 월봉상 흑삼병 출현 모습

02 지지선과 저항선

1만 달러로 3억 달러를 번 월스트리트의 증권왕 제럴드 로브의 투자기법은 우리나라에서도 큰 성공을 거둘 수 있는 매력적인 투자법이다. 그는 주가 움직임이 활발한 대형 블루칩 중에서 저항선을 돌파하는 주식을 매입하였다. 이후 주가가 예측과 반대로 움직이면 즉시 매도하였고, 예측대로 움직일 때에만 계속 보유하였다. 그는 잘 아는 소수 종목만을 집중적으로 연구했으며, 현금 보유기간이 주식 보유기간보다 길도록 하였다. 또한 투자 원금 대비 100% 수익을 올리면 즉시 이익금을 따로 떼내어 위험을 분산시키는 방법으로 큰돈을 벌었다.

제럴드 로브는 저항선을 오랫동안 돌파하지 못하던 주식이 저항선을 강력히 돌파하는 것을 가장 중요한 매수 포인트로 삼았다. 아울러 자기가 설정한 지지선을 주가가 하향 이탈하면 필사적인 매도로 대응하여 손절매와 매도의 달인으로 불렸다. 차트에 선을 그려서 시장의 움직임을 분석하려는 시도는 가장 고전적이면서도 지금도 기술적 분석가들이 기본적으로 사용하고 있는 유효한 분석기법이다.

피보나치 분석기법, 갠 분석기법, 엘리어트 파동이론 등의 고전적 분석기법도 계산된 결과를 차트에 선으로 표시한다. 누구나 연필과 자만 있으면 쉽게 그릴 수 있는 추세선, 지지선 및 저항선을 중심으로 각각의 개념과 작성방법 및 적용방법을 자세히 다루어보자.

지지와 저항

시장가격에 관한 차트를 유심히 관찰한 사람들은 차트상에 나타나는 시장가격의 움직임 가운데서 몇 가지의 특징을 발견할 수 있다. 그 특징 중 하나로 들 수 있는 것은 주가가 어느 일정한 수준까지 상승하면, 더 이상의 상승세가 이어지지 못하고 시장가격이 한동안 주춤거린다는 것이다.

또한 주가가 하락할 때도 시장가격이 어떤 일정한 수준 근처에 접근하면, 더 이상의 하락세를 멈추고 횡보 내지 제한적인 움직임을 보이는 등 움직임이 더디어지는 것을 볼 수 있다. 바로 이러한 현상이 기술적 분석기법의 중요한 요소인 저항선과 지지선이다.

앞서 이야기한 대로 주식시장에서는 가격이 하락하다가 더 이상 하락하지 못하고 멈추는 것을 흔히 볼 수 있다. 이것은 수요공급의 원칙이 그대로 반영된 결과다. 가격이 하락했을 때 하락이 제한적인 이유는 싼 가격이 매수세력의 수요를 유발시키고 반대로 매도세력의 공급은 줄어들기 때문이다. 또한 가격이 상승하다가 더 이상 상승하지 못하고 멈추는 현상은, 비싼 가격이 매도세력을 부추겨 공급을 유발시키고 반대로 매수세력은 비싼 가격으로 매입하기를 주저하기 때문이다.

주식시장은 유난히 심리적 요인이 강하다. 특히 저항에 있어 심리적 저항선이 강하게 작용하기도 한다. 아홉수 같은 것이 좋은 예일 것이다. 야구에서 투수의 경우 9승까지는 수월했는데, 아홉수에 걸려 10승이 어렵다든지, 홈런타자의 경우 49개 홈런까지는 제 페이스를 유지하다가 50홈런까지 상당 기간이 소요되는 경우이다.

증시에서도 이와 같은 앞자리가 바뀌는 것이 상당한 징크스 내지 심리적 부담으로 작용한다. 지수가 단위를 바꾸는 것은 쉬운 일이 아니다. 세 자릿수에서 네 자릿수로 옮아가는 초입에 있는 지수 1,000포인트는 특히 그랬다.

우리 증시에서 1989년 4월에 처음으로 지수 1,000포인트 시대를 연 이래 16년이 지난 2005년 마(摩)의 1,000포인트를 뛰어 넘었다. 일본에서는 지난 1960년에 닛케이지수가 1,000엔을 넘은 이래 그 이후로는 한번도 1,000엔대 아래로 빠진 일이 없었다.

미국의 경우는 1972년 다우지수가 1,000포인트를 돌파하고 주저앉은 이후 10번 이상 1,000포인트 벽을 시험하며 1982년에 이르러서야 비로소 1,000이라는 심리적 저항에서 벗어날 수 있었다.

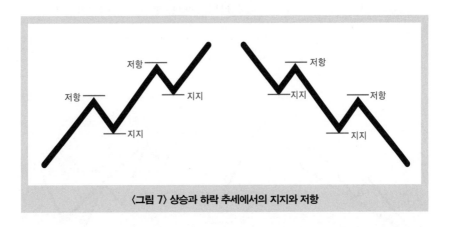

〈그림 7〉 상승과 하락 추세에서의 지지와 저항

지지선과 저항선

저항선(Resistance Line)이란 주식시장에서 시장가격이 그 이상으로 상승할 경우 이에 반하는 매도세력이 강력하여 매수세력을 압도할 수 있는 시장가격 수준을 말한다. 따라서 저항선 부근에서 가격의 상승세는 제한적인 가운데 가격의 움직임은 하락세로 바뀌거나 또는 최소한 저항선 바로 아래쪽에서 보합 국면(Consolidation)을 형성한다.

반대로 지지선(Support Line)이란 저항선의 반대 개념으로서 주식시장에서 가격이 일정 수준 하락할 경우에 이에 대응하는 매수세가 강력하게 나타나 매도세력을 압도하는 수준을 말한다. 따라서 지지선 부근에서 가격의 하락세는 지지를 받고, 가격의 움직임은 상승세로 바뀌거나 최소한 지지선 바로 위쪽에서 보합 국면을 형성하게 된다.

제1차 세계대전이 끝난 후 프랑스가 대 독일 방어선으로 국경에 구축했던 마지노(Maginot)선을 생각하면 지지선과 저항선의 개념을 훨씬 쉽게 이해할 수 있을 것이다. 프랑스는 마지노선을 절대로 돌파되지 않는 막강한 방어선으로 믿었으나

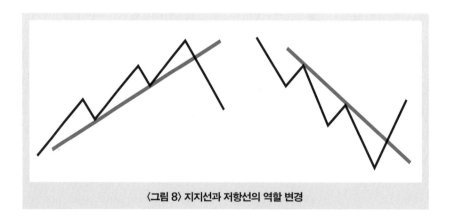

〈그림 8〉 지지선과 저항선의 역할 변경

1940년 독일군에게 쉽게 돌파 당했다. 이를 차트에 응용하면 가격의 하락을 막는 마지노선은 지지선, 가격의 상승을 막는 마지노선은 저항선이라고 부를 수 있다.

일반적으로 바로 직전에 나타난 최고점(Previous Peak)은 저항선이 되는 경우가 많으며, 그 반대의 경우로는 직전에 나타난 최저점(Pervious Low)이 지지선이 되는 경우가 많다. 또한 저항선이나 지지선의 중요한 특성 중의 하나로는 저항선이나 지지선이 일단 돌파되면, 이제까지의 저항선은 그 이후로는 지지선으로, 반면 지지선은 저항선으로 그 역할이 반대로 적용되는 경우가 많다는 점이다.

저항선이나 지지선이 기술적 분석에서 갖는 중요한 이유는 다음과 같다.

첫째, 현재의 가격 움직임이 최소한 어디까지 진행될 수 있는지를 알아내는 데 저항선이나 지지선을 이용할 수 있다.

둘째, 가격의 움직임이 지지선에서의 지지나 저항선 돌파에 실패하였다면, 이는 기존의 추세가 바뀌어 가고 있다는 중요한 신호(Warning)로 간주되어야 한다.

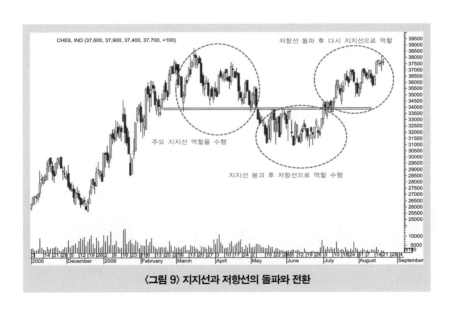

〈그림 9〉 지지선과 저항선의 돌파와 전환

또한 저항선이나 지지선은 최근에 나타난 것일수록 그 중요성이 커진다. 이러한 이유는 가장 최근에 나타난 가격의 변동이 향후의 가격 움직임을 지배할 가능성이 높기 때문이다.

03 선을 이용한 기타 분석법

주식 투자와 결혼의 공통점은 무엇일까?

해도 후회하고 안 해도 후회하며, 일단 희망찬 기대를 가지고 시작한다는 것이다. 하지만 그 결과를 누구도 예측할 수 없다. 또한 술자리에서 가장 많이 등장하는 화젯거리가 된다. 겉모습으로 항상 사람을 속게 하는 속성이 있으며, 결혼은 우량아를, 주식 투자는 우량주를 원한다. 그리고 큰 이익을 얻었으면 10개월간 쳐다보지 않으며, 둘 다 '증자'를 한다는 것이다.

하지만 종목을 고르고 나면 그때부터 단점이 보이기 시작한다. 마지막으로는 자기는 이미 하고서 남들에는 절대로 하지 말라고 말린다는 것이다. 참으로 아이러니한 이야기가 아닐 수 없다.

그럼 선을 이용한 분석법으로 피보나치선과 갠 팬의 구성선에 대하여 알아보자.

피보나치선과 되돌림 비율

기술적 분석에 관련된 자료를 읽어본 독자라면 피보나치 되돌림 비율이라는 말을 심심치 않게 봐왔을 것이다. 그렇다면 과연 피보나치 수열이란 무엇이고, 왜 기술적 분석에 피보나치 수열을 이용하는 것일까. 먼저 피보나치라는 사람에 대하여 알아보자.

레오나르도 피보나치(Leonardo Fibonacci)는 1170년경 이탈리아에서 태어난 수학자로서 아라비아 숫자를 유럽에 소개한 것으로 전해진다. 그는 고대 이집트의 피라미드를 연구하는 과정에서 오늘날 우리가 피보나치 수열이라고 부르는 숫자들의 배열을 발견했다고 한다. 피보나치 수열은 다음과 같이 진행된다.

1, 1, 2, 3, 5, 8, 13, 21, 34, 55, 89, 144, 233, 377, 610, 987, 1597, 2584……

이를 잘 살펴보면 처음의 두 개의 1을 제외하고는 앞의 두 숫자를 더하면 다음의 숫자가 된다. 또한 뒤의 숫자는 약 1.618배(예:233/144=1.61805)가 되며, 한 칸 건너뛴 뒤의 숫자는 그 숫자의 약 2.618배(예:377/144=2.61805)가 된다. 따라서 앞의 숫자는 뒤의 숫자의 약 0.618배(예:610/987=0.61803)가 되며, 한 칸 건너뛴 뒤의 숫자의 약 0.382배(예:610/1597=0.38196)가 된다.

피보나치 연구의 핵심은 바로 이러한 숫자들의 비율로서 23.6%, 38.2%, 50.0%, 61.8%, 100%, 1161.8%로 구성된다. 특히 1.618과 0.618은 고대 그리스나 이집트의 수학자들이 자주 사용했던 황금분할 비율로서 이집트의 피라미드, 그리스의 파르테논 신전 건축에 사용되었다. 그리고 피타고라스, 플라톤, 다빈치도 이 비율을 이용한 것으로 알려지고 있다.

피보나치 비율은 우주의 소산물인 호모 사피엔스의 집단행동이 표출된 시장에서도 적용된다고 가정하는 것이다. 엘리어트도 그의 파동이론에서 핵심적인 비율로 사용하였다. 오늘날에는 기술적 분석에 있어서도 피보나치 수열을 보편적으로 이용하고 있다.

피보나치 수열은 기술적 분석에 있어 각각 팬(Fans : 부채살), 아크(Arcs : 원호), 시간대(Time Zones), 되돌림(Retracements)의 네 가지로 응용하여 사용되고 있다.

▷**피보나치 팬(Fans)** : 상승 국면이 마무리되면 상승이 시작되었던 현저한 골과 하락으로 반전했던 현저한 정점을 연결한 추세선을 변으로 하여 정점으로부터 수직선을 그리고 골에서는 수평선을 그으면 삼각형이 만들어진다. 바로 이 삼각형의 수직선(시장의 상승 폭)에 38.2%, 50.0%, 61.8%의 지점과 골을 연결하는 세 개의 대각선을 긋는다. 우상향으로 부챗살처럼 퍼져나간 이 선들은 시간이 경과함에 따라 지지선 또는 저항선으로 작용한다.

반대로 하락 국면이 마무리되면 하락이 시작되었던 현저한 정점과 상승으로 반전했던 현저한 골을 연결한 추세선을 변으로 하여 골로부터 수직선을 그리고, 정점에서는 수평선을 그으면 삼각형이 만들어진다. 바로 이 삼각형과 수직선(시장의 하락폭)에서 38.2%, 50.0%, 61.8%의 지점과 골을 연결하는 세 개의 대각선을 긋는다. 우상향으로 부채살처럼 퍼져나간 이 선들은 시간이 경과함에 따라 지지선 또는 저항선으로 작용한다.

〈그림 10〉 피보나치 팬으로 분석한 예

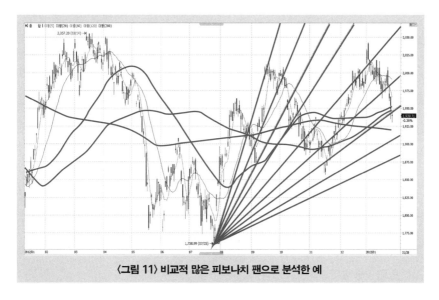

〈그림 11〉 비교적 많은 피보나치 팬으로 분석한 예

  ▷ **피보나치 아크(Arcs)** : 피보나치의 원호(Arcs)는 두 개의 극점(최저점과 최고점)

사이의 추세선이 먼저 그려지는데, 고점과 저점을 잇는 추세선 중간에 나타나는 3

개의 호이다. 이렇게 그려진 3개의 원호(Arcs)가 38.2%, 50%, 61.8%로 추세선을 가로지르며 피보나치 수열로 나타난다. 피보나치 호의 해석은 가격이 원호(Arcs)에 근접할수록 지지와 저항을 예상할 수 있다. 통상적인 기법으로 피보나치 원호, 부채, 되돌림 비율을 같이 사용하여 지지와 저항을 예측한다.

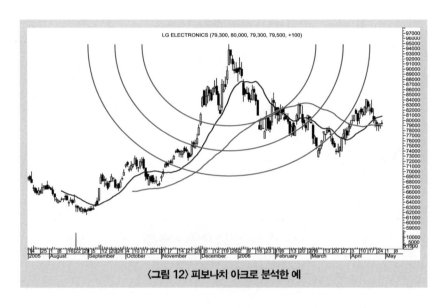

〈그림 12〉 피보나치 아크로 분석한 예

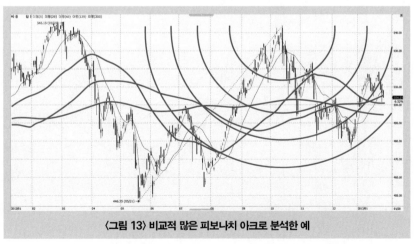

〈그림 13〉 비교적 많은 피보나치 아크로 분석한 예

▷**피보나치 시간대(Time Zones)** : 피보나치 시간대는 피보나치의 수열을 그대로 이용해 차트 위에 시간의 경과를 표시한 것이다. 즉 1, 1, 2, 3, 5, 8, 13, 21, 34, 55의 시간단위 경과를 차트 위에 수직선으로 표시하면 바로 그 수직선에서 시장의 정

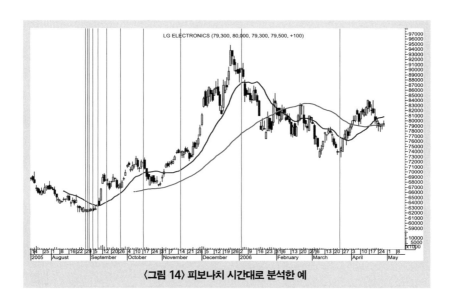

〈그림 14〉 피보나치 시간대로 분석한 예

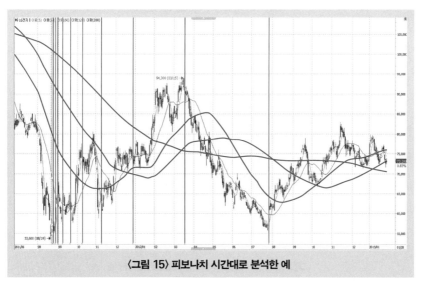

〈그림 15〉 피보나치 시간대로 분석한 예

점과 골이 형성되는 경우가 있다. 경험에 비추어 보아 피보나치 분석기법 가운데 가장 모호한 부분이 이 시간대이다.

▷**피보나치 되돌림(Retracements)** : 매수세력과 매도세력의 힘겨루기에서 만약 매도세력의 힘이 밀리면 가격은 상승한다. 그러나 일시 후퇴한 매도세력은 어느 지점에서 다시 힘을 모아 매수세력에 대항하게 된다. 어제의 친구가 오늘의 적이 되는 것은 증시에서도 역시 마찬가지다.

어제의 매수세력이 이익실현(Profit Taking)을 위해 어느 시점에서 매도세력이 되는 것은 어쩌면 당연한 현상이라고 볼 수 있다. 원군의 힘을 입은 매도세력이 다시 매수세력과 힘겨루기를 벌여 이기게 되면 가격은 다시 얼마간 하락하게 된다.

바로 이렇게 매도세력이 일시적으로 매수세력의 힘을 누르고 가격의 조정을 보

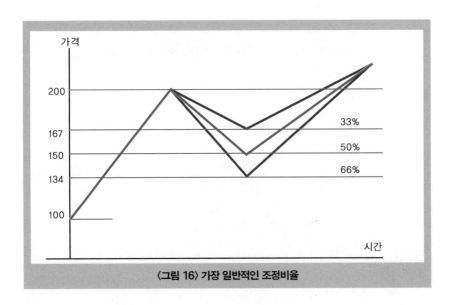

〈그림 16〉 가장 일반적인 조정비율

이는 현상을 되돌림이라고 표현한다. 이러한 되돌림의 비율을 미리 알 수만 있다면 일시적으로 이익실현에 나섰다가 이 비율이 나타내는 시점에 다시 재매수한다면 많은 초과 수익을 올릴 수 있을 것이다. 기술적 분석가들은 되돌림 비율을 밝히기 위해서 많은 연구를 거듭해왔는데, 피보나치 수열이 바로 그 해답을 제시해준 것이다.

〈그림 17〉 피보나치 되돌림비율로 분석한 예(저점에서 작도)

〈그림 18〉피보나치 되돌림비율로 분석한 예(고점에서 작도)

한편 일반적인 되돌림 비율은 어느 정도 선일까. 가장 널리 알려진 되돌림 비율은 50.0%이다. 이는 굳이 '피보나치'의 비율을 떠올리지 않더라도 우리들에게 가장 친숙한 절반(半)의 개념으로서 일상생활에서 많이 사용되는 비율이기 때문이다. 그 다음으로 33%(1/3), 66(2/3) 등이다.

〈그림 17〉과 〈그림 18〉은 유명한 피보나치의 되돌림 비율을 보여주고 있다. 되돌림에서도 정확한 비율을 나타내는 선을 기준으로 삼는 것보다는 지지 영역과 저항 영역에서 다룬 바 있는 영역의 개념으로 이해하는 쪽이 좀 더 합리적인 방법이 될 것이다. 되돌림의 적용방법은 추세선이나 지지선 및 저항선의 적용방법을 준용하는 것이 바람직해 보인다.

▌갠(Gann)이론

갠(Gann)이론은 20세기 초반의 미국 전설적인 트레이더로 알려진 윌리엄 갠(William D. Gann)에 의해 개발되었다. 갠은 평균매매 성공률 80~90%를 기록하였는데 갠 이론은 전통적인 차트 분석 이론을 기본으로 하고 있다. 갠은 미래의 저항과 지지영역으로 작용할 역사적인 고점과 저점을 매우 중요하게 생각했다. 즉 붕괴된 저항선은 곧 지지선이 되고, 지지선이 붕괴되면 저항선이 된다고 생각했다.

갠의 이론은 시간과 가격을 수학적, 기하학적으로 조합한 이론으로 시간 요소와 가격 요소를 정사각형과 기하학적 각도(Geometric Angles)라는 분석틀에 의해 추세를 분석하였다. 다시 말해 갠이론의 핵심은 기하학적 각도를 이용하여 가격과 시간을 동시에 분석하고 가격 반전이 어느 수준에서 일어날 것인가, 그리고 언제 일어날 것인가를 예측하는 데 있는 것이다.

갠은 미래의 추세선과 목표가격을 구하는 방법으로서 아주 특이한 사각형의 모습을 가진 분석도구를 선보였다. 이것이 갠의 카디널사각형(Cardinal Square)이다. 그는 향후 저항영역과 지지영역으로 작용할 가격을 구하기 위한 기준으로 과거에 이미 발생하였던 역사적 고점 및 저점을 이용하였다. 갠은 모든 분석의 출발점이 되는 이 두 점의 선택에 매우 신중을 기했으며, 일단 선택된 이 두 점을 이용하여 카디널사각형이라고 불리는 분석의 틀을 만들어 투자에 활용한 것이 실제의 매매에 있어서 뛰어난 수익을 올린 원천이 되었다.

갠의 시대에는 주가 분석에 개인용 컴퓨터가 사용되지 않은 시대였다. 그는 차트를 작성하기 위해 한 칸이 1인치인 정사각형 모눈종이를 사용하였다. 갠은 차트상 중요하다고 생각되는 역사적 고점이나 저점을 선택하여 이러한 점으로부터 일정한 기준에 의해 수평선과 특정 각도로 그은 추세선을 기하학적 각도라 하였다. 이 기하학적 각도는 시간과 가격과의 관계를 나타내며, 시간 1단위는 가격 1단위와 같음을 의미한다.

갠이론에서 중요한 고점이나 저점에서 시간과 가격의 1대1 대응(영업일수 기준)으로 고점이나 저점에서 대각선을 그리는데 여기서 가장 중요한 선은 45도(1×1) 대각선이다. 갠은 45도선이 추세 분석의 기본이 되는 가장 이상적인 각도라고 보았다. 이 기본적인 각도는 갠의 이론을 적용할 때 모든 비율 분석과 가격 분석, 시간 분석, 추세 분석의 기본이 되는 상승 추세선 혹은 하락 추세선을 구성하게 된다.

즉 가격이 45도선 위에 있으면 추세는 강세에 있고, 45도선 밑에 있다면 약세로 판단하였다. 그러므로 45도선이 붕괴되거나 돌파되면 기존의 추세와 정반대의 추세로 가격이 진행된다(〈그림 19〉 참고).

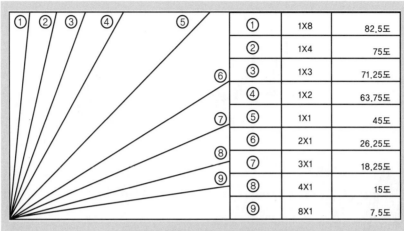

①	1X8	82.5도
②	1X4	75도
③	1X3	71.25도
④	1X2	63.75도
⑤	1X1	45도
⑥	2X1	26.25도
⑦	3X1	18.25도
⑧	4X1	15도
⑨	8X1	7.5도

〈그림 19〉 갠 팬(Gann Fans)의 구성선과 각도

45도 대각선을 중심으로 일정 비율(8등분)의 대각선을 그리면 부채꼴 모양을 형성하는데, 이것을 갠 팬(Gann Fans)이라고 한다. 갠이 1×1선 다음으로 중요하게 생각한 선은 1×2(63.4도)선과 2×1(26.6도)선으로 상승 추세에서는 주요 지지선으로, 하락 추세에서는 주요 저항선으로 작용하게 된다.

각각의 추세선이 돌파되거나 붕괴될 때에는 그 다음에 위치하고 있는 추세선이 새로운 지지선이나 저항선으로 작용한다는 것이 바로 이것이 갠 이론을 구성하는 핵심이 된다.

갠의 시간(Time) 분석을 살펴보자.

갠 이론을 구성하고 있는 두 가지 구성 요소, 즉 시간과 가격 중에서 갠은 특히 시간을 중요시하였으며, 시간을 고려할 때에도 그가 선호한 시간의 주기 및 숫자가 있었다. 왜냐하면 그는 시간이 주가 변동 시 나타나는 추세선의 길이를 결정하고, 가격 반전 예상시점을 결정하는 중요한 요소라고 믿었기 때문이다. 실제로 그 자신

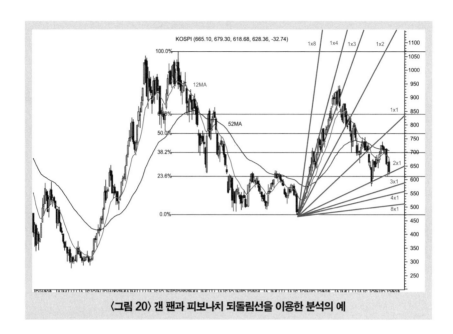

〈그림 20〉 갠 팬과 피보나치 되돌림선을 이용한 분석의 예

이 의미 있다고 여겼던 숫자들을 선정하여 시간을 가격의 움직임과 연동시켜 분석할 때, 가격 변화에 따른 시간의 흐름 및 가격 반전의 주기를 정확하게 예측할 수 있다고 갠은 믿었던 것이다.

갠의 되돌림 비율(Retracement Zone)은 지금부터 '어느 정도' 가격이 변동할 것인가를 알아보고자 하는 것이다. 갠의 가격에 관한 이론은 주로 기존 추세가 진행되는 동안에 추세와는 반대방향으로 움직이는 가격의 반전 현상, 즉 되돌림 현상이 일어날 때 되돌림 비율이 어느 정도가 될 것인지를 구하고자 한다.

되돌림 비율을 어느 선까지 적용할 것인가는 분석하는 사람에 따라 중요하게 여기는 비율이 서로 다르기 마련이다. 엘리어트 파동이론에서는 피보나치 수열의 61.8%와 38.2%를 가장 중요한 비율로 사용하고 있다. 갠의 이론에서도 역시 피보

나치 수열을 사용하고 있는데, 갠은 이에 더해 다우(Dow) 이론에서 조정비율로 중

요하게 여기는 1/3과 2/3를 추가하여 사용하고 있다.

3

추세란 무엇인가

상승장에서 수익을 얻은 것으로 자신의 재능이 뛰어나다고 생각하지는 마라.

-루빈-

상승장에서는 누구나 수익을 낼 확률이 높다. 물론 상승장에서도 손해 보는 투자가들이 있기는 하지만. '하룻강아지 범 무서운 줄 모른다'는 속담이 있는데, 증시에서는 이러한 하룻강아지들이 더러 재미를 보기도 한다. 바로 강세장에서다. 1980년대 말에는 저PER주 열풍을 이끌었던 '대리주가(젊은 영업맨을 총칭)'가 있었다. 과거 조정장세에서의 쓰라린 경험이 없던 대리들이 외국인들이 주도한 저PER주 혁명에 동참하며 주가를 이끌었던 것이다. 1990년대 말엔 이른바 IT혁명이 일어나면서 이번엔 '사원주가'가 있었다. 이들 역시 미국의 주도로 당시 전 세계를 휩쓸었던 IT주 열풍에 동참했다. 대리주가나 사원주가의 이면을 살펴보면 이들은 변화의 초기에 장세 흐름에 편승하여 그 흐름을 주도했다는 면에서 긍정적으로 평가된다. 반면 기존의 기성세대들은 변화의 초기에 변화를 받아들이기가 어려워 급등하는 주가에 거부감을 느끼고 상승장에 동참하기를 거부했다. "오랜 세월 주식에 매달려온 투자가에게 가장 불행한 일은 경험을 많이 쌓은 대신 대담성을 잃어버린다는 것이다"라고 했던 앙드레 코스톨라니의 말을 떠올리게 한다. 이는 또한 행동 재무학(Behavioral Finance)에서 말하는 '변화에의 저항(Resistance Change)'과도 같다. 즉 사람들은 친숙한 것에 집착하고, 사물을 있는 그대로 유지하고자 하는 희한한 속성을 지니고 있다는 것이다. 행동 재무학자는 이를 '현상유지편향(Status Quo Bias)'이라고 부르기도 한다.

01 │ 추세의 기본 개념

기술적 분석과 기본적 분석을 결합시켜 탁월한 성과를 거두고 있는 월스트리트의 유명한 투자자인 윌리엄 오닐은 그의 저서 『성공하는 주식 투자의 5단계 원칙(The Successful Investor)』에서 제일 먼저 '추세 전환에 주목하라'고 말한다. 그는 상승 국면이 어느 정도 진행된 뒤 2~4주 동안 매물 출회가 3~5일 정도 일어나면 하락세로 전환한다는 신호라고 해석한다. 매물 출회란 거래량이 전날보다 크게 늘어나면서 주가는 전날보다 하락하는 경우다. 반대로 약세 흐름 속에서 첫 번째 랠리가 시도된 지 4~7일 사이에 거래량이 갑자기 전날보다 큰 폭으로 늘면서 주요 지수가 눈에 띌 정도로 오르면 상승 추세로 전환되고 있다는 신호라고 말한다.

학자들이 오랜 연구 끝에 밝혀낸 분명한 것은 바로 '주가에는 추세가 있다'는 사실이다. 내리는 가격은 더 내리려 하고, 오르는 가격은 더 오르고 싶어 하는 속성이다. 이는 시장참여자들의 집단심리에 기인한 것으로, 기계가 아닌 사람이 투자를 하는 한 변하기 힘든 진리다. 따라서 상승에 동참하고 하락에는 물러나 있어야 한다. 물론 이러한 것이 말처럼 쉽지는 않다. 아직 추세가 살아 있다고 생각한다면 행동에 나서야 한다. 아울러 오르는 주식을 사는 습관을 지금부터 기르기를 권한다.

프랑스의 철학자 메를로 퐁티는 감각(Sens)은 방향(Sens)을 가지고 있고 의미(Sens)를 지니고 있다고 말했다. 주식시장에서 추세는 방향을 가지고 의미를 지닌다. 추세에 대한 개념은 기술적 분석에 있어 필수적인 개념이다. '언제나 추세에 편승하여 거래하라', '추세에 역행하지 마라' 그리고 '추세는 당신의 친구다'와 같은 투자 격언은 주식 투자자라면 한두 번쯤 들어보았을 것이다.

주가는 일직선으로 움직이는 것이 아니라 흔들리면서 추세를 따라 움직인다. 추세(Trend)는 한마디로 주식시장에서 가격이 일정기간 계속 같은 방향으로 움직이는 것을 말한다. 추세 초기에 매수하고, 추세 말기 또는 추세의 반전을 확인한 후 시장에서 빠져 나오는 것이 성공의 비결이 된다. 주가가 움직이는 모습을 보면 추세 방향을 알 수 있다. 추세 방향으로는 강한 모습을 나타내고 반대방향으로는 약하게 움직이기 때문이다. 상승 추세에 있을 때는 강하게 오르고 약하게 조정하면서 움직이고, 하락 추세에 있을 때는 강하게 내리고 약하게 반등하면서 움직인다. 주식 투자는 주가가 상승 추세에 있을 때 해야 수익을 낼 수 있는데 불행하게도 일반 투자자들은 대개 반대로 움직인다. 주가가 상승하는 동안에는 비싸다는 느낌, 너무 오른다는 느낌이 들어서 살 엄두를 내지 못하다가 정작 주가가 하락 추세로 전환되면 매수하려고 한다. 주가가 강하게 하락하는 모습을 보면 싸다고 생각하기 때문이다.

랠리가 계속되면서 이전에 기록했던 고점을 돌파하고, 곧이어 나타나는 하락세가 이전에 기록했던 저점보다 높은 수준에서 형성된다면 이는 시장의 강세를 알려주는 것이다. 이와는 반대로 랠리에도 불구하고 직전 고점의 돌파에 실패하고, 이어서 나타나는 하락세가 직전 저점을 하회한다면 이는 약세 또는 약세로의 반전을 알려주는 것이다. 이렇게 해서 도출된 추론은 현재 시장이나 주식의 흐름이 2차적인 반등인지 여부를 판단하는 데 유용하고, 기존의 주가흐름이 다시 계속될 것인지, 아니면 변화될 것인지를 예측하는 데도 매우 중요한 판단지표로 사용된다. 추세와 관련해 미국에서 많이 쓰는 '달리는 기차에 올라타기(Jumping onto amoving train)'라는 표현이 있다. 그러나 문제는 모든 사람의 눈에 추세가 확인되었을 때는 추세의 막바지인 경우가 많다는 것이다. 흔히 증권시장에서 쓰는 표현으로 '막차를 탈' 가능성이 큰 것이다.

추세의 확인이 어려운 까닭은 추세를 만들어가는 동안 대부분의 가격 움직임이 일직선이 아닌 갈지(之)자 형태, 즉 지그재그(Zigzag) 형태로 움직이기 때문이다. 가격이 지그재그로 움직이는 가운데 더불어 많은 정점과 골이 형성된다. 상승 추세(Uptrend)는 고점과 저점이 점차 우상향하는 것을 말하며 상승 추세국면이라고 말한다. 반대로 하락 추세(Downtrend)는 저점과 고점이 점차 하락하는 것을 의미하며 하락 추세국면이라고도 표현한다. 추세는 상승, 하락, 그리고 수평의 세 방향을 갖는다. 대부분의 사람들은 시장이나 개별 주식이 항상 상승 추세 아니면 하락 추세로 움직인다고 생각하는 경향이 있다. 잠재적인 추세 형성의 가장 좋은 지표는 추세의 부재이다. 낮이 지나면 밤이 오듯이, 하나의 추세는 추세의 부재로 이어진다. 즉 추세의 부재는 새로운 추세가 형성되고 있다는 가장 좋은 지표이다. 엄밀히 말해 시세는 상승, 하락, 수평 등 세 방향으로 움직인다. 이러한 구분에 주목하자. 왜냐하면 보수적으로 평가하거나 측정치상으로도 적어도 세 번에 한 번 정도는 가격이 '거래 범위(Trading Range)'로 불리는 상태로 움직이기 때문이다. 수평적 움직임의 형태는 공급과 수요가 상대적으로 균형을 이루는 상태인 가격균형기간을 반영한다. 한마디로 단기 상승 및 하락에 대한 호흡조절 국면인 것이다. 비록 평행시장(Flat Market)은 수평 추세를 갖는 것으로 정의하였지만, 이것은 일반적으로 '비추세'라고 불린다. 흔히 주식시장에서는 이러한 비추세를 박스권이라고 부른다. 이와

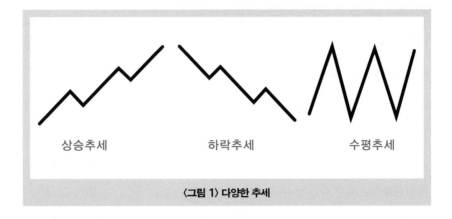

상승추세   하락추세   수평추세

〈그림 1〉 다양한 추세

같이 증시가 아래로도 위로도 움직이지 않는 박스권에 갇히게 되면 '트레이더스 마
켓(Trader's Market)'이 된다.

기술적 분석에서 말하는 박스권이란 일반적으로 두 가지 이상의 주가나 개별 종
목이 2~3주간에 걸쳐 약 5% 범위 내에서 움직이는 주가 흐름을 말한다. 이 같은 주
가 흐름은 상승 또는 하락 후 휴식기 동안에 시장에서 일정한 매물이 출회되고 있
거나, 혹은 일정한 물량 확보가 이뤄지고 있다는 것을 의미한다. 박스권 상단의 저
항선을 돌파해 상승한다면 조정기 동안 물량 확보가 이뤄졌으며 따라서 앞으로도
주가가 더 오를 것이라고 예상할 수 있다.

반면 박스권 하단에서의 지지에 실패하여 지지선을 하회한다면 그동안 단기 이
익실현 또는 실망 매물의 물량 출회가 이뤄졌으며 향후 주가가 더 떨어질 것을 예
상할 수 있다. 그러나 섣불리 박스권을 이탈했다고 결론짓는다면 틀릴 가능성이 높
다. 일단 박스권을 이탈하여도 3일 이내 혹은 3% 이내에서 조정을 받고 다시 박스
권에 복귀한다면 기존의 박스권은 유효한 것으로 판단해야 된다. 이는 '3:3의 법칙'
이라고 말할 수 있는데, 뒤에서 다시 설명하기로 한다.

이러한 박스권을 이용하여 큰 수익을 올린 사람으로는 미국의 니코라스 다비스가 있다. '박스이론 (Box Theory)'으로 불리우는 그의 투자기법은『나는 어떻게 주식시장에서 250만불을 벌었나?(How I made $2,500,000 in the stock market?)』라는 그의 저서에서 발표한 투자이론으로서 주가는 일정한 가격 폭을 왕복하는 습성이 있는데 이를 이용하여 투자수익을 올릴 수 있다는 이론이다. 즉 어떤 주가 수준을 중심으로 주가는 상하 10%라든지 20% 범위 안에서 움직이는 습성이 있는데, 그는 이 범위를 박스라고 하는 것이다.

주가가 상승과정에 돌입하였을 경우 주가가 박스의 상단을 돌파하게 되면 종래의 박스 위에 새로운 박스가 형성된다. 따라서 박스권 상단을 돌파한 시점에서 그 종목을 매입하게 되면 시세차익을 기대할 수 있으며, 반대로 주가가 박스의 하단을 돌파하면 그 아랫부분에 새로운 박스가 형성되며 그 종목을 매각함으로써 손실을 방지할 수 있다는 것이다.

〈그림 2〉 박스권에서의 주가 움직임과 돌파 이후 주가(상승)

대부분의 기술적 도구들과 매매 시스템은 추세에 의존하게 된다. 이는 처음부터 기술적 지표들과 매매 시스템들이 상하로 움직이는 시장을 염두에 두고 만들어졌음을 의미한다. 시장이 이러한 수평 추세, 즉 박스권에 접어들면 이러한 도구들은 일반적으로 잘 들어맞지 않게 된다. 경험이 많지 않은 일반 투자자들이 좌절을 느끼거나 시스템을 이용한 투자자들이 애로를 느끼게 되는 것이 바로 시장이나 주가가 박스권로 움직이고 있을 때이다. 그러나 역으로 노련한 분석가들은 이때를 기회로 삼아 수익을 거둔다.

'브레이크아웃(Breakout)'은 주가가 상대적으로 좁은 범위의 박스권에서 움직이다가 전고점을 꿰뚫어 상승세가 기대되는 경우를 지칭하는 것이다. 여기에는 세 가지 투자 전략을 고려할 수 있다.

첫째, 브레이크아웃을 기대하고 시장에 진입하는 경우이다. 이 경우 매수가격이 낮아 상대적으로 높은 수익률을 올릴 수 있다는 장점이 있지만 주가 조정이 장기화될 경우 손실이 늘어나게 된다.

둘째, 브레이크아웃 발생 시 진입하는 것이다. 이 방법은 성공할 가능성이 높지만 매수가격이 높다는 단점이 있다. 증시 격언 중 '보합시세는 무너지는 쪽으로 붙어라'를 실천에 옮기는 것에 해당할 것이다.

셋째, 브레이크아웃 이후 되돌림 시기에 진입하는 것인데, 이는 보수적인 접근 방법으로 주가가 브레이크아웃 이후 급속하게 상승한다면 궁극적으로 진입기회를 놓칠 수 있다는 문제가 존재한다.

추세는 세 가지 방향을 갖지만, 시간에 따라서도 일반적으로 다음과 같은 세 분류로 나뉜다. 이 세 분류는 주추세(장기 추세), 중추세(중기 추세), 소추세(단기 추세)

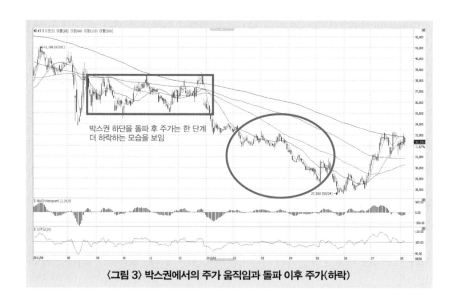

박스권 하단을 돌파 후 주가는 한 단계
더 하락하는 모습을 보임

〈그림 3〉 박스권에서의 주가 움직임과 돌파 이후 주가(하락)

이다. 실제로는 몇 분 또는 몇 시간의 단기추세로부터 50년 또는 100년에 이르는
매우 긴 장기추세에 이르기까지 무수한 추세들이 상호작용을 하며 존재한다. 그러
나 일반적으로 대부분의 기술적 분석가들은 추세를 세 분류로 제한한다.

여기에는 분석가들이 각 추세를 개인의 주관에 따라 어떻게 정의하느냐와 같은
모호성은 존재할 수 있다. 객관적이기 보다는 주관적일 수 있다는 이야기다. 예를
들면 다우이론은 주추세를 1년 이상 지속되는 추세로 분류하고 있다. 그러나 선물
거래자들이 주식 투자자들보다 비교적 단기를 목표로 거래하기 때문에 상품선물
시장에서의 주추세를 6개월 이상 지속되는 것으로 정의한다.

02 | 추세선

영화에는 대체로 공식이 있다. 이를테면 전쟁영화에서 애인사진을 지닌 병사는 꼭 죽는다. 범인은 피해자 주변에서 가장 범인이 아닐 것 같은 사람이다. 형사는 자리에서 쫓겨난 뒤에 사건을 해결하고, 주인공이 천신만고 끝에 상황을 끝내고 나면 경찰이 온다.

마찬가지로 경제에도 나름의 법칙이 있다. 대란설이 돌 때 정작 대란은 없었던 반면 위기가 아니라고 확신할 때가 오히려 위기였던 적이 많았다. 주가도 증권사 객장이 텅 비면 바닥이고, 장바구니를 든 아줌마 부대가 등장하면 상투다. 화불단행(禍不單行)이라 했던가. 증시에서도 하락 국면에선 악재는 홀로 오지 않는다는 것도 거의 공식이다.

추세선은 추세를 분석하기 위해 사용되고 있는 기법 가운데 가장 기본적이고 고전적인 분석기법이다. 오늘날 컴퓨터를 이용한 수많은 기술적 지표들이 등장하고 있음에도 불구하고, 추세선은 절대로 간과되어서는 안 될 중요한 분석기법이다. 차트에 자를 대고 직선을 긋는 것만으로 간단히 추세선을 작성할 수 있으므로 누구나 쉽게 추세를 분석할 수 있다. 하지만 추세선의 작성방법과 그 의미를 정확히 알고 있는 시장 참여자들은 의외로 적다. 추세선은 상승 추세선과 하락 추세선으로 크게 구분할 수 있다. 그리고 이 두 가지 추세선은 시간의 범위에 따라 각각 장기, 중기, 단기 추세선으로 나눌 수 있다.

상승 추세선과 하락 추세선

상승 추세선(Up Trendline)은 차트의 왼쪽에 이미 형성되어 확인된 저점과 그 다음에 나타난 좀더 높아진 저점을 연결해서 그린다. 따라서 이 추세선은 우상향인 양의 기울기를 가진다. 이 추세선은 상승하던 가격이 일시적으로 되돌림을 보이는 경우에도 좀처럼 아래로 돌파되지 않는 경향이 있어 지지추세선(Support Trendline)이라고도 불린다.

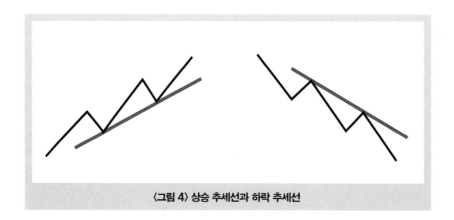

〈그림 4〉 상승 추세선과 하락 추세선

〈그림 5〉 상승 추세선을 이용한 분석

〈그림 6〉 상승 추세선의 붕괴 이용한 매매방법

하락 추세선(Down trendline)은 차트의 왼쪽에 이미 형성되어 확인된 고점과 그 다음에 나타난 좀 더 낮아진 고점을 연결하여 그린다. 따라서 이 추세선은 우하향인 음의 기울기를 가진다. 이 추세선은 하락하던 가격이 일시적으로 되돌림을 보이는 경우에도 좀처럼 위로 돌파되지 않는 경향이 있어 저항추세선(Resistance Trendline)이라고 불린다.

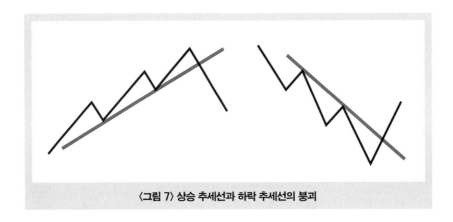

〈그림 7〉 상승 추세선과 하락 추세선의 붕괴

〈그림 8〉 하락 추세선을 이용한 분석

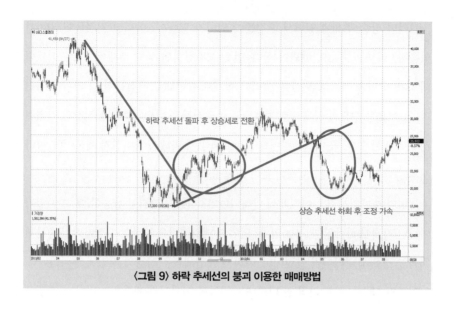

하락 추세선 돌파 후 상승세로 전환.

상승 추세선 하회 후 조정 가속

〈그림 9〉 하락 추세선의 붕괴 이용한 매매방법

추세선 그리기

추세선을 정확하게 그리는 것은 중요하다. 반드시 어떤 추세에는 그에 대한 증거가 있어야 한다. 가령 상승 추세선을 그리기 위해서는 적어도 2개 이상의 저점이 있어야 하며, 하락 추세선을 그리기 위해서는 2개 이상의 고점이 있어야 한다. 앞에서 상승 추세선은 저점들을 이어서 그린다고 하였는데 그 이유는 어디에 있을까?

상승 추세선을 그린다면, 그 방법은 둘 중의 하나가 될 것이다. 즉 저점들을 이어서 시장가격 움직임의 아래쪽에 그리는 방법과 고점들을 이어서 시장가격 움직임의 위쪽에 그리는 방법이 있을 것이다. 이때 추세선을 정확히 그리기 위해서는 추세를 가장 잘 반영하고 있는 점들을 이어서 그려야 한다.

그러면 상승 추세에 있어서 고점들이 의미가 있을까? 아니면 저점들이 의미가 있을까? 이를 두고 고민해봐야 한다. 언뜻 생각한다면 상승 추세이므로 고점들이 더 의미가 있을 것으로 보인다. 그러나 실제로는 반대로 저점들이 더 의미를 가진다. 그 이유는 수요와 공급으로 형성되는 증권시장을 비롯하여 상품시장의 가격결정 과정에서 수요, 즉 매입세력이 공급(매도세력)에 비해서 강력하기 때문이다. 따라서 상승 추세에서는 매입세력이 보다 더 중요하다.

그렇다면 매입세력은 어디에서 나타나는가? 시장의 가격이 상승할 때(고점)인가 아니면 가격이 하락할 때(저점)인가? 당연히 매입세력은 시장의 시장가격이 충분히 하락한 경우에 나타나기 마련이다. 따라서 매입세력은 시장의 저점에서 나타난다. 그러므로 상승 추세를 가장 잘 나타내는 점들을 이어서 추세선을 그린다면, 그것은 보다 더 중요한 매입세력을 잘 나타내어주는 점들, 즉 저점들을 이은 선이어야만 한다는 결론에 도달하게 된다.

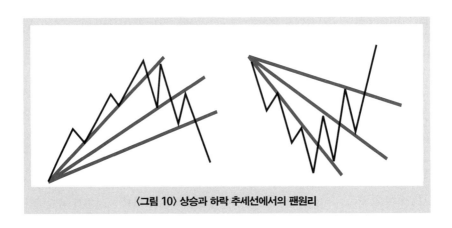

〈그림 10〉 상승과 하락 추세선에서의 팬원리

추세의 중요성에 대하여

추세선은 한마디로 보다 오래 지속되고 시도된 횟수가 많을수록 중요하다. 예를 들면, 여덟 번이나 성공적으로 시도되면서도 계속적으로 그것의 유용성을 입증시켜준 추세선은 세 번 시도된 추세선보다 분명 중요한 의미가 된다. 또한 9개월 동안 지속되는 추세는 9주 또는 9일간 지속된 추세보다도 훨씬 중요하다. 추세선이 중요하면 할수록 그 추세선에 대한 신뢰는 보다 커지고, 이 추세선에서의 돌파와 지지는 더욱 중요해진다.

추세선의 이용과 돌파 시 대응법

추세선은 조정국면의 저점과 고점을 결정하는 데 도움을 줄 뿐만 아니라, 더욱 중요한 것은 추세가 변화하는 시점을 알려준다. 예를 들면 상승 추세에서 피할 수 없는 조정 국면의 일시적인 하락이 종종 상승 추세선에 닿거나 매우 가까이 접근하는데, 거래자의 의도는 상승 추세의 일시적 하락에서 매수하려는 것이기 때문에 이 추세선은 매수영역으로 이용될 수 있는 지지선 역할을 한다. 하락 추세선은 매도 목적의 저항영역으로 이용될 수 있다. 이 추세선이 돌파되지 않은 한 이것으로 매수와 매도 영역을 판단할 수 있다. 추세선의 돌파는 추세가 변한다는 가장 빠른 경고 가운데 하나이다.

다음은 추세선의 돌파에 대하여 알아보자. 추세선을 그릴 때는 하루의 종가만을 이어서 그리면 안 되며, 반드시 하루 중의 모든 시장가격 움직임을 모두 포함하는 가격, 즉 하루 중의 최저점과 최고점이 모두 포함되도록 그려져야 한다.

그런데 실제로 추세선을 그릴 경우, 하루 중의 시장가격이 잠깐씩 추세선을 벗어날 때가 있다. 이때가 기술적 분석가로서는 가장 판단하기 어려운 때인데, 기존의 추세선을 수정하여 다시 추세선을 그릴 것인지 아니면, 잠깐 동안의 일시적인 움직임(False Break-out)으로 간주하여 이를 무시해버릴 것인지를 결정해야 하는 난관에 부딪히게 된다.

이때 가장 최선의 방법은 기존의 추세선과 추세선이 돌파되었다고 했을 때의 새로운 추세선을 같이 그려두었다가 이후의 시장가격 움직임을 관찰하여 이중에서 하나를 선택하는 방법일 것이다.

그런데 일단 추세선을 돌파하여 가격이 움직인다고 하더라도, 그것이 진정으로 추세가 바뀌어 일어나는 것인지 아니면 일시적인 돌파사태에 의한 것으로 조만간 다시 기존의 움직임을 계속 이어갈 것인지를 당장에 판별하기가 매우 어렵다. 이때 과연 기존의 추세에 변화가 일어났는지를 판별하는 기준이 있어야 할 것이다.

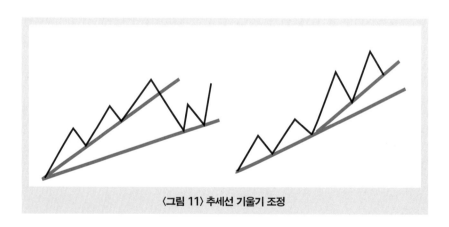

〈그림 11〉 추세선 기울기 조정

〈그림 12〉 추세선 기울기 조정을 이용한 분석의 예(상승)

〈그림 13〉 추세선 기울기 조정을 이용한 분석의 예(하락)

다음의 몇 가지 방법은 추세 변화 여부를 판단하는 데 도움이 될 것이다.

첫째, 종가가 일단 추세선을 돌파한 상태로 형성되었다면, 추세 전환의 가능성이 크다. 그러나 단지 이것만으로는 추세 전환을 판단하는 데 부족하며, 섣불리 추세 전환이라고 판단한다면 손실을 볼 위험 또한 크다.

둘째, 특정 비율 이상으로 가격이 추세선을 벗어나서 형성되고 있다면, 이를 추세전환으로 본다. 예를 들어 5% 이상이라든지, 혹은 그 이상일 경우가 될 수 있다. 그런데 이 비율을 정하는 데에는 주관적인 요소가 개입될 수밖에 없는 것이 사실이다. 이때 비율을 너무 작게 잡으면 사소한 움직임 때문에 대세를 읽는 판단이 흐려질 수 있다. 반면 비율을 너무 크게 정해 두면 추세 전환이 일어난 한참 뒤에야 비로소 이를 감지할 수 있으므로 매매의 적정시기를 놓치게 될 위험이 발생하게 된다. 그러므로 자신만의 오랜 경험으로 이런 약점을 보완하여야 한다.

셋째, 특정 시간이 경과한 이후 추세선이 돌파된 상태로 있다면, 이를 추세 전환으로 본다. 가격이 추세를 돌파한 상태에서 3~4일을 넘어서거나 3~4% 이상 상승해서 계속 거래되고 있다면, 이를 확실한 추세 전환으로 인식할 수 있다.

위에서 말한 것은 물론 추세 전환을 판단하는 기준으로서는 절대적인 것은 아니며, 각자 자기의 경험을 바탕으로 자기 것을 만들어야 한다. 또한 앞서 말한 추세전환의 판단 기준은 저항선이나 지지선이 돌파되었는지의 여부를 판단하는 데도 사용할 수 있다.

03 | 추세대
(Channel Line)

미국 뉴욕을 상징하는 곳 중 하나가 브로드웨이와 7번가가 만나는 타임스퀘어다. 이곳을 중심으로 유명한 뮤지컬이 상영되는 극장과 고급식당들이 몰려 있어 거리는 온통 관광객들로 북적거린다. 타임스 스퀘어를 지나는 브로드웨이를 따라 다운타운 쪽으로 걷다 보면 건물 한 쪽 벽에 전 세계 증권지수와 주요 기업 주가가 실시간으로 표시되는 대형 전광판이 보인다. 여기가 바로 세계 3대 투자은행 중 하나로 꼽히는 모건스탠리 본사 건물이다. 투자은행이 하는 주요 업무 가운데 하나가 딜링이다. 1700평에 3개 층으로 구성된 모건스탠리 딜링 룸에도 전 세계에서 뽑힌 딜러 300여 명이 24시간 교대로 업무를 보고 있다. 전 세계에서 내노라 하는 인재들이지만 이들이 가장 스트레스를 받는 순간은 딜링 룸을 나설 때라고 한다. 딜링 룸 출구에 파란색 바탕에 하얀색 글씨로 '당신은 오늘 돈을 벌었습니까(Have you made money today?)'라는 문구가 커다랗게 적혀있기 때문이다. 그러나 트레이더로서 주식매매를 피할 수 없는 운명이라면 그 자체를 즐기는 것이 더 좋지 않을까. 더불어 여러분도.

주가의 움직임을 봉차트로 나타내고, 시장가격의 움직임에 따라 추세선을 그려 볼 경우, 아래쪽과 위쪽으로 나란히 평행한 추세선이 그려지는 경우가 발생한다. 주가의 변동이 차트상에서 이러한 모습으로 나타낼 때를 채널의 형태를 띠고 있다고 말한다. 이러한 채널을 추세대라고 말한다. 이때 주가의 움직임은 아래, 위로 서로 평행한 두 개의 추세선 안에서만 움직이게 되며, 그 모습이 마치 굴속에서 움직이는 것과 같다고 하여 이러한 채널을 다른 말로 터널이라고도 한다.

추세대는 가격 움직임이 추세선을 따라 일정한 간격 안에서 움직일 때 그려지는 선을 말한다. 즉 가격의 등락이 일정한 채널 안에서 형성되는지를 파악하기 위해 상승국면에서는 상승 추세선과 평행되는 선을 그리고, 하락 국면에서는 하락 추세선과 평행되는 선을 그린다. 〈그림 8〉은 상승 국면과 하락 국면의 추세대 작성방법을 보여주고 있다. 추세대는 주추세선과 보조추세선으로 구성된다. 주추세선(Basic Trendline)은 앞에서 살펴본 바와 같이 상승 추세일 때에는 각각의 저점들을 이어서 그리고, 하락 추세일 때에는 각각의 고점들을 이어서 그리면 된다. 그리고 보조추세선은 주추세선에 평행하게 반대쪽에 그리면 된다.

추세대도 추세선이나 지지선 및 저항선과 마찬가지로 단기, 중기, 장기 차트에서 각각 따로 그려야 한다. 또한 추세대를 그리는 작업도 다른 선들을 그리는 것과 마

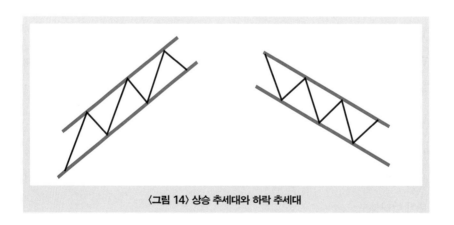

〈그림 14〉 상승 추세대와 하락 추세대

찬가지로 한번 그리면 끝나는 것이 아니다. 기존의 추세대가 더 이상 적용되지 않는다고 판단되는 시점에서는 새로운 추세대를 그려야 할 것이다. 추세대를 이용한 매매할 때의 적용방법은 이미 설명한 추세선의 적용방법을 준용하면 된다.

추세대가 형성되는 것을 봉차트상에서 확인한다면 추세대를 이용하여 거래를 수행하기가 아주 편리하다. 추세대가 나타났다면, 아래쪽이나 위쪽에 형성되는 주추세선과 보조추세선이 돌파되기보다는 시장가격의 움직임이 두 추세선 사이에서 등락을 반복할 가능성이 높아진다. 그러므로 추세가 상승 추세이든 하락 추세이든 관계없이 아래쪽에 형성되는 주추세선과 가깝게 가격이 접근하면 바로 매수에 나선다. 그리고 반대로 가격이 위쪽으로 형성되는 보조 추세선에 접근하면 매도를 하면 된다.

추세대의 중요성은 이러한 단기적인 거래에 적절하게 이용할 수 있다는 점보다는 오히려 추세대가 전개되는 모양으로 미루어 가격과 추세의 움직임을 전체적으로 조망하기가 용이하다는 점에 있다고 할 것이다. 일단 추세대가 형성되어 주가의 움직임이 아래쪽과 위쪽의 추세선 사이에서 이루어진다 할지라도, 궁극적으로는

〈그림 15〉 추세대를 이용한 분석의 예

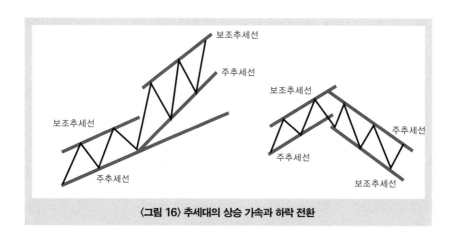

〈그림 16〉 추세대의 상승 가속과 하락 전환

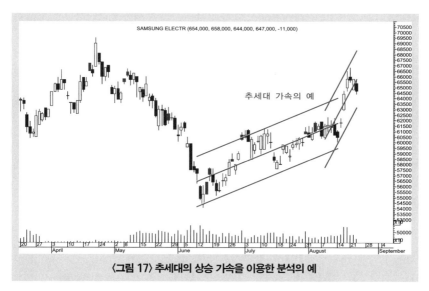

〈그림 17〉 추세대의 상승 가속을 이용한 분석의 예

가격의 움직임이 추세대를 돌파하여 나아갈 것이다. 가격이 상승 추세대의 윗선을 많은 차이로 돌파하는 것은 일반적으로 추세가 강화되면서 새로운 추세가 나타날 것을 암시하는 것이다.

가격의 움직임이 주추세선을 돌파하느냐 아니면 보조추세선을 돌파하느냐는 것은 앞으로의 가격 추이를 예측하는 데 있어 서로 상반되는 의미를 가지며 매우 중

〈그림 18〉 추세대의 하락 전환을 이용한 분석의 예

요한 신호의 하나로 해석되고 있다. 먼저 주추세선이 돌파되는 경우를 살펴보자. 주추세선은 앞서 이야기한 바와 마찬가지로, 추세의 주된 흐름을 대표하고 있다. 따라서 상승 추세는 각각의 저점들을 이어서 그려내고, 하락 추세선은 각각의 고점들을 이어서 그린다. 그러므로 주추세신이 돌파되었다는 것은 현재의 가격의 흐름이 이제는 더 이상 강력한 것이 아니라는 중요한 신호로 작용하게 된다. 주추세선이 돌파되면 대부분의 경우 가격의 흐름은 이제까지의 방향과는 반대의 방향으로 움직이게 된다.

두 번째로 보조추세선이 돌파되는 경우를 생각해보자. 보조추세선은 주추세선과는 평행하게 그려지며 주추세선의 반대쪽에 위치하여 시장가격의 움직임이 더 이상 급격해지는 것을 막아주는 역할을 한다. 그런데 이러한 보조추세선이 돌파되는 경우에는 시장가격의 움직임이 급격해질 것을 예고하는 신호로 해석해야 할 것이다. 따라서 보조추세선이 돌파되었다면 이제까지의 추세는 오히려 더 강화되는 것으로 판단하고 이에 대비해야 한다.

PART

4

이동평균선

하락장은 결코 낮시간에 약속을 한 후 앞문 벨을 누르며 오는 것이 아니고
오히려 밤도둑처럼 모든 사람들이 편히 잠들었을 때 뒷문으로 살금살금 스며든다.
-짐 슬레이터-

월스트리트(Wall Street)에 오래 있었던 사람들은 이동평균선이 대공포병에 의해서 금융시장에 전해졌다고 주장한다. 그들은 이동평균을 제2차 세계대전 당시 적기에 대해서 대공포를 배치하는 데 이용했고, 이것을 다시 가격에 적용시켰다. 이동평균에 대한 초기의 전문가는 리처드 돈치안과 J. M. 허스트이다. 돈 치안은 메릴린치에서 근무했으며 이동평균선의 교차를 이용한 매매 기법을 발전시켰다. 허스트는 이동평균을 『주식거래 시점의 비법』이란 책에서 소개하였다. 앞장에서 추세에 관하여 살펴보았는데, 추세 전환시점을 측정할 수 있는 방법 중의 하나가 1930년대 미국에서 활용된 현재 가격과 과거 주가의 이동평균 간의 관계를 조사하는 것이었다. 미국시장에서 가장 많이 사용되는 이동평균선은 200일선인데, 신문 또는 투자권유서(Investment Letters) 등에서 시장 추세의 중요한 결정 요인으로 자주 언급되고 있다. 이동평균선을 이용한 전략의 신봉자 중 한 사람인 윌리엄 고든(William Gordon)은 1897년부터 1967년까지의 기간에는 다우지수가 이동평균선보다 위에 있을 때 주식을 매수하는 것이 그 반대일 경우보다 7배의 높은 수익을 올릴 수 있었다는 것을 발견했다. 미국시장에서 200일 이동평균선을 이용한 매매 전략을 따르는 투자자들은 1987년 10월 19일의 대폭락도 피해갈 수 있었다고 한다.

01 | 이동평균선의 개념과 장단점

    어렸을 때 일본으로 건너가 결국 일본 바둑을 제패한 조치훈 명인은 '목숨을 걸고 둔다'는 좌우명으로 유명하다. 제한시간 8시간을 모두 써가며 한 수 한 수에 혼을 불어넣으면서 바둑을 두는 그의 모습은 많은 사람에게 큰 감동을 줬다. 그런데 조 명인의 이런 태도에 필적할 만한 투자 철학을 가진 투자자가 있다. 일본 역사상 처음으로 1982년 주식 투자로 소득세 납부 1위에 오른 전설적인 투자자 고레가와 긴조가 그 주인공이다.

    그는 1931년 주식 투자에 입문하기 전까지 도서관에서 3년 동안 필사적으로 경제공부를 했다. 그리고 자신의 투자 성공 비결을 이렇게 설명했다. "목숨을 건 진검승부 자세로 매매한다. 지칠 줄 모르는 철저한 연구와 열의가 탁월한 예측과 결단의 원천이 된다." 어느 날 갑자기 친구가 '이 종목 정말 좋아'라고 속삭이는 말을 듣고 주식을 덜컥 사는 투자자가 우리 주변엔 많다. 이런 투자자라면 고레가와 긴조의 '목숨을 걸고 매매한다'는 진지한 투자 철학을 한 번쯤 되새겨 볼 일이다.

이동평균선(Moving Average)은 모든 기술적 지표 가운데 가장 다양하고 널리 이용되는 것 중의 하나이다. 이동평균선이란 보다 정확한 주가 예측을 위하여 주가 변동의 불규칙성을 제거하고 일정한 기간 내에 변동치를 순차적으로 산술 평균한 값을 해당 분석기간의 값으로 나누어 계산된 평균주가를 선으로 나타낸 것이다. 이러한 이동평균선을 작성하는 이유는 일정기간의 주가 변동 방향을 확인하고 현재의 주가 진행 방향과 어떠한 관계에 있는지를 분석하여 미래의 주가 방향을 예측하고자 하는데 있다.

먼저 이동평균이란 무엇인지 알아보자. 이동평균의 값은 두 가지 요인에 의해 결정된다. 하나는 평균되는 가격이고 하나는 평균을 내는 시간 단위이다. 만약 주식의 3일 단순이동평균을 구할 때, 19, 21, 20으로 끝났다면 이동평균값은 20이 되고 다음날 지수가 22로 마감되었다면 (21+20+22)/3으로 3일 이동평균값은 21이 된다.

단순이동평균(simple MA) = P1 + P2+ …. +Pn / N

P : 평균가격   N : 이동평균이 구해지는 시간

이동평균에는 단순이동평균, 지수이동평균, 가중이동평균이 있다. 이동평균선을 이용하는 장점으로는 계산하기가 편리하고 계산 결과와 모양에 따라서 기계적으로 매수 · 매도 신호를 객관적으로 도출해낼 수 있다는 것이다. 반면 단점으로는 이미 지나가버린 과거 주가를 평균하여 미래의 주가 이동 방향을 분석하려는 후행성(Time-Lag)에 있다.

02 이동평균선의 특징과 종류

처음 주식매매를 하던 시절 "좋은 주식을 사서 주권(株券)을 인출해 액자에 넣어 벽에 걸어 놓아라"는 선배의 충고를 듣고 감동했던 기억이 새롭다. 그러나 귤이 강남에 오면 탱자가 된다는 말처럼 우리나라에서는 통하지 않는다고 대다수 투자자들은 말한다.

정도의 차이는 있지만 미국시장에서도 단타가 더 현명하다는 충고가 상당수 있다고 한다. 우리에게도 장기 투자가 없는 것은 아니다. 샀다가 주가가 떨어져서 손절매도 못하고 결과적으로 오래 보유하게 되어 버리는 경우(이러한 것을 일명 '소금 절이기'라고도 부른다)가 우리나라 장기 투자의 가장 대표적인 동기일 것이다.

주식시장에서의 이동평균선은 전쟁에서 형성되는 전선(戰線)에 비유될 수 있다. 전선에서 피아의 격렬한 공방이 펼쳐지는 것과 마찬가지로 이동평균선에서는 매수 측과 매도 측이 치열한 매매 공방을 펼치기 때문이다.

이러한 이동평균선은 다음과 같은 특징이 있다.

첫째, 추세의 변화를 하나의 값으로 압축해서 나타내므로, 추세의 변화는 이동평균의 변화를 살펴보는 것으로 간단하게 알아낼 수 있으며, 또한 이동평균은 가격 변화에 민감해져 향후 움직임을 예상하는 것보다 상대적으로 여유를 갖고서 가격 움직임을 조망할 수 있다.

둘째, 이동평균선이 단기간으로 구해져서 시장가격의 움직임에 예민하면 예민할수록 추세의 전환을 일찍 일러주지만 반면에 그 정확도는 낮아진다.

이와는 반대로 이동평균선이 장기간에 걸쳐 구해져서 시장가격의 움직임에 둔감하면 둔감할수록 추세의 전환을 알려주는 시기는 늦으나 반면에 예측의 정확도는 높아지면서 신뢰도 또한 높아지게 된다.

우리가 차트를 볼 때 나타나는 주요 이동평균선의 특징은 다음과 같다.

5일 이동평균선

1주일 동안의 평균 매매가격으로 단기 매매선이라고 부른다. 5일 이동평균선은 단기 추세 파악에 중요한 역할을 하며, 데이트레이더와 단기 매매자에게 중요한 기준선이 된다. 현재의 주가 수준과 가장 밀접하게 움직이는 이동평균선으로 5일 이동평균선의 기울기, 현 주가대비 위치, 다른 중장기 이동평균선들과의 관계 등을 살펴보아야 한다.

20일 이동평균선

1개월간의 평균매매가격으로 중기 매매선 또는 심리선이라고 부른다. 또 다른 이름은 생명선이다. 따라서 단기 흐름, 특히 일간 차트에서 20일 이동평균선이 차지하는 비중은 절대적이다. 상승 추세가 살아 있는 종목을 살펴보면 아직까지 20일 이동평균선을 주요 지지선으로 하는 움직임이 이어지고 있음을 볼 수 있을 것이다. 이러한 주식들은 일반적으로 시세의 연속성이 있고 왠만해서는 상승 흐름이 꺾이지 않은 이른바 '다이하드(Die Hard)' 주식인 것이다(〈그림 3〉).

몇 년 전까지 해마다 크리스마스가 되면 거의 의무적으로 보던 영화가 〈다이하드(Die Hard)〉 시리즈였다. 영화를 보면 주인공인 존 맥크레인(브루스 윌리스 분)이 죽을 듯 죽지 않으면서 끝까지 살아남는다. 상승 추세가 지속적으로 이어지는 종목을 보면 영화 〈다이하드〉의 주인공처럼 20일 이동평균선이 결코 무너지지 않는데 착안하여 이렇게 이름을 붙여 보았다. '다이하드(Die Hard)' 주식이란 이름으로 이와 관련된 자료를 발표하였을 때 시장에서의 반응이 꽤 괜찮았던 기억이 있다. 한편 20일 이동평균선에서의 기울기는 현 주가 흐름의 방향을 나타내는 지표로 추세를 나타내는데 상승 기울기인지, 하락 기울기인지 혹은 횡보세인지에 따라 전략을 달리 세워야 한다.

60일 이동평균선

3개월간의 평균매매가격으로 중기적 추세선, 수급선이라고 부른다. 주가와 5일, 20일 이동평균선이 60일 이동평균선 위에 위치하고 있으면(정배열 상태), 하락 조정 시 60일 이동평균선이 주요 지지선 역할을 하게 된다. 중기적으로 하락하던 주가가 상승 추세로 전환이 이루어진 후에는 일반적으로 바닥권에서 5일 이동평균선과 20일 이동평균선 간에 단기 골든크로스가 발생하게 된다. 이때 주가가 바닥을 친 것으로 확신하고 추격 매수에 나섰다가 낭패를 보는 경우가 종종 있다.

바닥권에서는 나타나는 단기 골든크로스는 낙폭 과대에 따른 일시적인 반등인 경우가 많기 때문이다. 본격적인 상승의 여부는 수급선인 60일 이동평균선의 돌파에 달려 있다. 이를 확인하고 매수에 나서도 늦지 않다. 상승 추세로 이어지기 위해서 시세의 연속성이 담보가 되어야 한다. 보통 기관이나 외국인 등 매수 주체들의 매수가 이어지지 않는다면 시세의 연속성을 기대하기 힘들다.

시세의 연속성을 눈으로 확인하게 해주는 것이 바로 60일 이동평균선의 돌파이다. 이러한 측면에서 60일 이동평균선을 수급선이라고 부르는 것이다. 대표적인 사례로 코스닥지수가 2002년에서 2004년에 이르는 동안 60일 이동평균선이 주요 저항선으로 작용하면서 번번이 상승세로의 전환에 실패하였다. 60일 이동평균선은 상승(하락) 추세로 전환할 때마다 중요한 기준이 되는 이동평균선이다. 주가는 일반적으로 펀더멘털을 따라 움직이는 경향이 강하다. 실적이 좋고 향후에도 긍정적인 경우 주가가 큰 시세를 내는 경우가 많다. 그러나 뚜렷한 펀더멘털의 변화 없이 수급 상황에 의해 주가가 상승하는 경우가 있다. 이럴 경우 투자자들은 수급호전이 마무리될 때까지 흐름을 타는 것이 바람직하다. 특히 유동성이 풍부해 증시로 자금이 밀려올 때에는 웬만한 악재에도 주가는 내리지 않는 경향이 있다. 주식시장에서 주가를 결정하는 요인은 수급이 7할이고 재료는 3할 정도밖에 역할을 하지 못한다는 것을 명심해야 한다.

120일 이동평균선

6개월간의 평균 매매가격으로 장기적 추세선, 경기선이라고 부른다. 일반적으로 주식은 경기보다 6개월 정도 선행하는 것으로 알려져 있는데 이러한 것을 반영하는 이동평균선이라는 의미로 해석될 수 있을 것이다. 주요 지수가 중장기적으로 본격적인 상승 랠리로 접어들었는가를 판단하는 1차 신호가 바로 120일 이동평균선의 돌파이다. 반면 주요 지수 및 주가가 120일 이동평균선을 하회하였다면 중장기적인 측면에서 기존의 추세를 의심해봐야 한다. 120일 이동평균선 역시 기울기를 통해 현 시장의 전체적인 흐름을 분석하게 된다. KOSPI의 경우 1990년 이후 나타난 대세 상승 국면에서 120일 이동평균선에서의 지지력이 확인되면서 상승세가 강화되었다.

03 | 이동평균선을 이용한 분석 방법

유행에 민감한 주식시장에서 성공하려면 무엇보다도 주도주 발굴이 중요한데 주도주 발굴기법 중 하나가 신고가 종목을 찾는 것이다. 월스트리트의 투자 격언 중 '새로운 시세를 사라'는 말과 같은 의미이다. 이러한 방식을 선호하는 투자자 가운데는 오로지 신고가 돌파 종목을 통해 유망종목을 발굴하는 경우도 있다고 한다. 매우 단순한 전략이라고 생각할 수 있지만 의외로 성공할 확률이 꽤 높은 것으로 알려지고 있다. 어떤 종목이 신고가를 돌파한다는 것은 그 기업에 무엇인가 굉장한 일이 이뤄지고 있다는 것을 의미하므로 신고가 찾기는 단순하지만 효과적인 투자 전략이 될 수 있기 때문이다. 아울러 신고가가 갱신될 때에는 수급여건 개선도 함께 이뤄지는 경우가 많으므로 이 역시 기억할 필요가 있다.

이동평균선은 단기·중기·장기 이동평균선으로 분류되며, 각각의 특성에 따라 주가의 지지선이나 저항선의 역할을 수행한다. 이동평균선을 이용한 주가 예측방법은 이동평균선과 주가와의 이격도 분석이 주를 이루며, 이동평균선을 이용한 주가 예측 방법으로는 방향성 분석, 배열도 분석, 지지선 분석, 저항선 분석, 연관성 분석, 크로스 분석 그리고 밀집도 분석 등이 있다.

방향성 분석

방향성 분석이란 각각의 이동평균선이 상승 중인지, 하락 중인지를 분석하는 방법으로 통상 상승장세에서는 5일 → 20일 → 60일 → 120일 이동평균선 순서로 상승 방향이 전환되며 하락 장세에서도 마찬가지로 단기 → 중기 → 장기 이동평균선 순서로 하락을 시작하게 된다.

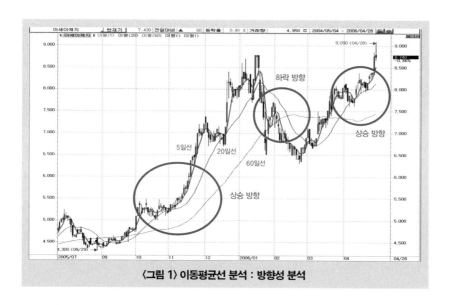

〈그림 1〉 이동평균선 분석 : 방향성 분석

배열도 분석

정배열과 역배열 상태를 분석하는데, 정배열이란 '현재 주가 → 단기 이동평균선 → 중기 이동평균선 → 장기 이동평균선'의 순서로, 위에서부터 아래로 배열된 상태를 말하며 역배열은 반대의 경우를 말한다. 주가의 움직임은 일반적으로 '정배열(주가 상승) → 역배열 전환(주가 하락 전환) → 역배열(주가 하락) → 정배열 전환(주가 상승 전환) → 정배열(주가 상승)'의 과정으로 순환한다.

〈그림 2〉 이동평균선 분석 : 배열도 분석

지지선 분석

주가가 상승 중일 때에는 단기 · 중기 · 장기 이동평균선을 지지선으로 상승하게 되나, 하락 반전될 때에는 이동평균선을 차례로 하향 이탈하게 된다. 이를 이용한 분석을 지지선 분석이라고 한다. 지지선 분석을 할 때에는 단기 · 중기 · 장기 이동평균선의 각 특성을 잘 파악하여 비정상 거래로 인한 일시적인 속임수(whipsaw : 휩소)를 예방하고 수익률을 극대화시켜야 한다.

〈그림 3〉은 고려아연의 일간 차트인데, 20일 이동평균선을 주요 지지선으로 하여 안정적인 상승 흐름을 보이고 있다. 2006년 1월과 2월에 일시적으로 20일 이동평균선을 하회한 것을 볼 수 있다. 여러분이 고려아연을 보유한 투자자라면 과연 그 상황에서 어떻게 행동했을까. 결과적으로는 팔지 않는 것이 정답이다. 그러나 현재 진행 중인 시장의 상황에서도 여러분은 인내할 수 있을까. 일반적으로 20일 이동평균선은 생명선이자 심리선이기 때문에 하회 시 매도에 나서는 것이 바람직하다고 알려져 있다. 이는 교과서적인 이론이며 실제로 매매를 하다보면 그렇지 않은 경우가 많다.

2006년 1월과 2월 20일 이동평균선 하회 시 곧바로 매도에 나섰다면 어떻게 됐을까. 이러한 상황에서 적용할 수 있는 것이 바로 '3:3의 법칙'이다. 20일 이동평균

〈그림 3〉 이동평균선 분석 : 지지선 분석

선을 하회했지만, '3일 이내' 그리고 '3% 이내'의 아름다운 조정으로 조정이 마무리 된다면 기존의 상승 추세는 유효한 것으로 볼 수 있으며 이 범위에서의 조정은 감 내할 수 있어야 한다는 것이다. 또한 시장 외적인 요인으로 하락하는 경우 '4:4의 법 칙'도 적용할 수 있을 것이다.

앞서 살펴본 것같이 이동평균선에서의 지지에 실패했을 경우 곧바로 매도에 나 선 투자자들은 교과서적인 이론에 너무 충실했거나 실제 매매에서의 '3:3의 법칙' 을 몰랐던 투자자일 것이다. 그것도 아니라면 행동재무학에서 말하는 '기분 효과' 에 취한 투자자들일 것이다.

'기분 효과(Disposition Effect)'란 미국 산타클라라 대학에 있던 허쉬 세프린과 메 이어 스탯먼이 1985년에 명명한 것으로서, 하락세인 주식을 너무 오랫동안 움켜쥐 고 상승세인 주식을 너무 일찍 팔아버리는 경향을 말하는 것이다. 대개 사람들은 하락세인 주식을 팔아 손실을 확정하기보다 상승세인 주식을 팔아 확실한 이익을 손에 넣는 편을 훨씬 더 선호한다. 하지만 일반적으로는 하락세인 주식을 팔고, 상 승세인 주식을 오래 가지고 있는 편이 이치에 맞다.

저항선 분석

주가가 하락중일 때에는 단기 · 중기 · 장기 이동평균선이 차례로 저항선이 되 어 주가가 하락하게 되나 상승 반전할 때에는 각 이동평균선을 차례로 상향돌파하 면서 주가가 상승하게 된다. 이러한 분석법을 저항선 분석이라고 한다.

2006년 1월 이후 60일선이 주요 저항선으로 작용

60일선

20일선

5일선

〈그림 4〉 이동평균선 분석 : 저항선 분석

크로스 분석

이동평균선 분석 중에서 가장 널리 알려진 분석 방법으로, 단기 이동평균선이 장기 이동평균선을 아래에서 위로 상향 돌파하는 골든크로스와 단기 이동평균선이 장기 이동평균선을 위에서 아래도 하향 돌파하는 데드크로스가 있다.

일반적으로 골든크로스는 매수 신호로 데드크로스는 매도 신호로 알려져 있으며, 일반적으로 크로스 분석에서는 5일 이동평균선, 20일 이동평균선 그리고 60일 이동평균선을 사용하여 매수·매도시점 판단을 하고 있다.

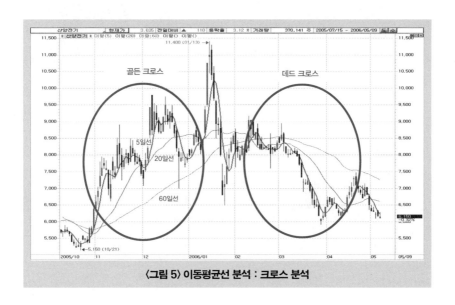

밀집도 분석

장기 · 중기 · 단기 이동평균선 사이의 서로 분리된 거리와 밀집도 그리고 집중되거나 분산되면서 주가가 상승하고 하락하는 순환 과정을 통하여 주가의 매매시점을 판단하는 분석기법이다. 일반적으로 이동평균선 간격이 멀어질수록 기존 추세가 계속되고 멀어지던 간격이 좁혀지기 시작하면 추세 전환이 가까워짐을 예고한다. 각 이동평균선이 한 점에 모이게 되는 시점이 시세의 급반전을 가져온다.

〈그림 6〉의 하이닉스 일간 차트를 보면 2005년 12월 주요 이동평균선이 한 점에 모인 후 급등하는 모습을 보였다. 이와 같이 바닥권에서 이동평균선이 한 점에 모이게 되면 급등하는 양상을 나타낸다. 따라서 바닥권에 있는 주식 가운데 주요 이동평균선이 한 점에 모이는 형태를 보이는 것은 관심을 가지고 봐야 할 것이다.

〈그림 6〉 이동평균선 분석 : 밀집도 분석(상승)

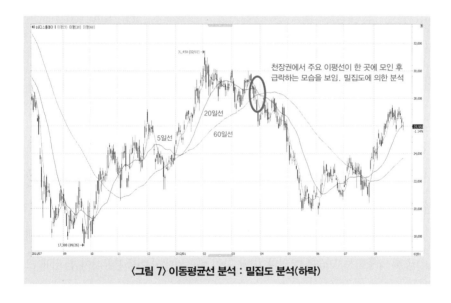

〈그림 7〉 이동평균선 분석 : 밀집도 분석(하락)

〈그림 7〉의 LG디스플레이 일간 차트를 보면 2012년 3월 말에 주요 이동평균선이 한 곳에 모인 후 급락하는 모습을 보였다. 〈그림 6〉의 사례와는 반대로 이와 같이 천장권에서 주요 이동평균선이 한 곳에 모이면 지수가 조정을 보이면서 추가로 하락할 가능성이 매우 높다. 따라서 천장권에서 주요 이동평균선이 한 곳에 모이면 추가 조정의 가능성을 열어 놓고 시장 대응에 나서야 한다.

연관성 분석

주가와 장기 · 중기 · 단기 이동평균선은 각기 서로 밀접한 상관관계를 가지고 있어, 하락 말기와 상승 초기에 이들 각 이동평균선들의 전환 과정을 잘 살펴보면 상승 초기에 이와 같은 종목들을 선별할 수 있게 된다.

〈그림 8〉 이동평균선 분석 : 연관성 분석

04 | 이동평균선을 이용한 매매시점의 포착

어느 날 오후 케네디는 구두를 닦기 위해서 뉴욕에 있는 자신의 사무실을 나섰다. 그는 자신의 구두를 닦던 소년으로부터 투자할 만한 주식을 추천해달라는 부탁을 받고 깜짝 놀란다. "주식 투자의 광풍이 이 정도라면······." 그는 사무실로 돌아오자마자 모든 주식을 팔아치우고 현금화했다. 얼마 뒤 뉴욕 증시는 대폭락했고 대공황이 세계 경제를 덮쳤다. 1929년 대공황에서 유일하게 살아남은 이 주인공은 전 미국 대통령인 존 F. 케네디의 아버지인 조지프 케네디다. 자신이 주가 조작세력이었으면서도 뉴욕증권거래소(SEC) 초대이사장을 지내기도 한 그는 주식거품 붕괴를 정확히 예측해 대공황 속에서도 1,000만 달러를 버는 신화를 남겼다.

이동평균선을 이용해 매매시점을 포착하는 방법에는 여러 가지가 있다. 그중에서도 가장 유명한 것이 그랜빌의 8법칙, 이격도, 골든크로스와 데드크로스가 있다.

그랜빌(J.E.Granville)의 8법칙

40여 년 전에 만들어진 이 법칙을 오늘날에도 그대로 적용한다는 것은 현실적으로 맞지 않을 수도 있다. 그러나 최소한 이 법칙 속에 나타나 있는 이동평균선의 역할은 참고할 만한 가치가 있어 보인다. 한마디로 주가와 이동평균선 간의 움직임으로 매수·매도 신호를 파악하는 법칙이다. 주로 단기추세선인 20일 이동평균선을 많이 이용하는데, 장기 매매보다는 단기 매매에 유용하다.

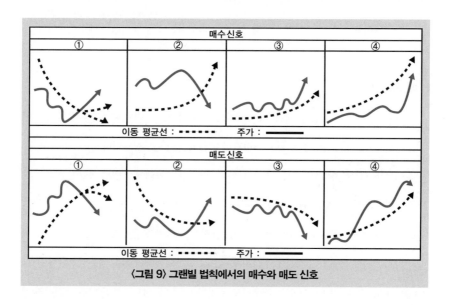

〈그림 9〉 그랜빌 법칙에서의 매수와 매도 신호

매수의 4법칙

① 이동평균선이 하락세에서 벗어나 횡보하는 상황에서 주가가 이동평균선을 상향 돌파할 때, 하락하던 이동평균선의 횡보는 주가가 반등한다는 의미이다.

② 주가가 상승세인 이동평균선을 하향 돌파하는 것은 하락 장세에서의 매수신호이다. 이

동평균선의 하향 돌파는 조정이 마무리단계에 이르렀다는 의미이므로 매수신호로 받아들인다.

③ 이동평균선을 향해 하락하던 주가가 하향 돌파를 하지 않고 다시 상승하면, 주가는 하락하고 있으나 평균선이 주가 하락을 방어해주는 지지선 역할을 하고 있다는 것으로 해석한다. 따라서 주가가 이동평균선에 접근할 때가 매수신호가 된다.

④ 이동평균선보다 낮은 주가가 급락한 후 이동평균선으로 접근하는 모습이다. 즉 이동평균선에서 멀어졌던 주가가 다시 이동평균선으로 다가서고 있는 모습을 나타낸다. 이동평균선과 주가와의 거리가 멀어진 상태라면 한편으로 다시 가까워질 가능성이 높다는 것을 의미한다. 이는 주가가 이동평균선으로 회귀하는 성향을 이용한 매수신호이다.

매도의 4법칙

① 이동평균선이 상승한 후 제한적인 움직임을 보이다가 마침내 하락 전환하고 주가가 위에서 아래로 이동평균선을 뚫고 내려가면 이는 중요한 매도신호이다.

② 이동평균선이 하락하고 있는데 주가가 이동평균선을 아래에서 위로 상향 돌파하여 상승했다면 매도신호로 해석한다.

③ 주가가 이동평균선보다 밑쪽에서 이동평균선을 향하여 상승했으나, 이동평균선에 미치지 못하고 돌파하기 직전에서 다시 하락으로 전환되었다면 이는 매도신호이다.

④ 이동평균선이 상승하고 있는 경우라도 주가가 이동평균선으로부터 멀리 동떨어진 경우라면, 이동평균선을 향하여 자율적으로 하락할 가능성이 높아지므로 이를 매도신호로 해석한다.

골든크로스와 데드크로스

골든크로스(Golden Cross)와 데드크로스(Dead Cross)는 일본에서 만들어진 용어로, 월스트리트에서는 기술적 분석가들에 따라 상향 돌파를 낙관적 크로스(Bullish-Cross)로 하향 돌파를 비관적 크로스(Bearish-Cross)로 부르기도 한다.

골드크로스는 단기 이동평균선이 장기 이동평균선을 밑에서 위로 치고 올라가면서 만나는 때를 말하는 것이다. 일반적으로 이 순간을 강력한 매수신호로 해석한다. 단기 이동평균선이 장기 이동평균선을 상향 돌파하려면 단기 이동평균선이 상승해야 한다. 이는 단기적으로 주가가 좋다는 이야기이다. 즉 단기 상승 추세가 지속된다는 것을 전제로 골드크로스는 매수신호로 간주되는 것이다.

이때 거래량의 변화에도 주목해야 한다. 거래량 증가는 강력한 매수신호가 되기 때문이다. 강력한 매수신호라는 것은 결국 강세장으로 전환될 가능성이 높다는 의미이다. 데드크로스는 반대로 단기 이동평균선이 장기 이동평균선을 위에서 아래로 뚫고 내려가는 모습을 말한다. 즉 단기 이동평균선이 하락하고 있다는 것이다. 따라서 데드크로스는 단기 하락 추세가 이어진다는 전제로 약세장으로의 전환신호로 받아들여지고 있다. 데드크로스일 때의 거래량 추이를 보면 대체로 감소하는 모습을 나타내게 된다.

앞에서 지적한 것과 같이 일반적으로 골드크로스는 강세장의 전환신호로 해석한다. 그런데 일반적인 이론과는 달리 골드크로스가 발생한 후 곧바로 주가가 오르기는커녕 오히려 떨어지는 경우가 흔히 발생한다. 이는 단기 상승에 따른 반작용이다. 단기간에 주가 상승을 의식한 경계 매물이 출회되기 때문이다. 또 주가가 오른 만큼 매매 차익을 겨냥한 차익 매물도 이때 나오게 된다. 그래서 단기 반락하는 경우가 종종 발생한다. 이러한 현상은 특히 약세장에서 자주 나타난다.

따라서 약세장에서 나타나는 골든크로스는 오히려 매도신호가 될 수 있음에 주목해야 할 것이다. 코스닥지수의 2004년 6월 7일 이후의 모습을 보면 이러한 사실을 확인할 수 있다. 데드크로스의 경우도 마찬가지다. 그러나 골드크로스의 반락처럼 반등세가 자주 일어나지는 않는다.

결론적으로 이러한 크로스 분석에도 진짜와 가짜가 존재함에 주목해야 한다. 진짜 골든크로스와 진짜 데드크로스는 상승하는 장기 이동평균선을 단기 이동평균선이 밑에서 위로 상향 돌파하는 것과 하락하는 장기 이동평균선을 단기 이동평균선이 위에서 밑으로 하향 돌파하는 것이다.

반면 속임신호인 가짜 골든크로스와 가짜 데드크로스는 하락 상태에 있는 장기 이동평균선을 단기 이동평균선이 상향 돌파하는 것과 상승 상태에 있는 장기 이동평균선을 단기 이동평균선이 위에서 밑으로 하향 돌파하는 것으로 각각 나타난다. 따라서 교과적인 내용보다는 실전 분석을 통해 속임수인지 아닌지를 판단하는 것이 필요하다.

KOSPI의 경우 대세 상승기에 120일 이동평균선은 상승하고 있는 가운데 20일 이동평균선이 60일 이동평균선을 하회하는 데드크로스가 발생하는 경우를 종종 볼 수 있다. 이러한 데드크로스는 오히려 조정의 마무리 신호로 해석되어 저가 매수 타이밍으로 활용돼야 했었다. 시황을 판단하는 데는 120일 이동평균선과 240일 이동평균선의 간의 장기 골든크로스도 중요하다. 이럴 경우 단기, 중기, 장기 이동평균선이 정배열 상태가 되기 때문이다.

KOSPI에서 1990년 이후 2000년대 중반까지 이러한 장기 골든크로스는 9번이 있었으며, 이 경우 중장기 추세의 강화를 알려줌과 동시에 상당 수준 상승세가 진행된 데 따른 단기 숨고르기가 나타났었다. 이 숨고르기 국면이 역시 매수 기회인 것이다.

<그림 10> 120일선과 240일선 간의 데드크로스

〈그림 10〉은 KT의 일간 차트이다. 120일선과 240일선 사이에 데드크로스가 발생하고 중기적으로 추세가 전환됨을 알 수 있다. 물론 120일선과 240일선 사이에 데드크로스 발생 후 추세가 바로 꺾이는 것은 아님을 알 수 있다. 주식 속담에 주식은 무릎에 사서 어깨에 팔라는 말이 있는데, 120일선과 240일선의 데드크로스 발생 시점이 바로 어깨에 해당하는 부분이 될 수 있다. 좀 더 정확한 고점을 위해서는 20일선에 주목할 필요가 있다. 상승 추세에서 20일선을 하회하는 순간이 바로 매도 시점이 되기 때문이다.

이격도(Disparity)

이격도란 주가와 이동평균선 간의 간격을 말하는 것이다. 즉 '가격이 이동평균선과 어느 정도 떨어져 있는가' 하는 괴리율을 나타낸 것이다. 주가를 이동평균선으로 나눠 백분율하며 단위는 %(퍼센트)이다. 이격도가 100%를 웃돌면 주가는 평균선보다 높은 것이고 100%를 밑돌면 주가는 이동평균선보다 낮은 것이다. 그랜빌의 법칙은 단순히 도형을 보고 매매신호를 판단하는 것에 반해 이격도는 간격 정도로 매매신호를 파악한다는 점에서 차별화된다.

일반적으로 20일 이동평균선에 의한 이격도를 많이 사용하기 때문에 통상적으로 이격도는 20일 이격도를 말하는 것이다. 20일 이격도에 의한 일반적인 매매신호는 100을 기준으로 하여 상하 5%로 나타낸다. 20일 이격도가 105% 이상이면 매도신호로 받아들이고, 반대로 95%를 밑돌면 매수신호로 간주한다. 60일 이격도는 상하 10% 이상 변할 때 매매시점으로 본다. 110%를 넘어서면 매도신호, 90%를 밑돌면 매수신호가 된다. 120일 이격도는 상하 15%를 기준으로 115%와 85%가 각각 매도와 매수신호로 해석한다.

앞서 지적한 이격도에 의한 매매시점 파악은 일반적인 것이며 장세에 따라 이격도를 탄력적으로 적용할 수 있다. 강세장에서 20일 이격도의 경우 108%까지 오른후 다시 좁혀 드는 경우가 흔하다. 반대로 약세장에서는 92%까지 이격도가 벌어진후 반등이 오기도 한다. 장세에 따라 60일 이격도와 120일 이격도 역시 (+), (−) 3%포인트를 추가해 매매시점을 낮추거나 높여볼 수 있다. KOSPI는 2005~2006년의경우 20일 이격도가 통상 94~106의 범위에서 움직였기 때문에 이러한 것을 참고로 하여 시장 대응에 나설 수 있다(〈그림 11〉). 시장전략가들은 대부분 기본적 분석에 의해 시장을 분석한다. 시장전략가들이 이따금 기술적 분석을 통해 시장 상황을언급하는데 이때 자주 인용하는 것이 바로 이격도 수준이다.

이격도 = (종가 / N일 종가 이동평균)X100

〈그림 11〉 20일 이격도의 움직임으로 분석한 KOSPI

〈그림 12〉 60일 이격도의 움직임으로 분석한 KOSPI

20일 이격도와 함께 가장 비번하게 사용되는 것이 60일 이격도이다. 〈그림 12〉는 KOSPI의 2011~2012년 움직임과 이를 60일 이격도를 통해 분석한 것이다. 60일 이격도는 95~107 사이에서 움직였고, 대부분 이 구간에서 의미 있는 저점과 고점을 형성했다. 예외적인 구간도 있다. 2012년 5월의 급락 구간에서는 일반적으로 움직이던 구간 아래에서 저점이 형성되었음을 알 수 있다. 89.50까지 하락하였는데, 이렇게 급락할 때는 일반적으로 움직이던 범위를 넘어서는 순간부터 분할 매수에 나서는 것이 바람직하다. 급락 이후에는 반등 시 주가 복원이 강하기 때문에 저점에 맞춰 주식을 매수하기가 어렵기 때문이다.

05 | 이동평균선을 이용한 매매 전략

주가의 움직임은 마치 우리가 커다란 산을 오를 때 느끼는 전망의 변화와 같다. 멀리서 접근할 때 산은 지구표면 위에 솟아난 하나의 단단한 바위처럼 보인다. 이는 주가의 움직임을 장기 또는 월간 차트로 보는 것과 같다. 그러나 우리가 산에 좀 더 가까이 접근하게 되면 쓸모없는 바위 혹은 나무들로 뒤덮여 있음을 보게 된다. 이는 주가 흐름을 주간 차트로 보는 것에 해당한다.

다음으로 케이블카를 타고 산에 오를 때 우리는 초원과 여러 가지 야생동물들을 목격하게 된다. 이는 주가의 단기 또는 일간 차트를 관찰하는 것에 해당한다. 즉 단기 차트를 통해 장기 차트에서는 상상으로만 가능한 주가의 변동 모습을 직접 관찰할 수 있다.

이상의 세 가지 관찰들 중 어느 하나도 개별적으로는 우리에게 산의 참된 전체 모습을 보여주지는 못하나 그 나름대로 서로 다른 산의 모습을 제공해준다.

한 가지 이동평균선을 이용할 때

주가와 한 가지 이동평균선만을 이용하는 가장 간단한 매매로서 주가가 이동평균선을 상향 돌파하면 매수신호로, 반대로 주가가 이동평균선을 하향 돌파하면 매도신호로 판단하는 매매기법이다.

〈그림 13〉 한 가지 이동평균선을 이용한 분석

두 가지 이동평균선을 이용할 때

단기 이동평균선은 매매시점 포착에 중·장기 이동평균선은 추세 파악에 주로 이용된다. 단기 이동평균선일수록 주가의 변동에 민감하게 반응하여 시세의 전환을 가장 빨리 나타내주는 장점을 갖고 있다. 이와 반대로 중·장기 이동평균선은

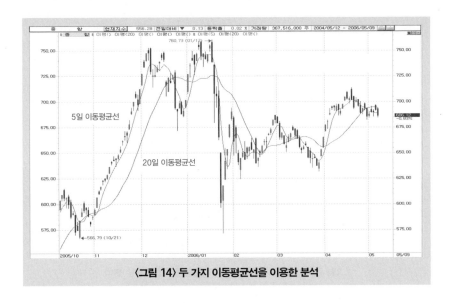

〈그림 14〉 두 가지 이동평균선을 이용한 분석

추세 변동은 늦게 나타내주는 단점이 있지만 미세한 주가 변화에 거의 영향을 받지 않기 때문에 중·장기적 관점의 추세를 확인하는 데 신뢰할 수 있다는 장점을 갖고 있다.

세 가지 이동평균선을 이용할 때

세 가지 이동평균선은 기간에 따라 단기, 중기, 장기 이동평균선으로 구분한다. 각 이동평균선의 특징으로는 기간에 따라 주가 움직임에 대한 반응이 달라진다는 데 있다. 단기 이동평균선일수록 주가 움직임에 가장 빨리 밀접하게 움직이고 그 다음으로는 중기 이동평균선이다. 마지막으로 장기 이동평균선이 가장 늦게 움직이게 된다.

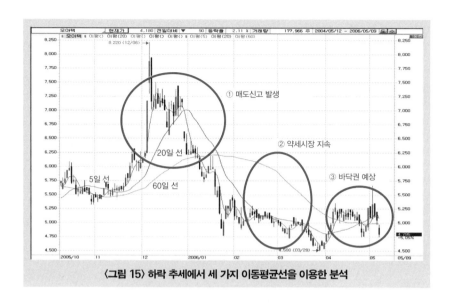

<그림 15> 하락 추세에서 세 가지 이동평균선을 이용한 분석

하락 추세에서의 투자 전략

① 단기 이동평균선이 위에서 아래로 중·장기 이동평균선을 급속히 하향 돌파할 경우에
는 매도 신호이다.

② 위로부터 장기선, 중기선, 단기선, 주가의 순서로 역배열되어 나란히 하락 중일 경우에
는 약세 시장이 지속될 가능성이 높다.

③ 단기, 중기, 장기 이동평균선의 역배열 상태가 상당 기간 지속된 이후 단기 이동평균선
이 더 이상 하락하지 못하고 상승하기 시작하면 이는 바닥권이 예상되는 시점이다.

상승 추세에서의 투자 전략

① 단기 이동평균선이 아래에서 위로 중·장기 이동평균선을 급속히 상향 돌파할 경우에
는 매입 신호이다.

② 위로부터 주가, 단기선, 중기선, 장기선의 순서대로 정배열 상태가 되어 나란히 상승 중
일 경우에는 강세 국면이다.

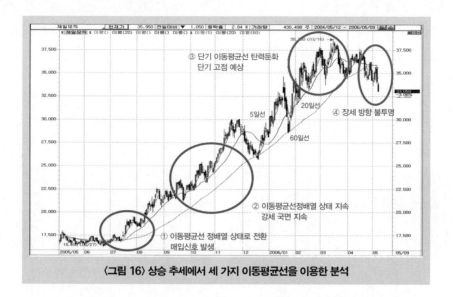

〈그림 16〉 상승 추세에서 세 가지 이동평균선을 이용한 분석

③ 단기, 중기, 장기 이동평균선의 정배열 상태가 상당 기간 지속된 이후 단기 이동평균선

이 더 이상 오르지 못하고 약해지면 단기 고점이 예상되는 시점이다.

④ 단기, 중기, 장기 이동평균선이 밀집되어 서로 혼란스럽게 얽혀 있을 때는 장세의 방향

이 불투명하므로 매수 타이밍을 한 단계 늦추는 것이 바람직하다.

5

패턴 분석 : 반전형
(Reversal Pattern)

과거만이 미래를 예측할 수 있는 유일한 방법이다.

-패트릭 핸리-

지구상에 살고 있는 생물체들과 그들에 의해 만들어진 구조물들은 거의 모두 대칭을 이루고 있다. 삼각형, 사각형에서부터 나뭇잎, 꽃잎……. 심지어 사람 몸에 이르기까지 우리는 자연이 만들어 낸 대칭을 어디서나 흔하게 발견할 수 있다. 우리는 대칭에 익숙해져 있어서 대칭을 편안하게. 아름답게 그리고 이상적으로 여긴다. 대칭은 인류가 아주 오랫동안 그를 통해서 질서와 아름다움과 완벽성을 이해하고 창조하려고 애써 온 개념이다. 술잔에 들어 있는 달은 하늘에 떠 있는 달과 대칭을 이뤄 더욱 운치 있고, 에펠탑은 수직 상승의 대칭 구도로 인해 더욱 거인의 형상을 띠게 된다. 음과 양, 앞과 뒤, 좌와 우, 위와 아래……. 서로 대칭을 이루는 것들 사이에서 우리 삶은 더욱 균형을 이루게 된다. 성공과 실패도 대칭을 이루며 함께 간다. 성공으로 가는 길은 으레 실패로 포장되어 있기 마련이다. 말하자면 실패를 피하는 것은 결국 성공을 피하는 것, 기술적 분석에서도 성공률을 배로 높이고 싶다면 우선 실패율부터 배로 높여야 한다.

01 | 패턴 분석에 대하여

　슈퍼모델, 미스코리아, 미스월드, 미스유니버스……. 매년 최고 미인을 뽑는 대회가 세계 곳곳에서 열린다. 그 진행 과정을 보면 예상 밖의 결과에 깜짝 놀라곤 한다. 예선과 본선을 거치면서 많은 후보가 탈락한다. 최종 결선에선 의외의 후보가 최고 미녀로 뽑히기 일쑤다. 그 이유는 뭘까. 각 심사위원은 자신의 주관적인 선호를 숨긴다. 자칫 '엉뚱한 결정'을 내리지 않으려다 보니 다른 심사위원들이 매력을 느끼는 후보에게 표가 쏠린다. 자신보다 남들이 어떻게 판단하는지를 더 의식하는 '눈치보기식' 의사결정이 내려지는 것이다. 주식이 거래되는 증시에서도 미인대회와 같은 현상이 발견된다.

　경제학자 존 메이너드 케인스는 일찍이 "주식시장의 투자자들은 특정 기업의 내재가치에 대한 분석을 바탕으로 투자하지 않고 다른 투자자들에게 매력이 있는지를 주목하면서 매매한다"고 갈파했다. 남이 많이 사는 종목이나 주가가 많이 오른 종목에 무턱대고 투자하기 쉽다는 말이다. 이 같은 '쏠림 현상(Herd Behavior)'은 단기적인 성향의 투자자가 많은 증시에서 만연하기 쉽다. 우량주보다는 미확인 풍문이 나도는 종목에 매수세가 몰리며 주가가 더 오르는 가격 왜곡 현상이 바로 그것이다. 그러나 역사는 '시장의 광기(狂氣)'는 주가 거품을 낳고 이는 곧 폭락사태로 연결된다는 것을 말해주고 있다.

패턴(Price Patterns)이란 차트상에 나타나는 특정한 형태를 말한다. 앞에서 증시에서 가격의 움직임은 한 방향으로 움직이기보다는 저점과 고점의 범위에서 지그재그로 움직인다고 하였다. 이렇게 지그재그로 움직이는 가격의 움직임을 차트 위에다 옮겨보면, 그것들이 대체로 일정한 모양을 하고 있음을 발견하게 된다. 이렇게 차트상에 나타나는 특정한 형태를 연구하고 분석하는 것이 패턴 분석기법 (Price Pattern Analysis)이다. 패턴 분석의 가장 기본적인 가정은 '역사는 되풀이된다 (History repeats itself)'라는 것이다. 주식시장을 구성하고 있는 것은 결국 사람이고, 이들은 특별한 일이 없는 한 일단 마음먹은 바를 잘 바꾸지 않는 경향이 있다. 또한 어떤 상황에 부딪힐 경우, 과거의 상황을 돌이켜서 이와 유사한 상황에서 취했던 행동양식을 그대로 답습할 확률이 높다. 이는 행동재무학에서 말하는 '변화에의 저항(Resistance Change)' 혹은 '현상유지편향(Status Quo Bias)'인 것이다. 그러므로 현재의 시장가격 움직임이 형성되어나가는 과정과 비슷한 과정을 과거의 예에서 찾을 수 있다면, 미래의 가격 움직임도 과거의 경우와 마찬가지로 이루어질 것이라고 유추하는 것은 어려운 일이 아닐 것이다.

02 반전 패턴에 대한 점검

주식 투자의 가장 확실한 비법은 '블래시(BLASH: Buy Low And Sell High)'다. 싸게 사서 비싸게 팔라는 이 당연한 비법을 우리는 본능과 감정의 방해로 인해 실천에 옮기지 못하는 것이다. 실제로 투자를 해보면 사는 것보다 파는 게 매우 어렵다. 매도할 때는 매수가가 기억에 남기 때문이다. 그래서 '매수는 기술, 매도는 예술'이란 말이 생겼는지도 모른다. 반등 시 차익실현을 하든, 밀릴 때 손절매를 하든 '예술적 매도'만이 주식 투자를 성공으로 이끈다.

가격 패턴에는 반전형 패턴과 지속형 패턴의 두 가지 종류가 있다. 반전형 패턴 (Reversal Pattern)은 기존의 시장가격 움직임과는 반대의 움직임이 나타날 것을 알려주는 패턴이다. 여기에는 가장 흔히 이용되는 머리어깨형, 3중 천장형과 3중 바닥형, 2중 천장형과 2중 바닥형, 원형 천장과 원형 바닥형 그리고 V자형 및 역V자형 등이 있다. 반전형 패턴이 차트상에서 어떻게 형성되는지 그리고 이것을 어떻게 확인할 수 있는가 하는 것에 대하여 자세히 살펴보도록 하자. 아울러 중요한 고려 사항인 수반되는 거래량의 형태와 측정에 관한 것들도 알아보자.

모든 가격 패턴에서 거래량은 중요한 확인 역할을 수행한다. 경우에 따라 차이가 있겠지만 가격에 동반되는 거래량은 패턴 분석에 있어 신뢰성의 유무(有無)를 가늠할 수 있는 중요한 판단기준이 되기도 한다. 일반적으로 패턴 분석을 통해서 기술적 분석가들은 최소 가격 목표를 설정하게 된다. 반전형 패턴에 들어가기에 앞서 모든 반전형에 공통되는 사항에 대하여 살펴보자.

직전 추세의 필요성

바로 직전까지 추세가 존재했었느냐 여부는 모든 반전형 패턴의 중요한 전제조건이 된다. 시장이나 가격은 반드시 반전시킬 대상이 선행되어야 한다. 패턴 분석을 하다보면 이따금 반전형 패턴을 닮은 형태가 차트상에 나타나게 된다. 그러나 그 패턴이 사전에 진행 중인 추세를 갖지 않았다면 반전시킬 그 무엇이 없게 되는 것이다. 결론적으로 그 패턴은 의심스러운 것이 된다. 추세 구조 중 어느 곳에 어떤 패턴이 가장 잘 나타나는가를 아는 것은 패턴을 인식하는 핵심요소 가운데 하나이다.

중요한 추세선의 돌파

일반적으로 추세 반전의 처음 신호는 중요한 추세선의 돌파로 나타난다. 그러나 중요한 추세선의 돌파가 반드시 추세 반전의 신호라고는 확언할 수 없다. 이러한 신호로 알 수 있는 것은 추세의 변화이다. 예를 들어 주요 상승 추세선의 돌파가 수평 가격 패턴의 시작을 알리는 것일 수도 있다. 그리고 이것이 반전형인지 강화형인지는 좀 더 시간이 흐른 후에 밝혀질 것이다.

패턴이 클수록 가격 움직임의 가능성도 커진다

패턴의 크기는 결국 그 패턴이 형성하고 있는 높이와 넓이를 말한다. 높이는 패턴의 불안정성을 나타내고, 넓이는 패턴을 만들기 시작하여 완성되기까지 소요되는 시간의 길이다. 패턴이 클수록, 다시 말해 패턴 안에서의 가격 변동 범위가 넓게 형성될수록, 그리고 만드는 데 걸리는 시간이 길수록 그 중요성은 커지게 되고 이후에 발생되는 가격 움직임의 가능성도 커진다.

천장형과 바닥형의 차이

천장형은 기간적인 면에서 바닥형보다 짧고 불안정하다. 천장형의 가격 움직임의 범위는 바닥형보다 넓고 급격하다. 일반적으로 천장형을 이루는 데는 바닥형보다 짧은 시간이 소요된다. 이에 반해 바닥형은 좁은 가격 범위를 가지나 패턴을 이루는 데는 보다 많은 시간이 필요하다. 이러한 이유 때문에 바닥형에서 거래하는 것이 천장형에서 보다 쉽고 비용도 적게 든다.

천장형은 상승할 때보다 빠른 속도로 하락하는 것이 중요한 특징이다. 상승 흐름은 한 계단씩 올라가는 것이고, 하락 흐름은 엘리베이터를 타고 내려오는 것과 같다는 비유를 생각해보면 이해가 빠를 것이다.

거래량은 상승 추세에서 더욱 중요하다

거래량은 패턴에 있어 매우 중요한 요인이다. 각 패턴의 완성은 괄목할 만한 거래량의 증가를 동반한다. 그러나 추세 반전의 초기 거래량은 고점에서의 거래량만큼 중요하지는 않다. 가격 상승을 위해서는 저점에서의 거래량 증가는 필수적이다. 가격 상승 시 거래량이 증가하지 않는다면 일단은 반전 패턴을 의심해보아야 할 것이다. 거래량과 관련한 증시 격언 중 '상승 추세에서 적은 거래량으로 하락하는 시장에서는 매도하지 마라(Don't sell a quiet market after a fall)'는 참고할 만하다.

03 | 머리어깨형
(Head & Shoulders Top Reversal)

눈 쌓인 언덕에서 눈을 주먹만 하게 뭉쳐 아래로 굴리면 밑으로 내려갈수록 점점 더 커진다. 이를 '눈덩이 효과(Snowball Effect)'라고 부른다. 주가가 떨어질 때도 '눈덩이 효과' 때문에 상상을 뛰어넘는 폭락이 나타날 때가 있다. 매물이 매물을 불러오는 악순환 때문이다. 손절매 물량이 나와 주가가 더 떨어지고, 그러면 손절매 물량이 늘어나서 주가는 추락하게 된다.

머리어깨형 반전 패턴은 상승 추세 이후에 형성된다. 일반적으로 이 패턴으로 추세 전환을 완성하게 된다. 이 패턴은 세 개의 연속적인 고점을 가지고 있다. 즉 가운데 고점(Head, 머리)이 가장 높고, 좌우의 고점(Shoulders, 어깨)은 가운데 고점에 비하여 낮으면서 대략 비슷한 높이를 지닌다. 각각의 고점 사이의 저점을 연결하면 하나의 지지선(Neck-line, 목선)을 형성하게 된다. 머리어깨형 반전 패턴은 왼쪽어깨, 머리, 오른쪽어깨 그리고 목선으로 구성되어 있다. 그리고 이 패턴에서 중요한 것은 거래량, 추세 이탈, 목표 가격 그리고 지지와 저항이다.

먼저 각 구성 요소에 대하여 살펴보고, 그것들을 서로 연관시켜 살펴보자.

머리어깨형의 구성 및 목표 가격

머리어깨형이 반전 패턴이 되기 위해서는 반드시 이전의 상승 추세가 있어야 하며, 이것을 확인하는 것은 중요하다. 이전에 상승 추세가 없다면 머리어깨형 반전 패턴이나 그 밖에 어떠한 반전 패턴에 대한 것도 무의미하기 때문이다.

왼쪽어깨(Left Shoulder)

상승 추세 동안에 왼쪽어깨는 그때까지의 진행 중인 추세에서 고점을 기록하게 된다. 이 고점을 형성한 후에 하락이 발생함으로써 왼쪽어깨의 형성은 마무리되게 된다. 이러한 하락에 있어 저점은 보통 추세선의 상단에 위치하게 되며, 상승 추세는 여전히 유효한 상태로 남게 된다.

머리(Head)

왼쪽어깨의 저점으로부터 상승하여 전고점인 왼쪽어깨의 고점을 돌파하여 새로운 고점(Head)을 형성하게 된다. 고점을 형성한 이후에 이어지는 하락은 목선의 두 번째 저점을 형성하게 된다. 하락 후 나타나는 저점은 보통 상승 추세선을 하회하며, 지금껏 이어왔던 상승 추세는 위협받게 된다.

오른쪽어깨(Right Shoulder)

머리에서부터 하락한 저점에서의 상승은 오른쪽어깨를 형성한다. 이 고점은 머

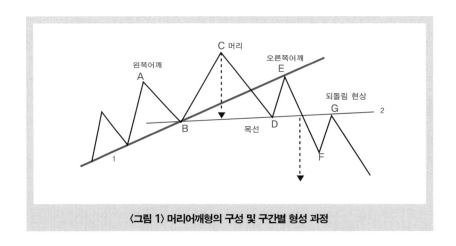

〈그림 1〉 머리어깨형의 구성 및 구간별 형성 과정

리에 비하여 낮으며, 왼쪽어깨와 비슷한 수준의 높이를 갖게 된다. 좌우대칭의 모양이 가장 이상적이겠지만 실제 상황에서 다르게 나타나는 경우가 많다. 오른쪽 어깨로부터의 하락은 목선을 하회하게 된다.

목선(Neck-line)

목선은 두 개의 저점을 연결함으로써 형성된다. 〈그림 1〉의 1번 저점은 왼쪽어깨의 끝 부분에 해당하며, 머리의 출발점이 된다. 2번 저점은 머리의 끝부분에 해당하며 오른쪽어깨의 출발점이 된다. 두 저점의 관계에 따라 목선은 상승 기울기, 하락 기울기 혹은 수평선의 형태를 갖게 된다. 목선의 기울기는 그 패턴의 하락 강도에 영향을 주게 되며, 하락 기울기는 상승 기울기에 비하여 하락 강도가 크다고 볼 수 있다. 머리어깨형은 목선의 지지가 붕괴되지 않는다면 완성되지 않으며, 그때까지는 상승 추세가 유효한 것으로 본다. 거래량 증가를 수반하면서 목선의 붕괴가 일어난다면 반전 패턴이 완성된 것이라고 할 수 있다.

머리어깨형의 형성 과정

상승 추세에서 고점들과 저점들이 점차 힘을 잃어가는 주요 상승 추세선을 그려본다. 이후 상승 추세는 상승 흐름이 꺾이면서 일정기간 박스권, 즉 수평추세가 이어진다. 이 기간 동안 수요와 공급은 균형을 이루게 된다. 일단 이 균형단계가 완료되면 수평 거래범위의 저점에 걸쳐 있는 지지선이 하향 돌파되면서 새로운 하락 추세가 형성된다. 이 새로운 하락 추세는 하락하는 과정에서 고점들과 저점들을 형성한다.

▷ 〈그림 1〉 A에서 상승 추세는 추세가 유지되면서 반전의 기미를 보이지 않고 계속 상승한다. 가격 움직임이 새로운 고점을 갱신함에 따라 거래량도 더욱 증가한다. 이러한 현상은 정상적이다. B까지의 일시적인 조정 하락은 일반적으로 보다 적은 거래량을 동반한다.

▷ 경험이 많은 기술적 분석가들은 C가 A를 상향 돌파할 때의 거래량이 직전 상승 거래량보다 조금 감소한다는 것을 발견할 수 있다. 이 변화는 그 자체만으로는 중요하지 않을 수도 있다. 그러나 이것은 기술적 분석가들에게 주의하라는 사전 경고신호와도 같은 것이다. 그리고 가격이 D까지 하락하기 시작하면서 보다 상승 추세선인 1을 하회하는 심각한 사건이 발생한다.

▷ 하락은 A 아래로 계속된다. 앞서 지지와 저항에서 설명한 것처럼, 상향 추세에서 돌파당한 고점은 반드시 잇따른 조정에 대해 지지선으로 작용한다. A를 훨씬 지나 직전 저점인 B까지 거의 떨어진 움직임은 상승 추세에서 무언가 잘못되어 가고 있음을 알리는 경고음이다.

▷ 심지어 보다 더 적은 거래량과 함께 E까지 다시 상승한 시장은 직전 고점인 C에는 미

치지 못한다. 마지막으로 E까지 상승한 가격은 종종 C-D의 하락 폭의 1/2~2/3까지 하락한다. 고점과 저점이 같이 하락하는 전형적인 조정의 모습이 진행되는 것이다.

▷ C의 직전 고점에 미치지 못하고 E에서 상승이 좌절됨으로써 하락 고점들이라고 불리는 새로운 하락 추세를 형성하는 데 필요한 조건의 절반을 충족시키게 된다. 이때까지 주 상향 추세선(선 1)은 또 하나의 위험신호로서 일반적으로 D에서 돌파되었다. 그러나 이 모든 경고에도 불구하고 이 시점에서 알 수 있는 것은 추세가 상향에서 수평 추세로 바뀌었다는 것이다.

▷ 새로운 하락 추세는 C, D, E 그리고 F의 하락 고점들과 저점들을 통해서 확인된다. 목선을 하향 돌파할 경우 거래량은 증가한다. 주요 지지선에서의 지지 실패에 따른 실망 매물이 출회되었기 때문이다.

▷ 일반적으로 반등 움직임은 이제 저항선이 된 목선 또는 직전의 저점인 D에 이른다. 거래량은 반등의 크기를 판단하는 데 도움이 될 수 있다. 앞서 지적한 것같이 목선을 하향 돌파할 때는 많은 거래량을 수반하게 되는데, 이것은 하락의 압력이 크다는 것을 반영하기 때문이다. 따라서 이후 반등의 가능성은 감소하게 된다.

머리어깨형의 거래량과 목표치

다른 패턴과 마찬가지로 머리어깨형에서도 거래량은 중요한 판단 기준이 된다. 일반적으로 왼쪽어깨에서의 거래량이 가장 활발하며 머리에서는 왼쪽 어깨에서보다 감소한다. 그리고 오른쪽어깨에서는 거래량이 더욱 감소한다. 이러한 거래량의 감소는 매수세력의 감소를 나타내고 따라서 추세 전환의 가능성을 예고하는 중요한 신호로 해석된다. 목선을 하향 돌파하면서 거래량이 늘어나지만 되돌림 현상 때

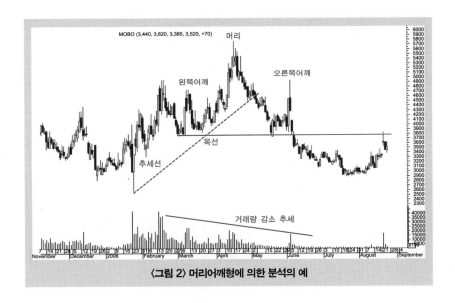

〈그림 2〉 머리어깨형에 의한 분석의 예

다시 감소한다. 그 후 본격적으로 하락하면서 거래량이 다시 늘어난다.

　머리어깨형에서 목표치는 머리(C)로부터 목선까지의 수직거리를 계산한 후 목선을 하향 돌파한 지점에서 이 수직거리만큼 더한 폭이 된다. 목표치를 계산하는 또 다른 방법은 C와 D의 수직거리를 단순히 두 배로 해서 아래로 연장하는 것이다. 어떤 방법에 취하든지 머리어깨형의 모양이 클수록 목표치도 또한 커지게 된다.

04 | 역머리어깨형
(Head & Shoulders Bottom)

투기꾼은 어느 곳에나 존재한다. 상품시장인 석유시장도 예외는 아니다. 천당 입구에 도착한 석유업자에게 베드로가 말했다. "석유업자 쿼터는 모두 찼다. 네가 여기 들어오려면 기존 석유업자 가운데 누군가가 나가야 한다." 그러자 그 사람은 지옥에서 석유가 발견되었다는 루머를 퍼뜨렸다. 소문이 돌자 천당의 석유업자들은 모두 급히 지옥으로 향했다. 그런데 소문을 퍼뜨린 장본인도 지옥으로 떠날 채비를 했다. 그 이유를 묻는 베드로에게 그 사람은 이렇게 대답했다. "글쎄요, 아주 뜬소문만은 아닌 것 같은데요."

역머리어깨형은 〈그림 3〉과 같이 머리어깨형의 정반대 형태로 세 개의 저점 A, C, E를 갖고 있으며 중간의 C점이 머리로서 양쪽 어깨인 A, E점보다 낮은 저점을 나타낸다. 목선을 상향 돌파할 때 목표가격의 예측방법은 동일하다. 이 패턴을 완성하기 위해서는 종가가 목선을 돌파하는 것이 결정적으로 필요하다. 역머리어깨형이 머리어깨형과 조금 다른 점은 상승 시장이 시작된 이후 목선으로의 일시적인 하락 움직임이 발생하는 경향이 보다 강하다는 것이다.

머리어깨형과 역머리어깨형의 차이점과 유사점

역머리어깨형을 확정짓고 완성하는 데 있어 거래량은 보다 결정적인 역할을 한다. 이것은 일반적으로 모든 바닥형 패턴에 있어서도 마찬가지이다. 바닥형 패턴이 새로운 상승 흐름을 시작하기 위해서는 매수 세력의 현저한 증가로 인한 거래량의 증가가 필수적이다. 수요와 공급의 법칙은 증권시장에서도 유효하다. 개별 종목의 경우 가격은 단지 수요가 공급을 초과하고 매수자가 매도자보다 적극적일 때만 상승하게 된다.

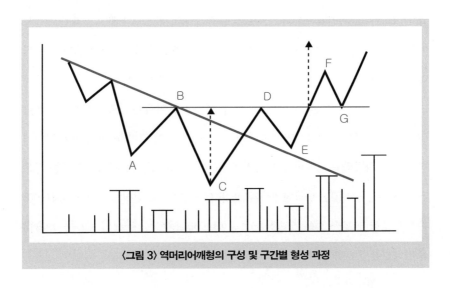

〈그림 3〉 역머리어깨형의 구성 및 구간별 형성 과정

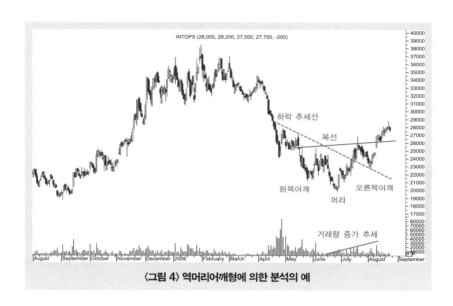

〈그림 4〉 역머리어깨형에 의한 분석의 예

역머리어깨형에서의 거래량은 패턴의 전반부 동안에는 머리어깨형과 상당히 유사하다. 예를 들어 머리에 있어서의 거래량은 양쪽 어깨에 있어서의 거래량보다 조금 적다. 그러나 머리에서부터 가격이 상승하면서 거래가 증가해 그 거래량은 왼쪽어깨로부터 상승 시 거래량은 증가한다. 오른쪽어깨로의 일시적인 하락은 적은 거래량을 동반한다.

결정적인 순간은 목선을 상향 돌파할 때 발생한다. 이러한 돌파가 실제로 일어나면 반드시 거래량의 폭발적인 증가가 발생한다. 이 점이 역머리어깨형이 머리어깨형과 가장 차별화되는 점이다. 역머리어깨형에서 패턴을 완성하기 위해서는 많은 거래량이 필수적이다. 바닥형에서의 가격의 일시적인 반전이 천장형에서보다 더 흔히 발생하며, 보다 적은 거래량을 동반한다. 새로운 상승 추세의 재개는 보다 많은 거래량을 동반하게 된다.

목선의 기울기

역머리어깨형에서 목선의 기울기는 약간 우상향이지만 때로는 평행이 되기도 한다. 반면 머리어깨형의 목선의 기울기는 아래로 향한다. 이러한 하향 기울기는 약세시장을 알리는 신호이며, 일반적으로 약한 오른쪽어깨와 함께 나타난다. 새로운 매수 포지션을 취하기 위해서는 역머리어깨형에서 목선의 돌파 시점에 주목해야 한다. 거래량 또한 새로운 기록을 보이면서 증가해야 한다.

복합 머리어깨형(Complex Head and Shoulder)

복합 머리어깨형(Complex Head and Shoulder)은 머리어깨형이 변형된 형태로 머리나 어깨가 두 개 또는 그 이상으로 이루어지는 패턴을 말한다. 여러 가지 형태가 있겠지만 왼쪽 및 오른쪽어깨가 두 개씩 생기는 경우가 가장 많이 나타난다.

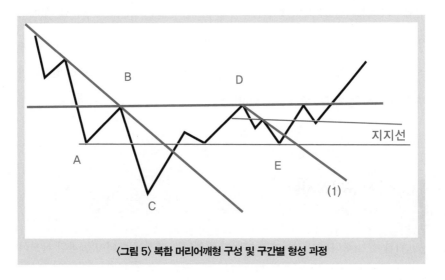

〈그림 5〉 복합 머리어깨형 구성 및 구간별 형성 과정

이 경우 문제는 목선을 파악하기 어렵다는 점이다. 이는 목선에 접하는 점이 두 개 이상이 되기 때문이다. 그러나 목선 돌파와 추세 전환이라는 머리어깨형의 기본 적인 모습에는 변화가 없다.

머리어깨형과 마찬가지로 대칭 형태를 이루려는 경향이 강하다. 이것은 오른쪽 에 하나의 어깨가 있으면 일반적으로 왼쪽에도 하나의 어깨가 나타난다는 것을 의 미한다. 왼쪽어깨가 두 개이면 오른쪽어깨도 두 개일 가능성이 높다. 많은 기술적 분석가들은 아직 오른쪽어깨(E)가 형성되고 있는 중임에도 매수를 시작할 것이다. C~D의 상승의 1/2~2/3 하락, 왼쪽어깨점 A까지의 하락, 또는 단기 하락 추세선인 (1)의 돌파는 모두 초기 시장진입의 좋은 기회이다. 목선의 돌파 또는 목선으로의 일시적인 하락 때에 보다 많은 추세선을 그려 넣을 수 있다.

어떤 이들은 머리의 저점으로부터 상승거리(점 C에서 D까지)를 측정하여 그 폭의 50% 또는 66% 반전을 염두에 두고 매수에 나설 것이다. 그러나 여전히 어떤 이들 은 점 D에서 E로 이어지는 하락 추세선을 지켜보다가 추세선의 첫 번째 상향돌파 시점을 매수의 기회로 이용할 것이다. 이러한 패턴들은 일반적으로 대칭형이기 때 문에 어떤 이들은 오른쪽어깨가 왼쪽어깨의 지점과 같은 수준으로 접근할 때 매수 에 나선다. 오른쪽어깨가 형성되고 있는 동안 매수의 기회가 발생한다. 매수시점으 로 판단된다면, 이를테면 목선의 실제 돌파 시 또는 돌파 후 목선으로의 일시적인 하락 때 매수 포지션을 추가할 수 있다.

분석 시 유의할 사항

위와 같이 정리된 머리어깨형 패턴이 진행되는 과정에는 이미 돌파된 목선이 반대방향으로 다시 하회하는 경우도 발생한다. 이럴 경우 최초의 돌파가 잘못된 신호였을 가능성이 높으며 기존의 추세가 지속될 수 있다는 신호로 해석해야 될 것이다. 이는 '실패한 머리어깨형'이 된다. 한편 이렇게 실패하는 모습은 어느 패턴에서든지 나타날 수 있음에 주의해야 된다. 이를 '속임형'이라고 하는데 속임형이 있다는 점에서 두 가지 면에서 유의해야 한다.

첫째, 차트는 대부분 잘 적용되지만 항상 적용되는 것은 아니다 라는 점이다.

둘째, 기술적 분석가는 항상 자신의 분석이 잘못될 수 있음을 인정하고, 자신의 판단과 반대되는 차트신호가 나올 수 있다는 점을 인식해야 한다. 예를 들면 머리어깨형은 전환신호도 되지만 이따금 지속신호가 되기 때문이다.

05 3중 천장형과 3중 바닥형
(Triple Top and Bottom)

동서양 속담에 '시작이 반이다(Well begun, half done)'이라는 말이 있지만 주식시
장에 있어 1월이 갖는 의미는 그 이상이다. 1990년 이후 국내시장과 1980년 이후
미국시장에서 1월 시장의 강세가 그해 연간지수의 상승 마감으로 이어질 확률이

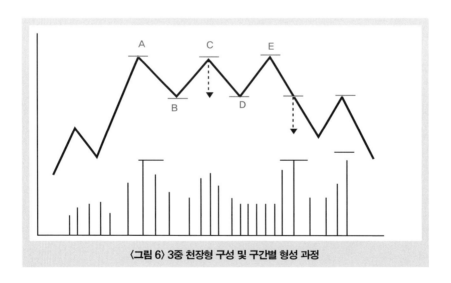

〈그림 6〉 3중 천장형 구성 및 구간별 형성 과정

80~90%이기 때문이다. 따라서 주식시장에서는 시작이 8~9할을 차지한다고 해도 틀린 말이 아닌 것이다.

매우 드물게 나타나는 3중 천장형과 3중 바닥형은 머리어깨형의 변형이다. 주요 차이점은 3중 천장과 3중 바닥형의 세 봉우리들과 골짜기의 수준이 거의 같은 높이에 있다는 것이다. 어떤 반전형이 머리어깨형인지 아니면 3중 천장형인지에 대한 기술적 분석가들의 의견은 일치하지 않는다.

우선 거래량을 살펴보면 '3중 천장형'의 경우 각각의 연속적인 고점을 기준으로 순차적으로 감소하는 경향을 보인다. 또한 전저점의 저항으로 이를 돌파하지 못할 경우 실망 매물이 대거 출회되면서 거래량이 급증하는 모습을 보인다. 반면 '3중 바닥형'의 경우 전고점 돌파 시 바닥권 탈출에 대한 기대감이 반영되면서 매수세가 대거 몰리게 마련이다. 이때 거래량 또한 폭발적으로 증가한다.

3중 천장형이 완성되기 위해서는 사이에 끼인 두 개의 저점을 연결하는 지지선이 돌파되어야 한다. 반대로 3중 바닥형이 완성되기 위해서는 반드시 중간의 두 저점들을 지나 두 저점과 비슷한 수준에서 종가가 형성되어야 한다. 일반적인 투자

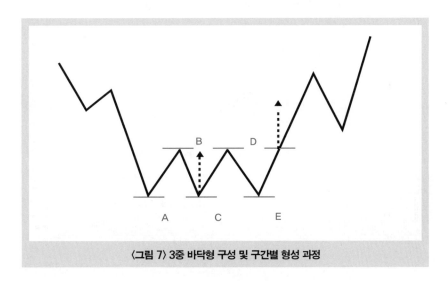

〈그림 7〉 3중 바닥형 구성 및 구간별 형성 과정

전략으로서 최근에 형성한 고점의 돌파나 관통을 반전의 신호로 해석할 수 있다. 앞서 지적한 대로 특히 3중 바닥형의 완성시점에서 많은 거래량의 증가는 필수적이다. 측정기법도 머리어깨형과 비슷하며 패턴 높이의 측정 또한 이와 유사하다.

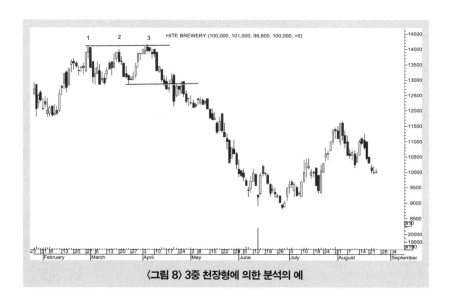

〈그림 8〉 3중 천장형에 의한 분석의 예

〈그림 9〉 3중 바닥형에 의한 분석의 예

06 │ 2중 천장형과 2중 바닥형
(Double Tops and Bottoms Pattern)

여름이 오면 주식시장에서 '서머 랠리(Summer Rally)'라는 말을 자주들을 수 있다. 서머 랠리란 초여름인 6월부터 7월에 나타나는 강세장을 일컫는 증시 용어이다. 펀드매니저들이 여름휴가를 떠나기 전에 가을 장세를 기대하고 미리 주식을 사놓고 떠나는 경우가 있어 주가가 단기 급등하는 사례가 종종 있어 왔기 때문이다. 그러나 많은 실증 조사 결과에 따르면 서머 랠리의 유용성이 그리 크지 않은 것으로 나타났다. 호사가들이 만들어낸 말일 뿐이라는 것이다. 더구나 한국 증시의 펀드매니저는 일주일의 휴가를 가지는 데 불과하므로 이론적 기반이 약하다.

2중 천장형과 2중 바닥형(Double Tops and Bottoms Pattern)은 흔히 나타나는 패턴으로 〈그림 11〉과 같이 2중 바닥형은 'W'자, 〈그림 10〉과 같이 2중 천장형은 'M'자 형태를 보인다. 이 패턴의 형성 과정도 머리어깨형의 형성 과정과 유사하다. 〈그림 10〉과 같이 상승 추세의 경우 A점에서 거래량이 증가하면서 신고점을 형성한 후 B점까지 반락하는 과정은 같다. 그러나 상승 추세에 따라 상승한 C점이 A점을 돌

파하지 못하고 반락하게 된다. 이후 상승 추세를 하향 돌파하여 추세의 전환이 되
며 B점을 하회하면서 하락 추세로 전환된다. 저점 D 이후 반등은 B점을 넘어서지
못하는데 이는 B점에서 A점과 C점에 평행하게 그은 수평선이 저항선이 되는 양상
도 머리어깨형과 동일하다.

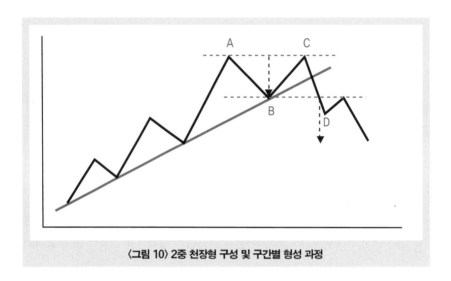

〈그림 10〉 2중 천장형 구성 및 구간별 형성 과정

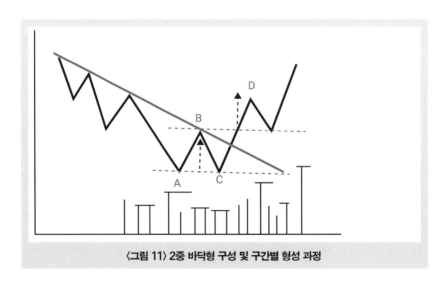

〈그림 11〉 2중 바닥형 구성 및 구간별 형성 과정

또한 거래량 면에서도 첫 번째 고점 A에서 거래가 많고 두 번째 고점 C에서 거래가 적어지는 경향이 있으며, 중간의 저점인 B점을 결정적으로 하회할 때 하락 추세의 전환신호이며 B점까지 견인 효과 또한 하락 추세 전환의 일반적 양상이다.

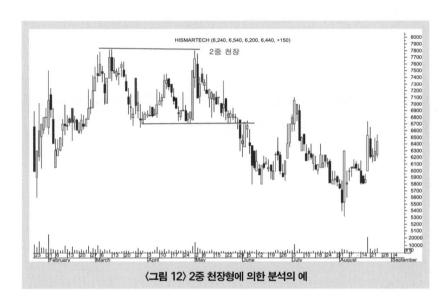

〈그림 12〉 2중 천장형에 의한 분석의 예

〈그림 13〉 2중 바닥형에 의한 분석의 예

하락폭의 계산 시 돌파시점에서 패턴의 높이만큼 측정하는 것 또한 머리어깨형의 방법과 유사하다. 다른 점은 고점이 두 번만 형성된다는 점이며 목선에 해당하는 저점이 한 번만 형성된다는 점이다. 2중 바닥형은 2중 천장형과 방향이 반대일 뿐 모든 양상이 동일하다. 위에서 밝힌 '2중 천장형'은 일반적인 사항이다.

실제 매매에 있는 이와는 조금 달리 나타나기도 한다. 주요 지수나 개별 종목이 상승 추세일 경우 왼쪽에 형성된 고점(A)보다 오른쪽에 형성된 고점(B)이 좀 더 위에 나타난다. 반대로 하락 추세일 경우에는 왼쪽에 형성된 고점(A)보다 오른쪽에 형성된 고점(B)이 더 아래쪽에 나타나기도 한다.

07 | 원형 천장 및 원형 바닥형
(Rounding Top and Bottoms)

주가를 예측하는 방법은 지금 이 시간에도 끊임없이 개발되고 있다. 미국의 기술적 분석 전문회사인 '로리스 리포트(Lowry's Report)'사가 창안한 '90% 법칙'도 그중 하나이다. 이 기법은 미국 기술적분석가협의회에서 2002년 최고 기술적 분석상을 받아 새로운 예측기법으로 각광을 받고 있다.

'90% 법칙'은 '90% 하락(하락 종목 거래량이 전체 거래량에서 차지하는 비율이 90%)'이 나타난 뒤 12일 이내에 '90% 상승(상승 종목 거래량이 전체 거래량에서 차지하는 비율이 90%)'이 나타나면 매도 클라이맥스가 마감됐다는 것을 뜻하며 '90% 상승'이 연속되면 중장기 상승이 시작됐음을 보여준다는 것이다.

지금까지 살펴본 패턴보다 출현하는 빈도가 적은 전환 패턴 가운데 하나가 원형 바닥 및 원형 천장형(Rounding Top and Bbottoms, 접시형Saucers, 그릇형Bowl이라고도 함)이다. 이 패턴은 〈그림 14〉와 같이 상승에서 하락으로, 〈그림 15〉와 같이 하락에서 상승으로 서서히 단계적으로 완성되며 거래량 또한 가격 움직임에 따라 원형을 띤다는 특징을 가지고 있다. 천장형, 바닥형 모두 추세가 평행 추세로 바뀜에 따라 거래가 감소하고 새로운 상승 또는 하락 추세로 전환됨에 따라 다시 거래가 증가하는 양상을 보인다.

경우에 따라 바닥의 중간점에서 가격의 급등락과 함께 거래가 급등하기도 한다. 이후 가격의 완만한 상승과 함께 거래도 완만하게 증가하는데 패턴의 끝부분에 플

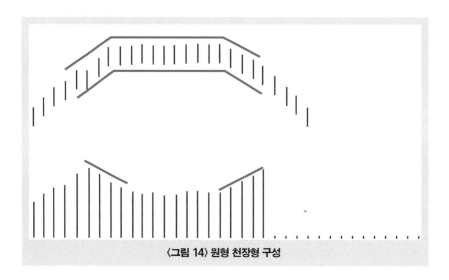

〈그림 14〉 원형 천장형 구성

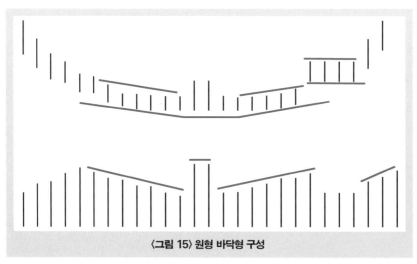

〈그림 15〉 원형 바닥형 구성

랫폼(Platform)이 생기기도 한다. 이 패턴은 언제까지 진행될지 파악하기 어려운 것이 문제인데 중간점에서 급등락한 가격 수준을 돌파하거나 플랫폼을 상향 돌파할 때를 패턴의 완성으로 본다.

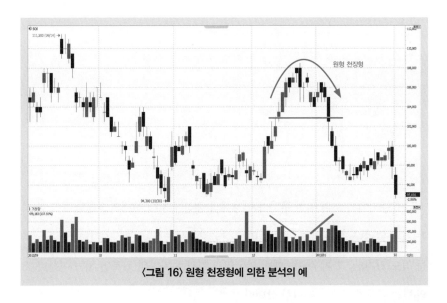

〈그림 16〉 원형 천정형에 의한 분석의 예

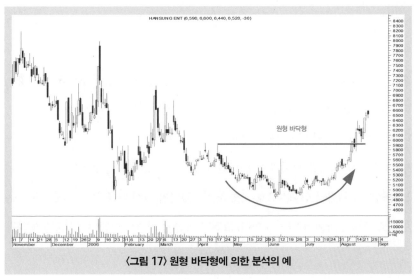

〈그림 17〉 원형 바닥형에 의한 분석의 예

08 | V자형 및 역V자형
(Spike형)

국내 증시에서 소위 일반 투자자가 장세의 중심에 서서 시세의 흐름을 주도한 적은 거의 없었다. 물론 1980년대의 대세 상승장에서는 일반 투자자가 큰 성공을 거둔 적도 있지만, 그 이후에는 매번 외국인과 기관 투자자의 뒷북만 치는 이른바 소외 받는 투자자 층으로 전락한 상태다.

다수의 일반 투자자가 선호하고 많이 보유하고 있다고 해서 붙여진 '대중주'는 어느새 '소외주'의 대명사처럼 되어가고 있는 실정이다. '행복은 대중의 주머니 속으로 떨어지지 않는다'는 격언은 1990년대 이후의 우리 증시 흐름에 딱 들어맞는다고 볼 수 있다. 이 투자 격언은 또 '주가는 항상 일반적인 예측대로 움직이지 않는다'라고 하는 주가의 의외성을 강조하는 있는 말이기도 하다.

일반적으로 시장은 서서히 방향을 변화시켜 나간다. 매수세와 매도세 가운데 어느 한쪽이 강했다가 상대적으로 균형을 이루었다가 다시 다른 쪽이 우세를 보이는 형태로 추세가 바뀌어가는 것이다. 그러나 상승 추세에서 나타나는 V자형과 하락

160 차트의 기술

추세에서 나타나는 역V자형의 경우에의 V자형은 서서히 변하는 시장 특성과는 달리 사전에 신호 없이 갑자기 추세의 전환이 이루어져 가격이 반대방향으로 급격히 움직이게 된다.

사후적으로 보지 않으면 패턴의 존재를 확인할 수 없다. 그러나 V자형패턴도 나타날 가능성이 높은 경우가 있기에 이러한 경우에 V자형이 나타날 수 있는 신호를 미리 감지하여 이에 대비하여야 한다.

첫째, 추세선이 안정적인 기울기인 45도의 기울기보다 상당히 가파르게 이루어지고 있는 경우이다. 이는 추세가 불안함을 의미하므로 추세의 극적 전환이 이루어질 가능성이 높은 것으로 판단할 수 있다.

둘째, 가격이 급등이나 급락한 후 추세 전환일 신호가 나타날 때이다. 하락 흐름 중 추세 전환일이란 〈그림 18〉의 V자형과 같이 당일 중 저가가 신저가를 갱신하였으나 당일 종가로는 전일 종가나 전일 고가보다 높아지는 경우를 말한다. 반면 상승 흐름 중 추세 전환일이란 〈그림 19〉의 역V자형과 같이 당일 중 고가

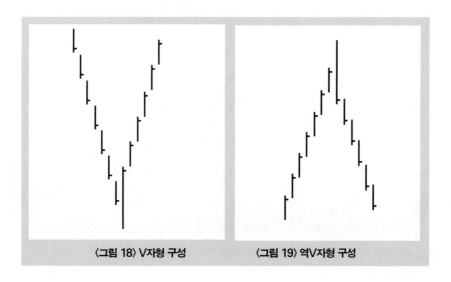

〈그림 18〉 V자형 구성   〈그림 19〉 역V자형 구성

는 신고가를 갱신하였으나 당일 종가가 전일 종가, 더 나아가 전일 저가보다도 낮아지는 경우를 말한다. 이러한 가격 변화가 나타날 때 급등이나 급락하고 있는 추세는 전환할 가능성이 높다.

〈그림 12〉 2중 천정형에 〈그림 20〉 V자형에 의한 분석의 예

〈그림 21〉 역V자형에 의한 분석의 예

셋째, 가격이 상승 또는 하락 중에 조정 국면이 존재하였느냐의 여부로 상승이나 하락의 급한 정도를 파악하는 방법이다. 조정 국면 없이 급격하게 상승하거나 하락하였다면 추세 전환에 대한 저항 요인이 강하므로 추세 전환이 급하게 이루어질 수 있는 것이다. 한편 V자형 반등을 '팬티이론'으로 설명하기도 한다. 고무줄이 헐거워 조금씩 흘러내리던 팬티를 누군가 아래로 확 잡아당기자 놀란 나머지 배꼽 한참 위까지 끌어올린 것과 비슷하다는 이야기다.

6

패턴 분석 : 지속형
(Continuation Pattern)

주식시장은 가장 좋아 보일 때가 가장 위험한 시점이고,
가장 안 좋아 보일 때가 가장 매력적인 시점이다.
-프랭크 J. 윌리엄스-

그리스 신화에 크레타 미노스왕의 미궁(迷宮) 이야기가 나온다. 미노스의 왕비는 황소와 정을 통해 머리는 소, 몸은 사람인 괴물 미노타우로스를 낳는다. 이에 왕은 한번 들어가면 빠져나올 수 없는 미궁을 짓고 미노타우로스를 가둔다. 괴물의 먹이는 아테네의 소년 소녀들이었다. 아테네의 왕자 테세우스는 괴물을 처치하기 위해 미궁으로 들어간다. 그는 미궁의 문설주에 실을 묶고 안으로 들어가 미노타우로스를 죽인 후 풀어놓은 실을 따라 무사히 미궁에서 빠져나올 수 있었다. 실에 관련된 이야기는 공자에게도 있다. 공자는 아홉 개의 구멍이 있는 진기한 구슬을 얻었다. 공자는 이 구슬에 실을 꿰려 했으나 아무리 애를 써도 안 됐다. 결국 그는 한 아낙에게 그 방법을 물었고 아낙은 꿀이란 힌트를 주었다. 공자는 곰곰이 생각한 끝에 개미의 허리에 실을 매달고 구슬의 구멍에 꿀을 발랐다. 개미는 꿀을 따라 움직였고 이렇게 하여 구슬에 실을 꿸 수 있었다. 우리는 '미궁에 빠지다' '미로를 헤매다'라는 말을 자주 쓴다. 주식 투자를 하다보면 출구가 안 보이는 것 같은 미궁과 미로에 봉착하기 마련이다. 로댕은 '우리는 자기를 둘러싸는 깊은 미궁 속에서 항상 방황하고 있다'고 말했다. 증시에서도 미궁에서 벗어나기 위한 실마리를 찾는 것이 무엇보다 중요한 것 같다.

01 │ 지속형 패턴(Continuation Pattern)에 대하여

가끔 있으나마나 한 상품 설명서를 보게 된다. 카메라에 붙어 있는 한심한 설명서 하나. "이 카메라는 안에 필름이 들어 있을 때에만 사진이 찍힙니다." 이따금 투자설명회를 위해서 비행기를 타면 나눠주는 땅콩 주머니의 겉포장에는 종종 이렇게 쓰여 있다. "주머니를 연 다음 내용물을 드세요." 주머니를 열지 않고 속에 든 땅콩을 먹을 수 있는 묘기를 필자는 아직 익히지 못했다.

음료수 병에 붙어 있는 주의사항도 웃기기는 마찬가지다. "병마개를 연 뒤에는 병을 반듯하게 세워두세요." 음료수 병을 꼭 쓰러뜨려 놓거나 뒤집어 세워두어야 하는 이유를 역시 아직까지 찾아내지 못했다. 이번에 살펴볼 내용은 지속형 패턴에 관한 것인데, 역시 형성된 모양에 따라 자연스럽게 이름 붙여진 것들이다. 너무나 당연한 내용일 수도 있어 각별한 안내가 요망된다. 이 점 양지하시길!

앞에서 살펴본 반전형 패턴들은 모두 가격이 지금까지 움직이던 방향과는 다르게 전환될 것임을 알려주는 신호들이다. 다시 말해 반전형 패턴은 이전의 가격 움직임과 그 이후의 가격 움직임이 서로 정반대의 방향을 이루게 된다. 그러나 지금부터 살펴볼 지속형 패턴(Continuation Pattern)은 기존의 추세가 잠시 보합 상태로 머무르고 있는 형태이다. 즉 단기 상승에 따른 호흡조절 국면 내지 속도조절 국면으로 이해하면 될 것이다. 따라서 지속형 패턴은 일종의 휴식기간으로 해석된다. 기존의 추세는 지속형 패턴을 형성하고 나면, 다시 이전의 움직임과 같은 방향으로 움직이게 된다.

　　또한 시간에 있어서 반전형과 지속형은 다소 차이가 있다. 반전형은 일반적으로 주요 추세 변화를 동반하며 나타나기에 지속형보다는 다소 오랜 시간이 소요된다. 반면 지속형은 주기가 짧으며, 보다 정확하게 단기 또는 중기 패턴으로 분류된다. 한편으로 모든 차트 패턴에는 교과적인 엄격한 규칙이 적용되기보다는 그때마다 응용이 되기도 하고 예외적인 상황이 발생하기도 한다. 이러한 것을 일일이 다 설명할 수는 없는 것이고, 다만 많은 차트를 보면서 경험을 늘려가는 것이 중요하다.

02 | 삼각형 패턴
(Triangle Pattern)

주식 투자로 성공한 사람들은 종목 발굴에 탁월한 재능은 물론 수익을 철저히 지켜내는 능력도 필수적으로 갖추고 있다. 하락장에서 자주 발생하는 것은 '벙커심리(Bunker Mentality)'란 포탄이 쏟아지는데 위험하게 머리를 내밀지 말고, 안전하게 머리를 수그리고 있으라는 의미이다. 하락장에서는 단기 낙폭에 따른 반등이 나올 수 있지만, 증시 주변 여건은 여전히 불확실한 상태다. 막연한 저가 매수는 중장기 관점에서 보유 전략이 될 수는 있지만 투자 손실은 물론 타이밍을 놓치는 기회 손실이 될 수도 있다. 한순간의 방심과 판단 착오는 큰 손실로 이어진다는 점을 명심하자!

삼각형 패턴의 종류

삼각형 패턴(Triangle Pattern)은 대칭삼각형(Symmetric Triangle), 상승 삼각형

(Ascen ding Triangle), 하락 삼각형(Descending Triangle) 등 세 가지 형태가 있다. 삼각형 패턴은 1~3개월의 시간을 요하는 중기 패턴이다. 형성기간이 1개월 미만인 경우는 깃대형과 같은 다른 패턴에 해당된다. 가끔은 장기 차트에 나타나기도 하지만 보통 일간 차트에서 주로 분석한다. 흔히 나타나지는 않지만 확산형 패턴 (Broading Formation)도 삼각형 패턴의 하나로 볼 수 있다. 다이아몬드형의 경우 확산형과 대칭삼각형의 결합으로 볼 수 있어 삼각형의 변형으로 간주된다.

대칭삼각형(Symmetric Triangle)

대칭삼각형은 서로 만나는 두 개의 추세선을 가지고 있으며, 위쪽 추세선은 하락하고 아래쪽 추세선은 상승하고 있다. 이 패턴의 높이를 나타내는 왼쪽의 수직선을 기준이라고 하고, 두 선의 오른쪽 교점을 정점이라고 부른다.

대칭삼각형의 형성

대칭삼각형은 〈그림 1〉과 같이 서로 수렴하는 두 개의 추세선, 즉 하향하는 윗변과 상향하는 아랫변으로 이루어진다. 삼각형은 추세의 조정이 시작되는 점인 '점 1'에서 시작된다. 삼각형 패턴이 형성되는 두 개의 추세선을 긋기 위해서는 최소한 고점 2개, 저점 2개가 있어야 하나 실제적으로는 〈그림 1〉과 같이 3개의 고점과 3개의 저점으로 이루어지는 것이 일반적이다.

대칭삼각형은 처음의 고점보다는 다음 고점이 낮고, 처음의 저점보다는 다음 저점이 높아지면서 점점 수렴되어 가격의 변동폭이 갈수록 줄어들게 된다. 이러한 모양 때문에 코일(Coil)형이라고 부르기도 한다.

대칭삼각형의 완성과 추세 복귀

〈그림 1〉의 대칭삼각형에서 보듯이 직전의 추세는 상승 추세이다. 만약 직전 추세가 하락 추세였다면 대칭삼각형 완성 후에는 하락 추세가 지속될 것이다. 대칭삼각형 패턴은 가격이 삼각형의 한 변을 돌파할 때 완성되는데 대칭삼각형이 완성된 이후 가격은 이전의 추세대로 진행되어간다.

가격의 움직임과 대칭삼각형 패턴의 진행시간 사이에는 흥미로운 관계가 있다. 일반적으로 가격이 삼각형의 시작점부터 두 추세선이 만나는 끝점 사이에서 1/2~3/4인 시기에 돌파되어 원래의 추세로 복귀한다. 다시 말해 패턴의 형태를 통해 돌파시점을 예상할 수 있는 것이다. 3/4 시점 이후에도 가격이 삼각형 내에서 움직이게 된다면 삼각형의 끝점이나 그 이후의 가격 움직임을 판단하기가 쉽지 않게 된다.

추세가 돌파되는 경우 돌파된 추세선은 지지선이나 저항선이 되며 추세선이 만나는 끝점도 돌파 후 중요한 지지선이나 저항선 역할을 하게 된다. 특히 상승 추세

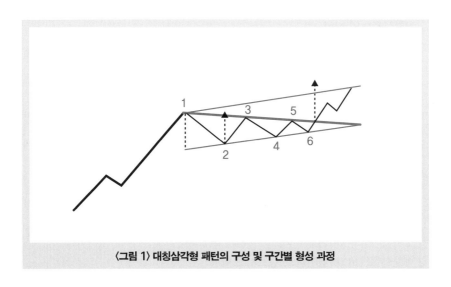

〈그림 1〉 대칭삼각형 패턴의 구성 및 구간별 형성 과정

에서 대칭삼각형의 경우 거짓 약세신호가 나타나기도 한다. 이럴 경우 2~3일간 많은 거래를 수반하며, 위쪽 추세선을 하향 돌파한 후 급반등하여 상승 추세로 전환된다. 이러한 현상은 일반적으로 두 추세선의 끝점 부근에서 발생한다.

〈그림 2〉 상승 대칭삼각형 패턴에 의한 분석의 예

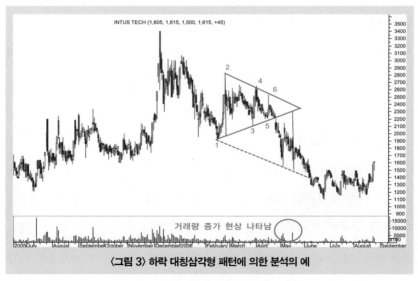

〈그림 3〉 하락 대칭삼각형 패턴에 의한 분석의 예

거래량 추이

삼각형의 가격폭이 줄어들수록 전체적으로 거래량도 감소한다. 패턴이 진행되면서 거래량이 감소하는 현상은 지속형 패턴의 공통적인 현상인데 패턴이 완성되는 시점인 추세선의 돌파가 이루어지면 거래량은 현저히 늘어난다. 이후 가격 움직임에 따른 거래는 가격의 변화와 추세 방향에 따라 차이를 보이게 된다.

가격이 추세 돌파 이후 일시적인 되돌림 현상이 나타날 때에는 다시 거래가 감소하고 가격이 추세에 따라 움직이게 될 때 거래량은 증가하게 된다. 또한 패턴 내에서는 가격 움직임이 추세 방향일 때 거래는 증가하고 추세 반대방향일 때 거래는 감소한다. 예를 들면 상승 추세일 때 반등 시 거래가 증가하고 반락 시 거래가 감소하게 된다는 것이다.

가격 목표치 설정

대칭삼각형에서 가격 목표치를 설정하는 방법은 두 가지가 있다. 머리어깨형과 마찬가지로 대칭삼각형의 높이를 측정하여 돌파점 또는 패턴의 끝점에서 그 높이만큼 돌파 방향으로 변동하는 방법이다. 또 하나의 방법은 패턴의 시작점(〈그림 1〉의 1점)에서 아랫변의 추세선과 평행하게 추세선을 그리는 방법이다. 이렇게 그리면 일련의 추세대가 형성되는데 이 추세대 외곽선이 가격 목표치가 된다.

대칭삼각형은 중립적

대칭삼각형 이후 가격이 상승할지 하락할지는 패턴 자체가 정보를 제공하지는 못한다. 원칙적으로는 패턴 전에 추세가 지속되는 것이라고 할 수 있지만 사실 대칭삼각형 이후 추세가 전환되는 경우도 있는 것이 사실이다. 즉 예외 없는 법칙이 없고, 항상 예외성이 존재한다는 것이다. 따라서 대칭삼각형 패턴에서 가격이 윗변, 아랫변의 어느 쪽으로 돌파되느냐에 따라 이후 추세가 결정된다. 이런 점에서 '대칭삼각형 패턴은 가격에 중립적이다'라고 엄밀히 말할 수 있다.

상승 삼각형과 하락 삼각형
(The Ascending and Descending Triangles)

상승 삼각형과 하락 삼각형(The Ascending and Descending Triangles)은 대칭삼각형의 변형이다. 추세선이 하나는 수평이고 다른 하나가 상향 또는 하향한다는 점을 제외하면 대칭삼각형과 거의 유사한 형태를 나타낸다. 상승 삼각형 패턴은 가격의 고점들이 수평을 이루면서 주요 저항선으로 작용한다. 반면 저점들을 이은 지지선은 우상향(Upward Slope)의 형태로 나타나 삼각형 패턴을 이루게 된다. 상승 삼각형 패턴은 지속형 패턴이므로 일반적으로 상승 추세의 중간에 나타난다. 또한 앞으로 추세의 상승 분위기가 이어질 것을 예고하는 신호로 해석된다(〈그림 4〉).

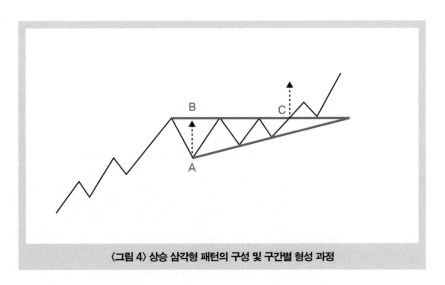

〈그림 4〉 상승 삼각형 패턴의 구성 및 구간별 형성 과정

하락 삼각형 패턴은 아래쪽의 지지선이 완전히 돌파되는 순간에 완성되며, 또한 지지선이 돌파된 이후에 뒤늦은 매입세력의 출현으로 가격이 다시 지지선 위쪽으로 움직이고자 하는 회복 움직임(Return Move), 즉 되돌림 현상이 나타나는 경우도 있다. 물론 이러한 일시적 가격 회복세는 결코 지지선 수준 이상으로 회복되어 상승세를 나타낼 수 없다. 이 패턴은 하락 국면의 중간에 나타난다. 또한 매도세력이 매수세력을 압도하는 현상이므로 반드시 향후 가격 하락 움직임이 지속될 것을 예고하는 신호로 해석해야 한다(〈그림 5〉).

상승 삼각형은 윗변이 수평인 추세선을 보이고 아랫변이 상승 추세선을 보여 매도세보다 매수세가 적극적임을 나타내고 있다. 반면 하락 삼각형은 그 반대로 윗변이 하락 추세선을 보이고 아랫변이 수평이어서 매도세가 적극적임을 나타낸다. 따라서 상승 삼각형은 강세 패턴이고, 하락 삼각형은 약세 패턴이라고 말할 수 있다. 이 점이 대칭삼각형이 가격에 중립적이다는 것과 다른 점이다.

거래량 추이 역시 대칭삼각형과 마찬가지로 패턴이 전개됨에 따라 전체적으로 거래가 체감하고 추세 돌파 시 증가하게 된다. 상승 삼각형에서는 가격 상승 시 거

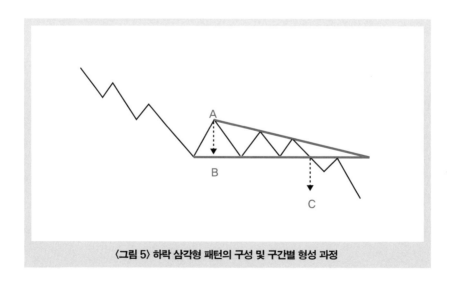

〈그림 5〉 하락 삼각형 패턴의 구성 및 구간별 형성 과정

래량이 증가하고 가격 하락 시 거래량이 감소하게 되며, 하락 삼각형에서는 가격 상승 시 거래량이 감소하고 가격 하락 시 거래량이 증가하는 모습을 보인다. 상승 삼각형은 수평인 윗변을, 하락 삼각형은 수평인 아랫변을 돌파할 때 패턴이 완성된다. 이러한 돌파가 생길 때 거래량은 현저히 증가하게 된다.

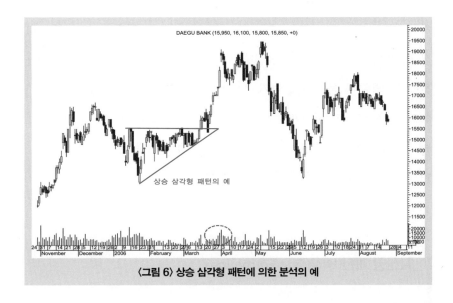

〈그림 6〉 상승 삼각형 패턴에 의한 분석의 예

〈그림 7〉 하락 삼각형 패턴에 의한 분석의 예

만약 이후 돌파된 추세선까지 반락하는 되돌림 현상이 나타날 경우에는 거래량이 감소한다. 돌파 이후 가격 목표치는 상승 삼각형이든 하락 삼각형이든 〈그림 4〉와 같이 직각삼각형으로 볼 때 높이를 기준으로 돌파시점에 적용하여 최소 가격 목표치를 구할 수 있다.

일반적으로 상승 삼각형이나 하락 삼각형은 지속형 패턴으로 각각 상승 추세나 하락 추세의 진행 중에 나타난다. 그러나 이따금 상승 삼각형이 바닥 국면에, 하락 삼각형이 천장 부근에 나타나기도 한다. 이럴 경우에도 패턴의 성질은 그대로 적용되며 수평의 추세선을 돌파할 때가 추세 전환의 신호가 된다. 삼각형 패턴은 중기형으로 간주된다. 이것은 1개월 이상의 형성 기간이 필요함을 의미한다. 그러나 일반적으로는 3개월 미만이다. 삼각형 패턴이 종종 장기 차트상에 나타나기도 하는데 이들의 기본적인 의미는 항상 같게 해석된다.

확산형 패턴(Broading Formation)

이 가격 패턴은 삼각형의 특이한 변종으로서 발생 빈도는 매우 드물다. 실제로 이것은 역삼각형 또는 후방삼각형이다. 이 패턴의 특징은 추세선이 수렴하지 않고 시간이 지나면서 확산되는 형태이다. 일반적인 형태는 〈그림 8〉과 같이 3개의 고점과 2개의 저점으로 형성되어 때로는 5점 전환 패턴(Five-Point Reversal Pattern)이라고도 한다. 이 패턴은 시장의 투자심리가 이상스러울 정도로 불안정한 상태일 때 나타나는 형태로 천장 국면에서 주로 나타난다. 따라서 확산 패턴은 약세 패턴이다.

확산형 패턴은 패턴 진행에 따라 가격 움직임도 확대되고 거래량 또한 확대된다. 따라서 이 패턴을 추세로 파악해볼 때 거짓신호를 반복적으로 나타내는 셈이다.

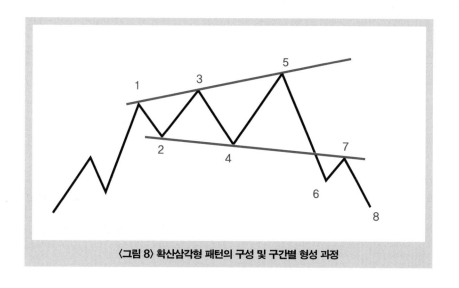

〈그림 8〉 확산삼각형 패턴의 구성 및 구간별 형성 과정

〈그림 9〉 확산삼각형 패턴에 의한 분석의 예

　　가격이 전고점이나 전저점을 돌파하는 양상이 반복되며, 또 그때마다 거래량 또

한 증가하므로 추세로 볼 때 상승 또는 하락 추세 전환으로 보아야 하기 때문이다.

이 패턴은 세 번째 고점(〈그림 8〉에서 5점)이 형성되고 반락하여 두 번째 저점(〈그림 8〉

에서 4점)을 하향 돌파할 때 완성되며 이 하향 돌파는 약세 전환신호이다. 물론 다른 패턴에서의 돌파와 같이 거짓신호의 가능성을 최소화하기 위해서는 여러 가지 기준을 사용할 필요가 있다.

다른 삼각형에서는 가격 변동폭이 적어짐에 따라 거래량이 감소하는 경향이 있지만 확장형 패턴에서는 가격 변동폭이 커짐에 따라 거래량이 증가하는 현상이 나타난다. 이 상황은 통제되지 않은 매우 감정적인 시장임을 암시한다. 또한 대단히 많은 투자자들의 참여를 나타내기 때문에 주로 시장의 천장에서 나타난다. 따라서 확장형은 일반적으로 약세이다. 이 패턴은 주로 상승장이 끝날 무렵에 주로 나타난다.

다이아몬드형

다이아몬드형은 가격이 확산한 후 수렴하는 형태의 패턴으로 그 모양이 다이아몬드와 흡사한 데서 유래하였다. 이는 드물게 나타나는 패턴으로 천장 국면에서 종종 나타나므로 지속 패턴이라기보다는 오히려 전환 패턴이라 할 수 있다.

다이아몬드형은 〈그림 10〉과 같이 확산형과 대칭삼각형이 결합된 것으로 볼 수 있다. 따라서 패턴의 성질도 전반부에서는 가격 변동의 확대에 따라 거래량도 확대되고 후반부에서는 가격 변동폭의 축소에 따라 거래량이 감소하는 경향을 갖는다.

다이아몬드형은 후반부에 상승 추세선이 하향 돌파된 시점에서 패턴으로서 완성되며, 하향 돌파 시 거래량은 증가한다. 가격 목표치는 패턴의 높이만큼 돌파시점에서 변동되는 것으로 계산한다. 하향 돌파 이후 돌파된 추세선까지의 반등 양상은 다른 패턴과 유사하게 나타난다.

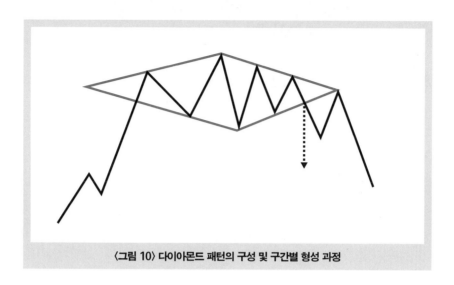

〈그림 10〉 다이아몬드 패턴의 구성 및 구간별 형성 과정

다이아몬드 패턴의 완성

〈그림 11〉 다이아몬드 패턴에 의한 분석의 예

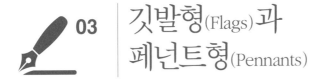

03 깃발형(Flags)과 페넌트형(Pennants)

참으로 알 수 없는 게 주가다. 오를 때는 지금 못 사면 영영 못 살 것처럼 싸보이던 주가도 하락세로 돌아서 며칠만 계속해서 떨어지면 상대적으로 매우 비싸게 여겨진다. 옷이나 구두 같은 물건은 정가보다 높게 팔면 아무도 사지 않지만 40~50% 할인해 팔면 사려는 사람이 북적대는 것과는 정반대의 현상이다. 주가가 다른 물건 값과 다른 움직임을 나타내는 것은 주가가 사람의 군중심리에 영향을 받기 때문이다. 처음에는 그럴듯한 이유가 있어 주가가 떨어지기 시작하지만 며칠 뒤에는 주가 하락이 불안감을 부채질해 주가를 더 끌어내리는 악순환이 반복된다.

부자들은 물건을 살 때 세 번 생각한다고 한다. 사겠다고 마음먹은 물건이 꼭 필요한지와 그것을 사지 않고 다른 것을 할 수 있는 기회는 없는지, 그 물건을 더 싸게 살 수 있는 곳은 없는지를 꼭 챙긴다는 것이다. 주식 투자도 물건 사는 것과 비슷하다. 사고 싶은 주식이 있으면 적어도 3일쯤은 검토하고 숙고하기를 권한다. 그러는 동안 주가가 너무 올라갔으면 포기하고 다음을 기약하면 된다. 주식 투자는 애인을 만나 결혼할 때처럼 신중하게 해야 실패를 줄일 수 있기 때문이다.

깃발형과 페넌트형은 지속형 패턴 가운데 나타나는 빈도수가 높은 패턴이다. 그런데 이 두 패턴은 서로 모양과 특성이 비슷하다. 깃발형(Flag Pattern)과 페넌트형(Pennant Pattern)은 가격 움직임이 활발한 동적인 시장에서 출현하고, 단기간의 휴식기간에 나타난다. 가격이 연속으로 거의 수직으로 급격한 추세 변동을 보인 이후, 기존의 급격한 움직임에 반발하는 세력들이 나타나게 된다.

이러한 패턴은 바로 이와 같이 급격한 시장가격 움직임 가운데 잠시 멈칫거리는 과정에 발생한다. 이때 가격의 수직적인 움직임은 마치 깃대(Flog Ploe)처럼 보이는데, 깃대가 없이는 깃발(또는 페넌트)이 바람에 나부낄 수 없으므로 깃발형이나 페넌트형이 성립되기 위해서는 반드시 그 이전의 가격 움직임이 급격하게 진행되어야 한다.

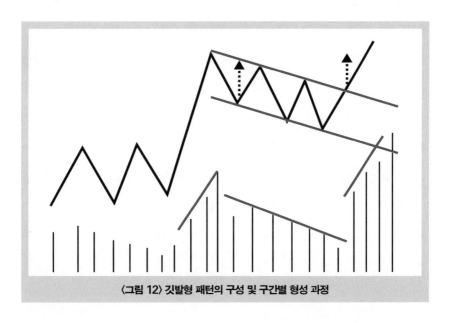

〈그림 12〉 깃발형 패턴의 구성 및 구간별 형성 과정

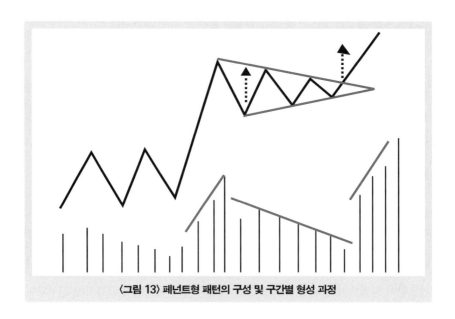

〈그림 13〉 페넌트형 패턴의 구성 및 구간별 형성 과정

　대체로 이 패턴들은 단기간에 형성된다. 주로 사용하는 일간 차트의 경우, 깃발형이나 페넌트형은 보통 1주일에서 3주일 정도의 기간 내에 마무리된다. 더구나 가격이 하락 추세일 경우에는 그 형성기간이 1주일에서 2주일 정도로 더욱 빨리 형성된다. 두 패턴이 완성되는 시점은 가격이 저항선이나 지지선을 돌파할 때이다.

　가격이 저항선을 돌파하느냐, 지지선을 돌파하느냐에 따라서 상승 추세나 하락 추세가 이어지게 된다. 패턴 완성 이후 가격이 저항선이나 지지선을 돌파하였을 때 가격은 최소 '깃대' 높이만큼 변화하는 성질이 있어 이것이 바로 가격 목표치가 된다. 여기서 '깃대'는 패턴 형성 전에 가파르게 움직인 가격폭이다. 이는 가격이 일시적인 휴식 이후 원래의 추세에 따라 같은 정도로 변화하는 것으로 이해하면 될 것이다.

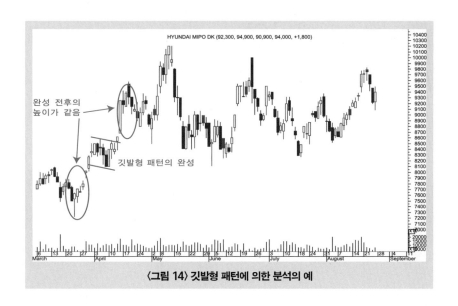

〈그림 14〉 깃발형 패턴에 의한 분석의 예

〈그림 15〉 페넌트형 패턴에 의한 분석의 예

04 │ 쐐기형
(Wedge Pattern)

　입은 한 개인데 귀는 두 개인 까닭은 자기의 주장을 내세우기보다는 남의 말에 귀를 잘 기울이라는 뜻이라는 말이 있다. 수많은 정보가 모여들어 시세를 형성하는 것이 주식시장이라고 한다면 주식시장 역시 입보다는 귀의 중요성이 강조될 수밖에 없다. 대부분의 정보는 주변에서 귀를 통해 얻게 마련인데 중요한 것은 이러한 정보를 많이 얻는 것이 아니라 똑바로 알아듣고 나름대로 그 정보를 해석할 수 있는 능력을 갖추는 것이다.

　투자의 대가 워런 버핏은 '실패하는 투자자'의 유형으로 '시세의 정점에서는 분홍빛 전망에 귀 기울이고 시세의 바닥에서는 실망스러운 소식에 귀 기울이는 투자자'를 꼽았다. 귀를 열어두는 것도 좋지만 남의 얘기에 현혹돼 부화뇌동하는 투자 자세는 피해야 할 것이다.

　쐐기형(Wedge Pattern)은 그 모양이나 형성기간이 앞에서 소개한 삼각형 패턴과 유사하다. 대칭삼각형과 같이 수렴하는 두 개의 추세선으로 이루어지고 거래량 또한 패턴이 형성되는 동안 점차 줄어들고 패턴이 완성되고 추세가 돌파될 때는 증가한다. 가격은 보합 국면을 나타내면서 아래와 위쪽에 추세선을 형성하게 된다. 이러한 위와 아래의 추세선은 일반적으로 한 점에서 수렴하게 된다. 또한 형성기간도 다른 지속형 패턴에 비해서 비교적 장기간이다. 일간 차트의 예를 들면, 쐐기형은 보통 2주일에서 3개월 정도의 기간 안에 형성된다.

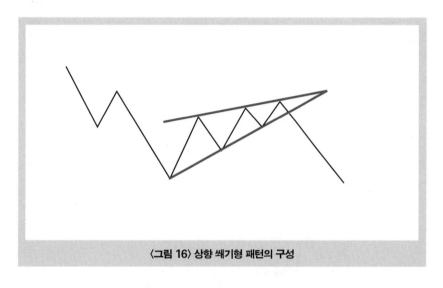

〈그림 16〉 상향 쐐기형 패턴의 구성

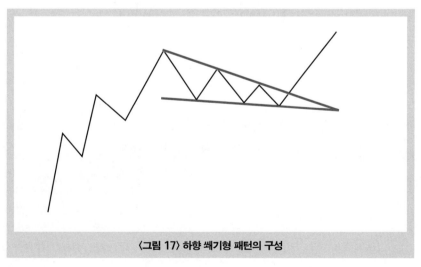

〈그림 17〉 하향 쐐기형 패턴의 구성

〈그림 18〉 상향 쐐기형 패턴에 의한 분석의 예

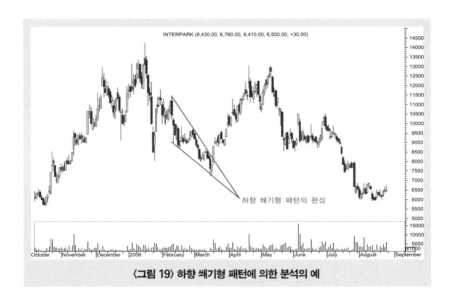

〈그림 19〉 하향 쐐기형 패턴에 의한 분석의 예

아래와 위쪽의 추세선이 모두 상향의 기울기를 나타내고 있으면서 아래쪽에 형성된 추세선의 기울기가 위쪽 추세선 기울기보다 급하면(Steep), 이를 상향 쐐기형(Upward Wedge)이라고 한다. 반면 아래 위쪽의 두 추세선이 모두 하향의 기울기를 나타내고 있으면서 위쪽에 형성된 추세선이 기울기가 아래쪽에 형성된 추세선의 기울기보다 급하다면, 이를 하향 쐐기형(Downward Wedge)이라고 한다.

여기에서 '왜 쐐기형의 방향이 기존의 추세와는 반대의 방향으로 형성되는가?' 하는 의문을 갖게 된다. 쐐기형은 보합 상태인 가격을 유지하면서 패턴을 만들어가는데, 이는 추세의 움직임으로 인해서 얻은 이익을 실현시키고자 하는 이익실현 거래에 의해 주도되기 때문이다. 일반적으로 상향 쐐기형은 장차 가격의 하락을 예고하고, 반대로 하향 쐐기형은 앞으로 가격 상승을 예고한다. 보통 패턴이 완성되는 추세선의 돌파가 이루어지는 시기는 패턴 시작점에서 추세가 수렴하는 끝점의 2/3 수준이 된다.

05 | 직사각형
(Rectangle Pattern)

  '갈 때의 오르막이 올 때는 내리막이다. 모든 오르막과 모든 내리막은 땅 위의 길에서 정확하게 비긴다. 오르막과 내리막이 비기면서, 다 가고 나서 돌아보면 길을 결국 평탄하다. 그래서 자전거는 내리막을 그리워하지 않으면서도 오르막을 오를 수 있다.' 작가 김훈의 에세이집 『자전거 여행』에 나오는 글이다. 비단 이러한 것이 어디 자전거 여행에서뿐이겠는가. 우리의 인생에서도, 그리고 주식시장에서도 마찬가지다.

  직사각형(Rectangle)은 상자형 등으로 알려져 있다. 직사각형 패턴은 수평으로 평행을 이루는 아래위 두 개의 추세선 사이에서 가격이 소폭의 등락을 거듭하면서, 가격의 추세는 옆쪽으로 움직이는 형태를 말한다. 이 패턴은 매도세력이나 매수세력이 균형을 이루고 있으나, 거래는 활발하지 못할 경우에 나타나게 된다. 즉 기존의 추세가 잠시 '휴식'을 취하면서 그 다음 도약을 위해 힘을 비축하고 있는 상태로 해석된다. 한마디로 박스권의 움직임을 말하는 것이다. 보통 패턴의 완성 이후 기존의 추세에 따라 가격이 움직인다는 점에서 삼각형 등과 같은 지속 패턴이다.

직사각형은 〈그림 20〉과 같이 두 개의 추세선이 평행을 이루며 지지선과 저항선의 역할을 하게 된다. 따라서 직사각형 패턴은 단기적으로 지지선 근처에서 매수하고 저항선 근처에서 매도하는 매매방법을 적용할 수 있다. 그러나 지지선이나 저항선이 돌파되면 매매 전략을 추세의 방향에 따라야 한다.

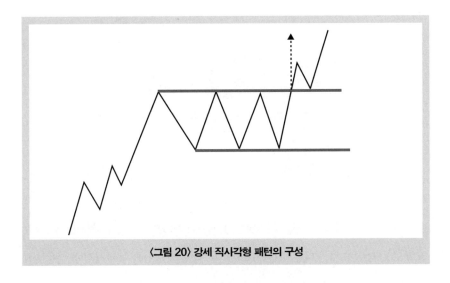

〈그림 20〉 강세 직사각형 패턴의 구성

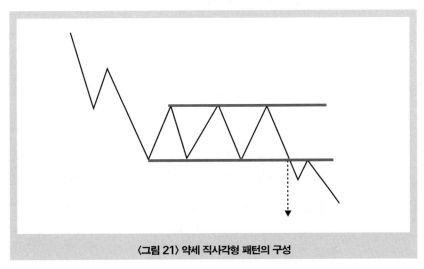

〈그림 21〉 약세 직사각형 패턴의 구성

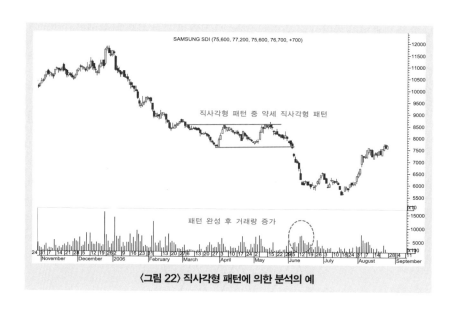

SAMSUNG SDI (75,600, 77,200, 75,600, 76,700, +700)

직사각형 패턴 중 약세 직사각형 패턴

패턴 완성 후 거래량 증가

〈그림 22〉 직사각형 패턴에 의한 분석의 예

    거래량 변화는 다른 지속 패턴과는 달리 패턴 안에서의 가격 움직임이 크기 때문에 패턴 안에서 거래량이 감소하는 현상은 발생하지 않는다. 패턴의 지속기간은 보통 1~3개월로서 삼각형 패턴이나 쐐기형 패턴과 비슷하다. 직사각형이 돌파되었을 때의 가격 목표치는 다른 패턴과 같이 직사각형의 높이를 돌파시점에 적용하여 목표치를 측정할 수 있다. 또한 돌파 후 반락이나 반등도 다른 패턴들보다 더 잘 나타나는데 이는 두 개의 추세선이 수평이어서 지지와 저항의 성격이 더 분명하게 적용되기 때문이다. 단 직사각형은 진행 중에 나타나는 추세 전환의 신호에 주의해야 한다. 왜냐하면 직사각형의 진행 중에 형성되는 고점과 저점이 3중 천장형 전환 패턴과 유사하기 때문이다.

    이 두 패턴은 구분하는 방법은 '거래량의 패턴'이 다르다는 점이다. 가격이 반등할 때는 거래량이 증가하고 반락할 때는 거래량이 감소하면 직사각형의 지속형 패턴이다. 또한 가격이 하락할 때 거래가 증가하면 추세 전환의 신호가 된다.

    직사각형 패턴은 아래와 위쪽의 평행한 추세선 사이에서 가격이 보합 국면을 보

〈그림 23〉 코스닥지수에 나타난 직사각형 패턴

이며, 전개되는 형태이다. 그러므로 일단 추세라는 관점에서 볼 때에는 추세가 없는 것처럼 나타난다. 그러나 숙련된 기술적 분석가들은 이 직사각형 패턴의 추세 없음을 이용하여 비교적 안정적인 거래 이익을 얻을 수 있다.

〈그림 23〉의 코스닥지수를 보면 2009년 이후 현재까지 직사각형 패턴을 형성하고 있음을 볼 수 있다. 짧게 보면 450~550포인트, 좀 더 확장해서 보면 400~565포인트에서 제한적인 움직임을 보이고 있는 것이다. 특히 주목해서 봐야 하는 것은 거래량 추이다. 거래량의 증감에 따라 지수 또한 상승과 하락을 반복하고 있기 때문이다.

06 | 스윙 패턴
(Swing Measured or Measured Move)

　'사슴을 좇을 때는 토끼를 쳐다보지 마라.' 회남자(淮南子)에 나와 있는 말이다. 큰 차익이 예상되는 시점에 즉각 매수를 못하고 주저해서 기회를 놓치거나 끈기를 가지고 버텨야 하는 국면에서는 주변의 작은 시세에 현혹돼 종목을 갈아타 낭패를 보는 경우가 많다. 강세에서는 시세가 이어지는 쪽으로 종목을 집중하고, 작은 시세가 예상되는 종목들을 과감히 버리는 전략도 필요해 보인다. 움츠릴 때는 확실히 움츠려야 하며 큰 승부를 걸 때는 확실히 큰 승부를 걸어야만 한다.

　스윙 패턴(Swing Measured or Measured Move)은 가격이 일시적인 조정을 거친 이후 원래의 가격 움직임과 동일한 추세로 변화하는 것을 말한다. 〈그림 24〉와 같이 A점에서 B점까지 가격이 상승한 다음 B점에서 C점까지 조정받은 후 상승 추세가 최초의 가격 움직임(AB)와 같은 방향으로 이루어지는 경우이다.

　이러한 양상은 〈그림 24〉와 같이 추세 진행 중에 지속형 패턴이 형성되고 이후 가격이 다시 추세에 따라 변동될 때 생기게 된다. 스윙 패턴이 나타날 경우 조정 후 전환시점인 C점에서 다음 가격 움직임은 파동의 크기나 기울기가 같이 나타나므로 가격 목표치는 A점에서 B점까지 높이만큼 움직이게 된다.

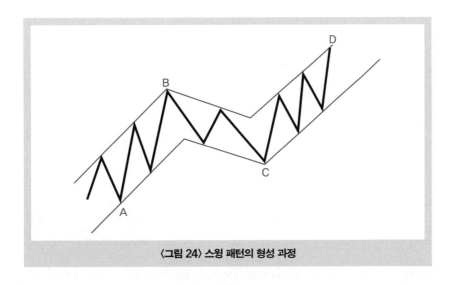

〈그림 24〉 스윙 패턴의 형성 과정

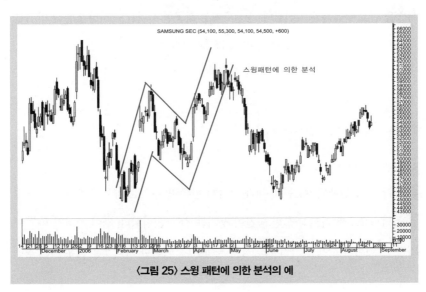

〈그림 25〉 스윙 패턴에 의한 분석의 예

07 갭
(GAP)

'군자표변(君子豹變)'은 『주역(周易)』의 「효사(爻辭)」에 있는 말이다. 표범의 털가죽이 아름답게 변하는 것처럼 군자는 자기 잘못을 고쳐 선(善)으로 바꾸는데 신속하다는 뜻이다. 즉 군자는 여유롭고 온건한 이미지를 보이지만 큰 상황이 발생하면 목숨을 걸고 결연하게 처신한다. 증권투자로 성공한 사람들도 시장 흐름에 맞춰 결정적일 때는 매매 전략과 투자 마인드를 바꿔 대응한다.

갭(Gap)이란 무엇인가

지금까지 진행되어오던 추세가 갑자기 한쪽 방향으로 치우쳐 주가가 급등 혹은 급락함으로써 차트상에 빈 공간이 생기는 것을 의미한다. 갭이 생기면 향후 주가가 큰 변화의 추세를 가질 가능성이 높아진다. 이러한 가격갭은 이후 가격 움직

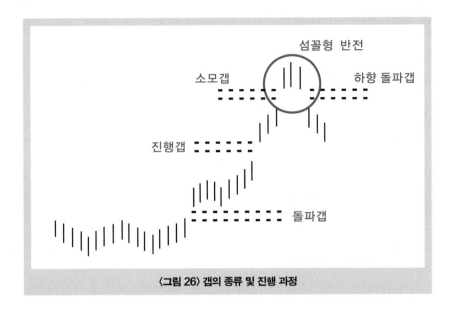

〈그림 26〉 갭의 종류 및 진행 과정

임에 대한 정보를 제공할 수 있다. 예컨대 상승 추세에서 전일의 고가를 넘어서는 갭(상향 갭)이 발생한 경우 강세를 의미하며 하락 추세에서 전일의 저가를 넘어서는 갭(하향 갭)이 발생한 경우 약세를 나타낸다. 일간 차트에는 자주 발생하는데 주간이나 월간 차트상에 갭이 발생할 경우에는 중요성이 더욱 크다. 갭은 기본적으로 보통갭(Common Gap), 돌파갭(Breakaway Gap), 진행갭(Run-away Gap), 소모갭(Exhaustion Gap) 등 4가지로 분류된다.

가격갭의 4가지 형태

보통갭(Common Gap)

보통갭은 일반적으로 횡보 상태 또는 거래 밀집 국면 중에 발생하는 형태로 상향 갭이 나타나도 신고가가 아니며, 하향 갭이 나타나도 신저가가 아닌 경우이다. 즉 갭이 발생한 가격대에서 거래가 이루어진 상태이다. 가장 자주 발생하는 갭의 형태로 곧 다시 메워지는 특징이 있다. 거래량도 보통갭이 나타날 때 일시적으로 증가하나 다음날 바로 평균적인 거래량 수준으로 회복하게 된다.

보통갭은 단기적으로 즉시 메워진다는 점에서 매매에 이용할 수 있으나 일반적으로 갭의 형태 중에 거래에 이용할 수 있는 부분이 적다. 또한 특별한 의미가 없어 일반적으로 분석 대상에서 제외된다.

돌파갭(Breakaway Gap)

돌파갭은 밀집 국면이나 조정 국면에서 돌파를 나타낸 것으로 보통 중요 패턴이 완성되고 시장이 새로운 국면에 들어서는 초기에 나타난다. 예를 들면 목선이 돌파될 때나 천장이나 바닥에서 가격이 크게 움직일 때, 또는 주추세선이 돌파할 때 이러한 갭이 발생한다. 돌파갭이 발생하면 거래량 또한 급증한다. 그리고 돌파갭이

〈그림 27〉돌파갭에 의한 분석의 예

발생한 이후에도 수일간 추세 방향으로 연속해서 신고가 또는 신저가를 기록하는 특징이 있다.

일반적으로 돌파갭은 많은 거래를 수반하고 가격이 상승 후 다시 반락하여도 돌파갭이 완전히 메워지지 않는 경향이 있다. 따라서 갭의 상부는 지지선의 역할을 하는 경우가 많고 갭의 하부는 반등 시 저항선의 역할을 하는 경우가 많다. 만일 돌파갭이 발생하여 강세 전환신호가 나타난 후 돌파갭이 완전히 메워졌다면 강세 전환신호 자체가 잘못된 것일 가능성이 높으므로 이를 주의해서 살펴봐야 한다.

진행갭(Run-away Gap)

돌파가 발생된 후 일정 방향으로 움직이다가 중간에 가격이 급상승(급하락)하여 두 번째 갭이 발행한 후 신고가(신저가)가 나타나며 추세 진행이 지속될 때 두 번째 나타난 갭을 진행갭(Continuation, Run-away Gap)이라 한다. 진행갭의 발생은 추세가 점점 강화되고 있다는 신호이다. 진행갭도 조정 국면으로 진입할 때 지지로서 역할을 하고 갭은 채워지지 않는 경우가 대부분이다. 만일 이 갭이 메워지고 수일 동안 신고가나 신저가가 나타나지 않는다면 이는 다음에 설명할 소모갭(Exhausting Gap)이 될 가능성이 높다.

진행갭을 측정갭(Measuring Gap)이라고도 하는데 이는 이 갭이 추세 중간에 발생하여 추세가 얼마나 더 진행될지 추정할 수 있는 기준이 되기 때문이다. 예를 들면 진행갭이 발생하였다면 추세의 시작점에서 진행갭이 발생한 점까지 진행된 폭만큼 추세 방향으로 더 진행될 것이라는 예상을 할 수 있게 된다. 가격이 예상된 가격 목표치에 접근할 때 거래량이 직전 수주일 평균보다 50% 이상 급증하는 등 이익실현을 하라는 신호가 발생하게 된다.

소모갭

하향 돌파갭

2,012.74

1,758.99 (07/25)

〈그림 28〉 소모갭과 하향 돌파갭에 의한 분석의 예

소모갭(Exhaustion Gap)

소모갭은 신고가 또는 신저가를 수반하지 못하고 메워지는 갭으로 추세 진행의 마지막 단계에서 가격이 추세 방향으로 급상승 또는 급하락하여 생기는 갭이다. 진행갭과는 수일 내 다시 메워진다는 점에서 다를 뿐이어서 소모갭은 가격이 전환하여 갭을 메울 때 확인된다. 보통 소모갭이 출현하면 시세 전환의 신호가 된다.

섬꼴반전(Island reversal)

주가가 장기적으로 형성하고 있던 추세 다음에 소멸갭이 나타나 횡보 국면이 진행되다가 돌파갭에 의해 상승 또는 하락할 때 나타나는 것을 섬꼴반전이라고 한다(〈그림 29〉). 섬꼴반전이 나타날 경우 추세의 반전은 거의 확실하다고 볼 수 있을 정도로 강력한 신호가 된다. 돌파갭이 오기 전인 횡보 국면에서 주가들이 마치 육

FREEMS (2,760, 2,820, 2,725, 2,785, +15)

섬꼴반전(Island reversal)의 출현

〈그림 29〉 섬꼴반전에 의한 분석의 예

지에서 떨어진 섬 모양 같다고 해서 섬꼴반전이라고 부른다. 이는 머리어깨형만큼
이나 매우 신뢰할 수 있는 추세 전환 패턴이다.

가격갭을 이용한 매매원칙

보통갭은 적절한 매매 기회를 나타내지는 못한다. 하지만 단기 매매를 해야 한
다면 가격이 상향 갭이 나타내면 매도하고 하향 갭을 나타내면 매수한다. 시장이
거래량의 급증을 수반하면서 장기간 횡보 국면을 돌파하여 신고가나 신저가 행진
을 계속한다면 이는 돌파갭이다. 이때 가격이 상향 갭을 나타내면 매수하고 하향
갭을 보이면 매도한다. 진행갭에서 매매방법은 돌파갭에서와 유사하다. 갭이 발생
한 후 신고가나 신저가가 발생하지 않는다면 매매에 임하지 않는다. 상향 소모갭이
라고 판단될 때 매도하고 하향 소모갭이라고 판단될 때 매수한다.

PART

7

캔들차트(Candle Chart)
에 대하여

시장은 유행성 감기와도 같아서 당신이 그 원인을 깨닫자마자
다른 유형의 감기로 변해버린다.

-와그너-

구두닦이에겐 세상 사람들의 분류가 간단하다. '구두가 깨끗한 사람'과 '구두가 더러운 사람'. 중국 북송시대의 정치가이자 사학자였던 사마광이 어렸을 때 일이다. 신나게 놀다가 한 아이가 그만 커다란 간장독에 빠지고 말았다. 주위에는 어른들이 없었고, 아이들은 놀라서 도망가거나 도망가지 않더라도 그저 어쩔 줄 몰라 쩔쩔매고만 있었다. 그때 당돌한 아이 사마광이 어디선가 커다란 돌을 들고 나타났다. "야, 너 어쩌려는 거야?" "어쩌긴 뭘 어째. 항아리를 깨려는 거지." "그러다 야단맞으면 어쩌려고?" 세상에는 두 부류의 사람이 있다는 걸 어린 사마광은 보여준다. '항아리를 깨는 사람'과 '두려워서 못 깨는 사람'. 우리는 주식시장에 참여하는 투자자가 두 부류로 나뉜다는 걸 알고 있다. '기술적 분석을 하는 투자자'와 '기술적 분석을 하지 못하는 투자자'.

01 캔들차트의 유래

최인호의 소설 『상도』의 주요 소재는 '계영배(戒盈盃)'라는 술잔이다. 계영배는 7부선까지 술을 채워야지 그 이상을 부으면 이미 부은 술마저도 사라져버린다는 신비의 술잔으로 묘사된다. 지나치게 채우고자 하면 넘치고, 모든 불행은 스스로 만족함을 모르는 데서 비롯된다는 것이 계영배의 교훈이다. 작가는 계영배를 통해 절제의 미덕과 건전한 부의 형성 및 분배를 강조했다.

대부분 주식 투자자들은 '대박'의 환상을 가지고 있다. 수익률이라는 술이 7부선에 그치지 않고 넘치고 넘치기를 바라는 것이 그들의 심정이다. 하지만 모두가 자신의 바람대로 수익률을 창출한다면 주식시장은 오히려 존립의 이유가 없을 것이다. 승자도 있고 패자도 있기에 역설적으로 증시가 존재하는 것이다. 개개인의 술잔 크기가 달라 7부 능선의 차이는 있겠지만 절제의 미덕은 누구에게나 요구된다. 다시 한 번 '무릎에 사서, 어깨에 팔라'는 주식시장의 격언을 새겨보자.

1700년대에 일본에서는 과거의 쌀가격으로 미래의 쌀가격의 움직임을 예측하였 던 혼마 무네히사(Munehisa Homma)라는 전설적인 인물이 있었다. 혼마는 세계 최 초로 기술적 분석으로 쌀거래를 통하여 거대한 재산을 모았던 사람이다. 쌀거래는 1600년대 말 오사카항구에서 이루어지기 시작하였으며 1710년 이후에는 쌀거래 가 쌀저장소에서 쌀증권으로 승인을 받아 정식으로 공표되었다. 즉 세계 최초의 선 물거래가 이루어지게 되었던 것이다. 쌀거래로 인하여 오사카 항구가 번영하기 시 작하였으며, 1,300명 이상의 쌀거래인이 있었다고 한다. 그 당시 특정한 통화 기준 이 없었기 때문에 쌀이 실제적인 통화의 단위로 작용하면서 쌀증권(Rice Coupons) 이 거래가 되었다. 즉 미래에 생산될 쌀을 양도한다는 의미에서 쌀증권은 세계 최 초의 선물계약서가 된 셈이다.

이러한 쌀거래와 함께 당시 상인들은 별이나 막대기, 고양이 발톱 모양의 차트 를 이용해 가격 변동을 표시했다. 혼마는 이를 바탕으로 자료를 모아 표를 만드는 데 몰두했다. 마침내 그는 캔들(양초형)차트를 만들어냈다. 캔들은 도오지마 곡물거 래소라는 거대한 바다에 빠져 허우적대는 혼마를 뭍으로 끌어내준 혁명적인 도구 가 되었다. 그가 고안한 캔들은 그 자신을 변화시킨 놀라운 발견이었을 뿐만 아니 라 불규칙한 주식거래를 객관화시키고 예측이 가능한 과학의 경지로까지 끌어올 린 빛나는 업적이었다는 평가를 받고 있다. 그가 고안한 이 캔들차트는 그 후 주식 투자에도 시세를 표시하는 데 사용되었으며, 오늘날에도 가장 많이 사용하는 차트 이다. 지금도 이 차트는 '일본식 캔들차트(Japanese Candle Chart)'라고 불린다.

국내에는 그가 캔들차트를 만들어낸 사람이라는 것이 잘 알려지지 않는 것과 마 찬가지로 '사께다 5법'이 그가 분석해낸 투자법이라는 것을 아는 사람은 많지 않다. 국내에서는 '사께다전법'으로 불리고 있는데, 마치 사께다라는 사람이 만든 것처럼 알려져 있기 때문이다. 이 투자법도 삼산, 삼천, 삼공, 삼병, 삼법이라는 말로 많이 쓰이는데 우리나라 투자자들의 귀에도 익숙한 편이다. 양초형 차트를 분석해 가격의 변동을 읽는 방법이 바로 사께다 5법이다.

삼산(三山)은 시세의 천장권을 파악하는 방법이며 삼천(三川)은 시세의 바닥을 확인하기 위한 것이다. 삼병(三兵)은 적삼병과 흑삼병이 있는데 삼천형에서 적삼병은 상승 추세, 삼산형에서 흑삼병은 하락 추세의 신호로 받아들여지고 있다. 이를 추세 전환신호로 해석한다. 삼법(三法)은 상승과 하락 등 추세를 나타내는 추세 매매법이다. 삼공(三空)은 경기과열 신호로 받아들여지며 매도시점을 알 수 있는 것이다. 혼마는 그가 만든 차트를 이 같은 방법으로 분석해 거래에 활용했는데 이를 통해 가격 변동에 대처할 수 있었다. 또한 그는 다른 사람이 따라올 수 없는 막대한 이익을 남겼다. 후에 이는 주식 투자에 그대로 적용되어 오늘날에도 많은 투자자가 그의 분석법을 투자에 참고하고 있다.

02 | 캔들차트의 작성과 구조

심리학에 '리프레이밍(Reframing)'이란 말이 있다. 틀(액자)을 바꾸면 그림이 전혀 다르게 보이는 것처럼, 조건을 변화시켜 의미를 다르게 할 수 있다는 것이다. 기분에 따라 반쯤 비었다고 보이던 물잔이 반이나 채워진 것으로 보이는 것이 대표적인 예이다. 정신분석학자인 토머스 자스는 "동물의 세계를 지배하는 법칙은 먹느냐 먹히느냐이지만 인간 세계를 지배하는 법칙은 정의(定義)하느냐 정의되느냐이다"라고 갈파했다. 인간의 삶은 정의하는 주도권을 누가 잡느냐가 중요하다는 것이다. 심리적 공황(Panic)으로 주가가 많이 빠질 때도 리프레이밍을 해보는 용기가 필요하다. 존 템플턴, 앙드레 코스톨라니, 워런 버핏 등이 큰돈을 번 것은 남과 다른 액자로 폭락 장세를 급등의 시작으로 새롭게 정의한 덕택이었다.

왜 이름을 '캔들(양초)차트'라 하는지 〈그림 1〉을 보면 이해가 갈 것이다. 이것은 흡사 심지 달린 양초와 같다. 직사각형은 하루 시가와 종가의 차이를 나타내며, 몸통(Body)으로 불린다. 몸통은 빨간색 또는 파란색으로 표시되는데, 빨간색 몸통은 종가가 시가보다 높음을 의미한다. 파란색 몸통은 종가가 시가보다 낮음을 의미한다. 『일본식 캔들스틱차트 사용법(Japanece Candlestick Charting Techanique)』의 저자인 스티브 니슨(Stieve Nison)에 의하면 캔들차트에서는 시가와 종가를 매우 중요하게 생각한다. 캔들의 모양이 다르면 그것이 내포하는 의미도 달라진다. 이러한 캔들의 기본적 형태를 이해하는 것으로부터 캔들차트 분석의 시작이 된다.

먼저 가격 움직임을 바탕으로 하여 캔들차트를 그려보자. 주가는 그 흐름이 시가, 고가, 저가, 종가를 기준으로 그려진다. 이 가격을 기초로 몸통(Body)과 그림자(Shadow)를 그리는데 몸통은 차트에서 직사각형으로 나타나는 부분이다. 가격 면에서는 시가와 종가의 가격 범위를 말하게 되고, 그림자는 크게 위 그림자(Upper Shadow)와 아래 그림자(Lower Shadow)로 나누어 위 그림자는 양봉의 경우 종가와 고가의 가격 범위를 수직선으로 몸통의 위에 그려지고 음봉의 경우는 시가와 고가의 범위가 몸통 위에 그려진다. 아래 그림자는 양봉의 경우 시가와 저가의 범위가 몸통 아래에 그려지고 음봉의 경우 종가와 저가의 가격 범위가 수직선으로 몸통의

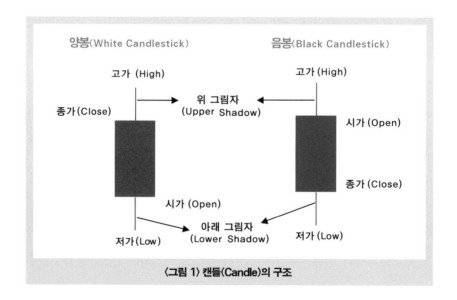

〈그림 1〉 캔들(Candle)의 구조

아래에 그려진다.

몸통은 일반적으로 사각형으로 나타나며 매수와 매도의 힘에 대한 크기를 분석하는 데 사용되며, 음봉의 경우 저항대를 의미하고 양봉의 경우 지지대를 의미하는 것으로 본다. 몸통이 클수록 그 지지나 저항세력이 큰 것으로 해석한다. 하락의 경우 음봉은 그 몸통의 범위가 강력한 저항 구간의 역할을 한다. 반면 상승의 경우 양봉의 몸통은 강력한 지지 구간의 역할을 한다. 일반적으로 작은 몸통의 경우는 그 의미가 그리 크지 않으나 큰 몸통을 가진 캔들차트의 경우 그 의미가 한층 가중된다. 이동평균선에서와 같이 지지선이나 저항선을 돌파할 경우 이 큰 몸통이 나타나면 통상 지지나 저항이 돌파되는 것으로 해석하곤 한다. 그림자(Shadow)의 경우도 일반적으로 매수와 매도의 힘으로 분석할 수가 있으며, 그 길이에 따라 힘의 크기를 측정할 수가 있다. 즉 그림자가 길면 길수록 매수와 매도의 힘이 강하다고 분석할 수 있다.

03 | 캔들차트의 패턴

주식 투자에도 중독 증세가 있다는 것은 널리 알려진 사실이다. 실제로 객장에 나오는 개인 투자자 중 4분의 1이 주식 중독증에 시달리고 있다는 한 의료기관의 연구 결과도 있다. 증권가에서는 이처럼 주식 중독 여부를 소재로 한 이야기들이 적지 않다. 물론 의학적인 판단 기준과는 거리가 있는 우스갯소리가 대부분이지만, 가장 대표적인 주식 중독 판별 기준은 언어장애 여부이다.

중독 증세가 있는 사람은 사용하는 단어가 일반인과 다르다. 예를 들어 자녀가 아프다는 가족들의 염려에 "그건 아이의 펀더멘털이 약해서 그래. 그렇지만 돌출 악재가 없다면 곧 원상회복하겠지"라고 답하는 경우다. 사무실이 조용하면 "관망 분위기네", 반대로 시끄러우면 "혼조 상태가 너무 오래간다"고 표현하는 중독자도 있다. 또한 색깔장애도 있다. 이는 빨간색과 파란색만 보면 모두 주식시세판 상황과 연결하는 증세다. 빨간 신호등이 켜지면 주가가 오른 것 같아 기분이 좋아지고 파란 신호등이 켜지면 '하락폭이 얼마 정도 될까' 하고 걱정을 한다.

곡선장애는 구부러진 선만 보면 모두 주가차트로 보이는 현상이다. 당구를 처음 배울 때에는 천장 가장자리가 당구대의 쿠션으로 보이는 것처럼 차트만 집중적으로 연구하는 투자자들 중에 이런 착시 현상을 겪는 사람이 적지 않다고 알려져 있다. 이런 사람들은 신체 사이클 역시 증시와 함께 움직이기 때문에 설이나 추석처럼 증시가 오랫동안 쉬면 심한 몸살을 앓기가 쉽다고 한다.

기본 형태

패턴 유형	패턴명	형태	해 석
기 본 형 태	Long Days		Long Days란 시가와 종가 사이의 차이, 즉 몸통이 이전 캔들차트에 비해 상당히 큰 것을 말하며 주로 그림자보다 캔들의 몸통 길이가 큰 경우이다. 하루 동안 시가와 종가의 차이가 크게 나는 형태를 Long Days라고 한다.
	Short Days		Short Days란 Long Days와 대조적인 형태로 하루 중 시가와 종가의 차이, 즉 몸통이 이전 캔들에 비해 작거나 거의 없는 형태를 말한다.
	Spinning Tops		Spinning Tops는 몸통의 길이에 비해 그림자의 길이가 상당히 긴 형태의 캔들이다. 이와 같은 형태는 강세와 약세의 형세가 애매한 국면에서 매수세와 매도세가 팽팽한 눈치를 보일 때 나타난다. 주로 추세 전환 국면이나 지지나 저항이 크게 작용하는 국면에서 나타난다. High – Wave Candle이라고도 불린다.
	Long-Legged Doji		Doji(도지)란 몸통이 너무 작아서 시가와 종가가 같아지는 형태이다. 이는 시장에서 매수와 매도의 힘이 중립을 이루는 경우에 나타난다. 이 패턴은 이후의 추세 흐름에 중요한 변화가 일어날 수 있는 신호가 될 수 있으므로 다른 캔들과 동시에 해석해야 한다. 일반적으로 완전히 시가와 종가가 일치하는 형태는 드물며 시가와 종가가 약간의 차이를 보여도 Doji에 포함시킬 수 있다. Long-Legged Doji는 길다란 위 그림자와 아래 그림자를 가지고 있으며 시가와 종가는 당일 거래 범위의 중간에 위치하는 형태이다. 이 형태는 매수와 매도가 서로 확신을 가지지 못한 상태이다. 일간으로 보면 급등락을 거듭하는 뇌동 매매에서 흔히 발생한다. Rickshaw Man이라고 부르기도 한다.

패턴 유형	패턴명	형태	해석
기 본 형 태	Grave Stone Doji		Grave Stone Doji은 시가 이후에 강한 상승세를 보이다가 종가에 저가인 시가 수준으로 되밀려 마감하는 형태이다. 이전 추세가 상승이었다면 하락 반전될 가능성이 높고 반대로 하락 추세였다면 상승 전환될 확률이 크다. 전쟁터의 비석과 비슷하다 하여 붙여진 이름이다. Stupa라는 이름으로도 불린다.
	Dragon Fly Doji		Dragon Fly Doji는 시가와 고가, 그리고 종가가 거의 비슷한 수준에서 결정되는 형태의 캔들이다. 이전의 추세가 하락 국면이었다면 상승 전환될 가능성이 크고, 반대로 이전의 추세가 상승 국면이었다면 하락 반전될 가능성이 있다.
	Four Price Doji		Four Price Doji는 시가, 고가, 저가, 종가가 같거나 거의 비슷한 수준에서 형성되는 형태의 캔들이다. 거래량이 부진하고 발생확률도 크지 않다. 주로 신규 상장이나 등록과 같은 상황 혹은 갑작스런 시장 변동이 발생할 경우 나타난다. 이 패턴은 독립적으로 해석하기보다는 다음날 발생하는 캔들과 동시에 해석해야 한다.
	Star		Star는 전날의 긴 몸통에 이어 자주 나타나는 유형으로 추세의 고점과 저점에 나타나는 대표적인 전환 패턴 중 하나이다. 몸통의 색깔은 그리 중요하지 않으며 가끔 추세의 중간에 나타나 잠시 휴식을 가진 후 재차 이전의 추세로 주가가 진행되기도 한다.
	Paper Umbrella		Paper Umbrella는 강한 반전을 암시하는 캔들로 Dragon Fly Doji와 비슷한 형태를 가지고 있으나 몸통이 Doji보다는 크게 나타나며 반전형으로 분석한다. 이러한 Paper Umbrella가 하락 추세에서 나타나면 Hammer라 하고, 상승 추세에서 나타나면 Hanging Man이라 한다.
	Closing Marubozu		Marubozu란 그림자가 없이 시가가 고가이거나 저가 그리고 종가가 고가이거나 저가인 형태의 캔들로 하루 가격 변동폭이 매우 큰 형태이다. 그 모양이 Long Days와 비슷하나 그림자가 없는 것이 차이점이다. Closing Marubozu는 몸통의 종가에 그림자를 가지고 있지 않은 형태이다. 양봉이면 종가에 위 그림자가 없고 음봉이면 종가에 아래 그림자가 없는 형태이다. 일반적으로 양봉은 강세 국면을, 음봉은 약세 국면을 나타낸다.
	Opening Marubozu		Opening Marubozu는 몸통의 시가에 그림자를 가지고 있지 않은 형태로, 양봉이면 시가에 아래 그림자를 가지고 있지 않으며 음봉이면 시가에 위 그림자를 가지고 있지 않은 경우이다. 일반적으로 Opening Marubozu보다 Closing Marubozu가 다음날 주가에 미치는 영향이 강하다.

Black Marubozu		Black Marubozu는 음봉으로 몸통의 위와 아래에 그림자가 없는, 즉 시가와 고가가 같고 종가가 저가와 같은 형태로 이전의 하락 추세에서 나타나면 지속적으로 하락을 예상할 수 있다. 이는 매우 취약한 하락 장세를 나타내는 캔들이다.
White Marubozu		White Marubozu는 양봉으로 몸통의 위와 아래에 그림자가 없는, 즉 시가와 저가가 같고 종가가 고가와 같은 형태로 이전의 상승 추세에서 나타나면 지속적으로 상승을 예상할 수 있다. 이는 매우 강력한 상승 장세를 나타내는 캔들로 상승 지속형 패턴으로 본다.

〈그림 2〉는 다우지수의 일간 차트이다. 캔들차트의 기본 형태로 분석해보자. A 국면은 상승 흐름에서 큰 폭의 양봉인 Opening White Marubozu가 출현하여 상승 흐름을 이어갔지만 고점에서 Star가 출현하여 추세 전환을 암시하였다. 다음날 Opening Black Marubozu가 출현하여 하락 추세로 전환되었음을 확인할 수 있다. 이후 단기 낙폭에 따른 기술적 반등이 있었으나 다시 Star가 출현한 이후 하락세로 전환된다. B국면에는 치열한 매매 공방이 전개되었으나 주요 저항선에서 Star가 출현하 며 역시 추세 전환이 이루어진다. 전제적으로는 '3중 천장' 패턴으로 진

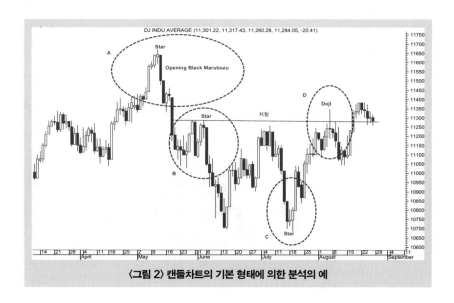

〈그림 2〉 캔들차트의 기본 형태에 의한 분석의 예

행되는 모습이다. C국면에서는 바닥권에서 Star가 나타났으며, 이를 계기로 추세 전환에 성공한다. D국면에서는 전고점의 저항을 극복하지 못하고 Doji가 발생한 후 추세전환이 이루어졌다.

상승 반전 패턴

패턴 유형	패턴명 (한국명)	패턴명 (영문)	형태	해 석
상 승 반 전	역망치형	Inverted Hammer	하락 추세+	주가 하락 국면 중 하락 추세의 바닥에서 나타난 상승시도로서 종가가 거의 시초가 수준으로 마감하여 매우 짧은 몸통과 긴 위 그림자를 이루는 형태이다. 몸통의 색깔은 큰 의미가 없고 다만 다음에 나타날 캔들이 갭을 형성하고 긴 몸통을 형성하면 단기적으로 보다 확실한 추세 반전의 신호로서 의미가 있다.
	망치형	Hammer	하락 추세+	주가 하락 국면의 저점에서 주로 나타나며 작은 몸통과 긴 아래 그림자를 이루며 위 그림자가 전혀 없거나 거의 없는 형태이다. 일반적으로 몸통의 색깔과는 관계가 없지만 음봉일 때보다는 양봉일수록, 몸통의 길이가 짧을수록, 그리고 그림자가 길수록 추세 전환의 신호로서의 의미가 더 크다. 보다 확실한 추세 전환시기 판단을 위해서는 반드시 이후의 가격 변화 추이를 확인해야 한다.
	상승 샅바형	Bullish Belt Hold	하락 추세+	주로 하락 추세의 마지막 추세에서 나타난다. 이후 강세 전환 가능성이 매우 높은 패턴이다. 시가가 당일의 저가이며 짧은 위 그림자를 보인다. 몸통의 길이가 길수록 신뢰도는 증가한다.
	적삼병	Three white solider	2 1 0 하락 추세+	이름이 의미하듯이 종가가 상승하는 양봉이 연속적으로 이어지는 패턴으로 대표적인 강세 예고 패턴이다. 형태상으로는 위 그림자와 아래 그림자가 없거나 짧은 양봉 세 개가 연속적으로 나타나는 것을 뜻한다. 일반적으로 각 양봉의 시가는 직전 봉의 몸통 안에 있어 세 개의 양봉이 맞물리면서 상승하는 모습을 나타낸다. 만일 두 번째나 세 번째 양봉이 길게 늘어나는 경우, 즉 급상승하는 경우에는 과열 국면에 진입할 가능성도 있다.

상 승 반 전	상승 장악형	Bullish Engulfing		형태상으로 두 번째 봉에 의해 첫 번째 봉이 감싸이는 것을 Engulfing이라고 한다. 하락 추세에서 형성되는 이 패턴은 전일 음의 몸통을 다음날의 긴 양의 몸통이 감싸 안은 형태로 이전까지의 하락 추세를 상승으로 반전시킬 가능성이 매우 높은 패턴이다. 두 번째 봉에 대량거래가 수반되었다면 더욱 의미있는 모습이다. 비교적 빈번하게 발생하고 신뢰도 높은 편이다.
	상승 잉태형	Harami in Downtrend		Harami(하라미)는 일본 고어로 잉태라는 뜻이다. Harami 는 기존 추세의 멈춤을 뜻한다고 할 수 있다. 하락 잉태형의 반대 패턴으로 짧은 양봉이 전일의 긴 음봉에 의해 감싸이는 패턴이다. 주가의 하락 추세가 진행된 이후 이 패턴이 나타나면 일반적으로 상승 추세로 반전될 가능성이 높다. 그러나 이 패턴이 출현한 이후 주가가 상승 반전되지 않는다면 기존의 약세 추세가 더욱 강화되어 나타날 가능성이 크다.
	상승 십자 잉태형	Harami Cross in Downtrend		짧은 양봉(또는 십자형)이 전일의 긴 음봉에 의해 감싸인 패턴이다. 주가의 하락 추세가 진행된 이후 이 패턴이 나타나면 일반적으로 상승 추세로 반전될 가능성이 높다. 그러나 이 패턴이 출현한 이후 주가가 상승 반전되지 않는다면 기존의 약세 추세가 더욱 강화되어 나타날 가능성이 크다. 일반적으로 Harami보다 강한 반전 신호로 빈번하게 나타난다.
	상승 반격형	Bullish Counterattack Line		상반된 두 개의 캔들로 이뤄진 패턴으로 종가가 전일의 종가와 거의 비슷한 수준에서 형성된다. 전일에 긴 음봉이 나오고 당일에 양봉이 나오면 하락 추세에서 상승 추세로 전환될 가능성이 있다. 관통형과 비슷하지만 전일 종가가 금일의 종가와 거의 비슷한 수준에서 형성된다는 점에서 차이가 있으며 추세 전환 강도가 관통형에 비해 다소 약한 면이 있다. 중요한 점은 두 번째 양봉의 시가가 매우 낮게 형성되어야 한다는 것이다. 기존 추세를 강하게 이어가다가 크게 반전하여야 하기 때문이다.
	관통형	Piercing Line		형태상으로는 두 개의 몸통이 긴 캔들로 구성되어 있는데, 첫 번째는 음봉, 두 번째는 양봉이며 하락 추세 마지막에 나타난다. 두 번째 양봉이 첫 음봉을 관통하여 상승하는 모습을 나타내는데 반드시 두 번째 양봉의 종가가 첫 음봉 몸통의 절반 이상을 상향 돌파하여야 한다. 상향 돌파하지 못한 패턴은 트러스팅 패턴(우물쭈물형)이라 하여 하락 지속형 패턴이 된다. 이전의 하락 추세 에너지가 거의 소멸되어 하락 추세를 마감하고 상승 전환될 가능성이 매우 큰 패턴이다.

패턴 유형	패턴명 (한국명)	패턴명 (영문)	형태	해 석
상 승 반 전	샛별형	Morning Star	2 1 0 하락 추세+	대표적인 상승 반전형으로 발생빈도가 매우 높은 패턴이다. 하락 추세에 있던 주가가 이틀 전의 긴 음봉에 이어 갭 하락한 후 전일 짧은 몸통을 형성한 다음 당일에 양봉이 형성되는 패턴인데 전일 갭 하락한 몸통이 이틀 전과 당일의 몸통 안으로 진입하지 못한 경우 샛별형라고 한다. 이는 전일까지 장세 전망이 불투명하기 때문으로 나타나는 현상인데 하락 추세를 마감하고 이후 주가가 상승 전환될 것으로 예상할 수 있다. 샛별이 양봉이든 음봉이든 상관없으나 양봉이면 신뢰도가 높아진다.
	십자 샛별형	Morning Doji Star	2 1 0 하락 추세+	샛별형의 변형 패턴으로 전일 스타형이 아닌 십자형이 출현하는 점에서 차이가 있다. 즉 이틀 전 긴 음봉이 나타나고 전일의 캔들이 갭 하락한 십자형이며 당일에 양봉이 나타나는데 전일의 십자형이 이틀 전과 당일의 몸통에 못 미치는 형태이다. 샛별형과 모양은 유사하나 신뢰성이 더 강한 패턴으로 하락 추세의 바닥권에서 이 패턴을 발견했다면 매수에 가담해야 한다.
	상승 기아형	Abandoned Baby In Downtrend	2 1 0 하락 추세+	출현빈도는 낮지만 다른 패턴보다도 추세 전환 강도가 높은 특징이 있는 중요한 패턴이다. 전일 Doji형 패턴이 이틀 전과 당일의 몸통과 갭을 이루며 하락하였다가 당일에 추세가 반전되는 패턴이다. 여기서 전일 출현한 십자형은 이틀 전과 당일의 가격 범위를 벗어난 채 갭을 형성한다.
	상승 잉태 확인형	Three Inside Up	2 1 0 하락 추세+	이전 두 개의 캔들이 상승 잉태형 패턴으로 나타나고 당일의 캔들이 강세 전환을 확인시켜주는 패턴으로, 당일의 종가가 이틀 전의 시가와 전일의 종가를 초과하는 상승세를 기록하며 마감되는 패턴이다. 일단 이 패턴이 형성된 이후에는 이전까지의 하락 추세를 마감하고 강한 상승세로 전환될 것으로 예상할 수 있다. 신뢰도가 매우 높으며 자주 나타난다.
	상승 장악 확인형	Three Outside Up	2 1 0 하락 추세+	이전 두 개의 캔들이 상승 장악형 패턴으로 나타나고 당일의 캔들이 강세 전환을 확인시켜주는 패턴으로, 당일의 종가가 이틀 전의 시가와 전일의 종가를 초과하는 상승세를 기록하며 마감되는 패턴이다. 일단 이 패턴이 형성된 이후에는 이전까지의 하락 추세가 마감되고 강력한 상승 추세로 전환될 것으로 예상할 수 있다.

상 승 반 전	사다리 바닥형	Ladder Bottom		대표적인 강세 반전신호이다. 하락 추세가 3일 연속 지속되다가 4일째 되는 날 대부분의 거래가 시가 위에서 이루어졌다면 비록 그날 하락으로 마감한다고 하여도 하락 추세가 마무리되어가고 있음을 암시한다. 그 다음날 상승 갭을 시현하면서 전일의 고점보다 높게 끝난다면 강세 반전의 신호가 나타났다고 보아도 무방하다. 마지막날 장봉이 아니더라도 거래량이 수반된다면 반전이 더욱 확정적이라고 할 수 있다.
	집게 바닥형	Tweezers Bottom	하락 추세+	하락 추세에 있던 두 개 또는 그 이상의 캔들이 더 이상 저점을 갱신하지 못하면서 저가를 이전 캔들과 일치시키는 형태를 보이는 패턴이다. 다른 패턴과 중복되어 출현할 가능성이 높으며 일반적으로 지지선의 역할을 하며 동일한 저점을 형성하는 캔들의 수가 많을수록 이후에 상승 전환될 경우 상승 추세가 더욱 강화되는 특성이 있다.

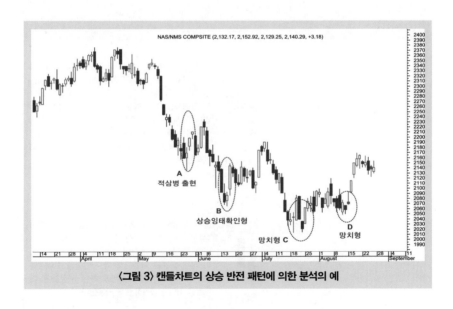

〈그림 3〉 캔들차트의 상승 반전 패턴에 의한 분석의 예

〈그림 3〉은 나스닥지수의 일간 차트이다. 전체적으로는 하락 추세이지만, 반등시 나타난 캔들차트상 상승 반전신호에 주목하기 바란다. A국면에서는 적삼병이 출현해 지수의 상승 전환을 암시하고 있다. B국면에서는 상승 잉태확인형이 나타나면서 지수가 상승세로 전환되었다. C국면과 D국면에서는 망치형이 출현하며 지수의 상승 반전이 이뤄지고 있다. 망치형은 일반적으로 몸통의 색깔과는 관계가 없지만 음봉일 때보다는 양봉일 때 추세 전환의 의미가 더 크다.

▎상승 지속 패턴

패턴 유형	패턴명 (한국명)	패턴명 (영문)	형태	해 석
상 승 지 속	블록형	Advance Block	2 1 0 상승 추세+	주가가 상승 추세를 이어가다 매수탄력이 약화되어 추가 상승이 부담스러운 상황에서 나타나며 이틀 전 캔들의 몸통에 비해 당일과 전일의 몸통이 짧고 위 그림자는 길게 형성되는 패턴이다. 강한 반전 없이 단지 주가의 조정기간을 예상할 수 있다. 상승세는 좀 더 이어질 수 있지만 충분히 상승한 고가권의 경우 주의를 요한다는 경고의 신호로 해석할 수도 있다.
	지연형	Stalled Pattern	2 1 0 상승 추세+	상승 추세에서 나타나며 신고점 돌파 후 스타형과 유사한 패턴이 출현한 후 작은 몸통의 양봉이 나타나 조정 국면에 접어든 경우를 예상할 수 있다. 이 작은 양봉은 기존 강세의 지연이나 쉬어감을 뜻하기 때문에 단기 매매를 하는 사람들은 이 패턴을 이익을 실현하는 데 사용한다.

상 승 지 속	상승 갭 타스키형	Upward Gap Tauski		출현빈도가 그리 크지 않은 패턴으로 상승 추세에 있던 중에 긴 양봉과 함께 갭 상승한 후 또 다시 양봉이 나타나 상승 추세가 지속되다가 당일에 하락 반전하는 형태를 보인다. 여기서 당일의 음봉은 이전의 갭을 완전히 메우지 못하는 패턴이다. 이 패턴은 이전 상승 추세의 지속을 의미하므로 마지막 음봉의 종가 수준을 매수하는 시점으로 판단해도 무리가 없어 보인다.
	상승 갭삼법형	Upside Gap Three Methods		상승 갭타스키형과 유사한 형태이나 마지막 봉이 앞에서 형성된 갭을 메운다는 점에서 차이가 있다. 강한 상승 추세에서 잘나타나는데 두 개의 긴 양봉과 상승 갭이 이를 뒷받침해주고 있다. 두 번째 양봉은 반드시 갭을 형성하여야 하며 셋째 날의 음봉은 반드시 갭을 메워야 한다. 일반적으로 이러한 갭메우기는 추세 강화의 형태로 간주되기에 기존 추세는 이어진다고 판단할 수 있다.

2 1 0
상승 추세+

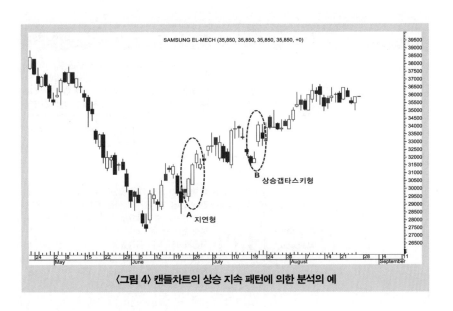

〈그림 4〉 캔들차트의 상승 지속 패턴에 의한 분석의 예

〈그림 4〉는 삼성전기의 일간 차트이다. 하락 흐름을 마무리하고 상승 추세로 전환하여 랠리가 진행 중에 있음을 볼 수 있다. A국면에서는 상승 지속형 패턴인 지연형(Stalled Pattern)이 나타났다. 이는 기존의 강세의 지연이나 쉬어감을 나타내는데, 역시 패턴 발생 후 잠시 조정을 보이는 모습이다. B국면에서는 상승 갭타스키형(Upward Gap Tauski)이 나타났다. 이러한 패턴이 발생될 경우 마지막 음봉의 종가 수준을 매수시점으로 하는 것이 바람직하다. B국면을 보면 마지막 음봉에서의 매수가 적절한 매수 타이밍이었음을 알 수 있다.

하락 지속 패턴

패턴 유형	패턴명 (한국명)	패턴명 (영문)	형태	해 석
하 락 지 속	하락 갭 타스키형	Downward Gap Tauski	2 1 0 하락 추세+	하락 추세가 이어지는 가운데 하락 갭을 형성하면서 음봉이 나타나고 그 뒤를 이어 양봉이 발생한다. 이 양봉의 시가는 직전 음봉의 거래 범위에 있고 종가는 직전 음봉의 거래 범위 위에 형성될 때 이를 갭타스키형이라고 한다. 여기서 당일의 양봉은 이전의 갭을 완전히 메우지 못하는 패턴으로서 이전의 하락 추세의 지속을 의미하므로 매도 기회가 될 수 있다.
	하락 갭 삼법형	Falling Three Methods		출현빈도가 많지 않은 패턴이다. 하락 추세 도중에 긴 음봉을 형성한 후 작은 몸통을 가진 양봉이 연속적으로 출현함으로써 대부분의 투자자들이 하락 전환을 예상하나 작은 몸통 연속 출현 후 지금까지의 작은 몸통들을 모두 포함하는 음봉이 나타나면서 신저가를 형성하는 경우 추세가 지속된다는 신호이다. 이전의 하락 추세 지속을 의미하므로 매도기회가 될 수 있다.
	진입형	In Neck		주로 긴 음봉과 함께 하락 추세에서 나타나며 둘째 날도 시가에 하락 갭을 형성하지만 반전하여 상승세를 나타낸다. 한편 종가는 전일의 저점과 유사한 수준에서 형성되나 전일의 음봉 안으로까지 상승하지는 못하여 상승 시도가 부족함을 드러내게 된다. 따라서 하락 추세가 이어지게 된다.

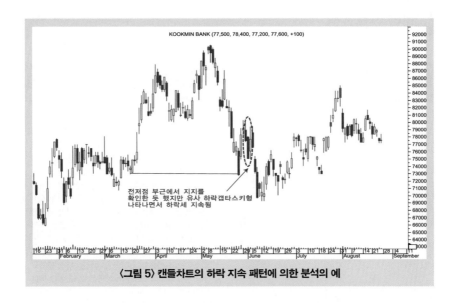

KOOKMIN BANK (77,500, 78,400, 77,200, 77,600, +100)

전저점 부근에서 지지를
확인한 듯 했지만 유사 하락갭타스키형
나타나면서 하락세 지속됨

〈그림 5〉 캔들차트의 하락 지속 패턴에 의한 분석의 예

〈그림 5〉는 국민은행의 일간 차트이다. 5월 초 그동안의 상승 흐름을 마감하고 하락 추세로 전환되었다. 5월 말 전저점 부근에서 지지를 확인한 듯 보였으나 반등 시 하락 갭타스키형(Downward Gap Tauski)이 나타나면서 오히려 하락세가 강화되는 모습을 보였다. 따라서 하락 갭타스키형이 나타남과 동시에 매도에 나섰더라면 추가 손실을 줄일 수 있었을 것이다.

하락 반전 패턴

패턴 유형	패턴명 (한국명)	패턴명 (영문)	형태	해 석
하 락 반 전	유성형	Shooting Star	 상승 추세+	주가 상승 국면 중에 최고점에서 나타나며 시가가 갭을 이루며 상승 출발하였다가 긴 위 그림자를 형성하며 추가 상승에 실패하며 되밀려서 시가 부근에서 종가 형성되며 짧은 몸통을 형성하는 패턴이다. 역전된 망치형과 동일한 패턴으로 종가가 저가 부근이나 동일하게 형성되는 형태이며, 일반적으로 이 패턴 이후에는 추세가 하락 반전될 가능성이 매우 높다. 몸통의 색깔은 중요하지 않지만 직전 봉과의 갭 여부는 매우 중요하다. 물론 현실적으로는 갭 없이 나타나는 유성형이 많지만 보다 진정한 의미의 유성형은 직전 봉과의 갭이 필수적이다. 또한 유성형은 2~3개의 봉을 합성하였을 때 명확하게 나타나는 경우도 있고 이때 신뢰도가 더욱 높아지기 때문에 전후의 봉을 합성하여 살펴볼 필요도 있다.
	교수형	Hanging Man	 상승 추세+	주가 상승 국면 중 최고점에서 나타나며 짧은 몸통과 긴 아래 그림자를 형성하며 추가 상승에 실패하여 이후 하락 반전될 확률이 높은 패턴이다. 망치형과 동일한 형태이지만 망치형과는 반대로 하락 반전을 암시한다. 몸통의 색깔과는 관계없이 위 그림자가 전혀 없을 경우도 있지만 이 패턴으로 분류한다. 이 패턴 확인하는 데는 단기간일지라도 추세를 살펴야 하고 발생 다음날 하락 갭 형성 여부도 매우 중요하다. 보통 5~10일 정도의 상승 추세 후 이 패턴이 형성되었다면, 향후 주가의 하락 반전 가능성을 내포하고 있다고 할 수 있다.
	하락 샅바형	Bearish Belt Hold	상승 추세+	주로 상승 추세의 마지막 국면에서 나타나며 이후 약세 전환 가능성이 매우 높은 패턴이다. 고가권에서 길게 나타나면 강한 하락장을 예고한다. 몸통의 길이가 길수록 신뢰도는 증가한다.

하락 반 전	하락세 십자별형	Bearish Tri Star	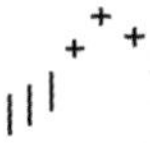	상당기간 동안 상승 추세를 나타낸 후 3일 모두 십자형이 나타난다. 둘째 날 상승 갭을 형성하거나 위 그림자와 아래 그림자가 겹치고 마지막 날에 다시 하락하면 하락 세십자별형을 형성하였다고 할 수 있다. 상당기간 지속된 상승 추세가 첫 번째 십자형이 나타남으로써 힘이 약화되고 있음을 알 수 있다. 또한 두 번째 십자형이 갭과 함께 나타남으로써 상승 추세의 힘이 소진되었음을 확인할 수 있다. 이때 세 번째 십자형이 하락 반전의 모습으로 나타나기에 매우 희귀하지만 무시할 수 없는 강한 반전의 신호이다. 거래량지표 및 추세지표 등과 같은 여타 기술적 지표들도 참조하여 기존의 추세가 약화되고 있음을 확인할 필요가 있다. 봉의 모습이 굳이 십자형이 아니라 작은 몸통으로 3일 연속 같은 모양으로 나타난다면 세십자별형과 같은 의미로 해석한다.
	하락 장악형	Bearish Engulfing	 1　0 상승 추세+	상승 추세에서 형성되는 패턴으로 전일 양의 몸통을 다음날 긴 음의 몸통이 감싸 안는 형태로 이전까지의 상승 추세를 하락으로 반전시킬 가능성이 매우 높은 패턴이다. 첫 번째 봉의 크기가 작고 두 번째 봉의 크기가 클수록, 거래 범위가 두 번째 봉에 의해 완전히 감싸일수록 신뢰도는 증가한다. 만일 두 번째 봉에 대량거래가 수반되었다면 더욱 의미가 있다. 비교적 빈번하게 발생하며 신뢰도가 높은 패턴이다.
	흑삼병	Three Black Crow	 2　1　0 상승 추세+	이름이 의미하듯이 대표적인 약세 예고 패턴으로서 위 그림자와 아래 그림자가 없거나 짧은 음봉 세 개가 연속적으로 나타나는 것을 뜻한다. 일반적으로 각 음봉의 시가는 직전 봉의 몸통 안에 있어 세 개의 음봉이 맞물리면서 하락하는 모습을 시현한다. 특히 첫 음봉의 종가와 두 번째 음봉의 시가가 같고 세 번째 음봉의 시가가 두 번째 음봉의 종가와 같은 형태로 나타나는 것을 동일 흑삼병이라고 하여 더욱 강한 매도신호로 간주하는데 이는 매우 드물게 나타난다.
	하락 십자잉태형	Bearish Harami Cross	 1　0 상승 추세+	형태상으로는 직전의 긴 봉에 완전히 감싸이는 작은 봉이 나타나는 하라미형이다. 두 번째 작은 몸통의 봉이 십자(Doji)로 나타나게 된다. 명확한 반전 신호인 도지가 기존 추세의 멈춤신호인 하라미형과 결합하였기 때문에 고착화 신호라고 부르기도 한다. 즉 기존 추세가 돌처럼 굳어지고 조만간 추세가 바뀐다는 강한 의미로 해석된다. 통상의 하라미보다 강한 반전 신호로 빈번하게 나타나며 상승 반전형보다 하락 반전형의 신뢰도가 높다.

패턴 유형	패턴명 (한국명)	패턴명 (영문)	형태	해 석
하락 반전	흑운형	Dark Cloud Cover	1 0 상승 추세+	형태상으로는 두 개의 몸통이 긴 캔들로 구성되어 있고, 첫 번째는 양봉, 두 번째는 음봉이며 상승 추세 마지막에 나타난다. 첫 양봉의 고점보다 높은 곳에서 시작하여 종가가 첫 번째 봉의 몸통 절반 이하에 하향 위치하면 좀 더 신뢰성이 높다고 할 수 있다. 만일 두 번째 봉의 하향 위치 정도가 심하여 첫 번째 양봉을 감싸면 하락 장악형이 된다. 명확한 상승 추세 후 발생했거나, 두 번째 음봉이 저항 수준에 걸쳐 있는 경우, 그리고 두 번째 봉이 거래를 많이 수반했다면 하락 반전에 대한 가능성은 더욱 높다.
	십자 석별형	Evening Doji Star	2 1 0 상승 추세+	석별형의 변형 패턴으로 전일에 스타형이 아닌 십자형이 출현하는 점에서 차이가 있다. 즉 이틀 전에 긴 양봉이 나타나고 전일의 캔들이 갭 상승한 십자형이며 당일에 음봉이 나타나는데 전일의 십자 모양이 이틀 전과 당일의 몸통에 못 미치는 형태이다. 일반적으로 십자형은 스타형보다 더 강력한 영향력이 있기 때문에 석별형보다 더 강력한 하락 추세로의 전환신호로 해석할 수 있다.
	하락 기아형	Abandoned Baby In Uptrend		십자석별형에서 십자 전후에 갭이 생기는 경우 아주 명확한 반전신호라고 할 수 있다. 출현빈도는 매우 낮지만 다른 패턴보다도 추세 전환 강도가 높은 특징이 있는 중요한 패턴으로서 전일 도지(Doji)형 패턴이 이틀 전과 당일의 몸통과 갭을 이루며 상승하였다가 당일에 추세가 반전되는 패턴이다. 여기서 전일 출현한 도지는 이틀 전과 당일의 가격 범위를 벗어난 채 갭을 형성한다.
	하락 잉태 확인형	Three Inside Down	2 1 0 상승 추세+	이전 두 개의 캔들이 하락 잉태형으로 나타나고 당일의 캔들이 약세 전환을 확인시켜주는 패턴으로, 당일의 종가는 이틀 전의 시가와 전일의 종가에 미치지 못할 정도로 하락세를 기록하며 마감되는 패턴이다. 일단 이 패턴이 형성된 이후에는 이전까지의 상승 추세를 마감하고 강한 하락 추세로 전환될 것으로 예상할 수 있다.
	하락 장악 확인형	Three Outside Down	2 1 0 상승 추세+	이전 두 개의 캔들이 하락 장악형으로 나타나고 당일의 캔들이 약세 전환을 확인시켜주는 패턴이다. 첫 번째 봉의 크기가 작고 두 번째 봉의 크기가 클수록, 거래 범위가 두 번째 봉에 의해 완전히 감싸일수록 신뢰도는 증가한다. 만일 두 번째 봉에 대량거래가 수반되었다면 더욱 의미가 있다. 하락 장악형이 형성된 후 셋째 날 종가가 첫째 날의 시가와 둘째 날의 종가보다 하락하면 추세의 반전이 확인되는 하락 장악확인형이 되는 것이다. 명확한 하락 반전 신호이며 자주 발생한다.

하 락 반 전	까마귀형	Upside Gap Two Crows In Uptrend		형태상으로 나뭇가지 위에 앉아 아래를 내려다 보는 두 마리의 까마귀를 닮았다고 하여 붙여진 이름이다. 첫 번째 캔들은 긴 양봉이며 두 개의 짧은 음봉이 상승 갭을 두고 나타난다. 이상적인 형태는 두 번째 음봉이 세 번째 음봉에 감싸이는 것이다. 매우 드물게 나타나지만 상승 추세 마지막에 나타났다면 명백한 하락 예고 신호이다.
	집게 천장형	Tweezers Top	상승 추세+	상승 추세에 있던 두 개 또는 그 이상의 캔들이 더 이상 고점을 갱신하지 못하면서 고가가 이전 캔들의 고가와 일치시키는 형태를 보이는 패턴이다. 다른 패턴과 중복되어 출현할 가능성이 높으며 일반적으로 고점이 저항선의 역할을 한다. 동일한 고점을 형성하는 캔들의 수가 많을수록 이후에 하락 반전될 경우 하락 추세가 더욱 강화되는 특성이 있다.
	하락 반격형	Bearish Counterattack Line	1　0 상승 추세+	색깔이 다른 두 개의 긴 캔들이 비슷한 종가를 형성하였을 경우 이를 직전의 움직임에 대한 반격이라고 표현한다. 하락 반격형은 우선 긴 양봉과 긴 음봉으로 구성되고 두 봉의 종가가 같거나 비슷한 경우이다. 뒤 음봉이 첫 번째 양봉의 몸통 위로 올라가면 형성하게 되는 먹구름형보다는 반전의 의미가 작지만 나름대로 상당한 신뢰도를 갖는다. 중요한 점은 두 번째 음봉의 시가가 매우 높게 형성되어야 한다는 것이다. 즉 기존 추세를 강하게 이어가다가 크게 반전해야 되기 때문이다.
	석별형	Evening Star	2　1　0 상승 추세+	대표적인 하락 반전형으로 발생빈도가 매우 높은 패턴이다. 형태를 보면 상승 추세에서 긴 양봉이 발생한 후 다음날 상승 갭을 두고 작은 몸통을 가진 스타(Star)가 나타난다. 그 다음날 하락 갭을 하고(없을 수도 있음) 첫번째 양봉 정도의 긴 음봉이 발생하는 것이다. 스타가 양봉이든 음봉이든 상관없으나 음봉이면 신뢰도가 높아진다. 첫 양봉에 수반된 거래량이 적고 세번째 음봉의 거래량이 많다면 이는 반전 가능성이 높아진다. 또한 스타가 두 개 연속해서 나타나 교수형과 혼합된 형태로 나타나기도 한다. 한편 조정 과정에서 스타가 저항 수준에서 형성되는 경우 조정이 지속될 것으로 예상할 수 있다.

캔들차트의 추세 전환신호 가운데 가장 대표적인 것이 도지(Doji)이다. 도지는 앞에서 설명한 것과 같이 시가와 종가가 같을 때 형성되는 모양이다. 도지 모양이 나타나게 되면 이것을 신호탄으로 기존의 추세와는 정반대의 추세가 나타나게 된다. 매도와 매수의 세력을 들어 이야기하자면, 상승 추세 때에는 매수세가 매도세보다 강한 국면이다. 반대로 하락 추세 때에는 매도세가 매수세보다 더 강한 국면이다. 도지(Doji)형이 나타난 순간 매수세와 매도세는 균형을 이루게 된다.

시가와 종가가 같기 때문에 이렇게 생각할 수 있다. 따라서 다음 순간에는 기존의 세력과는 다른 판도가 나타날 가능성이 높다는 것이다. 즉 매수 강세 국면에서 도지(Doji)가 나타난 이후 매도 강세가 나타나게 되고, 매도 강세 국면에서 도지(Doji)가 나타난 이후 매수 강세가 나타나게 된다. 고점과 저점에서 모두 유효하지만 저점에서 더 신뢰를 보낼 수 있다(〈그림 6〉).

〈그림 6〉 도지(Doji)형에 의한 분석의 예

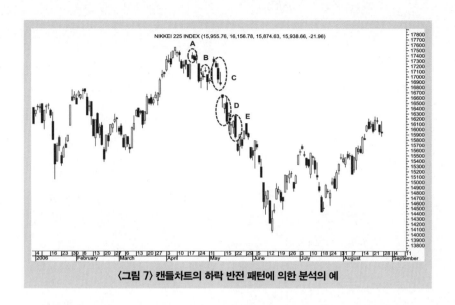

NIKKEI 225 INDEX (15,955.76, 16,156.78, 15,874.63, 15,938.66, -21.96)

〈그림 7〉 캔들차트의 하락 반전 패턴에 의한 분석의 예

　〈그림 7〉은 닛케이225지수 일간 차트다. 4월에 그동안의 상승세를 마무리하고 하락세로 반전되는 모습을 보인다. 먼저 A국면에서는 유성형(Shooting Star)이 나타나 추세 전환을 예고한다. B국면에서는 다시 십자석별형(Evening Doji Star)이 출현한다. 이는 보다 강력한 하락 추세 전환신호이며, 결국 C국면의 흑삼병(Three Black crow)의 출현으로 하락 추세로의 전환은 보다 확실해진다. 또한 D국면과 E국면의 하락 장악형(Bearish Engulfing)으로 하락 추세는 더욱 가속화된다.

8

지표 분석

"이제까지 돈 많은 기술적 분석가를 만나본 적이 없어"라고 말하는 사람을 나는 항상 비웃는다. 사실이지, 이런 말은 오만하고 지각없는 말이다. 나는 9년 동안 기본적 분석을 사용하였지만 돈을 벌지 못하였고 기술적 분석가로 비로소 부자가 되었다.

-슈왈츠-

바다는 공포의 대상이다. 거대한 파도와 해일에 쫓긴 인간에게 바다는 분노와 폭력의 상징이다. 그러면서 그 안에 알 수 없는 그 모든 것을 품고 있는 신비의 대상이기도 하다. 미래를 향해 질주하던 우리 게임산업이 도박에 중독됐다. 성인오락 '바다이야기'가 2006년 여름 한국 사회를 혼란 속으로 몰아넣은 것이다. 바다이야기 게임은 일본의 오우미 모노가타리(大海物語:큰 바다 이야기)의 짝퉁이라고 한다. 원조는 1895년 미국인 페이가 고안한 슬롯머신이다. '바다이야기'가 언론에 크게 다루어지자 관련 주식이 줄줄이 하락했다. '원죄를 가진 주식'은 매매하지마라. 월스트리트의 전설적인 고수로 평가받는 존 템플턴은 원죄를 가진 주식은 기본적으로 투자하지 않는다는 원칙을 세웠다. 템플턴이 규정한 원죄의 주식은 주류회사, 담배회사, 도박회사이다. 그는 "정부나 시민단체들이 규제를 요구하고 있는 회사에 대해서는 투자가들이 투자를 기피할 것"이라며 우리와 우리 이웃에게 도움이 되는 회사에 투자하라고 권고했다. 사회에 해악(?)을 끼치는 주식은 다루지 않겠다는 템플턴의 원죄주식론을 추종할 이유는 없다. 그의 주장엔 다분히 자신의 종교관이 묻어 있기 때문이다. 주식에 죄의 유무를 가르는 꼬리표가 붙어 있지는 않다. 수익률만 올리면 최고라는 것이 시장의 불문율이다. 템플턴이 말한 원죄주식 중에는 오히려 투자가들이 선호하는 종목들도 있다. 한편으로 보면 증시에서는 원죄주식론이 자리 잡을 구석이 없는 것 같다.

01 | 지표 분석의 개념

이 장에서는 주로 기술적 보조지표에 대하여 알아볼 것이다. 경험이 많은 투자자라면 보조지표 이외에도 인간지표(일명 휴먼 인디케이터) 및 시장의 여러 가지 징후로 바닥 및 천장을 판단한다. 먼저 증시 바닥에 관한 징후들을 살펴보자.

신문의 종합 1면이나 저녁 8~9시 메인 뉴스에 주가 폭락 뉴스가 3차례 이상 나오면 주가가 바닥이라는 설이 있다. 주가 폭락이 전 국민적인 관심을 모을 정도로 주가가 크게 떨어지고 나면, 주식을 팔 사람은 거의 다 팔게 되고 주가는 다시 상승곡선을 그릴 수 있다는 것이다. 주가에 낙관적이던 애널리스트들마저 비관적인 주가 시나리오에 동의하면 주가가 바닥이라는 이야기도 있다. 말하기 정말 조심스럽지만 주가 하락을 비관한 투자자나 증권사 영업직원이 스스로 목숨을 끊었다는 소식도 바닥을 알리는 징후에 속한다. 삶을 포기할 정도로 주가 하락이 투자자들에게 고통을 준다면 더 이상 나올 악재는 없다.

이번엔 증시 천장에 대한 여러 가지 정황들을 살펴보자. 대표적인 것으로 증권사

지점에 아기 울음소리가 들리면 주가가 오를 데까지 다 올랐다는 속설이 전해진다. 아기를 맡길 곳이 없는 엄마들까지 다급한 마음으로 증권사 객장을 찾을 정도라면 주식을 살 사람은 다 샀다고 판단하면 거의 틀림없다는 것이다. 경제적 여유가 있으면서도 정보에 굼뜬 전문직(의사 · 변호사 등) 종사자들이 주식에 관심을 보이는 것도 역시 비슷한 이유로 천장 징후에 속한다. 또한 결정적으로 객장에 제복을 입은 군인들이 나타나면 예외 없이 천장이라고 한다. 이재에 밝지 않은 직업 군인들마저 주식 투자에 나선다면 이는 정점이 가까웠다는 신호이기 때문이다.

모든 법칙이나 기법이 그러하듯이 기술적 분석에서도 완벽하게 시장 환경에 적용할 수 있는 만능적인 분석기법은 존재하지 않는다. 결국 투자의 성공 여부는 얼마나 시장상황에 타당한 기술적 분석기법을 선택하느냐에 달려 있다. 이는 결국 시장의 대세를 파악하는 투자자들의 능력과 관련된 것이다. 예를 들어 시장이 추세를 적용하기 힘든 박스권을 보이고 있는데 추세순응적인 분석기법을 적용한다면 어떻게 되겠는가. 성공적인 투자를 위해서는 각종 기술적 분석기법의 특성과 시장상황에 대한 기초적인 이해가 필수적이다.

지표 분석이란 시장의 움직임 그 자체보다는 전반적인 시장의 상황을 분석하여 시장의 움직임을 예측하려는 분석법이다. 이 방법은 지금 시장의 상태가 어떠한지, 즉 과열인지 침체인지를 나타내어 거래자로 하여금 매도, 매수의 확신을 주기에 충분하다. 기본 원리는 시장의 상태가 정상적인가 비정상적인가를 확인하여 비정상적이라면 시장이 곧 정상적인 상태로 돌아갈 것이므로 이러한 상태를 찾아서 매도와 매수의 시점을 알려주는 분석법이다.

기술적 지표는 추세를 파악하거나 그 전환점을 찾는 데 도움을 준다. 그리고 보조지표는 매수자와 매도자 사이에 존재하는 힘의 균형을 보다 깊이 있게 분석 가능하게 하는 것이다. 한편 보조지표는 차트의 패턴 분석보다도 더 객관적이라 할 수 있다. 기술적 분석을 실전에 적용시키는 데 있어 어려운 점은 시장의 상황에 따라 각 분석지표들 간에 서로 상이하거나 부적절한 분석 결과를 나타낸다는 점이다. 즉 어떤 지표는 상승 혹은 하락의 추세가 뚜렷한 시장에서 적절한 분석 결과를 보여주는데 반해, 또 다른 지표는 횡보장세에서 보다 적절한 신호를 제공한다. 다시 말해 어떤 지표는 추세 파악을 잘하는데 반해, 어떤 지표는 전환점을 잘 포착한다는 것이다. 시장에 참여한 지 얼마 되지 않는 초보 투자자들은 대부분이 시장에 가장 적합한 하나의 지표를 찾아내려고 하거나, 여러 가지 지표를 함께 분석하여 개별 신호의 평균값을 얻고자 한다. 반면에 경험과 분석력을 갖춘 전문 투자자는 각각의 시장 조건에 가장 적합한 지표가 어떤 것인가를 찾고자 한다. 일반적으로 지표를 사용하기에 앞서 그 지표의 계산방법과 활용방법을 명확히 이해하고 있어야만 그 지표가 주는 추세에 대한 확신을 가질 수가 있다.

　지표 분석은 추세지표(Trend-following Indicator), 오실레이터(Oscillstor), 기타지표(Miscellaneous Indicator)의 3가지 유형으로 나눈다. 추세지표는 추세를 나타내는 지표이기 때문에 시장이 움직일 때에는 가장 적합한 지표가 되지만 횡보장세에서는 적절한 신호를 나타내지 못한다. 오실레이터는 횡보장세에서의 전환점(Turning Point)을 포착하는 데는 적합하지만 추세가 시작된 이후에는 너무 빨리 나타나 매매에 위험한 신호를 제공한다. 오실레이터(Oscillstor)란 넓은 의미로는 가격의 움직임을 나타내는 모든 지수를 일컫는 말이다. 좁은 의미로는 최근의 가격에서 과거 일정시점의 가격을 빼서 산출된 결과로 나타난 플러스(+), 마이너스(-) 값을 현재 시점에서 그래프로 나타내어 분석하는 방법을 말한다. 오실레이터를 이용한 분석은 추세 분석이나 패턴 분석이 보합 국면, 즉 가격의 변동폭이 미미할 때 분석하기 어려운 점을 보완해주며 추세가 뚜렷하지 않을 때 유용하다.

02 지표 분석의 장점과 단점

'전략, 공방, 작전, 반격, 후퇴, 지지선……' 주식시장에서는 전투용어가 자주 등장한다. 여유자적한 호황 국면이 아니라 악전고투가 불가피한 불황 국면일 때 더욱 그렇다. 동서고금을 막론하고 가장 뛰어난 병서로 꼽히는 『손자병법』이 최첨단을 달리는 월스트리트에서도 응용되는 것은 이상한 일이 아니다. 상품선물 중개업체 오시리스 트레이딩의 대표인 딘 런델은 증시에서 살아남기 위해 '손자병법'의 지혜가 유효하다고 강조한다. 손자병법은 중국 춘추전국시대 손무가 저술한 병서이다.

지피지기와 때를 직시하면서 원칙에 충실하되 상황에 따라 임기응변을 잘해야 한다는 게 요지이다. 메릴린치 부사장을 지내고 월가 경력 26년째인 딘 런델은 『투자자와 중개인을 위한 손자병법(Sun Tzu's Art of War for Traders and Investors)』의 저자다. 이 책에서 그는 증시엔 전략적 지형이 있으며, 일반 투자자들은 게릴라 전법을 택해야 한다고 이야기하고 있다.

추세를 이루면서 활발하게 움직이는 시장상황에서는 패턴 분석법이나 추세 분석법 중 어떤 방법을 쓰더라도 시장가격의 흐름을 예측하기 쉬우며, 또한 그 예측 결과도 비교적 정확하다. 그러나 시장가격이 별다른 움직임을 나타내지 않고 보합 국면을 유지할 때에는 패턴 분석법이나 추세 분석법은 잘 맞지 않으며, 특히 추세 분석법을 이용하면 실패할 확률이 높다. 그러나 지표 분석은 시장의 움직임을 객관적으로 산출한 지표에 의해서 나타내므로 추세가 뚜렷하지 않을 때라도 유용하게 사용할 수 있다.

　지표 분석을 이용하면 추세의 막바지에 뒤늦게 뛰어들어 입을지 모르는 큰 손실을 막을 수도 있다. 지표 분석을 무시하고 다른 방법에만 의존할 경우, 가격의 움직임이 가속화되면 그 움직임이 더 이어질 것을 기대하여 뒤늦게 거래에 뛰어들 수도 있다. 그러나 지표 분석에서 이용하는 오실레이터를 살펴본다면, 시장의 상황이 정상적인지 비정상적인지 쉽게 판별할 수 있으므로 추세의 막바지에 뒤늦게 거래에 나서는 잘못을 피할 수 있다.

　지표 분석이 이러한 장점들을 지니고 있는 반면에, 나름대로 약점을 가지고 있다. 지표 분석의 가장 결정적인 약점은 가격에 대한 예측이 직접적으로 이루어지지 못하고 간접적으로 이루어진다는 점이다. 패턴 분석법이나 추세 분석법은 모두 시장가격의 움직임 그 자체를 분석하는 1차적인 분석방법이다. 그러나 지표 분석은 가격의 움직임을 이용해 오실레이터라는 시장지표를 산출하고, 그 지표의 움직임을 분석하여서 시장가격의 움직임을 예측하게 되는 2차적이고 간접적인 분석방법이다. 그러므로 시장가격의 움직임을 이용하여 산출해내는 시장지표가 얼마나 신빙성이 있느냐에 따라서 전체적인 분석 결과가 좌우된다.

　오실레이터를 이용하는 목적은 오실레이터가 어떤 특정한 수준을 넘어서면 이를 비정상적인 상태로 규정하여 그에 따르는 거래를 수행하기 위해서다. 그런데 과거에는 비정상적인 상태로 판명되었던 것이 앞으로도 반드시 또 그렇게 되리라는 보장이 없다. 가격의 움직임은 여러 가지 요인에 의하여 결정되므로, 단순히 과거의 경우를 적용해 비정상적인 상태라 하여 이에 따른 거래를 서두르는 것은 위험한 일이 될 수도 있다는 말이다.

지표 분석을 할 경우 앞에서 설명한 단점을 충분히 이해해야 한다. 지표 분석을 효과적으로 이용하기 위해서는 한 가지 지표에만 의존하지 말고, 여러 가지 지표를 종합적으로 이용해야 한다. 이 경우 모두 같은 분석 결과를 나타낼 때, 거래를 시작하는 편이 안전하다고 하겠다. 한편 지표 분석에 의해 얻어진 분석의 결과도 이를 맹목적으로 따르기보다는 패턴 분석법이나 추세 분석법에 의해 얻어진 분석 결과를 보완하는 정도에 그쳐야 할 것이다.

03 추세지표

삼국사기 기록에 따르면 백제가 망하던 해에 궁궐의 땅 밑에서 거북이 한 마리가 나왔는데, 그 등에 '백제동월륜 신라여월신(百濟同月輪 新羅如月新 : 백제는 보름달과 같고, 신라는 초승달과 같다)'이라는 글귀가 있었다고 한다. 의자왕이 무당에게 물어보니 보름달은 이미 차서 앞으로 이지러지겠고 초승달은 앞으로 차게 될 것이라는 풀이를 내놓았다. 당연히 백제에게 불리한 해석이었다. 이에 의자왕은 크게 노하여 무당을 죽여버렸다. 증시의 사이클도 이와 같은 달의 운동과 같은데, 보름달에 대한 착시 현상이 있는 것으로 보인다. 많은 투자자가 미래를 내다보지 못하고 당장은 보기 좋은 보름달만 선호하기 때문이다.

추세지표에는 시계열 모형에 의한 추세 및 사이클, 이동평균 등이 있다. 추세지표는 동행 또는 후행지표로서 가격 추세가 역전된 후에 전환되는 특징을 보인다. 여기에서는 추세지표 중 볼린저밴드와 파라볼릭 SAR에 대하여 소개하기로 한다. 기술적 분석에 있어 가장 기본적이고 중요한 추세 분석을 기반으로 하지 않는 오실레이터 분석은 마치 숲은 보지 못하고 나무만 보는 우를 범하는 것과 같다. 따라서 오실레이터를 참조하기 전에 먼저 전통적 추세 분석, 추세지표로서의 이동평균 분석 혹은 가격 변동 분석을 통해서 추세 진행에 대한 명확한 판단을 갖출 필요가 있다. 미국의 유명한 기술적 분석가인 프링(Martin J. Pring)은 추세지표와 오실레이터를 끈에 묶인 강아지를 끌고 갈 때의 사람과 강아지의 발자국으로 비유하고 있다. 사람은 추세지표와 같이 똑바로 진행한 발자국을 남기지만 강아지는 오실레이터처럼 끈이 허용하는 범위만큼 좌우로 흔들리는 발자국을 남긴다. 또한 강아지는 끈의 끝에 다다르면 방향을 바꾸어 이제까지와는 다른 방향으로 달려가곤 한다.

볼린저밴드(Bollinger Band)

가격대 분석의 일종인 볼린저밴드는 시장 전체와 종목에 대해서 공통적으로 적용되는 추세지표이다. 특히 선물의 기술적 분석에서는 추세 분석의 방법으로 보편적으로 사용된다. 볼린저밴드는 이동평균을 이용하는 가격대 분석이란 측면에서 이동평균 채널과 유사하지만 가격 변동성(Price Volatility) 분석과 추세 분석을 동시에 수행한다는 점에서는 이동평균 채널보다 더 발전된 개념이다. 볼린저밴드는 증권 분석가인 페리 카우프맨들(Perry Kaufmandl)이 처음 소개한 후 존 볼린저(John Bollinger)가 발전시킨 것이다. 일반적으로 밴드가 이동평균선의 일정간격이나 일정비율로 결정되지만 볼린저밴드는 가격 변동성, 즉 표준편차(Standard Deviation)의 배수로 결정된다. 알파-베타밴드(Alpha-beta Band)라고도 불리기도 하는 이 기법은 기술적 분석가인 존 볼린저(John Bollinger)의 이름을 인용하여 볼린저밴드(Bollinger Band)라고 불리고 있다.

월스트리트의 대표적인 기술적 분석가인 존 볼린저는 미국 주식시장이 지난 1998년부터 '16년간의 침체기'에 들어가 2014년까지 약세장이 이어질 것이라는 기술적 분석을 하여 화제를 모은 바 있다. 그는 미국 주식시장이 1934~1950년, 1966~1982년의 장세와 비슷한 양상을 띠고 있다며 1998년부터 2014년까지 16년간 침체 국면이 이어질 것이라고 주장했다(〈그림 1〉).

　1970년부터 1979년까지 10년간 미국 주식시장 상승률은 평균 4.8%에 그쳐 같은 기간 동안의 물가상승률에 훨씬 못 미쳤다. 그렇다고 해서 16년 주기가 끝나는 2014년까지 주식시장을 떠나는 게 바람직한 것은 아니다. 16년간의 주기 속에서도 주식시장은 1, 2년 단위로 약세장과 강세장을 반복하기 때문이다. 특히 최근의 경제상황은 1970년대 전후 경제호황의 거품이 꺼지면서 인플레이션 압력에 허덕이고 고유가에 신음하던 시기와 유사하다는 점에서 '16년 침체설'이 설득력을 얻고 있다.

　반면 일부에서는 경제구조가 제조업에서 경기 사이클이 크지 않은 서비스업 위

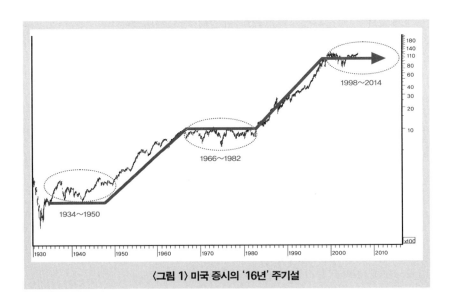

〈그림 1〉 미국 증시의 '16년' 주기설

주로 전환됐기 때문에 1970년대와 같은 장기 침체는 일어나지 않을 것이라고 주장한다. 또 2000년부터 지난해까지 경기침체와 맞물려 주가가 떨어지면서 1990년대 후반의 거품을 거둬냈다는 점도 '16년 침체설'에 대한 반박 근거로 제시되고 있다.

한편 볼린저밴드는 시장 변동성에 따라 유연하게 폭이 축소되거나 확장되는데 따라서 밴드폭이 최근 시장의 움직임에 민감하게 반응하는 것을 알 수 있다. 이를 자기조정(Self-adjusting) 기능이라고 한다.

계산방법

$$\text{BAND} = \text{MA}_{\text{(moving average)}} \pm k \times \sigma$$

단 k는 통상 2배를 사용하나 변동이 가능하며 σ는 표준편차를 의미한다. MA는 보통 20일 이동평균선을 가장 많이 사용하고 있으며 시장의 성격에 따라 조절할 필요가 있다.

밴드의 상한선 = 추세중심선+(승수×표준편차)
밴드의 하한선 = 추세중심선+(승수×표준편차)
추세중심선 = 특정일의 이동평균선
                (보통 20일의 단순 이동평균선을 사용)

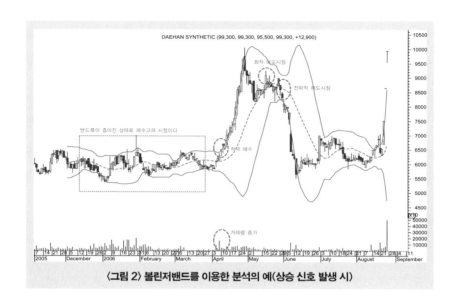

〈그림 2〉 볼린저밴드를 이용한 분석의 예(상승 신호 발생 시)

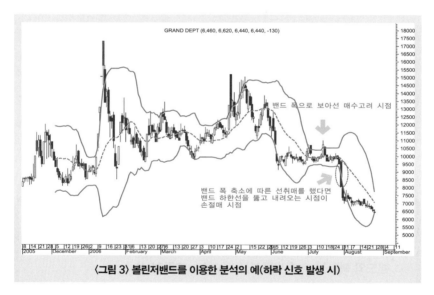

〈그림 3〉 볼린저밴드를 이용한 분석의 예(하락 신호 발생 시)

해석

볼린저밴드는 가격 변동성이 커지게 되면 표준편차가 커져 밴드의 폭이 넓어지게 되고, 가격의 변동성이 작아지면 표준편차가 작아져 밴드의 폭이 좁아지게 된다. 보통 가격이 추세를 형성하게 되면 변동성이 커지기 때문에 밴드의 폭도 넓어지게 되고, 횡보일 때는 가격 변동성이 작아져서 밴드의 폭도 작아지게 된다. 존 볼린저는 다음과 같이 강조하였다. 볼린저밴드의 상한선에서 주식을 팔아야 하고, 볼린저밴드의 하한선에서 주식을 사라고 하지 않았다. 그가 강조한 것은 주가가 변동성 밴드의 고점에 있을 때 과열을 염려해야 하고, 주가가 변동성 밴드 저점에 있을 때 과매도를 참고해야 한다고 했다.

볼린저가 처음 볼린저밴드를 발표한 이후 알렉산더 엘더(Alexander Elder)는 볼린저밴드를 수정하여 사용하였다. 그는 가격대 기준(또는 추세)으로서 단순이동평균이 아니라 지수이동평균을 사용한다. 또 이때 적용하는 기간도 20일 대신에 21일을 사용한다. 엘더의 볼린저밴드는 본래의 볼린저밴드와 비교해서 약간의 외형적 차이가 있지만 내용적으로는 거의 동일하다.

볼린저밴드의 투자 전략 및 주의 사항

'오래 엎드려 있던 새는 반드시 높이 날 수 있다(伏久者 飛必高)'. 이는 『채근담(菜根譚)』「후편(後篇)」에 나와 있는 말이다. 일반적으로 투자자들은 단기에 급등한 주식을 발견한 후에 '단기 상승할 주식을 미리 발견할 수 있다면……' 하고 아쉬움을 토로하게 된다. 과연 상승할 주식을 미리 발견할 수 있는 방법은 없을까? 필자의 경험으로 보면 기술적 분석의 여러 지표 중에서 볼린저밴드만큼 급등주를 사전에 잘 포착해주는 보조지표도 없는 것 같다.

▷ **초과 매수 · 초과 매도 매매방법** : 가격이 밴드의 상한선에 도달하게 되면 과매수, 밴드의 하한선에 도달하면 과매도로 판단한다. 따라서 밴드의 상한선 부근에 도달하면 매도 포지션을 취하고, 밴드의 하한선에 도달하면 매수 포지션을 취하는 매매방법이다.

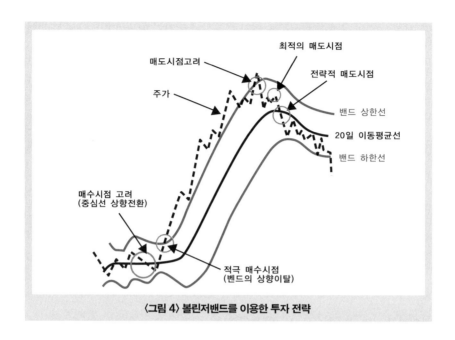

최적의 매도시점

매도시점고려

전략적 매도시점

주가

밴드 상한선

20일 이동평균선

밴드 하한선

매수시점 고려
(중심선 상향전환)

적극 매수시점
(벤드의 상향이탈)

〈그림 4〉 볼린저밴드를 이용한 투자 전략

▷ **지지와 저항 분석** : 가격이 밴드의 중심선 위에 있을 경우 상승 추세로 보고 밴드의 상한
선이 저항선 역할을 하며, 반대로 가격이 밴드의 중심선 아래에 있을 경우 하락 추세로
보고 밴드의 하한선이 지지선 역할을 한다는 것을 의미한다.

▷ **가격 변동폭을 고려한 매매** : 볼린저밴드에서 가격 변동폭을 고려한 매매신호는 가격대
폭이 상대적으로 축소되었을 때 발생한다. 상하 폭이 좁은 가격대를 형성했을 때 주가
가 밴드 상한선을 뚫고 상승할 때는 매수신호이다. 반대로 주가가 좁은 가격대의 형성
후 밴드 하한선을 하회하면서 하락하는 경우는 매도신호이다. 즉 동일한 가격순응 전략
에 입각한 매매신호라고 하더라도 가격 변동성이 낮은 경우에 나타나는 매매신호가 가
격 변동성이 클 때 나타나는 매매신호보다 중요성을 가진다. 이것은 볼린저밴드에서의
추세순응 전략이 갖추어야 할 조건을 의미한다.

▷ **볼린저밴드의 밴드 상하선을 벗어났던 주가가 밴드로 재진입하는 경우의 매매방법** : 주가가 밴
드 상한선의 바깥에서 안으로 재진입할 때는 일반적으로 매도신호를 나타낸다. 반대로

주가가 밴드 하한선의 바깥에서 안으로 재진입할 때는 매수신호이다.

▷ **시장별 배수 적용** : 볼린저밴드는 원래 개별 주식에 대해서 사용된 기술적 분석기법으로 표준편차의 2배를 주로 사용하지만 현물시장과 가격 변동성이 차이가 나는 선물시장에 적용할 때는 표준편차의 1배를 주로 사용한다.

▌파라볼릭 SAR (Parabolic Stop And Reverse)

파라볼릭 SAR은 1978년 웰즈 와일더(J. Welles Wilder)에 의해 후행성의 문제점을 개선함으로써 실현 가능한 이익의 획득 가능성을 높이기 위하여 개발되었다. 이는 추세지표의 일종으로 다른 지표와는 달리 자동적으로 매매신호를 발생시키기 때문에 주가 추세를 활용하는 자동매매 시스템에서 효과적으로 사용할 수 있다. 또 시장 전체 또는 개별 종목에 공통적으로 적용될 수 있고, 특히 선물의 투기적 거래에서 자주 이용된다.

파라볼릭 SAR은 추세가 지속되는 경우 시간이 경과함에 따라 가속변수(Acce-leration Factor)를 고려하고, 이에 따라 보유 포지션의 청산시점(Stop Point)을 정확하게 설정함으로써 가격 변화에 대한 매매신호의 후행성을 보완하였다. 파라볼릭 시스템을 시간/가격 반전 시스템(Time/Price Reversal System)이라고 하는데 이는 파라볼릭선이 가격과 만나게 되면 보유 포지션을 청산함과 동시에 반대방향의 신규 포지션을 취한다는 것을 의미한다. SAR은 가속변수를 사용하여 계산하기 때문에 SAR의 각 점들을 연결하면 포물선(Parabola) 모양을 나타내게 되는데, 이 기법의 명칭을 파라볼릭 시스템이라고 한 것은 여기에서 연유한 것이다.

계산방법

$$SAR = SAR + AF \times (EP\ SAR)$$

▷ EP(Extreme Price, 중요시장가격) : 일정기간 동안의 고가와 저가를 나타내는 것으로, 가속변수와 함께 SAR값 계산에 사용되는 중요한 가격변수이다. EP의 값은 매수 포지션을 취하는 상승 추세에서는 신고가(New High Price)를, 매도 포지션을 취하는 하락 추세에서는 신저가(New Low Price)를 사용하며, 신고가 또는 신저가가 발생하지 않은 경우에는 직전의 EP를 그대로 사용한다.

▷ AF(Acceleration Factor) : 가속변수는 추세가 지속되는 경우 시간이 경과함에 따라 변수값을 증가시켜 가격 변화에 대한 매매신호의 후행성을 개선하기 위한 가중치(Weighting Factor)이다. 가속변수를 사용함으로 상승 추세에서의 파라볼릭값은 더 빠른 속도로 증가하고 반대로 하락 추세에서는 더 빠른 속도로 감소하게 된다. AF의 초기값은 0.02를 사용하면 새로운 EP가 발생할 때마다 0.02씩 증가하게 되나 최대값인 0.2를 넘지 않도록 하였다.

매도 SAR = 전일 매도 SAR + 가속도 승수
　　　　× (매수 포지션 설정 이후 신고가 – 전일 매도 SAR)

매수 SAR = 전일 매수 SAR + 가속도 승수
　　　　× (매도 포지션 설정 이후 신고가 – 전일 매수 SAR)

해석

　파라볼릭 SAR은 주가의 추세가 반전되는 시점을 포착하는 데 사용하기 때문에 추세지표에 속한다. 이제까지 추세지표들을 살펴보면서 종류가 다양한데도 불구하고 실제 이들을 매매에 적용할 때는 적절한 매매시점을 놓치는 경우가 있다. 이것은 추세지표로 매매신호를 찾는 것이 어느 정도 객관적이지만 주관이 개입되는 부분이 있기 때문에 발생하는 문제이다. 파라볼릭 SAR은 자동화된 시스템적 매매 룰을 제공하므로 이러한 문제를 해결하려는 대안으로 사용된다. 시장에서 강한 추세를 나타내는 국면은 전체 기간의 30%에 불과하고 따라서 시장의 추세와 그 강도를 예측하지 않고 시장여건에 상관없이 항상 추세추종형 매매 전략을 구사하게 되면 대부분의 매매에 있어서 손실을 보게 되는 경우가 많다. 이러한 횡보시장에서의 추세추종형에 따른 손실을 회피하기 위해서는 DPS와 같은 필터링 기법이 필요하다.

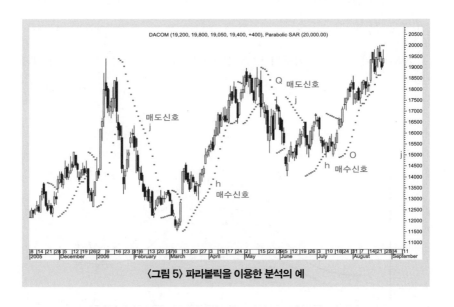

〈그림 5〉 파라볼릭을 이용한 분석의 예

파라볼릭 투자 전략 및 주의사항

▷ 교차에 의한 매매방법은 SAR이 가격과 만나는 경우 추세 전환으로 간주하여 보유 포지
션을 정리하고, 이와 동시에 신규로 반대 포지션을 취하는 방법이다. 그러나 추세가 강
한 시장에서 이러한 반전 시스템을 사용하는 것은 매우 효과적일 수 있지만, 추세가 약
한 시장(Trading Market)이나 횡보하는 시장(Sideways Market)에서는 빈번하고도 잘
못된 매매신호를 나타내어 잦은 손실거래를 범하기 쉽다.

파라볼릭 SAR을 이용한 매매 룰은 주가가 SAR을 상향 돌파하면 매수신호 그리고 하향
돌파하면 매도신호가 발생한 것으로 판단한다. 파라볼릭 SAR은 어디까지나 추세지표
이다. 주가의 추세성이 강할수록 파라볼릭 SAR을 통한 매매신호는 좋은 성과를 초래한
다. 매도 SAR이 매수 SAR로 바뀌면 매도신호가 발생했음을 의미한다(〈그림 6〉).

반대로 매수 SAR이 매도 SAR로 바뀌면 매수신호가 발생한 것이다. 주가가 매도 SAR보다
위에서 위치하는 한은 매수 포지션이 유지되고 주가가 매수 SAR보다 아래에 위치하는
한 매도 포지션이 유지된다. 현재 포지션을 기준으로 해서 주가가 유리하게 진행할 때는
SAR이 주가에 차츰 밀착하게 되어 새로운 매매신호의 발생 가능성이 커지게 된다. 일단
주가가 SAR을 돌파하게 되면 매수 SAR은 매도 SAR로 그리고 매도 SAR은 매수 SAR로 바

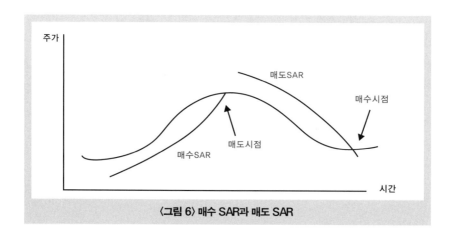

〈그림 6〉 매수 SAR과 매도 SAR

뀐다. 이때는 매매를 통해 자동적으로 포지션도 변화한다.

▷ DPS(Directional Parabolic System) : 카우프먼(P. Kaufman)은 DMI와 파라볼릭을 조
합한 DPS투자기법을 소개하였는데, 구체적인 기법은 다음과 같다(오실레이터에서 소
개할 DMI와 ADX를 참고하기 바란다).

• ADX가 상승하면 매수 포지션만을 취하고, ADX가 하락하면 매도 포지션만을 취한다.

• DMI와 파라볼릭의 매매신호가 일치하지 않을 때는 매매하지 않는다.

• 위의 룰에 의해 포지션을 보유한 경우, 파라볼릭의 청산룰에 의한 포지션을 청산한다.

04 | 오실레이터

인생에서도 그러하듯이 증시의 굴곡에서는 몇 번쯤의 추락이 동반되게 마련이다. 이때 추락으로 인한 아픔보다는 추락에 대한 두려움이 더 큰 문제다. 바닥에 닿는 순간의 예견되는 아픔에 대한 두려움, 혹은 바닥을 알 수 없는 끝없는 추락에 대한 공포가 결국은 다시 날아오를 수 없을 거라는 절망감을 낳는다. 그러나 두려움과 절망감이야말로 추락하는 자로부터 날개마저 앗아가버리는 주범이다. 그러니 지금 추락을 경험하고 있다면 눈을 크게 뜰 일이다.

번지 드롭이나 바이킹을 즐기듯 눈을 크게 뜨고 추락의 공포를 직시해야 한다. 그때에서야 비로소 알게 될 것이다. 인생이나 증시의 추락 자체는 결코 우리를 죽음으로 몰고 가지 않는다는 것을, 추락하는 것은 항시 그 반동으로 솟구쳐 오르는 힘을 예비하고 있다는 것을, 그리고 추락하는 것에는 정말로 날개가 있다는 것을 말이다.

오실레이터에 대하여

오실레이터의 종류는 매우 다양하지만 해석방법은 실제로 별 차이가 없고 어떤 오실레이터를 사용하든지 오실레이터 분석은 서로 유사한 점이 많다. 일반적으로 차트분석에서 오실레이터는 보통 주가차트보다 아래에 그려지며 차트에서 주가가 추세적으로 상승 혹은 하락하는 동안에도 오실레이터는 일정폭의 등락을 반복한다. 그러나 오실레이터의 정점과 바닥은 주가의 정점과 바닥보다 빠르게 혹은 동시에 나타나는 경우가 많다.

또 일부 오실레이터는 등락폭을 상하로 양분하는 중간값(기준선:일반적으로는 0-line 사용)을 가지는 반면, 어떤 오실레이터는 과열과 침체 국면을 나타내는 상하 영역(과매수 및 과매도 범위)을 가진다.

기준선 교차

오실레이터가 기준선(중앙선)을 상향 돌파할 때 매수하고 반대로 하향 돌파할 때는 매도하는 방법이다. 이 방법은 주로 모멘텀지표에서 사용된다. 주의할 점은 기준선 교차를 이용할 때 주가 추세와 같은 방향의 매매신호만을 취하는 것이 유리하다는 것이다. 일반적으로 상승 추세에서는 매수신호만을 채택하고, 반대로 하락 추세에서는 매도신호만을 취하는 방법이 바람직하다.

과매수와 과매도

오실레이터가 과거 고점과 비교해서 높은 수준에 도달했을 때는 과열 또는 과매수(Overbought), 과거 저점과 비교하여 낮은 수준에 도달했을 때는 침체 또는 과매도(Oversold)를 나타낸다. 일반적으로 과매수는 가격이 너무 높아서 곧 하락 전환할 수 있음을 의미하고, 반대로 과매도 상태는 가격이 너무 낮아서 곧 상승 전환할 수 있음을 의미한다. 기술적 분석가들은 오실레이터의 과거 고점 또는 저점 간의 비교뿐만 아니라 과매수선 또는 과매도선을 인위적으로 작도하고 과매수 영역과 과매도 영역을 정의한다. 과매수 및 과매도 영역은 오실레이터 차트에 아래위로 일정 범위의 수평 보조선을 그어서 구분한 것이다. 이때 보조선 작도의 적절한 방법은 오실레이터의 약 5%가 통계적으로 상하 보조선을 넘도록 하는 것이다. 그리고 이러한 보조선은 데이터 검증을 통해서 최소한 3개월마다 한 번씩 수정할 필요가 있다.

오실레이터가 과매도선을 상향 돌파하거나 과매수선을 하향 돌파할 때, 투자자는 이 기회를 이용하여 가격의 정점 혹은 바닥을 포착할 수 있다. 이와 같이 일반적으로 오실레이터는 가격이 일정 가격대에서 등락을 반복하는 횡보 국면에서는 매우 성공률이 높은 매매신호를 보여준다.

단점이 있다면 횡보 국면에서 갑자기 새로운 추세를 형성할 때는 지나치게 섣부른 매매신호를 나타내는 것이다. 구체적으로 먼저 강한 상승 추세가 시작될 때 오실레이터는 너무 일찍 매도신호를 보내면서 일정기간(2~3주) 계속해서 과열 국면 안에 머무를 때도 있다. 이와는 반대로 급격히 하락 추세가 형성될 때는 매수신호를 보이면서 침체 국면이 일정기간 계속되기도 한다. 따라서 이미 언급한 대로 언제 오실레이터를 사용해야 하고 또 언제 추세지표에 의존해야 되는지를 판단하는 것이 무엇보다 중요하다.

디버전스(Divergence)에 대한 이해

디버전스란 주가의 움직임과 지표의 움직임이 다르게 나타나는 현상을 말한다. 주가가 고점을 높여가며 오를 때 지표는 고점을 낮춰가며 하락하거나, 주가는 저점을 낮출 때 지표는 저점을 올려가며 상승하고 있는 경우가 발생한다. 한마디로 주가와 지표가 반대방향으로 움직이는 경우이다. 이와 같은 경우를 기술적 분석에서는 디버전스라고 한다.

디버전스는 지표의 해석에 있어서 가장 유용한 방법 중 하나이다. 디버전스는 자주 발생하지는 않지만 출현할 때는 추세 반전의 가능성이 임박해 있다는 의미로 해석되고, 그 종목의 매집상태를 확인하는 신호로도 사용할 수 있다. 디버전스는 추세의 마지막 국면에서 나타나 추세 전환을 알리는 특성을 가지고 있다.

디버전스의 유형은 크게 두 가지로 나눌 수 있다. 주가 상승의 힘이 점차 강화되고 있는 것을 상승 디버전스, 포지티브 디버전스(Positive Divergence)라고 한다. 주가 상승의 힘이 점차 약화되어가고 있는 것을 하락 디버전스, 네가티브 디버전스(Negative Divergence)라고 한다. 여기서 주의해야 할 것은 주가와 지표가 반대로 움직이는 디버전스(그림 ①, 그림 ④) 형태만 있는 것이 아니라는 점이다.

주가는 일정한데 지표가 상승(그림 ②) 또는 하락(그림 ⑤)하거나, 지표는 일정한데 주가가 상승(그림 ⑥) 또는 하락(그림 ③)하는 경우도 디버전스라고 할 수 있다는 것이다. 이 중에서 주가와 지표가 서로 반대 방향으로 움직이는 형태(그림 ①, 그림 ④)가 신뢰성이 더 높다.

기본적인 매매 전략은 하락 디버전스 발생 시에는 조정이 임박했다는 신호로 보고 매도하고, 상승 디버전스 발생 시에는 반등이 임박했다는 신호로 보고 매수를 하는 것이다. 그리고 디버전스 분석은 보조지표의 과매도, 과매수 국면에서 나타나면 더욱 신뢰도가 높다.

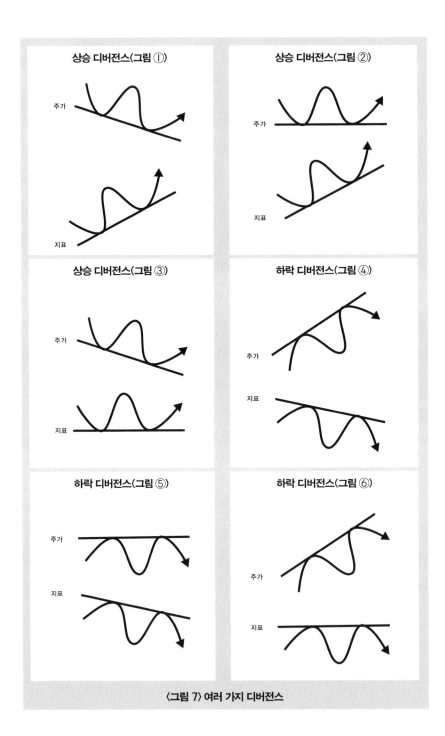

〈그림 7〉 여러 가지 디버전스

오실레이터 사용 시 주의해야 할 사항들

유감스럽게도 오실레이터의 형태가 매매신호를 적절하게 나타낼 수 있을 정도로 평활화된 곡선인 경우는 그리 흔하지 않다. 그러므로 오실레이터의 거짓신호(Whipsaw Signal)를 최대한 줄이기 위해서 기준선 교차 및 과매도·과매수 분석과 함께 오실레이터에 대한 추세 분석과 패턴 분석을 병행해야 한다.

오실레이터에 대한 추세 분석은 앞에서 학습한 주가차트의 추세 분석과 마찬가지로 오실레이터에 대해서 전통적으로 사용되는 직선 추세를 작도하고 추세선 이탈(Trend Line Violation)이 발생했을 때 매매신호가 발생한 것으로 판단하는 것이다. 즉 오실레이터가 상승 추세선을 하향 돌파할 때 매도신호, 그리고 지표가 하락 추세선을 상향 돌파할 때 매수신호로 파악한다. 물론 이러한 판단은 주가 및 오실레이터에 대한 여타 분석결과와 종합된 것이어야 한다. 오실레이터의 추세 분석과 마찬가지로 오실레이터에 대해서도 패턴 분석을 실시하는 경우가 있다. 오실레이터가 하락 패턴을 보일 때 매도신호 그리고 오실레이터가 상승 패턴을 보일 때 매수신호로 파악한다. 그러나 이 경우에도 역시 주가 및 오실레이터에 대한 기타 분석결과와의 종합적 판단이 필수적이다.

오실레이터를 이용한 보조지표를 사용할 때는 매우 신중해야 한다. 가장 올바른 것은 특정 보조지표가 나타내고자 하는 '원리'를 이해하는 것이다. 그래서 이따금 보조지표로서 나타내어지는 값을 구하는 계산식을 점검해보기도 한다. 필자의 경우는 처음에는 결과만 이해하고 실전에 바로 사용하였으나, 결국 기본 개념부터 이해하는 것이 중요하다는 생각으로 처음부터 다시 공부를 한 경험이 있다. 전문가들조차 보조지표의 활용은 천차만별이기 때문에 '어떤 것이 최상이다'라고 단정할 수는 없으나 굳이 말하자면 다음과 같다.

보조지표 중 스토캐스틱(Stochastics), RSI 등은 횡보 추세와 단기지표에 주로 쓰이고 ADX(DMI), MACD 등은 추세시장과 장기 지표에 쓰이는 것이 일반적이다. 예를 들어 스토캐스틱이나 RSI와 같은 보조지표를 일간 차트에서 추세시장의 여부를 확인하지 않고 섣불리 과매수, 과매도의 시그널로 보면 큰 낭패를 볼 수도 있다. 만약 단기매매나 데이트레이딩을 목적으로 보조지표를 선택한다면 지표 시그널의 템포가 빠른 것으로 해야 한다.

MACD(Moving Average Convergence & Divergence) : 이동평균수렴 · 확산지수

한용운의 시 〈님의 침묵〉에 보면 '우리는 만날 때에 떠날 것을 염려하는 것과 같이, 떠날 때에 다시 만날 것을 믿습니다'라는 구절이 나온다. 회자정리(會者定離), 거자필반(去者必反)이라는 의미이다. 어찌 그런 일이 비단 사람들 사이의 관계일 뿐이랴. 주식시장에서 사용되는 이동평균에서도 만남과 헤어짐이 반복된다.

MACD는 장단기 이동평균 간의 차이를 이용하여 매매신호를 포착하려는 기법으로 뉴욕의 기술적 분석가인 제럴드 아펠(Gerald Appel)에 의해 개발되었다. MACD의 원리는 장기 이동평균선과 단기 이동평균선이 서로 멀어지게 되면(Divergence) 언젠가는 다시 가까워져(Convergence) 어느 시점에서 서로 교차하게 된다는 성질을 이용하여 두 개의 이동평균선이 멀어지게 되는 가장 큰 시점을 찾고자 하는 것이다. 이 방법은 장단기 이동평균선의 교차점을 매매신호로 보는 이동평균기법의 단점인 시차(Time Lag) 문제를 극복할 수 있는 장점을 지닌다. 주가의 단기적인 흐름보다는 중장기적인 방향성 결정에 유용한 지표이다. 많은 투자자가 기술적 지표로 가장 많이 이용하는 것이 이동평균선에 의한 분석이지만, 실제 주가보다 이동평균선이 늦게 움직이는 후행성(Time-Lag)이라는 한계성을 가지고 있어 실전투자에서 문제점을 내포하고 있다. 이러한 이동평균값의 산출이 갖는 근본적인 문제점을 보완하여 후행성을 극복한 기술적 지표가 MACD(Moving Average Convergence & Divergence : 이동평균선의 수렴·확산 지수)이다. 이동평균이나 이동평균선 오실레이터를 이용한 분석기법이 갖는 가장 큰 취약점은 시차를 극복하지 못한다는 데 있지만, MACD는 두 개의 이동평균선의 괴리도가 가장 큰 시점을 찾아내므로 이동평균선이 갖는 후행성을 상당 부분 극복할 수 있다.

▷ **MACD 히스토그램(Histogram)** : MACD 히스토그램은 MACD를 보완한 지표로, 원래의 MACD보다 매수자와 매도자 사이에 힘의 균형을 더 깊이 있게 통찰할 수 있게 한다. MACD 히스토그램은 강세장인지 약세장인지를 보여줄 뿐만 아니라, 그 힘이 점차 강해지고 있는지 약해지고 있는지도 보여준다. MACD 히스토그램의 기울기는 인접한 두 막대의 관계에 의해 정의된다. 만약 당일의 막대가 전일의 막대보다 더 높으면 MACD 히스토그램의 기울기는 양(+)이고, 더 낮으면 기울기는 음(−)이다. MACD 히스토그램의 기울기가 가격과 같은 방향으로 움직일 경우에는 주가의 추세에 대해서 확신을 가져도 된다. 하지만 가격과 반대방향으로 움직일 때에는 추세에 대해서 의문을 가질 필요가 있다.

계산방법

MACD는 이동평균선에 기반을 둔 지표이다. MACD는 단기 지수이동평균값에서 장기 지수이동평균값을 뺀 차이로 두 이동평균 사이의 관계를 보여주는 지표이다. MACD는 기술적 분석의 지표 가운데 가장 뛰어난 것의 하나로 알려져 있다. MACD선은 보다 단기적인 의미로, MACD 시그널선(Signal Line)은 보다 장기적인 의미로 해석할 수 있다.

MACD : 단기 지수이동평균 – 장기 지수이동평균

MACD 시그널 : MACD의 n일 지수이동평균

MACD 오실레이터= MACD – 시그널선

해석

▷ MACD의 n일 지수이동평균을 시그널선이라 하는데 MACD선이 시그널선을 상향 돌파할 때를 매수시점으로, 하향 돌파할 때를 매도시점으로 인식한다. MACD값이 음(-)에서 양(+)으로 전환하면 상승 추세로의 전환으로 보고, 양에서 음으로 변하면 하락 추세로의 전환으로 볼 수 있다.

• MACD선이 시그널선을 아래에서 위로 상승 돌파할 때(골든크로스) : 매수

• MACD선이 전저점 근처까지 하락한 후 상승 전환될 때 : 매수

• MACD선이 시그널선을 위에서 아래로 하락 돌파할 때(데드크로스) : 매도

• MACD선이 전고점 근처까지 상승한 후 하락 전환될 때 : 매도

▷ **MACD선과 시그널선의 교차** : MACD선과 시그널선의 교차가 일어나는 시점은 단기 이동평균선과 장기 이동평균선의 차이가 최대가 되는 점이다. 장 · 단기 이동평균선의 교차가 일어나는 시점의 후행성을 두 이동평균선의 괴리가 최대가 되는 점을 찾음으로써 후행성을 조금이나마 극복할 수 있기에 이를 이용해 교차가 일어날 때 매매를 한다.

▷ **MACD상에서 가격의 중립영역을 설정** : MACD가 이동평균선에 의해 만들어진 지표라는 한계를 극복하기 위한 방법이다. 가격이 거짓된 신호를 많이 준다는 점을 감안해 상하로 일정한 범위를 설정한 다음, 그 상하의 범위 내에서만 거래를 하는 것이다. 물론 범위의 설정은 다분히 주관적이므로 신중을 기해야 할 것이다.

▷ **MACD선의 0선 돌파 시** : MACD선이 0을 돌파한다는 것은 단기 이동평균선과 장기

〈그림 8〉 MACD에 의한 분석의 예

이동평균선의 교차가 일어나고 있다는 의미이다. 단순히 이동평균선의 골든크로스나 데드크로스와 같은 시점이라고 생각하면 될 것이다.

▷ **디버전스를 이용하는 방법** : MACD선과 가격과의 상관관계를 분석하는 것으로 가격의 움직임에 추세선을 긋고, MACD선에 추세선을 그은 후 그 방향의 차이로 이후 가격의 방향을 예측하는 방법이다. 가격의 상승 국면에서는 고점영역이 중요한 의미를 갖는다. 가격의 고점과 MACD선의 고점 간의 추세선을 긋는데, 가격의 하락 국면에서는 저점영 역이 중요한 의미를 갖는다. 이에 따라 가격의 저점과 MACD선의 저점 간의 추세선을 그어서 디버전스를 찾는 방법이다.

MACD 투자 전략 및 주의사항

▷ MACD를 사용함에 있어 주의할 점은 현재 이동평균선과의 차이이다. 다시 말하면 우리가 흔히 보는 이동평균선은 단순 이동평균선인데 반해, MACD에서 사용하는 이동평 균선은 지수이동평균선을 사용한다. 차트상으로 항상 교차시점에서 일치하지 않으므

로 주의해야 한다.

▷ MACD는 이동평균선에 의해 만들어지므로 이동평균선과 비슷한 매매시점을 제공한다. 중요한 것은 가격의 추세가 형성되는지 여부이다.

▷ MACD를 활용하는 여러 가지 방법이 있지만 가격의 중립영역을 설정하는 방법이 가장 안정적인 기법이다. 반면 추세가 강하게 방향을 형성했을 때는 거짓정보를 제공할 수도 있다. 중립영역 설정 자체가 주관적이기 때문에 분석상 어려움이 따를 수 있다. 따라서 신중하게 분석한 후 적용해야 할 것이다.

▷ MACD에서도 디버전스를 적용할 수 있으나 RSI 정도의 신뢰도는 주지 못한다.

RSI(Relative Strength Index) : 상대강도지수

RSI는 현재 추세의 강도를 백분율로 나타내어 언제 주가 추세가 전환될 것인가를 예측하는 데 유용한 지표이다. RSI는 시장가격 변동폭 중에서 시장가격의 상승폭이 어느 정도인지를 분석하는 것으로 주가가 상승 추세일 경우 얼마나 강한 상승세인지, 하락 추세라면 얼마나 강한 하락세인지를 퍼센트로 나타내는 지표이다. 한마디로 추세의 강도를 객관적 수치로 표현하는 분석방법으로 웰레스 윌더(Welles Wilder)에 의해 개발되었다.

윌더는 RSI를 사용할 때는 기본적으로 14일 RSI를 사용하라고 말한다. 그리고 9일, 25일 RSI도 일반적으로 사용되는 수치다. 그는 RSI는 기간을 짧게 사용할수록 민감하게 움직이고 기간이 길수록 둔하게 움직이므로 사용자의 특성에 맞는 기간을 선택하라고 했다. RSI값의 변동폭은 0에서 100 사이에 있는데, 하락이 계속되고 상승이 없었으면 RSI값은 0이고 상승만 있고 하락이 없었으면 100의 값을 갖는다.

RSI의 일반적인 분석법은 디버전스 분석이다. 예를 들어 가격은 이전 고점을 돌파하여 상승하는데 RSI는 이전 고점 돌파에 실패할 경우 추세 전환 확률이 높아진다.

계산방법

$$RSI = 100 - [100 / (1+RS)]$$

$$RS = [N일간의\ 상승폭\ 평균 / N일간의\ 하락폭\ 평균]$$

▷ 지난 N일간의 종가를 얻는다. 이 중에서 전일의 종가보다 높은 것을 찾아 그 순증가분의 누적합계를 구한다. 이 합계를 N으로 나누어 종가 상승분의 평균을 구한다.

▷ 동일 기간 중 전일 종가보다 낮은 것을 찾아 그 순감소분의 누적합계를 구한다. 이것을 N으로 나누어 종가 하락분의 평균을 구한다.

▷ 종가 상승분 평균을 종가 하락분 평균으로 나누어 RS를 구한다. 이것을 위의 공식에 대입하여 RSI를 구한다. 이 과정을 매일 반복한다.

해석

▷ RSI값이 30 이하이면 매수시점으로, 70 이상이면 매도시점으로 해석한다. RSI값이 30 이하이거나 70 이상일 때, 주가와 지표값의 디버전스가 나타나면 추세 반전신호로 인식한다.

▷ 일반적으로 14일을 기준으로 할 때 RSI의 값이 70을 상회하면 과열(Overbought)로, 30을 하회하면 침체(Oversold)로 판단한다. 9일을 기준으로 하면 오실레이터의 진동이 민감해지므로 이 기준을 75와 25에 두어 사용하기도 한다.

▷ 과열과 침체는 비정상적인 상태로 간주되며, 오실레이터는 멀지 않아 꺾일 것이고, 조

〈그림 9〉 RSI에 의한 분석의 예

만간 추세가 반전되리라고 해석한다.

▷ 50을 기준선으로 하여 50의 상향 돌파와 하향 돌파를 매매시점으로 잡을 수도 있으며

이 방법은 분할매매 때 상당히 유효하다.

RSI의 투자 전략 및 주의사항

▷ **패턴 분석** : 흔히 머리어깨형이나 삼각형 패턴의 애매모호한 상태일 때 RSI값으로 분

석하면 유용하다.

▷ **역추세 전환의 실패(Failure Swing)** : 지지나 저항의 돌파를 확인하는 형태로 RSI값이

이전의 고점을 돌파하지 못하고 하락하거나 이전 저점 아래로 떨어지지 않고 상승하는

것을 말한다. 특히 RSI 값이 30 이하에서 역추세 전환의 실패(Failure Swing)가 나타나

거나 70 이상에서 역추세 전환의 실패가 나타나면 주가의 추세 전환이 임박했다는 신

호로 인식한다. 일반적으로 보조지표가 직전 최고치나 최저치를 갱신하지 못하고 진행

방향을 바꾸어버리는 것을 역추세 전환의 실패라고 한다.

▷ **지지와 저항** : 지지 구간과 저항 구간에서는 가격 그 자체보다 RSI 추세가 보다 더 확실한 신호일 수 있다.

▷ **디버전스** : 주가가 이전 고가나 저가를 갱신하는 상태인데도 RSI는 새로운 고점이나 저점을 갱신하지 못하고 반대의 추세를 보일 때, 주가도 곧 추세 전환을 하는 것이 일반적이다.

CCI(Commodity Channel Index)

CCI(Commodity Channel Index)는 램버트(Donald R. Lambert)가 상품선물의 주기적인 흐름을 파악하기 위해 만든 것으로, 현재의 가격이 이동평균선과 얼마나 떨어져 있는지를 살펴봄으로써, 가격의 방향성과 탄력성을 동시에 측정하기 위해 만들어진 지표이다. 기본적으로 +100(과매수 구간)과 −100(과매도 구간)을 순환하게 된다. CCI의 현재값은 당일 평균주가와 이동평균 주가의 편차를 나타냄으로써 기존의 이격도 개념과 비슷하다고 할 수 있다.

계산방법

$$\cdot\ CCI = \frac{M-m}{D \times 0.015}$$

$$\cdot\ M(\text{Mean Price : 평균가격}) = \frac{\text{고가} + \text{저가} + \text{종가}}{3}$$

$\cdot$ m(이동평균가격) : m은 M(평균가격)을 일정기간 동안 이동평균한 것이다.

$$\cdot\ D(\text{Mean Deviation : 평균가격}) = \frac{\Sigma \left| M\text{-}m \right|}{n}$$

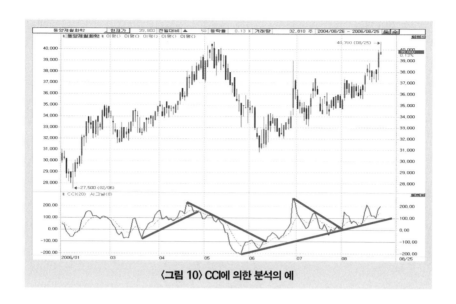

〈그림 10〉 CCI에 의한 분석의 예

CCI의 계산에서 주가 데이터(평균가격)는 (고가+저가+종가)/3을 사용하고, 기간은 5일에서 25일 사이의 기간을 사용하면 적절하다. 계산 과정은 다음과 같다.

▷ **평균오차(Mean Deviation)의 계산** : CCI에서는 표준편차를 사용하지 않고 평균오차를 사용하는데, 평균오차는 현재 주가의 이동평균값과 주가와의 차이에 절대치를 취하여 더한 것을 이동평균에 사용된 기간으로 나누어 평균을 구한 것이다.

▷ **CCI의 계산** : 당일의 주가와 당일의 이동평균과의 차이를 앞에서 계산한 평균오차에 0.015를 곱한 것으로 나누어 구한다. 여기서 0.015를 곱해주는 이유는 100 사이에서 대부분의 주가가 움직이도록 하기 위한 상수의 개념이다.

해석

▷ 0선을 기준으로 CCI가 상향 돌파하면 강세 신호로 인식하여 매수시점으로 판단하고 하향 돌파하면 약세 신호로 인식하여 매도시점으로 판단한다.

▷ CCI는 보통 ±100 사이의 값을 갖는다. 따라서 +100 이상인 경우에는 과매수 상태로 판단하며, -100 이하인 경우에는 과매도 상태로 볼 수 있다.

▷ CCI의 추세와 주가 추세를 서로 비교하여 만약에 디버전스가 발생하면 주가는 CCI 값의 추세대로 움직인다고 판단한다.

투자 전략 및 주의사항

▷ **과매수(+100), 과매도(-100)을 활용한 매매 전략** : 일반적으로 CCI가 +100 이상에서는 상승 탄력이 커지고 100 이하에서는 하락 탄력이 커지는 특징을 이용하여 CCI가 +100%를 상향 돌파하는 시점에서 매수하고 다시 +100을 하향 돌파하는 시점에서 매도를 한다. 반대로 CCI가 100을 하향 돌파하는 시점에서 매도하고 다시 100을 상향 돌파하는 시점에서 매수하는 방법이다. 그러나 이 방법은 많은 후행성의 문제를 발생시켜 별도의 반대매매(Stop Loss)의 기능을 추가하지 않는다면 횡보장에서 좋은 결과를 얻기 힘들다는 단점이 있다. 또 다른 방법으로 100을 상향 돌파 시 매수하고 +100%를 하향 돌파 시 매도하는 전략을 이용할 수도 있다. 그러나 이럴 경우 매도 시점을 별도로 지정해줄 필요가 있어 현실적인 어려움이 따른다. 이러한 문제를 해결해줄 수 있는 방법이 기준선 0의 돌파를 이용하는 전략이다.

▷ **CCI의 0선 돌파** : CCI가 보통 +100에서 100 사이를 순환하는 특성을 이용하여 과매수 · 과매도 영역에서의 불확실한 움직임보다는 0선을 기준으로 0선을 상향 돌파 시 매수, 하향 돌파 시 매도하는 방법이다. 이 전략은 위의 과매수 · 과매도 영역에서의 교차를 이용하는 전략보다는 안정적이고 후행성을 극복할 수 있으나, 역시 횡보장에서의 수많은 속임수 신호를 발생시킨다는 단점을 안고 있다. 이를 극복하기 위한 방법으로 0선과 과매수 · 과매도 영역을 동시에 활용하는 매매 전략이 실전에서는 많이 사용된다.

▷ **디버전스의 이용** : 가격의 추세(Trend)와 CCI의 추세 방향이 다르게 진행될 경우인

디 버전스는 과매수·과매도 구간에서의 추세의 전환을 알리는 강력한 신호가 된다. 일반적으로 과매수·과매도 구간에서 시작되는 디버전스를 관찰한 후에는 역시 CCI가 0선을 돌파하는 것을 확인하고 이때를 매매 진입의 타이밍으로 삼는 것이 가장 좋다.

스토캐스틱(Stochastics)

조지 레인(George Lane)이 개발했으며, 주어진 기간 중에 움직인 가격 범위에서 당일의 종가가 상대적으로 어디에 위치하고 있는지를 알려주는 지표이다. 즉 가격의 최근 변동폭과 종가와의 관계를 구하려는 지표이다. 가격이 계속 상승한다면 지표값의 상한선인 100에 가까워지는 경향이 있고, 가격이 계속 하락한다면 지표값의 하한선인 0에 가까워지는 경향이 있다.

상승 추세에서는 당일 종가가 최근 기간 중 가격 변동폭의 최고가에 근접해 있고, 반대로 하락 추세에서는 당일 종가가 최근 기간 중 가격 변동폭의 최저가에 근접해 있다는 간단한 논리에서 출발한다. 스토캐스틱은 최근 일의 변동폭에 대한 현재의 시장 위치를 나타낸 것이 된다.

이 지표는 추세가 없는 시장에서 잘 적용되는 지표 중 하나이다. 가격을 선도할 만큼 빠른 반전신호를 주는 것으로도 유명하다. 그러나 추세가 한 방향으로 진행될 경우 미세한 되돌림에도 이 지표는 가장 빨리 큰 폭으로 방향을 바꾸기 때문에 추세의 초기에 포지션을 처분하게 하는 단점이 있다.

계산방법

$$\bullet \text{ Fast } \%K = \frac{\text{오늘의 종가} - \text{최근 n일중 장중 최저가}}{\text{최근 n일중 장중 최고가} - \text{최근 n일중 장중 최저가}} \times 100$$

$$\bullet \text{ Slow } \%K = \text{Fast } \%D$$

$$= \frac{\text{(오늘의 종가} - \text{최근 n일중 장중 최저가)의 3일 이동평균}}{\text{(최근 n일중 장중 최고가} - \text{최근 n일중 장중 최저가)의 3일 이동평균}} \times 100$$

$$\bullet \text{ Slow } \%D = (\text{Fast } \%D)\text{의 3일 이동평균}$$

스토캐스틱은 민감하고 빠르게 움직이는 %K와 둔하고 느리게 움직이는 %D 라는 두 가지 지표로 구성되어 있다. 이 중에서 매매신호를 제공하는데 더 중요한 지표는 %D이다. 그리고 %K와 %D 각각에 대해서 Fast 지표와 Slow 지표를 수반한 다. 스토캐스틱 계산은 다음과 같은 단계를 통해 이루어진다.

▷ 먼저 Fast %K를 계산한다. 일정 기간의 주가 변동대에서 오늘 주가의 백분율 개념의 상 대 위치를 구한 것이 Fast %K이다. Fast %K 계산 시 사용하는 파라미터는 단기 매매를 위해서는 보통 5일을 사용하고 중기 매매를 위해서는 보통 21일을 사용한다. 파라미터 기간을 짧게 하면 잦은 전환점을 포착하는 데 도움이 되고 기간을 길게 하면 중요한 전 환점을 확인하기 쉽다.

▷ 다음 Fast %D(또는 Slow %K)를 계산한다. Fast %D와 Slow %K는 동일한 지표이다. Fast %D는 Fast %K를 평활한 것으로 평활 파라미터는 보통 3일을 사용한다. 이때 사용 하는 데이터 평활법에는 여러 가지 방법이 있으나 분자와 분모를 각각 단순이동평균하 고 나누는 방법으로 구한다. 이 방법은 분자와 분자에서 각각 합을 구해 나누는 결과와 동일하다. 경우에 따라서는 계산상의 편의를 위해 Fast %K를 단순 이동평균하는 경우

도 있는데 이 방법을 쓰더라도 결과에서는 그다지 차이가 나타나지 않는다.

▷ Slow %D를 계산한다. Slow %D는 Fast %D를 다시 평활한 것이다. 보통 3일 단순이동

평균을 사용한다.

스토캐스틱을 계산하고 나서 이를 분석하는 방법은 크게 두 가지로 구분되는데 그것은 빠른 스토캐스틱 분석과 느린 스토캐스틱 분석이다. 빠른 스토캐스틱(Fast Stochastic)은 Fast %K와 Fast %D(=Slow %K)를 말한다. 그리고 느린 스토캐스틱 (Slow Stochastic)은 Slow %K(=Fast %D)와 Slow %D를 말한다. 빠른 스토캐스틱은 주가 전환에 대해서 매우 민감하지만 톱날 모양의 불규칙한 변동을 보이는 경우가 많다. 그러므로 보통 투자자들은 주가 변화에 덜 민감한 느린 스토캐스틱을 선호한 다.

해석

스토캐스틱을 해석할 때는 여러 가지 방법이 있으나 대개 5가지로 분석한다.

▷ 오실레이터가 20 범위 아래로 하락하면 매수하고 80 범위 위로 상승하면 매도한다.

▷ %K선이 %D선 위로 상향 돌파하면 매수하고 %K선이 %D선 아래로 하향 돌파하면 매

도한다.

▷ 디버전스를 적용시킨다. 즉 주가는 이전 고점을 돌파하고 새로운 고점을 형성하는데

스토캐스틱은 이전 고점 아래에서 되돌려질 때를 추세 전환이 임박했음을 알리는 신호

로 본다.

▷ 추세둔화(Hinge) 분석이다. Hinge란 상승 혹은 하락 추세로 움직이던 %K선이 갑자기

움직임이 둔화될 때가 있는데 이때를 Hinge라 한다. Hinge가 발생하면 스토캐스틱의

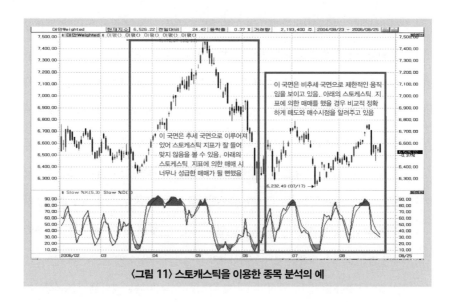

〈그림 11〉 스토캐스틱을 이용한 종목 분석의 예

추세가 바뀔 가능성이 농후하다. 이 Hinge 현상이 시장 추세의 반전을 암시하는 최초의 신호로 분석한다.

▷ 추세 전환 실패(Failure) 분석이다. %K의 값이 85 이상이거나 25 이하에서 %K선과 %D선이 교차하며 매매신호를 보인 후 바로 %K선과 %D선이 또 교차하여 매매신호를 보이는 경우를 Failure라 한다. 이 경우는 기존의 추세가 더욱 강화된 것으로 판단한다.

스토캐스틱의 투자 전략 및 주의사항

▷ **과매수 · 과매도 수준** : 앞에서 서술한 바와 같이 스토캐스틱은 %K와 %D라는 두 개의 선으로 구성되어 있는데, %K는 가격의 변화에 매우 민감하여 가격의 작은 변화에도 급격하게 변할 수 있는 반면, %D는 %K를 이동평균한 값이므로 가격 변화의 충격을 어느 정도 완화시킬 수 있어 과매수 · 과매도 수준을 이용한 매매방법을 활용할 때에는 %D를 많이 사용한다. 일단 스토캐스틱이 100에 근접하면 과매수 수준으로 판단하고, 0에 근접하면 과매도 수준으로 판단하는 것이 기본 원리이다. 일반적으로 과매수 수준은 스

토캐스틱이 75~90을 상회할 때로 보고, 과매도 수준은 스토캐스틱이 10~25를 하회할 때로 판단하는데, 그 중에서 75와 25가 가장 많이 사용되고 있다.

가격이 과매수 수준에 도달하였다면 주어진 기간 중 가격이 정점에 이르러 하락 반전 가능성이 커지고, 이에 따라 매도 포지션을 취하게 된다. 또 가격이 과매도 수준에 도달하였다면 주어진 기간 중 가격이 바닥에 이르러 상승 반전 가능성이 커지므로 매수 포지션을 취하는 것이 과매수 · 과매도 수준을 이용한 매매방법의 기본 전략이다. 때로는 상승 추세가 계속 진행되거나 하락 추세가 계속 진행될 경우 커다란 손실을 야기할 수도 있다. 그러므로 과매수 · 과매도 수준으로 진입할 때나 이 수준에 머물고 있을 때 포지션을 취하지 말고, 과매수 수준을 하향 돌파하거나 과매도 수준을 상향 돌파할 때 포지션을 취하는 것이 보다 안전한 거래방법이라 할 수 있다. 이 시기는 가격의 반전을 예상하는 시점이 아니라 가격의 반전을 확인하는 시점이기 때문이다.

▷ **%K선과 %D선의 교차** : 가장 일반적인 방법으로 단기 지표인 %K와 장기 지표인 %D를 장 · 단기 이동평균선으로 생각하고 거래에 활용하는 방법이 있다. %K가 %D를 상향 돌파하면 단기 이동평균선이 장기 이동평균선을 상향 돌파할 때와 같이 매수 포지션을 취한다. 또한 %K가 %D를 하향 돌파하면 단기 이동평균선이 장기 이동평균선을 하향 돌파할 때와 같이 매도 포지션을 취한다. 앞에 서술한 방법을 보완하는 것으로 스토캐스틱이 초과 매수 수준인 75 이상에서 %K가 %D를 하향 돌파할 때만 매도 포지션을 취하고, 스토캐스틱이 초과 매도 수준인 25 이하에서 %K가 %D를 상향 돌파할 때만 매수 포지션을 취하는 방법이 있다.

시장 추세순응법으로 %D가 현재의 시장 추세와 같은 방향으로 움직일 경우에만 %K와 %D의 교차를 이용하여 매매를 하는 방법이 있다. 이 경우 %D가 하락세에서 상승세로 전환한 뒤 %K가 %D를 상향 돌파할 때 매수 포지션을 취하기 때문에 추세가 이미 형성되어 진행 중인 것을 확인한 후 포지션을 취하게 되는 것이다. 속임형 매매신호를 상당

수 걸러낼 수 있고, 매매에 신중을 기하여 위험을 줄일 수 있다는 장점이 있다. 그러나 상대적으로 늦은 매매신호를 발생시킨다는 단점이 있다.

가격이 직전 고점을 돌파하여 신고가를 갱신하였으나 기술적 지표, 즉 스토캐스틱은 신고점을 갱신하지 못하는 현상을 디버전스라고 한다. 추세가 이미 반전되었음을 의미하는 것이 아니라 상대적으로 추세 강도가 약해졌음을 의미하며, 조만간 현재의 추세가 끝날 가능성이 높아졌음을 경고하는 것이다. 디버전스 현상은 추세 속도가 직전보다 감속할 때 발생한다고 볼 수 있다. 스토캐스틱에서는 세 개의 점으로 형성되는 디버전스가 종종 발생하는데, 두 개의 점으로 구성된 것보다 강력한 매매신호가 된다. 특히 일간 차트에서 디버전스가 형성되면 강력한 추세 반전의 신호로 작용하는 경우가 많으므로 이러한 기회를 놓치지 않아야 한다.

▷ **약세 디버전스** : 가격이 신고가를 갱신하였으나 %D가 75선 위에서 직전보다 낮은 고점을 형성할 때 발생한다.
▷ **강세 디버전스** : 가격이 신저가를 갱신하였으나 %D가 25선 아래에서 직전보다 높은 저점을 형성할 때 발생한다.

추세 반전의 확인 과정을 거친 후 매매에 나서는 것이 바람직하다. 실질적인 매매신호는 %D가 방향을 전환한 후 %K가 %D를 교차할 때로 설정하는 것이 좋고, 특히 %K와 %D가 같은 방향으로 움직이며 교차할 경우 다른 매매신호보다 더 강력한 매매신호로 삼는 것이 바람직하다.

ADR(Advance Decline Ratio) : 등락비율

ADR(Advance Decline Ratio)은 매일매일의 상승 종목수와 하락 종목수의 비율을 표시한 것으로 시장 모멘텀을 확인하기에 좋은 지표이다. 매수 혹은 매수세력이 어느 정도 강력한지를 알고자 할 때 이용하는 것이 ADR, 즉 등락비율이다. ADR은 등락 종목의 누계차가 아닌, 등락 종목의 비율로서 시장을 분석하고자 하는 것이 등락비율이다. 지수가 상승하더라도 하락 종목수가 상승 종목수보다 많다면 지수의 상승 에너지가 떨어진 것으로 볼 수 있다.

계산방법

일정 기간 동안 매일의 상승 종목수를 하락 종목수로 나누어 백분율을 구하고 그것을 이동평균하여 도표화하면 된다. 일반적으로 이동평균은 20일 이동평균을 사용하고 있다.

- ADR = 상승 종목수/하락 종목수×100
- 20일선 ADR = 최근 20일간 ADR 합계/20

해석

ADR이 100% 수준이란 뜻은 상승 종목과 하락 종목이 같다는 것을 의미한다. 만약 110%라면 상승 종목수가 하락 종목수보다 10%가량 많은 것을 의미한다. 90%인 경우는 하락 종목수가 상승 종목수보다 10%가량 많은 것을 나타낸다. ADR의 상승은 상승 추세로 전환 또는 상승 추세의 강화를 나타내고, ADR의 하락은 하락

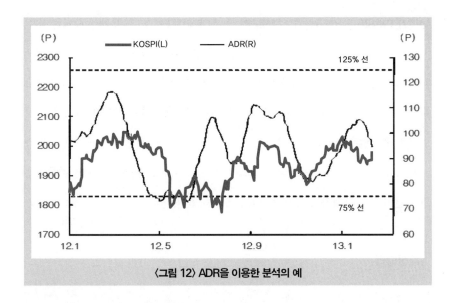

〈그림 12〉 ADR을 이용한 분석의 예

추세로의 전환 또는 하락 추세 강화를 나타낸다.

ADR의 투자 전략 및 주의사항

▷ ADR이 125% 이상인 경우는 경계를 요하는 시점이고 시세는 이후 반락하는 경우가 많
  다.

▷ 이와는 반대로 ADR이 75% 이하일 경우는 시세의 바닥권을 의미하고 시장은 이후 상
  승으로 전환된다.

▷ ADR의 고점은 지수의 고점보다 선행하는 경우가 많다.

VR(Volume Ratio) : 거래량 비율 분석

VR(Volume Ratio)은 거래량을 비율로 분석하는 방법으로 일정기간 동안의 주가 상승일의 거래량과 주가 하락일의 거래량의 비율을 백분율로 나타낸 지표이다. 이와 유사한 지표인 OBV는 시작일에 따라 수치에 큰 차이가 발생하여 절대수치 그 자체로서는 시세를 판단하거나 과거와 비교하는 것이 불가능하나 VR은 누적차수가 아닌 비율로 분석하여 이러한 단점을 보완하였다.

계산방법

$$VR = [\frac{(주가\ N일간\ 상승일\ 거래량\ 합계 + N일간\ 변동\ 없는날\ 거래량\ 합계) \times 1/2}{(주가\ N일간\ 하락일\ 거래량\ 합계 + N일간\ 변동\ 없는날\ 거래량\ 합계) \times 1/2}] \times 100$$

해석

일반적으로 주가 상승일의 거래량이 하락일보다 더 많다. 그러므로 극도의 침체장이 아니라면 VR수치가 높게 나타난다. VR지표는 천장권일 때보다 바닥권일 때 그 신뢰도가 크다. 왜냐하면 상승장에서의 거래량이 하락장에서의 거래량보다 많기 때문에 평상시 150% 이상을 유지하나, 강세장의 경우 300% 이상이 통례이고 과열심리로 인해 천장신호를 보일 때에도 주가는 지속적으로 상승하는 경우가 많다. 그러나 비율이 100%라는 것은 주가 상승 때 거래량이 하락할 때 거래량과 동일함을 의미하는데 70% 이하란 극도의 침체 장세를 일컬으며 그러할 확률은 높지 않다. 그 결과 바닥권에서의 신뢰도가 크다는 것이다. 물론 VR지표도 여타 지표와 병행하여 분석해야 실패의 확률이 적다.

삼성SDI의 경우 2006년 6월 15일 VR이 4.94를 기록했음
VR은 사상 최저 수준으로, 주가 또한 4년째 최저 수준
조만간 주가 반등을 암시

〈그림 13〉 VR을 이용한 분석의 예

VR의 투자 전략 및 주의사항

▷ **비율 분석방법**: VR이 150%면 보통 수준이고, VR이 350%를 초과하면 단기 과열권이

며, VR이 70% 이하이면 바닥권의 매수시점이다. VR이 200%라면 대체로 상승 시 거래

량이 주가 하락 시 거래량의 2배라는 것을 의미한다.

▷ **디버전스** : 앞의 여러 지표에서 설명하였듯이 지표의 저점은 높아지는데 가격의 고점

은 낮아지는 시점에서는 강세 디버전스로 인식하여 매수를 하고, 반대로 지표의 고점

은 낮아지는데 주가의 저점은 높아지는 시점에서는 약세 디버전스로 인식하여 매도를

행하는 매매방법이다.

DMI(Directional Movement Index) : 방향운동지수

DMI(Directional Movement Index)는 1978년 웰레스 와일더(J. Welles Wilder)에 의해 처음 소개된 것으로, 시장의 방향성과 추세의 강도를 계량화한 지표이다. 추세 추종형 또는 횡보형 투자 전략을 사용하고자 하는 경우, 현재의 시장이 어느 국면에 속해 있는지를 파악하는 것 필요하다. 즉 상승 추세인지, 하락 추세인지, 또는 횡보장인지를 구분할 필요가 있는 것이다. 또한 상승 추세 또는 하락 추세일 경우에도 그 추세의 강도가 어느 정도인지도 파악할 필요가 있다. 이러한 필요에 따라 시장의 추세 및 그 강도를 측정하기 위하여 계량화한 것이 DMI이다. DMI는 ADX와 함께 시장의 방향성과 시장 추세의 강도를 파악하는 데 매우 유용하게 사용되고 있다. DMI는 개별적으로 사용할 때도 유용성이 높지만, ADX와 병행하여 사용하면 더욱 신뢰성을 높이게 된다.

계산방법

DMI의 계산방법은 다음과 같은 여러 순서를 거쳐 계산된다.

▷ **DM(Directional Movement)의 계산** : DM은 시장이 상승 추세라고 하면 금일의 고가는 전일의 고가보다 반드시 높아야 하고, 시장이 하락 추세이며, 금일의 저가는 전일의 저가보다 반드시 낮아야 한다는 가정을 기초로 한다. +DM와 −DM은 하루에 한 가지만 발생하여야 하는데, 만약 +DM과 −DM이 동시에 나타나는 경우에는 둘 중의 큰 값을 취하게 된다. DM은 금일의 주가 변동 범위, 즉 고가와 저가의 범위가 전일 주가 변동 범위를 벗어나는 부분 가운데 가장 큰 부분으로 정의된다.

PDM(+DM) = 금일 고가 – 전일 고가

MDM(- DM) = 전일 저가 – 금일 저가

▷ **TR(True Range)의 계산** : TR은 전일 종가를 기준으로 금일 가격이 움직일 수 있는 다음과 같은 세 가지 경우에서 각각의 절대값들 중 가장 큰 값으로 정의된다. 항상 0 이상의 값을 갖는다.

① 금일의 고가 – 금일의 저가

② 금일의 고가 – 전일의 종가

③ 금일의 저가 – 전일의 종가

▷ **DI(Directional Indicator)의 계산** : 위의 과정을 거쳐 DM과 TR이 구해지면 DI는 다음과 같다.

DI = DM / TR

DM이 양수(PDM)이면 DI는 실제 가격 변동 범위인 TR에 대한 당일의 상승비율을 나타내고, DM이 음수(MDM)이면 당일의 하락비율을 나타내게 되는데, 일반적으로 DM과 TR을 평활법(Smoothed Method)에 의해 일정기간을 대상으로 계산한 값을 사용한다.

$$오늘의 + DI = \frac{+ DM의\ m일\ 지수이동평균}{TR의\ m일\ 지수이동평균}$$

$$오늘의 - DI = \frac{- DM의\ m일\ 지수이동평균}{TR의\ m일\ 지수이동평균}$$

최적기간의 파라미터는 시장의 특성과 사용자의 형태에 따라 각기 다를 수 있으나 와일더는 14일 평활화 기간을 사용할 것을 제시하고 있다. 이렇게 계산된 +DI와 -DI는 일반적으로 ADX와 함께 오실레이터로 나타나는데, +DI가 -DI를 상향 돌파하여 +DI가 -DI보다 크면 상승 추세를 나타내고, -DI가 +DI를 상향 돌파하여 -DI가 +DI보다 크면 하락 추세를 나타내게 된다. 특히 +DI선과 -DI선의 가격이 확대(Divergence)될수록 추세는 보다 강하게 된다.

해석

DM은 금일 주가의 고점과 저점 범위를 전일 주가의 고점과 저점 범위와 비교해서 얻는데 항상 양수로 계산되며 DM 앞의 +와 -표시는 전일과 금일의 주가 움직임의 방향을 표시하는 것이다. DM은 다음 4가지 종류가 있다.

① 금일의 주가 움직임이 어제보다 위에 있을 때에는 +DM이다.

② 금일의 주가 움직임이 어제보다 아래에 있을 때에는 -DM이다.

③ 금일의 주가 움직임이 전일의 움직임의 범위 내에 있을 경우 DM은 0이다. 금일의 주가 움직임의 범위가 전일의 범위를 넘는 경우에는 넘는 범위가 큰 쪽이 위이면 +이고 아래이면 -이다. 넘는 범위가 똑같을 경우에는 0이다.

④ 금일의 주가가 상한가일 경우 +DM은 금일 종가와 전일 고가와의 차이이고, 금일 주가가 하한가일 경우 -DM은 금일 종가와 전일 저가와의 차이이다.

〈그림 14〉 DMI와 ADX를 이용한 분석의 예

DMI의 투자 전략 및 주의사항

+DI선이 −DI선 위에 있을 때에는 매수 전략을 취한다. 매수에 가장 좋은 시점은 +DI선과 ADX선이 −DI선 위에 있으면서 ADX선이 상승세를 보일 때이다. 이때에는 상승 추세가 강해지는 것을 나타낸다. −DI선이 +DI선 위에 있을 때에는 매도 전략을 취한다. 매도에 가장 좋은 시점은 −DI선과 ADX선이 상승세를 보일 때이다. 이때에는 하락 추세가 강해지는 것을 나타낸다. ADX가 하락 추세를 보일 때에는 주가 움직임의 추세가 뚜렷하지 않은 것을 나타낸다. 일반적으로 이러한 때에는 주가의 등락이 심하므로 추세지표보다는 오실레이터를 이용하는 것이 좋다. 마지막으로 ADX가 두 DI선 위에 있을 경우에는 과열상태를 나타낸다. 이때 ADX가 하락 추세를 보이면 주가의 추세 변화 가능성이 크다.

앞서 소개한 대로 일반적인 매매 전략은 +DI가 −DI를 상향 돌파하면 매수신호로 반대로 +DI가 −DI를 하향 돌파하면 매도신호로 보는 방법이다. 그러나 이 방법은 속임수가 많고 잦은 매매신호를 발생시키므로 EPR(Extrem Point Rule)을 추가 적용하여 매매에 이용한다. EPR은 +DI선이 −DI선을 상향 돌파한 날의 고점보다 주가가 상승했을 때 매수하고, 반대로 +DI선이 −DI선을 하향 돌파한 날의 저점보다 주가가 하락했을 때 매도하는 것이다.

ADX(Average Directional Movement Index) : 평균방향운동지수

ADX(Average Directional Movement Index)는 DI의 단점을 보완하기 위해서 이용되는 지표로 일반적으로 DMI를 차트상으로 표시할 때 세 개의 선을 이용하여 기술적 분석지표로 사용한다. 앞서 설명한 +DI와 −DI선은 상승 추세나 하락 추세와 같은 추세의 방향을 파악하는 데 사용되고, 여기서 설명할 ADX선은 추세의 강도를 파악하는 데 사용된다. ADX는 그 값이 클수록 강한 추세를 가진 시장을 나타내며, 작을수록 시장의 추세가 약하다는 것을 의미한다. ADX는 그 자체만으로는 시장이 상승 추세인지 하락 추세인지 추세의 방향(direction)을 구분할 수는 없으며, 단지 추세의 강도(Strength)만을 측정할 수 있다.

계산방법

ADX(Average Directional Movement Index)는 +DI와 −DI의 거리를 측정하여 평활한 것이다. ADX는 두 단계로 계산한다. 먼저 항상 (+)값을 갖는 DX(Directional Movement Index)를 계산하고 이 DX를 평활화한 ADX를 계산한다. 여기서 ADX의 평활 파라미터 n은 보통 14일을 사용한다.

$$\text{오늘의 } DX = \frac{(\text{오늘의} + DI) - (\text{오늘의} - DI)}{(\text{오늘의} + DI) + (\text{오늘의} - DI)} \times 100$$

$$\text{오늘의 } ADX = DX\text{의 } n\text{일 지수이동평균}$$

단 n은 14~20일 사이를 사용하는데, 와일더(Wilder)는 14일을 사용할 것을 권하고 있다.

해설

ADX는 두 개의 방향선 간 스프레드가 증가할 때 상승한다. ADX가 상승하면 현재의 시장지배세력이 더욱 강해지고 있음을 나타낸다. 이러한 경우에는 현재의 주가 추세가 앞으로도 더 지속될 것임을 예고한다. 그러므로 ADX가 상승할 때에는 현추세를 따르는 매매(위쪽에 위치한 방향선의 방향에 따르는 매매)를 하는 것이 유리하다.

반대로 ADX는 두 개의 방향선 스프레드가 감소할 때 하락한다. 이것은 시장의 기존 지배세력이 힘을 잃어가는 반면에 그동안 소외되었던 피지배세력이 힘을 얻고 있음을 나타낸다. 이때는 시장이 혼란스러운 상황이므로 현재 추세를 따르는 매매는 가급적 피하는 것이 좋다. 이렇게 ADX가 하락한다는 것은 주가 방향성 또는 추세 강도가 약해지고 있는 것이다.

이때 보통 주가는 수많은 톱날 형태를 형성한다. ADX의 하락이 더 진행되어 ADX가 두 개의 방향선 아래로 하락했을 때에는 보통 주가는 횡보한다. 이때는 추세지표에 의한 매매보다 오실레이터를 사용하는 것이 유리하다. 이 경우 추세를 따르는 매매, 즉 추세추종형 기법은 사용하지 않는 것이 좋다. 그런 가운데 앞으로 있을 수 있는 주가 변화를 준비하고 있어야 한다. 추세는 이러한 소강 국면에서 항상 새롭게 태어난다.

ADX의 투자 전략 및 주의사항

일반적으로 ADX가 바닥에서 상승할 때 +DI가 고점에 있으면 매수신호이며, 반대로 -DI가 고점에 있으면 매도신호가 된다. 이것은 ADX와 DI의 위치와 방향을 통해 매매신호를 파악하는 방법이다. 가장 좋은 매매신호는 ADX가 +DI와 -DI 아래로 하락한 다음에 나타난다. 이후에 ADX가 다시 상승하기 시작하면 주가는 소강상태에서 벗어나 새로운 추세의 출현을 앞두고 있다. 이때 매수세력의 강도를 나타내는 +DI가 고점에 있으면 매수신호이며 반대로 -DI가 고점에 있으면 매도신호가 된다.

이상의 상황에서 ADX가 +DI와 -DI 아래에서 머무르는 기간이 길면 길수록 다음에 있을 주가 변화가 크다는 것을 시사한다. ADX가 두 개의 방향선 아래에서 상승할 때에는 시장이 소강상태에서 서서히 깨어나고 있음을 나타낸다. 이때가 위에서 말하는 매수 타이밍이다. 보통 ADX가 상승하기 시작해서 30 이상이 되면 주가는 추세를 형성한 것으로 본다. 일단 추세가 완성되고 나면 ADX는 횡보하거나 하락하기 시작하고 새로운 추세의 변화를 사전에 알려주게 된다.

반대로 ADX가 +DI와 -DI 위로 상승한 경우에는 시장이 지나치게 과열 또는 침체된 상황이다. 다음에 ADX가 두 개의 곡선 위로부터 하락하기 시작하면 현 추세가 흔들리고 있음을 의미하므로 추세 전환을 준비할 필요가 있다. 이러한 의미에서 ADX의 하향 전환은 약세신호라고 말할 수 있다. 그러나 이러한 매매 룰을 응용해서 추세가 반전된 것을 확인한 다음에 매매하는 방법이 있다. +DI와 ADX가 모두 -DI보다 위에 위치하고 ADX가 상승하는 경우는 주가의 상승 추세가 더욱 강화되는 상황이므로 좋은 매수신호이다. 반면에 -DI와 ADX가 모두 +DI보다 위에 위치하고 ADX가 상승하는 경우는 주가의 하락 추세가 강화되는 상황이므로 매도신호가 된다.

▷ **시차(Time lag)의 존재** : ADX는 시장 추세의 전환에 후행하는 시차의 문제를 지니고 있다. 이것은 ADX에는 +DI값과 −DI값이 같이 사용되기 때문에 하락 시 +DI의 반영이 −DI로 희석된다는 점과 ADX가 DX의 평활값을 사용하기 때문에 이동평균 대상기간의 영향을 받는다는 점이다. 따라서 시장의 변곡점 부근에서 이동평균 평활화 대상기간을 변경하는 방법이 있겠으나 이도 결코 쉬운 일이 아니다.

▷ **단기 매매에서의 부정확성** : ADX는 일간 차트를 이용하여 10~30일 이동평균을 사용하는 것이 일반적이지만 하루 중 거래와 같은 단기 매매에 활용할 때에는 그 추세를 적절하게 나타내지 못할 경우가 있다. 일간 자료에 의해 작성된 ADX를 이용하여 단기 매매를 한다는 것은 거의 의미가 없다는 것이고, 분(minute)단위나 시간(hour)단위 자료로 ADX를 작성하여 이용한다 하더라도 전일의 종가와 금일 시가와의 갭이 발생하면 ADX는 단기 시장 추세를 적절히 나타내지 못할 수 있다. 따라서 단기 매매를 할 경우에는 시장 추세(일간 ADX)와 같은 방향으로만 단기 매매를 수행하는 것이 바람직하다.

지표 응용 : ADVR

주식시장에서 사용하고 있는 지표들은 일부는 선물시장에서 가져온 것도 있지만, 주로 개인들이 개발한 것이다. 각 증권사에서 제공하는 HTS에서 프로그램에 나오는 지표들을 보자. 일단 숫자가 너무 많다. 이것을 일일이 습득하고 실전에 사용하기는 쉽지 않은 일이다. 일전에 사무실(대우증권 투자분석부)에서 사용하던 메타스탁이라는 차트 작도 프로그램이 있었다(이 책에서 설명된 차트들도 상당 부분 메타스탁을 이용한 것이다). 이 회사는 나중에 로이터로 합병되었다. 이 프로그램을 이용해서 시황 보고서의 차트를 그렸더니 매우 정교해서 독자들로부터 많은 문의가 있었다. 질문 중 대부분은 어디에서 이 프로그램을 다운받을 수 있냐는 거였다. 실제로 이 프로그램을 연간 사용하려면 거의 신입사원 연봉만큼의 사용료를 지불해야 한다. 이후 주식시장에 불황이 오자 비용절감 차원에서 이 프로그램의 사용을 중단해야 했다. 이 프로그램을 사용할 때 메타스탁 측에서 준 매뉴얼은 대부분 지표에 관한 설명이었는데, 그야말로 두툼한 책 한 권이었다.

한편으로 지표가 이렇게 많다는 이야기는 그만큼 잘 맞지 않는다는 이야기다. 독자들도 느끼겠지만 시장이 강세로 돌아서도 아직 매도신호가 나오는 것도 있다. 시장이 상승에서 하락으로 전환하는 순간에도 보조지표들은 아직 상승세 지속을 이야기하고 있기도 하다. 노련한 투자자라면 이 많은 투자지표 중에서 본인이 중요하게 생각하는 몇 가지만 가지고 시장을 이해하고자 할 것이다. 경험상 지표들이 한 방향을 이야기하는 경우는 거의 없다. 지표로 보면 매수와 매도신호가 혼재한 상황에서 시장에서 쌓아온 경험에 의해 본인이 판단해야 할 몫인 것이다.

지표를 놓고 분석을 하다보면 잘 맞지 않은 경우가 있기 때문에 직접 적절한 지표를 만들어보고자 하는 욕구가 생기게 된다. 새롭게 시장에 소개되었던 지표들도 이러한 욕구로부터 시작된 것이다. 필자가 시장의 방향성과 관련하여 시황 보고서에 이따금 사용하는 것이 ADVR이라는 지표다. 앞에서 설명한 ADR과 VR의 평균값으로 구한 지표이다. 둘을 섞어 놨으니 명칭도 ADVR이라고 했다.

이 책의 초판이 나온 2006년 12월 이후 국내 증시는 큰 변화가 있었다. 몇 가지 업종에 몇 가지 종목만 상승하면서 시장의 방향성 예측이 과거와 같지 않게 되었다. 차화정(자동차, 화학, 정유업종) 혹은 전차(전기전자, 자동차업종)라는 말이 심심치 않게 신문의 증권면을 장식하기 시작한 것이다. ADR로만 시장의 방향성을 예측하기가 쉽지 않았기 때문에 고심을 하다 여기에 VR을 접목시키면 좀 더 객관적인 데이

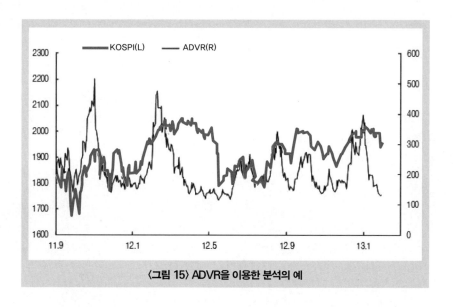

〈그림 15〉 ADVR을 이용한 분석의 예

터가 될 수 있을 것 같았다. 그래서 두 지표의 평균을 구해서 지표로 사용해봤다. 결과는 상당히 만족스러웠다. 주로 시장의 바닥권을 알려주는 오실레이터로 적절해 보였다. 물론 단기 고점을 잡아주는 데도 만족스러웠다.

　필자가 개인적으로 사용하고 있는 지표이기에 어느 증권사에서도 제공되지 않는다. 수고스럽지만 거래소 자료로 ADR값과 VR값을 일일히 입력하여 엑셀 프로그램을 이용해 그릴 수밖에 없다. 그러나 방향성 지표로 썩 괜찮은 지표이니 참고하기 바란다. 또한 직접 기존의 지표를 응용해서 사용할 수도 있다.

PART

9

다우이론과
엘리어트 파동이론

우리가 하는 말 중에서 그 대가가 가장 비싼 말은 '이번에는 다르다'는 두 마디이다.
-존 템플턴-

1995년 1월 16일자 〈포브스(Forbes)〉의 표지에는 '존 템플턴: 어떻게 시장을 이겨내는가'라는 제목 아래 다음과 같은 그의 말이 적혀 있었다. "주식을 사야 할 때는 비관론이 극도에 달했을 때이다." 그리고 그는 비관론을 불러온 대부분의 문제들이 결국은 치유되기 마련이라고 덧붙였다. 그에 관한 일화 하나를 보자. 존 템플턴이 몇 해 전 카리브해의 바하마로 장기 휴양을 떠나면서 친구에게 했다는 말은 유명하다. "혹시 시장에 무슨 일이 생기면 꼭 연락주게. 단 전화로 하지는 말고 편지로……." 아흔 살 노인보다 더 조급하게 투자에 임해야 할 이유가 있는지 한 번쯤 생각해보는 것도 나쁘진 않을 것 같다.

01 | 다우이론
(Dow Theory)

'다우지수 10종목 투자기법'이라는 것이 있다. 1980년대 존 슬래터가 만든 투자방법으로 아직도 미국 투자자들에게 가장 인기 있는 투자방법 중 하나이다. 방법은 아주 간단하다.

매년 마지막 거래일에 다우지수 편입 종목 가운데 연간 주가 상승률이 가장 낮은 10종목을 추려낸다. 그리고 새해 첫 장이 열리면 무조건 이 종목을 산다. 이 투자기법을 사용했다면 1930~2004년 다우지수보다 연 3.18%나 높은 수익을 올릴 수 있었을 것이다.

물론 이런 단순한 투자방식이 앞으로도 계속 들어맞을지 장담하기는 어렵다. 주식 투자에서 '절대'라는 것은 없기 때문이다. 그러나 기업가치에 비해 주가가 떨어진 시점을 골라 주식을 산 후 기다려서 이익을 낸다는 정석투자 원칙에 비추어볼 때 긍정적으로 검토할 만하다.

다우이론에 의한 대공황 예측

지금은 주식시장이 '자본주의의 꽃'으로 불리고, 경제상황 진단변수로 주가를 빼놓을 수 없지만 19세기 후반까지만 해도 주식 투자는 정보를 독점한 몇몇 큰손들과 주식중개인들이 벌이는 '야바위 놀음'으로, 증시는 '투전판'으로 인식돼왔다. 증시라는 개념조차 불투명한 시대였기에 일반 투자자들은 감히 끼어들 엄두를 내지 못했다. 이런 혼탁한 시장에 처음 질서를 세운 사람은 다우존스회사(Dow Jones Company)를 설립하였고 〈월스트리트저널(Wall Street Journal)〉을 발행한 찰스 다우(Charles Dow)이다. 찰스 다우에 의해 개발된 다우이론은 기술적 분석 중에서 가장 오래되고 유명한 분석 방법 중 하나이다. 이 이론은 그가 1902년에 세상을 떠난 이후에도 〈월스트리트저널〉의 편집진을 중심으로 많은 실무자와 학자들에 의해 발전되어 왔다.

오늘날에는 여러 형태의 다우이론이 존재하지만 여전히 기술적 분석의 기초가 되고 있다. 다우이론이 유명하게 된 것은 1930년대 대공황이 발생한 시점이었다. 1930년대 미국의 대공황(The Great Crash and Depression)은 1929년 9월 3일에 시작되었는데, 이날 다우존스산업지수(DJIA)는 381포인트로 마감하였다. 그러다가 두 달 뒤인 1929년 10월 23일에는 306포인트로 떨어져, 두 달간의 짧은 기간에 주가지수가 거의 20%가량 하락하였다. 이때 시작된 하락 장세(Bear Market)는 그 후로 거의 3년 가까이 지속되었다. 대공황이 시작된 시점에서 3년 후인 1932년 7월 8일에는 다우존스산업지수가 41포인트 수준으로 급격히 하락하였다. 이는 공황이 시작되기 전인 1929년 최고 수준의 11%에도 미치지 못하는 수준으로 하락한 것이다. 이것이 유명한 1930년대의 미국 증권시장의 주가 변동 상황이다.

그때 〈월스트리트저널〉의 편집진은 다우이론에 입각하여 증권시장의 동향에 대한 사설을 썼다. 1929년 10월 23일자 〈월스트리트저널〉은 역사적인 사설인 '국면의 전환(A Turn in the Tide)'을 게재하였는데, 여기서 그들은 다우이론에 기초하여 미국 증권시장의 활황 국면(Bull Market)이 끝나고 불황(Bear Market)이 시작될 것이라고 예언하였다. 그 후에 미국 증권시장은 〈월스트리트저널〉의 사설이 예언한 대로 급속히 붕괴되었고 세계 경제대공황으로 이어짐으로써, 많은 사람이 다우이론에 큰 관심을 갖게 된 것이다.

찰스 다우는 주가를 바다에서 파도가 출렁거리는 것에 비유했다. 이는 1901년에 발행된 〈월스트리트저널〉에 잘 나타나 있다.

"바닷가에서 밀려오는 파도를 관찰하면서 가장 높은 파도의 높이를 재고 싶다면, 밀려오는 파도가 미치지 않는 지점에 푯대를 세우고 멀찌감치 떨어져 다가오는 파도를 푯대와 견주어 살펴보면 된다. 파도의 높이를 측정하는 이 방법은 증권시장의 시세 변동을 관찰하고 분석하는 데도 적절하다. 가격의 파동은 파도와 마찬가지로 정점에 오른 순간에 곧바로 가라앉지 않는다. 파동을 일으킨 힘은 일정 기간 파동을 유지한다. 파동의 실체를 확인하기까지는 시간이 걸린다."

그는 조수처럼 전반적인 추세를 결정하는 주된 파동이 있다고 주장했다. 이런 추세에는 작은 파동과 잔물결이 따르게 된다. 그는 또한 다우지수 차트, 거래량, 다우존스철도지수(현재의 다우존스운수업종지수)를 분석함으로써 현재 시장의 추세가 무엇인지를 규정할 수 있다고 주장했다.

여기에서 다우지수의 실제 유효성에 대하여 살펴보자. 미국의 저명한 기술적 분석가인 마틴 프링(Martin J. Pring)은 투자자가 100달러로 1897년에 다우지수에 편입되어 있는 주식을 매입한 후 다우이론에 근거한 매수·매도신호에 따라 매매했다면 투자자산이 1990년 1월에는 11만 6,508달러에 이를 것이며, 이는 '매수 후 보유'

전략을 사용했을 경우의 투자자산 규모인 5,682달러와는 상당한 차이가 발생한다고 주장했다.

다우이론의 기본 원리

다우이론은 기본적으로 다음의 6개 가정으로 구성된다.

평균치는 시장의 모든 요소를 반영한다
(The Averages discount everything)

시장이 전체 수요와 공급에 영향을 미치는 가능한 모든 시장의 요인들을 반영한다는 생각은 기술적 분석의 기본 전제 중 하나이다. 즉 새로운 정보가 발생하면 시장 참여자들은 재빨리 그 정보를 퍼뜨리고, 따라서 주가도 상승하거나 조정을 보인다는 것이다. 시장평균치는 대부분의 시장 참여자들에 의해 알려져서 모든 요소가 반영된다고 본다. 이 이론은 개별적 시장은 물론 시장평균에도 적용된다.

시장은 3개의 추세로 구성되어 있다
(The Market is comprised of three Trends)

주식시장은 크게 주추세(The Primary Trends), 중기 추세(Secondary Trends), 단기 추세(Minor Trends) 등 3가지 추세로 구성된다. 주추세는 통상 1년 이상 수년 동안 지속되는 추세로 강세시장과 약세시장으로 나눌 수 있다. 만약 시장의 장기 추세가 상승 중에 있으면 고점은 더욱 높아지고 저점도 계속 높아진다. 주추세가 하락 중에 있으면 고점은 점점 낮아지고 저점은 더욱더 낮아지는 현상이 나타난다. 중기 추세는 주추세의 조정 과정이나 중간에 나타나는 추세로 통상 한달 내지 3개월 정도의 흐름을 일컬으며 이전 추세의 1/3·2/3 조정 과정을 보인다. 단기 추세는 하루 또는 3주 정도의 추세로 움직이는데, 중기 추세는 여러 개의 단기 변동으로 이루어진다고 본다. 이러한 단기 추세는 그 진폭이 불규칙하여 실수를 자주 유발하며 추세 분석에서의 중요도 또한 낮다. 다우는 이러한 주추세, 중기 추세, 단기 추세를 조수, 파도, 잔물결에 비유하였다.

주추세는 3단계로 이루어져 있다(Primary trends have three phases)

다우이론에 의하면 주추세는 3개의 국면으로 구성되는데 그 첫 번째 국면은 경기회복과 경기의 장기 성장 국면을 기대하는 투자자들에 의해 공격적인 매수세로 나타난다. 이 국면에서 대부분 투자자들은 침울하고 주식이라면 넌더리가 나고 암울한 상태에 있으며 경기회복은 현실적으로는 찾아오기 어려운 상태라고 본다. 이때 공격적인 매수자들은 비탄에 빠진 매도자들로부터 매수를 시작한다. 이는 가장 통찰력이 있는 투자자들이 주식을 사들이는 단계이다.

두 번째 국면의 특징은 경기 상황이 좋아지고 소득이 증가하기 시작하는데, 투자자들은 서서히 경기 개선과 함께 주식의 매집을 시작한다. 일반 투자자들이 매수에 참여하기 시작하는 단계이다.

세 번째 국면은 소득과 경기상태가 호조를 보이는 가운데 첫 번째 국면의 상황을 잊은 대다수의 일반 투자자들은 주식시장을 아주 좋게 보며 지속적인 상승을 확신한다. 그 결과 주식 매수를 더욱 확대시키고 심지어 과열 현상도 보인다. 이 시기에 첫 번째 국면에서 공격적인 매수를 시작하던 일부 투자자들은 하락 전환을 예상하여 보유 주식을 처분하기 시작한다.

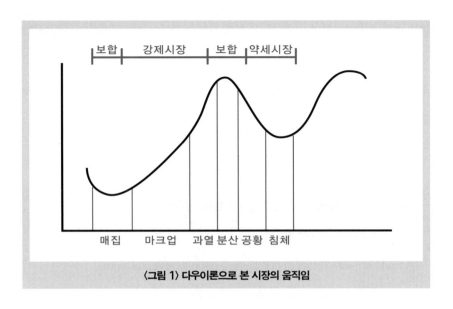

보합 강제시장 보합 약세시장

매집   마크업   과열 분산 공황 침체

〈그림 1〉 다우이론으로 본 시장의 움직임

평균지수는 반드시 서로를 확인한다
(The Averages must confirm each other)

당시 다우는 추세의 확인을 위해 공업(Industrial)과 철도평균지수(Rail Averages) 를 언급하면서, 강세 혹은 약세시장의 전환신호는 두 평균지수가 동일한 신호를 보 내지 않으면 유효성이 없다고 보았다. 즉 시장이 강세로 전환되기 위해서는 이전의 고점이 다소 시간 차이는 있더라도 같이 돌파되어야 한다는 것이다. 만약 두 지수 의 평균치가 다른 기울기(Divergence)를 보인다면 서로의 이전 추세가 아직 유효한 것이다.

거래량은 추세를 확인시킨다(The volume confirms the trend)

다우는 주가차트에서 발생되는 신호를 확인하기 위해서는 거래량이 중요하다고 강조하였다. 즉 거래량은 주요 추세의 방향을 확대시킨 것이라고 보았는데, 만약 주요 추세가 상승이라면 거래량은 주가가 점차 상승함으로써 증가되고, 주가가 하락하면 거래량은 감소한다. 반대로 주요 추세가 하락이라면 주가가 하락하면 거래량은 늘어나고, 주가가 상승하면 거래량은 감소한다고 설명했다. 거래량은 주가 다음으로 중요한 요소이다. 참고로 다우이론에서 매수와 매도신호는 종가를 대상으로 분석한다.

어떤 추세가 반전했다는 명확한 신호를 보이기까지는
그 추세가 유효한 것으로 본다
(A trend remains intact until it gives a definite reversal signal)

이 원리는 추세순응법(Trend Follwing)의 기본이 되는 것으로, 바꾸어 말하면 진행 중인 추세는 계속 진행된다는 것이다. 즉 추세는 연속될 가능성이 더 크고 이 간단한 원리를 따르는 것이 실패할 확률을 줄일 수 있다는 것이다. 상승 추세란 고점과 저점이 점점 높아지는 추세를 말한다. 이러한 상승 추세가 반전되려면 고점과 저점 중 하나는 낮아져야 한다. 반대로 하락 추세란 고점과 저점이 점점 낮아지는 추세를 말한다. 하락 추세가 반전되려면 고점과 저점 중 하나는 높아져야 추세의 반전이 일어날 수 있다.

주(장기)추세(Primary Trends) 진행 과정

우리가 흔히 이야기하는 강세시장(Bull Market)이나 약세시장(Bear Market)은 주(장기) 추세에 기초를 두고 있다. 다우이론에서는 대체로 단기적인 주식가격의 변동은 고려하지 않는다. 즉 다우이론은 주가의 단기 변동보다는 미래 주가의 주(장기)

추세를 예측하여 변화 방향을 예측하는 기법이다.

주추세의 진행 과정은 다음과 같다.

시장 국면	강세			약세		
	제1국면	제2국면	제3국면	제1국면	제2국면	제3국면
투자자가 대중/전문가	공포심/확신	공포심/확신	확신/공포심	확신/공포심	확신/공포심	공포심/확신
투자 전략	매수	점진적 매도	매도	매도	점진적 매수	매수

〈표1〉 주추세(Primary trends) 진행 과정

강세시장의 3국면(매집 국면 ⇨ 도약(마크업) 국면 ⇨ 과열 국면)

① 제1국면(매집 국면) : 강세시장의 초기 단계에서는 경제, 산업, 기업 환경, 주식 시장 등 모든 여건이 회복되지 못하고 장래에 대한 어두운 전망만 예상된다. 불안 감을 느낀 대다수 일반 투자자들은 장기간 지속된 약세시장에 지쳐서 보유 주식을 매도해버리려고 하지만, 경기호전을 미리 예측한 전문 투자자들은 매도 물량을 매수하기 시작해 점차 거래량이 증가하게 된다. 이러한 시장 내부의 변화 과정을 매집 국면이라 한다.

② 제2국면(마크업 국면) : 강세시장의 제2국면에서는 전반적인 경제여건 및 기업의 영업수익이 호전됨으로써 일반 투자자들의 관심이 고조되어 주가가 상승하고 거래량도 증가하게 되는데, 이러한 국면을 마크업 국면(Mark-up-phase)이라고도 한다. 우리말로는 도약 국면이라고 할 수 있다. 이 국면에서는 기술적 분석을 이용하여 주식 투자를 하는 사람이 가장 많은 수익을 올릴 수 있다.

③ **제3국면(과열 국면)** : 강세시장의 제3국면에서는 경제 전반에 걸쳐 각종 통계 자료가 호조를 보이면서 투자가치가 미세한 종목에까지 인기가 확산되기 시작한다. 또한 신문이나 매스컴에서 주식시장에 관한 내용이 톱 뉴스로 부상할 만큼 과열 기미를 보이게 된다. 따라서 이 국면을 과열 국면이라고 한다. 보통 일반 투자자나 주식 투자에 경험이 없는 사람들이 뒤늦게 확신을 가지고 적극 매입에 나서기 때문에 장세는 과열이다. 이 국면에서의 매수자는 흔히 손해를 보기 때문에 조심해야 한다.

약세시장의 3국면(분산 국면 ⇨ 공황 ⇨ 국면 ⇨ 침체 국면)

① **제1국면(분산 국면)** : 강세시장의 제3국면에서는 주식시장이 지나치게 과열된 것을 감지한 전문 투자자들이 투자수익을 취한 후 빠져나가는 단계이다. 이 단계에서는 주가가 조금만 하락해도 거래량이 증가하므로 이를 분산 국면이라고 한다.

② **제2국면(공황 국면)** : 경제 전반에 관한 각종 통계자료가 악화됨에 따라 주식을 매도하려는 일반 투자자들의 마음이 조급해지면서 매수세력이 상대적으로 크게 위축된다. 주가는 거의 수직하락을 하게 되며 거래량도 급격히 감소하는데, 이러한 상태를 공황 국면(Panic Phase)이라고 한다. 이후에는 상당히 긴 회복 국면이나 보합 상태가 이어진다.

③ **제3국면(침체 국면)** : 공황 국면에서 미처 처분하지 못한 일반 투자자들의 실망 매물이 출회됨으로써 투매 양상이 나타난다. 투매 현상이 나타남에 따라 주가는 계속 하락한다. 그러나 시간이 경과할수록 주가의 낙폭은 작아지게 된다. 주식시장의

침체와 기업의 수익성 악화 등 좋지 못한 정보가 주식시장 전체에 널리 퍼져 있기 때문에 이를 침체 국면이라 한다. 약세시장은 발생 가능한 모든 악재가 전부 시세에 반영될 때 끝이 난다고 보는데, 보통 이런 악재가 전부 소멸되기 전에 주식시장은 반전된다.

다우이론에 대한 비판

다우이론은 가격 추세를 중시하며 강세시장과 약세시장으로 구분하는 등 실전적으로 사용하는 데 많은 도움을 주지만 다음과 같은 한계점을 지니고 있다.

첫째, 일반적으로 다우이론의 매매신호는 너무 늦게 나타난다는 점이다. 예를 들어 상승 시 매수신호는 중간고점을 돌파하는 강세 제2국면에서 나타나는데 이러한 신호는 보통 가격이 상당폭 상승한 이후가 된다. 다우에 의하면 매수신호는 통상 전체 상승의 약 20~25%가 지난 후에 나타난다. 그러나 다우는 이렇듯 신호 출현이 늦음에도 불구하고 주추세의 반전 확인이라는 점에서는 의미가 있으며 추세순응 전략의 구사에도 도움이 된다고 보았다.

둘째, 전체 주식시장의 흐름을 판별해내고 이에 따라 시장 흐름과 일치하여 움직이는 종목만을 언급함으로써 시장과 괴리되어 움직이는 종목들의 경우에는 설득력 있는 해설을 하기 어렵다.

셋째, 앞으로의 시장동향에 대한 예측 정보를 제공해주는 기능이 약하며 현재 진행 중인 추세가 얼마나 지속될 것인지에 대한 정보가 제공되지 못한다는 점이다.

넷째, 다우는 대부분의 투자자들이 주추세에만 관심을 가진다고 보았으나 선물 시장에서 대부분의 투자자는 주추세가 아닌 중기 추세를 보면서 매매한다. 단기 움직임 또한 매우 중요하다. 중기 상승 추세가 여러 달 동안 지속될 것으로 예상된다면 단기 반락을 매수시점으로 활용하려고 할 것이다.

그러나 이상의 비판에도 불구하고 다우이론은 여전히 오늘날 추세 분석의 많은 부분에 공헌했다. 또한 기술적 분석의 출발점이 되고 있다는 사실을 간과해서는 안 될 것이다.

02 엘리어트 파동이론
(Elliott Wave Principle)

미국에서 베스트셀러로 각광받았던 『머니볼』은 '야구'와 '경영'이라는 흥미로운 주제가 적절히 조화된 책이다. 미국 메이저리그 야구팀 '오클랜드 어슬레틱스'는 만년 꼴찌팀이었다. 천덕꾸러기였던 이 팀이 4년 연속 포스트 시즌에 진출할 만큼 강팀으로 거듭난 데는 이 팀의 단장인 빌리빈의 노력이 있었다. 그는 '냉철한 눈'으로 무명선수를 발탁했고, 최적의 인재를 트레이드하는 '타이밍'이 탁월했으며, 타점보다 출루율을 중시하는 '발상의 전환'을 이루었던 것이다. 그가 거둔 성공의 요소들 또한 주식시장에서도 성공하는 데 꼭 필요한 요소이다.

▌엘리어트 파동이론의 역사

먼저 엘리어트 파동이론을 만든 엘리어트와 그의 파동이론이 어떻게 전개되어 왔는지 이에 대한 일화를 소개하려고 한다. 엘리어트는 1871년 미국 캘리포니아 주로스앤젤레스에서 태어나 1948년 뉴욕에서 사망했다. 젊은 시절 전신 오퍼레이터, 속기사, 배차원, 역의 사무원, 선로원 등의 일을 했는데, 특히 회계업무에 관심이 많아 틈틈이 공부를 하여 꽤 전문적인 업무능력을 가졌던 것으로 알려져 있다. 그는 6년간 뉴욕의 한 레스토랑에서 회계업무를 담당했었고, 20년간 멕시코와 중미 지역 철도회사에서 관리직에 있었다. 회사 구조조정 분야에서 두각을 나타내어 여러 철도회사와 엠싱크 엔 코(Amsinck & Co.)라는 수출입 회사의 구조조정을 맡기도 했다. 또 한때 알렉산더 헤밀튼 인스티튜드의 제레미아 헹크스 회장에게 발탁되어 니카라과 재정문제를 해결하는 임무도 맡았다. 이 기간 동안 그는 스페인어에 능숙해졌고, 프랑스, 독일, 영국 등지로 여행을 하기도 했다.

엘리어트가 주식시장에 관심을 갖고 연구하게 된 것은 1927년 과테말라 인터내셔널 레일웨이 회사의 회계감사직으로 일하다 이질에 걸려 5년간 투병생활을 하면서였다. 그는 여러 차례 죽을 고비를 넘기면서 투병생활을 계속했는데, 이때 소일거리로 주식시장의 움직임에 관심을 갖게 되었다. 그 무렵 다우지수를 보면 1921년 초 64포인트를 기록한 후, 1929년 9월 3일 386.10포인트를 기록하여 6배 이상 수직 상승했다. 또한 1929년 9월 3일을 고비로 1932년 7월 8일 다우지수는 40.56포인트까지 하락하여 최고점 대비 89%나 폭락하는 과정을 거친다. 뉴욕 증권 개장 역사 이래 가장 극적인 반전을 거듭하여 미국의 대공황을 불러일으켰던 시기였다.

분석과 연구를 거듭하던 그는 투병생활을 마칠 무렵 '엘리어트 파동이론'을 창안하게 된다. 그는 과거 75년 동안의 주가 움직임에 대한 모든 데이터를 연간, 월간, 주간, 시간, 심지어 30분마다의 움직임을 모아서 이를 연구하고 분석하였다. 그동안 발간된 주식시장 이론서와 물리학, 생물학, 철학 등 자연현상과 인간의 행위를 규정하는 책들도 주식 연구 차원에서 탐독했다고 한다. 이러한 엘리어트의 노력은 엘리어트 파동이론이 주식시장을 움직이는 인간행태의 실제 모습을 정확히 반영하는 이론이 되는데 밑거름이 되었다. 엘리어트는 이 무렵, 오랜 투병생활로 경제적으로 몹시 궁핍한 상태에 처해, 궁여지책으로 주식시장에서 일거리를 찾게 된다. 이것이 바로 찰스 콜린스와의 만남이 이루어지게 되는 계기였다.

1934년 12월 5일 엘리어트는 디트로이트의 주식 투자 전문지인 〈인베스트먼트 카운슬〉의 편집장인 찰스 콜린스에게 첫 편지를 보낸다. 이 편지에서 그는 자신이 발견한 독특한 증권시장의 움직임, 파동이론의 소개, 파동이론을 적용한 주가의 향후 예측 등의 내용을 담았다. 또한 향후 증권시장이 조정 국면을 거치는 것이 아니라 장기적으로 대폭락이 올 것이라고 예측했다. 실제로 1937~1938년 뉴욕 증시는 다우지수가 194.73포인트에서 97.20포인트까지 약 50% 폭락하는 모습을 보여 엘리어트의 분석이 정확했음을 입증했다. 이 편지에서 엘리어트는 자신을 초청해주면 파동이론을 설명하여 그가 자신의 이론을 실제 주식시장에 적용하거나, 발행하고 있는 〈인베스트먼트 카운슬〉에 소개해주길 바란다고 썼다. 엘리어트는 파동이론의 정확성에 대해 상당한 확신을 가지고 있었기에 당연히 콜린스가 서신을 받자마자 자신을 초청하리라 생각했으나 그의 이러한 기대는 여지없이 깨지고 만다. 그 당시 콜린스는 '주식시장의 천재'라 지칭하는 수많은 사람으로부터 주식시장 분석의 획기적인 방법을 개발했노라는 편지를 무수히 받아왔고 대다수 편지들은 형편없는 실패로 끝나는 것을 많이 경험하였기에 당연히 엘리어트의 편지도 그 중 하나일 뿐이라는 생각을 했다.

그러나 콜린스 자신도 엘리어트의 편지를 받았을 때 이론의 정확성에 대해 확신은 가지 않았으나 이론의 독특성과 탄탄한 논리적 구성으로 다른 이론과의 차별성을 느껴, 일단 엘리어트에게 기회를 주기로 했다. 그는 향후 증권시장의 동향에 대한 분석을 전보, 우편 등으로 때때로 보내주길 바라며 만약 그 분석이 정확하면 추후 관계를 더욱 진전시키겠다는 답장을 썼다. 그 후 엘리어트는 파동이론에 근거하여 장세에 대한 차트 분석과 향후 증권시장의 예측 등을 적은 편지를 수시로 보냈다. 그가 보낸 편지를 보면 증권시장의 분석을 위해 증권시장뿐만 아니라 여러 분야를 두루 공부했다는 것을 보여준다. 그 중 하나를 소개하자면 다음과 같다.

"철학적인 관점에서 볼 때, 20세기 최대의 발견은 상대성이론, 양자역학, 원자의 분리 등이 아니라 우리는 아직 궁극적인 실체(Ultimate Reality)에 도달하지 못했다는 것을 깨달은 것이다. 우리는 다만 변화를 주재하는 법칙에 따라 진행하며 외부세계에 나타난 현상을 규정지을 뿐이다. 모든 생명체와 움직임은 진동(Vibration)으로 구성되어 있으며 주식시장도 예외가 될 수 없다."

그동안 엘리어트가 보낸 일련의 편지를 접한 콜린스는 1935년 초 시험 삼아 엘리어트에게 현재 진행되고 있는 하락 조정의 기조가 단기적으로 정확히 언제 마감될 것인지 분석하여 연락해달라고 했다. 콜린스의 요청에 대한 답으로 1935년 1월 15일 엘리어트는 콜린스에게 다음과 같은 내용의 전보를 보냈다. "단기 하락 조정은 오늘 주식시장 마감 30분 전에 끝났다." 그의 전보를 받은 콜린스는 매우 당혹해했다. 일반적으로 주식시장의 예측은 주식시장의 불확실성으로 인해 단정적으로 상승, 하락을 결론짓지 않고 항상 두 가능성을 모두 포함하는 데 반해 엘리어트의 장세 예측은 너무나도 단정적이었기 때문이었다. 그래서 콜린스는 이런 기본적인 증시 분석의 불문율도 모르는 엘리어트와 그의 이론에 대해 큰 비중을 두지 않았다. 그러나 놀랍게도 엘리어트의 분석은 정확했고 주가의 단기 하락 기조는 그가 예상한 시간을 기점으로 상승 장세로 반전되었다. 하지만 장세 예측을 맞춘 것은 우연일 수도 있다고 콜린스는 생각했다. 일주일 후 1935년 1월 22일 엘리어트는 다시 콜린스에게 전보를 보냈다. "주가가 다시 약세로 돌아설 신호를 보내고 있다. 더불어 크게 하락할 것이다." 다시 한 번 그의 예측은 맞아 떨어졌다. 연초 대비 10% 이상의 큰 폭의 하락을 시현했기 때문이다. 그 후 여러 번에 걸친 엘리어트의 분석과 예측은 거의 완벽했으며, 드디어 콜린스도 엘리어트에게 장세 예측에 대한 자신의 편지를 보내기 시작했다. 콜린스는 편지에서 고백하길 '자신이 그동안 해왔던 것과 비교도 할 수 없을 만큼 엘리어트 파동이론에 의한 분석은 훌륭하다'라고 했다.

콜린스가 가졌던 파동이론에 대한 마지막 의심은 1935년 3월 13일 엘리어트의 장세 분석으로 완전히 사라진다. 당시 뉴욕 증시는 1935년부터 하락하기 시작했다. 투자자들은 1929년의 대폭락을 재연하는 것이 아닌가 하는 두려움을 갖기 시작했으며 다우존스지수는 엘리어트의 예상대로 연초의 108.0포인트에서 3개월간 11%의 하락으로 96.3포인트를 기록했다. 1935년 3월 13일 수요일 장이 마감한 후 미국 증시 역사에 기록될 만한 엘리어트의 전보가 콜린스에게 도착한다. 거기에는 "하락장세에 대한 모든 사람의 우려에도 불구하고 하락 장세는 오늘로서 마감했다"라고 써 있었다. 엘리어트의 분석은 역시 정확했다. 뉴욕 증시에서 다우지수는 96.3포인트로 연중 최저치를 기록한 후 강한 상승세로 돌아섰다. 콜린스는 또 한번 파동이론의 정확성에 감탄했으며 파동이론이야말로 지금까지 제시된 이론 중 가장 뛰어난 것이라고 인정하지 않을 수 없었다. 콜린스는 드디어 엘리어트를 초청했고 향후 2년간 엘리어트의 자문을 구하는 계약을 체결했다.

콜린스는 여러 개의 투자기금을 엘리어트에게 운용하게 하는 등 엘리어트가 증권전문가로 나선 초창기부터 많은 재정적인 뒷받침을 해주었다. 2년간의 자문계약이 만료될 시점인 1938년 8월 3일에 콜린스와 엘리어트는 『파동이론(The Wave Principle)』이란 책을 출간하였다. 그 후 엘리어트는 파동이론의 해설판을 발간하였으나 콜린스는 많은 사람에게 파동이론이 알려지는 것에 반대하였다. 그러나 엘리어트는 〈파이낸셜 월드〉란 금융 관련 잡지에 1939년 3월 29일부터 12회에 걸쳐 파동이론에 대해 기고했으며 이는 미국 증권계에 엘리어트의 이름을 널리 알린 결정적인 계기가 되었다. 엘리어트는 1946년 6월 그동안의 연구를 가다듬어 그의 마지막 저서인 『자연의 법칙 : 우주의 신비(Nature's Law - The Secret of the Universe)』를 출간하였다. 이 책은 구성 면에서 초기의 엘리어트 저작물보다는 상당히 산만하고 비조직적이며 반복적인 면을 갖고 있다. 하지만 그가 집필 당시 75세의 고령이었고, 생각했던 바를 더 늦기 전에 빨리 정리하여 출간해야 한다는 시간에 대한 압박을 받고 있었기 때문이다.

엘리어트가 1948년 77세의 나이로 사망한 이후에도 파동이론은 소멸되지 않고 더욱더 발전하여 주식 투자, 선물거래, 외환거래, 경기순환 예측, 금리 예측 등으로 그 적용 범위가 확대되었다. 더불어 수많은 기술적 분석가로 구성된 파동이론만을 연구, 분석하는 단체도 생겨났다. 대표적인 사이트가 www.elliottwave.com이다. 참고하기 바란다. 한편 엘리어트 파동이론만을 적용하여 주식시장, 선물시장, 상품시장 등의 장세 분석을 하는 전문적인 분석가들이 상당수에 이르고 있다. 이를 통칭하여 'Elliottcian'이라고 한다.

엘리어트 파동이론과 다우이론

엘리어트 자신이 다우이론의 저서를 탐독하였다고 밝혔고 파동이론을 '다우이론의 보충적 설명(A much needed complement to the Dow Theory)'이라고 하였듯이 파동이론은 다우이론과 밀접한 관계가 있다. 파동이론에서는 가격 움직임을 다우이론의 조류(Tide), 파도(Wave), 잔물결(Rippple)과 같이 밀물과 썰물(The web and flows)로 인식하였고, 다우이론의 3단계 상승과 마찬가지로 5파로 이루어진 3단계 상승을 제시하는 등 유사점을 발견할 수 있다.

한편 파동이론은 다우이론에서 제시하지 못한 정보를 얻을 수 있어 다우이론을 보완하고 있다. 우선 차트의 패턴이 왜 생기는지 그 원인을 알 수 있으며 시장 전체적인 움직임인 순환(Cycle)상 어디에 위치하고 있는지를 판단할 수 있다. 파동이론은 다우이론에서보다 정점과 저점의 신호를 먼저 제시하고 있고, 조정 국면에서 조정 정도를 예상할 수 있다. 엘리어트 이후 발전된 것이지만 파동별 특징을 제시함으로써 상승 단계별로 특징을 파악할 수도 있다.

‘암흑의 월요일’과 엘리어트의 파동이론

엘리어트 사후에 파동이론을 세상에 본격적으로 알린 사람은 바로 해밀튼 볼튼(Hamilton Bolton)이다. 그는 당시 볼턴 트램불리사의 사장으로 〈신용분석(Bank Credit Analyst)〉이라는 금융잡지를 발간하고 있었다. 볼턴은 엘리어트의 파동이론에 매료되어 자기 회사 잡지의 부록으로 엘리어트 파동이론을 소개하였다. 여기에 소개된 신선한 이론은 큰 반향을 일으키며 급기야 세상에 널리 퍼지게 된 것이다. 이후 볼턴은 1960년 『엘리어트 파동이론-비판적 평가(Elliott Wave Principle-A Critical Appraisal)』, 1967년 『엘리어트 파동이론의 보론(Elliott Wave Supplement)』으로 파동이론을 다시 정리하였다.

"만약에 우리의 시나리오가 맞으면, 현재의 슈퍼사이클(Supercycle) V가 끝나게 되면서 새로운 그랜드 슈퍼사이클(Grand Supercycle)이 시작될 것이다. 첫 번째 양상은 1987년경에 끝날 수 있으며 시장의 최고치로부터 다시 1,000포인트 수준대로 하락할 수도 있다." 이는 로버트 프렉터(Rebert Prechter)가 1978년에 엘리어트 파동이론을 현대적 언어로 다시 정리하여 쓴 『엘리어트 파동이론-주식시장 수익의 원칙(Elliott Wave Principle -Key to Stock Market Profits)』의 '제6장 엘리어트 예언-향후 10년'에 나와 있다. 이 책 168페이지에서 엘리어트 파동이론을 토대로 1987년에 주가가 폭락할지도 모른다고 예언한 것이다. 실제로 1987년 10월 미국의 주식시장은 사상 최악의 폭락사태를 경험한다.

1987년 10월 19일 월요일 미국 뉴욕의 중심 월스트리트. 오전 9시 30분 뉴욕 증권거래소의 개장을 알리는 부저가 울리자마자 '팔자' 주문이 밀려들었다. 미국 증시 사상 최대의 하락폭을 기록한 이른바 '블랙먼데이'가 발생하는 순간이었다. 135달러였던 IBM의 주가는 개장과 동시에 125달러, 184달러였던 머크는 170달러에 주문이 들어왔다. 뭔가 이상하다는 느낌을 감지할 겨를도 없이 순식간에 낙폭이 커졌다. 당시 유행하기 시작한 컴퓨터 프로그램 매매는 이 같은 폭락 장세에 기름을 부었다. 주가가 일정 수준에 이르면 자동으로 주식을 팔거나 사도록 해놓았기 때문에 매도 주문이 쏟아지자 기계적으로 매매가 체결되며 주가가 곤두박질친 것이다. 이날 오후 4시 마감한 다우지수는 1,738.34포인트로 하락폭은 사상 최대인 508포인트를 기록했다. 뉴욕 증권거래소에서만 하루 만에 5,000억 달러가 허공으로 날아갔다. 파장은 곧바로 주요 국가의 증시로 번졌다. 이튿날 일본 도쿄 증시도 개장과 함께 폭락했고, 홍콩 증시는 일주일 동안 문을 닫았다. 단 하루의 하락폭이 이전 6개월 동안의 상승폭과 거의 맞먹을 정도였다. 이 날이 월요일이었기에 '암흑의 월요일(Black Monday)'이라 부르고 있다.

사전에 이러한 폭락사태를 예견한 사람은 극소수였다. '암흑의 월요일' 사태가 있기 전만 하더라도 대부분의 시장 분석가(Market Analyst)들은 "미국의 경기는 완만하나마 회복되는 기미를 보이고 있으며, 또한 미국 달러화의 금리도 서서히 하향 안정세로 나아가고 있으므로 미국 주식시장의 주가는 점진적인 상승이 예상된다"고 말하고 있었다. 실제로 시장은 대폭락하였으며, 엘리어트의 파동이론을 근거로 이를 예언한 프렉터는 큰 주목을 받았다. 프렉터가 자신의 예측 근거로 사용한 엘리어트 파동이론은 최악의 주가 폭락사태를 경험한 이후 주식시장을 예측하는 최상의 예측 도구로서 각광받게 되었다.

엘리어트 파동의 3가지 측면

엘리어트 파동이론은 패턴(Pattern), 비율(Ratio), 시간(Time)의 세 가지 요소를 포함하고 있다. 패턴은 상승 5파와 하락 3파의 가장 중요한 요소이고 다음으로 피보나치 수열을 이용해 조정의 폭과 목표가격을 예측하는 데 필요한 비율 분석과 시간은 패턴이나 비율보다 중요성이 떨어지지만 패턴 분석과 비율 분석이 정확한지를 확인하는 데 사용된다. 엘리어트 파동이론은 상승장에서와 하락장에서 모두 적용된다.

패턴 분석

엘리어트 파동이론은 산을 오르는 과정과도 같다. 이러한 면에서 보면 니체의 『인간적인, 너무나 인간적인』에 나와 있는 다음의 구절이 자주 떠오른다. '진실이라는 산맥을 타는 일은 결코 헛되지 않을 것이다. 그러면 오늘 더 높은 곳으로 올라가든지, 그렇지 않다면 내일 더 높은 곳으로 오르기 위해 힘을 단련하는 결과가 될 것이다.' 더 높은 곳으로 오르려는 힘은 추진파, 오르기 위해 힘을 단련하는 것이 조정파가 될 것이다.

패턴의 기본 형태

패턴 분석은 파동이론의 가장 중요한 구성요소다. 이를 단순화해보면 주가의 추세가 상승하고 있을 때 큰 흐름으로 본 상승과 하락의 순환은 5개의 상승 파동 후 3개의 하락 파동이 반복되는 리듬을 타고 진행된다는 것이다. 이러한 하나의 순환에는 8개의 파동, 즉 상승 5파와 하락 3파로 이루어진다.

패턴 방향이 상승일 때 상승 파동은 1, 2, 3, 4, 5파의 5개의 파동으로 구성되는데 추세와 같은 방향으로 움직이는 1파, 3파, 5파는 추진파(Impulse Wave)라고 하며 추세와 반대방향으로 움직이는 2파, 4파를 조정파(Correction Wave)라고 한다. 5파까지의 상승이 마무리된 후 상승 파동 전체를 조정하는 3개의 파동으로 이어지며, 이는 a, b, c파이다.

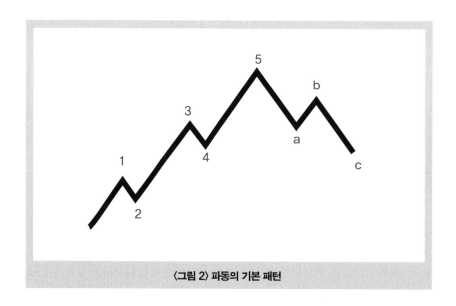

〈그림 2〉 파동의 기본 패턴

파동의 구분

5파, 3파로 이루어진 하나의 파동은 더욱 장기간에 걸쳐서 형성되는 또 다른 파동의 추진파와 조정파의 한 부분으로 구성된다. 단 상위파의 추세 방향과 같은 추진파는 5파이며 반대방향인 조정파는 3파로 이루어진다.

이러한 원리로 하나의 순환파동을 세분화해나가면 가장 큰 파동은 5파, 3파로 이루어져 8개의 파동으로 세분화된다. 이는 다음의 〈표 1〉과 같이 다시 34개, 144개……의 파동으로 세분화할 수 있으며, 이 개수는 피보나치 수열에 따른 것이다.

파동의 등급	총 계	상 승	하 락
1	2	1	1
2	8	5	3
3	34	21	13
4	144	89	55
5	610	277	223
6	2,584	1,597	987
7	10,946	6,765	4,181
8	46,368	28,657	17,711
9	196,528	121,493	75,025

〈표 1〉 파동의 개수

엘리어트는 파동을 정확하게 분류하기 위해 다음 〈표 2〉와 같이 9개의 등급으로 구분하였다. 각 파동마다 엘리어트는 식별 가능한 상대적 크기나 규모에 따라 파동의 명칭을 부여하고 있다. 실제로 증시에서 자주 대하게 되는 것은 소파동이다. 그리고 중간파동, 기본파동, 순환파 등의 순서로 파동을 현실적으로 인식하게 된다. 참고로 엘리어트가 제안한 용어들 중에서 사이클(Cycle)이라는 용어는 여기서 하나의 파동의 크기를 등급(Degree)을 나타내기 위하여 쓰였을 뿐 현재 널리 보급되어 쓰이는 '주기적인 의미'의 사이클을 의미하는 것은 아니다.

성 격	파동의 구분		기 간
초장기 파동	초대형 순환파	(Grand Supercycle)	
	대형 순환파	(Supercycle)	50년 정도
장기 파동	순환파	(Cycle)	10년 정도
	기본파동	(Primary)	1~3년 정도
중기 파동	중간파동	(Intermediate)	1년 이하
단기 파동	소파동	(Minor)	
	미세파동	(Minute)	
	초미세파동	(Miniature)	
	극초미세파동	(Subminiature)	

〈표 2〉 파동의 등급

각 파동의 특징

각 파동의 특성(Wave Personality)은 매순간 많은 사람의 투자심리가 구체적인 모습으로 완전하게 반영된 것이다. 여기에는 비관에서 낙관으로 변해가는 감정의 진행 과정이 녹아 있다. 또한 파동의 구조 안에서 유사한 지점에서는 비슷한 환경을 만들어나가는 경향을 보인다. 각각의 파동은 기간이나 그 크기에 관계없이 명백한 특징을 갖고 있다. 예를 들어 높은 등급의 파동이나 더 작게 세분된 파동일지라도 그 구조상 같은 성격을 갖는다. 이러한 특성으로 인해 다음에 어떤 파동이 나타날지를 미리 예상할 수 있는 것이다. 또한 파동을 셀 때 명확하지 않거나 의견이 서로 맞지 않는 해석이 발생했을 때 현재의 시장 상황이 파동의 진행 과정상 과연 어디에 와 있는지를 판단할 수 있게 해준다.

5파, 3파인 각각의 파동은 특징적인 성격을 가지고 있다. 이러한 파동의 성격은 파동을 파악하기 어려울 때 많은 도움을 준다. 파동의 성격은 등급이 다른 파동에서도 유지되기 때문이다. 지표 분석에서 사용하는 여러 지표들(RSI, Stochastics, MACD 등)을 살펴보면 c파가 완성될 무렵에는 시장이 과다하게 약세(Oversold)라

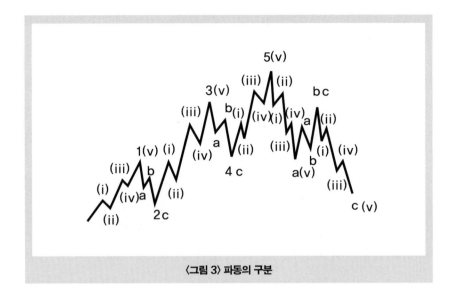

〈그림 3〉 파동의 구분

는 것을 알아낼 수 있다. 또한 a파의 바닥과 c파의 바닥을 연결하는 선이 RSI 같은 지표들과는 서로 다른 움직임을 보이는 괴리 현상(Divergence)을 나타내는 때가 많으므로 보조지표들과 함께 분석하면 추세가 전환되고 있음을 확인하기에 용이해진다.

▷ **1파** : 1파의 절반 정도는 바닥권의 일부인 것으로 보여 하락 후에 나타나는 일시적인 반등에 지나지 않는 것처럼 보이는 경우가 많다. 보통 5파 중 가장 짧게 나타나지만 특히 대세 바닥이 형성된 이후 때로는 역동적으로 나타나기도 한다. 한편 약세시장에서의 1파는 단기 매매를 포함하여 대량의 거래량을 보인다. 그렇기 때문에 전체적인 추세가 하락세로 전환된다는 것을 투자자들이 확신할 수 있다.

▷ **2파** : 2파는 보통 1파와 거의 같은 크기의 조정파이다. 지금까지의 상승 움직임을 되돌려 다시 원래의 시작점 근처로 가져다 놓는다. 2파 저점이 1파 저점보다 높이 형성되면 2중 바닥형 또는 역머리어깨형과 같은 전통적인 차트 패턴이 형성되기도 한다.

▷ **3파** : 보통 3파는 가장 길고 힘차다. 1파 고점을 상향 돌파하는 전통적인 돌파와 다우이론의 매수신호가 나타난다. 보통 거래량은 최대가 되고 갭도 자주 발생한다. 또 파동이 확장될 가능성이 높지만 가장 짧을 수는 없다. 3파는 파동이 연장됨에 따라 b파의 특성과 더불어 파동을 세는 데 가장 중요한 실마리를 제공한다.

▷ **4파** : 4파는 2파와 같이 조정파이지만 2파와는 달리 복잡한 경우가 많다. 삼각형 모양이 자주 나타나는데 단 4파의 저점은 1파의 고점보다도 위에서 형성되어야 한다.

▷ **5파** : 주식시장에서는 보통 5파는 3파보다 약하나 가장 길어지는 경우도 있으며 연장되기도 한다. 여러 가지 하락을 경고하는 신호들이 출현하여 고점을 예고한다.

▷ **a파** : 조정 국면의 a파는 보통 상승 추세의 일시적인 반락으로 오해하게 된다. 특히 상승 5파 중 하나로 분류할 때 심각해지는데 순환상 여러 가지 하락신호가 발생하므로 거래량에 주목하게 된다. 항상은 아니지만 가격 하락 시에 거래량이 증가될 가능성이 커진다.

▷ **b파** : b파는 하락 과정에서 나타나는 일시적 반등이며 보유 주식을 매도할 수 있는 기회가 된다. 반등하여 상승하는 b파는 허구적인 것이다. 만약 엘리어트 파동이론의 분석가들이 스스로 '이 시장은 무언가 이상하다'라고 말한다면 바로 그때가 b파일 가능성이 높다. 일반적으로 거래량이 감소하게 된다. 반등의 형태에 따라서는 전고점까지 반등하거나 전고점을 상회하는 경우도 있다.

▷ **c파** : c파가 출현하면 상승 추세가 유지될지도 모른다는 기대가 사라지게 된다. 하락하는 동안에는 현금을 보유하는 것 이외에 실제로 숨을 곳이 없다. c파의 저점은 조정의 형태에 따라 a파의 저점보다 낮아지거나 같거나 높기도 한다. c파는 a파의 저점보다 하락하는 경우도 많은데 이럴 경우 다우이론의 매도신호가 나타나는 셈이며 4파와 a파의 저점을 연결하면 머리어깨형이 된다.

추진파의 확장과 변형

상승 추세나 하락 추세에서 추진파의 기본 형태는 5파로 이루어지지만 추진파인 1파, 3파, 5파가 다시 작은 상승 5파로 구성되어 전체 파동이 확장된 형태를 갖게 된다. 일반적으로 하나의 추진파만이 확장되며 확장되지 않은 다른 두 개의 추진파는 시간과 규모 면에서 비슷해지는 경향이 있다. 〈그림 4〉는 이와 같은 경우의 여러 가지 형태를 나타낸 것이다. (a)는 가장 드문 경우이지만 1파가 확장되는 형태이다. (b)는 3파가 확장되는 경우이고, (c)는 5파가 확장되는 형태이다. (d)는 5개의 추진파가 같은 길이를 형성하고 있다. 따라서 어느 파가 확장되었는지 구분하기가 어려운 형태이다.

이와 같이 3파가 확장되면, 5파는 확장되지 않고 1파와 유사한 형태가 예상된다. 또한 1파와 3파가 확장되지 않으면 5파가 확장될 가능성이 높다. 5파가 확장되는 경우 진행되는 전체 파동의 정점이 형성되므로 특징적인 양상이 나타나기도 한다. 먼저 확장된 5파 완성 이후 조정파가 특징적으로 나타난다.

〈그림 5〉와 같이 5파가 확장된 후 조정파가 확장 시작점까지 하락하였다가 다시 5파의 고점까지 상승하는 경우가 있다. 다시 상승하는 것이 상승 추세 지속인지 반등인지의 여부는 상위파에서 현재 위치가 어디에 있느냐에 따라 달라진다.

〈그림 5〉에서 왼쪽 그림의 경우 상승 추세가 이어지는 모습이다. 오른쪽 그림의 경우 3개의 파로 이루어진 반등파인 b파가 5파 고점까지 상승하는 형태로 마무리되는 것이다. 또 〈그림 6〉과 같이 5파 자체가 대각삼각형(Diagonal Triangle) 형태를 띠는 경우도 있다. 대각삼각형(Diagonal Triangle)은 5파 안에서 대부분 그전의 움직임이 '너무 멀리 너무 빨리(Too far too fast)' 되었을 때 일어난다. 이는 5파의 특별한 형태이며 더 큰 변동의 소멸 징후이다.

대각삼각형(Diagonal Triangle)은 쐐기형으로 상승 추세에서는 약세로 이어지는

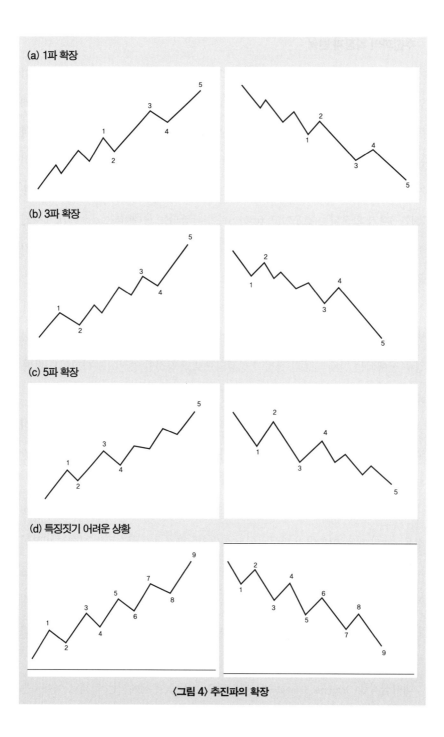

(a) 1파 확장

(b) 3파 확장

(c) 5파 확장

(d) 특징짓기 어려운 상황

〈그림 4〉 추진파의 확장

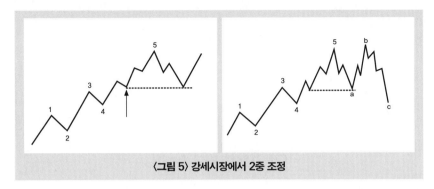

〈그림 5〉 강세시장에서 2중 조정

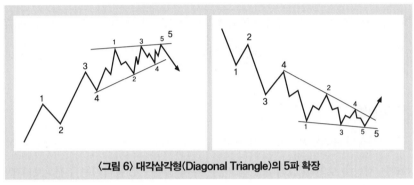

〈그림 6〉 대각삼각형(Diagonal Triangle)의 5파 확장

상승 쐐기형(왼쪽 그림)이, 하락 추세에서는 강세로 이 어지는 하락 쐐기형(오른쪽 그림)이 나타난다.

그러나 때로는 5파가 미완성으로 나타나는 경우도 있다. 이것은 상승 추세에서 5파 고점이 3파의 고점을 넘지 못하거나 하락 추세에서 5파의 저점이 3파의 저점 보다 높은 형태이다(〈그림 7〉). 3파의 고점에 미달하였다는 의미로 '미달형'이라고 도 한다. 이러한 경우는 패턴 분석에서는 2중 천장(Double Top)형이나 2중 바닥 (Double Bottom)형으로 잘 알려져 있다.

〈그림 7〉의 왼쪽 그림과 같이 강세시장에서 실패형이 나타났다는 것은 시장의 힘이 상당히 약해졌다는 것을 의미한다. 만약 실패형이 〈그림 7〉의 오른쪽 그림과

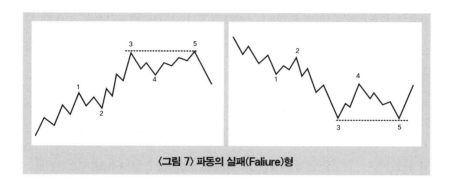

〈그림 7〉 파동의 실패(Faliure)형

같이 그 동안의 약세시장에서 출현되었을 때는 시세가 강하다는 것을 의미하므로 이후 시장은 지금까지의 하락세에서 벗어나 강세로 전환될 가능성이 상당히 크다.

조정파동

주식시장의 움직임은 어떤 위치에서나 그 위치보다는 한 단계 더 큰 추세로 움직이려는 경향을 보인다. 그러나 조정파동은 추세 방향으로 움직이는 추진파보다 분명하지 않아 파악하거나 예상하기가 어렵다. 조정파동이 과연 언제 어떻게 끝날지 충격파동보다 예측하기 어렵기 때문에 엘리어트 파동이론의 분석가들은 '시장이 강세시장에서 상승할 때보다는 휘청거리는 조정의 분위기일 때 더욱 신중하게 엘리어트 파동이론을 사용하여야 한다'라고 말하고 있다.

조정파동은 충격파동보다 더 다양하게 나타난다. 또한 조정파동은 펼쳐지는 상황에 따라 조정의 정도를 복잡하게 늘리거나 줄이거나 할 수 있다. 그렇기 때문에 기술적으로 같은 등급의 파동에서도 조정의 크기에 따라 등급을 연장하거나 단축한다. 다양한 조정 패턴의 연구로부터 이끌어낼 수 있는 가장 중요한 법칙은 조정은 결코 5개의 파동이 될 수 없다는 것이다. 오직 충격파동만이 5개가 될 수 있다. 이를 달리 말하면 더 큰 수세에 대한 최초의 5개 파동 움직임은 결코 조정의 끝이 될 수 없다. 단지 조정의 일부만 될 수 있으며 아직 조정이 진행 중이라는 것을 의미한다. 분명한 것은 조정파는 5개 파동이 아니라 3개의 파동으로 이루어진다는 것이다. 조정파의 형태에는 지그재그(Zig-Zag)형, 플랫(Flats)형, 삼각(Triangles)형, 2중·3중 3파(Double and Triple Three)형이 있다.

• **지그재그형** : 지그재그형(Zig-Zags)은 5-3-5파로 이어져 주추세에 반대로 움직인다. 이것은 〈그림 8〉과 〈그림 9〉의 왼쪽 그림과 같은 형태로 B파는 A파의 시작점에 못 미치고 C파는 A파의 끝을 넘어서 형성된다. 때로는 〈그림 10〉과 같이 2중 지그재그형으로 나타나는 경우도 있는데 이것은 보다 큰 조정 패턴에서 발생한다.

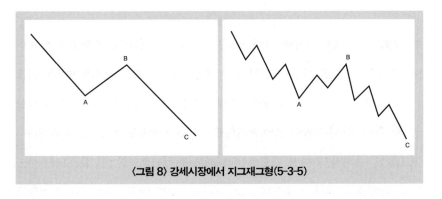

〈그림 8〉 강세시장에서 지그재그형(5-3-5)

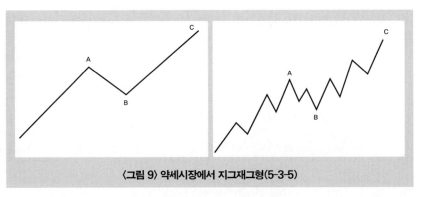

〈그림 9〉 약세시장에서 지그재그형(5-3-5)

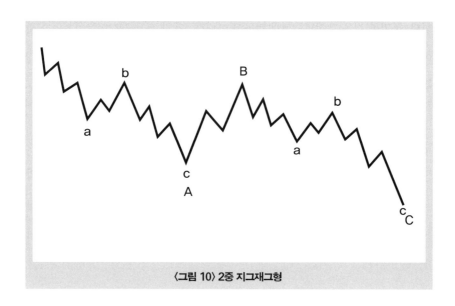

〈그림 10〉 2중 지그재그형

· **플랫(Flats)형** : 조정파에서 플랫형이 나타나는 경우도 있다. 이는 밀집 국면에 가까운 모양으로 그만큼 상승세나 하락세가 강할 때 나타난다. 즉 B파가 〈그림 11〉과 〈그림 12〉에서와 같이 A파의 시작점까지 도달하도록 현재 추세 방향의 움직임이 강한 것이다. 일반적으로 C파 또한 A파 부근에서 크게 벗어나지 않고 끝나게 된다. 이 경우 3-3-5파의 형태를 갖는데, 이는 지그재그의 5-3-5파의 형태와는 다른 모습이다.

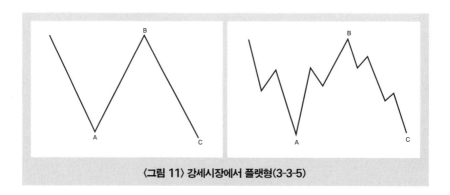

〈그림 11〉 강세시장에서 플랫형(3-3-5)

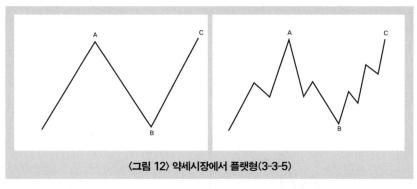

〈그림 12〉 약세시장에서 플랫형(3-3-5)

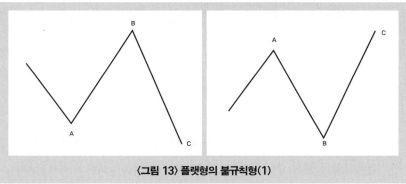

〈그림 13〉 플랫형의 불규칙형(1)

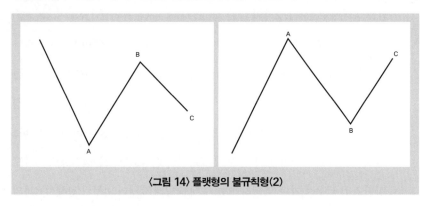

〈그림 14〉 플랫형의 불규칙형(2)

〈그림 11〉, 〈그림 12〉의 오른쪽 그림은 각각 강세시장과 약세시장에서 플랫형의 조정파를 나타낸 것인데 A파가 3개의 파동으로 이루어져 있음을 알 수 있다.

플랫형 조정에는 불규칙형과 진행조정(Running Correction)의 변형이 있다. 이

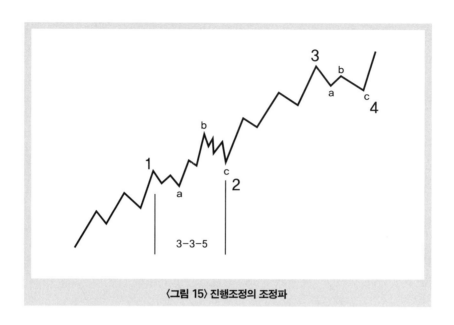

〈그림 15〉 진행조정의 조정파

러한 것은 추세 방향의 가격 움직임 강약에 따라 생기는 형태이다.

　불규칙형은 보통 두 가지 형태로 나누어볼 수 있다. B파의 끝점이 A파의 시작점을 돌파하고 C파도 A파의 끝난 점(상승 추세 시 A파 저점, 하락 추세 시 A파 고점)을 돌파하는 경우인데 〈그림 13〉과 같이 가격 변동이 심한 경우이다. 다른 하나는 〈그림 14〉와 같이 B파가 A파의 시작점을 돌파하는데 C파가 A파의 끝점을 돌파하지 못하는 경우인데 추세 방향의 시장 움직임이 아주 강할 때 나타나는 경우이다. 또 다른 플랫형 조정의 변형으로 보다 큰 시장강도를 나타내는 진행조정(Running Correction)이 있다. 강세 추세에서의 진행조정은 본질적으로 위쪽으로 향한 A-B-C 플랫이다. 명백하게 큰 추세 방향의 세력이 너무나 강해서 C파의 꼭짓점을 '이전 충격파의 꼭짓점보다 더 높게' 자리 잡도록 한 것이다. 〈그림 15〉와 같이 b파는 a파의 고점 위에 있고 c파 역시 a파의 고점 위에 있는 경우이다. 이러한 조정 패턴은 비교적 드물게 출현하며, 시장이 아주 강할 때 나타난다.

• **삼각형(Triangles)** : 삼각형(Triangle)은 보통 4파에서 일어나며 이후 주추세의 마지막 파가 이어진다. 또 a-b-c파의 b파에서도 나타날 수 있다. 이것은 수요 · 공급이 어느 정도 균형을 이루어 급락이나 급등이 없는 경우이다. 삼각형은 강세로도 약세로도 받아들여지는데 예를 들면 상승 추세에서 삼각형은 이후 상승 추세가 지속된다는 면에서는 강세인 동시에, 한 번 더 파동이 진행된 후 가격이 정점이 된다는 점에서 약세로 받아들여지기도 한다.

삼각형에 대해 패턴 분석과 기본적으로 유사하나 특유의 엄밀함이 추가되어 있다. 삼각형은 5개의 파동으로 이루어지며 각각은 다시 3개의 파동을 가지고 있다. 엘리어트는 삼각형을 〈그림 16〉과 같이 4가지로 분류하였는데 고점은 수평이고 저점이 높아지는 상승(Ascending)삼각형, 고점이 낮아지고 저점이 수평인 하락(descending)삼각형, 고점이 낮아지고 저점은 높아지는 수렴(Contracting, Symmetric)삼각형, 고점은 높아지고 저점은 낮아지는 확산(Expanding, Reverse Sysmetric)삼각형으로 분류하였다. 삼각형은 향후 5파 진행에 있어 그 크기와 정점형성 시기에 대해 중요한 정보를 제공한다. 우선 5파는 삼각형의 최대 폭과 같은 크기로 이루어질 가능성이 많으며 두 번째로 정점 또는 저점이 수렴형의 두 추세가 만나는 시점에서 형성되는 경우가 많기 때문이다.

• **2중 · 3중 3파(Double and Triple Three)형** : 조정파의 마지막 변형은 2개 또는 3개의 단순한 패턴이 합하여 나타나 복잡해진 경우이다. 〈그림 17〉은 2중 3파(Double Three)와 3중 3파(Triple Double)를 나타낸 것인데 2중 3파의 경우 7파로 구성되며 3중 3파의 경우 11파로 구성된다. 여기서 유의할 점은 〈그림 18〉와 같이 각 파의 하위 파에도 5파, 3파의 원리가 그대로 적용된다는 것이다. X파는 보통 지그재그 형태의 3파로 구성되며 조정 방향과 반대방향의 파는 3파로 구성된다. 여기서 주의할 것은 조정파와 같은 방향의 파는 3파나 5파로 구성되는데 c파에 해당되는 파는 5파로 구성된다는 점이다.

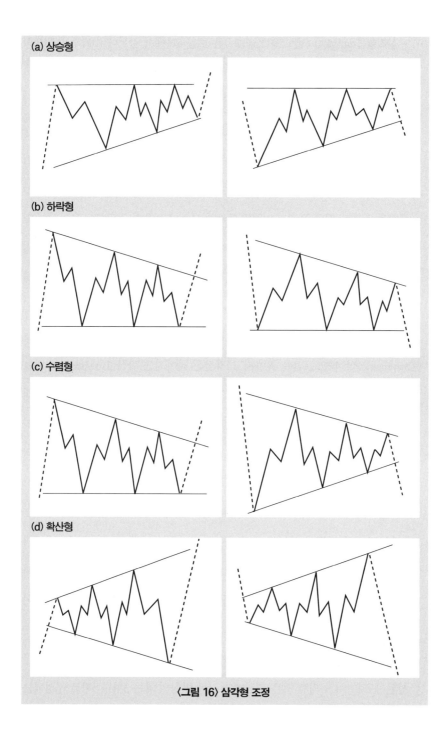

(a) 상승형

(b) 하락형

(c) 수렴형

(d) 확산형

〈그림 16〉 삼각형 조정

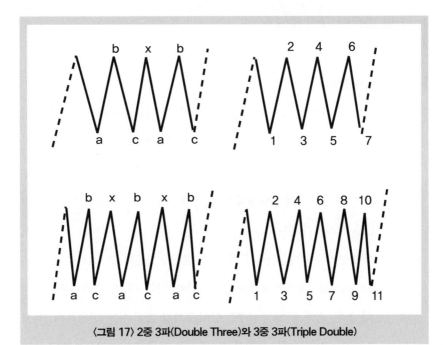

〈그림 17〉 2중 3파(Double Three)와 3중 3파(Triple Double)

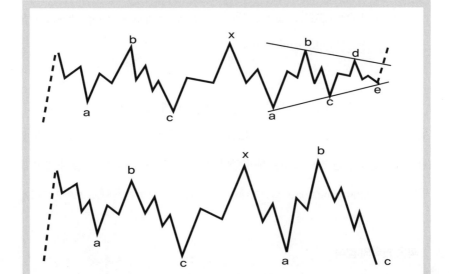

〈그림 18〉 2중 3파 경우 하위 파의 구성

기타 파동의 형태 분석

파동의 구분방법

엘리어트의 파동이론에서는 파동을 어떻게 구분할 것인가에 따라 반대의 해석을 할 수도 있다. 따라서 파동이론에서 파동을 구분하는 몇 가지 원칙이 있다.

첫째, 하락이나 상승 중에 반대방향으로 5파가 형성되면 새로운 상승을 시작할 것이라는 강한 신호가 된다.

둘째, 5개 추진파동에 다음과 같은 몇 가지 결론을 도출할 수 있다. 추진파의 4파는 2파의 시작점인 1파의 정점 아래로 내려가지 않는다. 즉 4파는 1파와 겹치지 않는다. 3파는 5파 중 가장 길수는 있어도 가장 짧을 수는 없다. 특히 1파보다 3파가 짧지는 않다. 3개의 추진파 중 2개 파는 길이가 같은 경우가 많다.

셋째, 조정파에 대해서는 a-b-c파는 앞에 진행된 5파로 이루어진 추진파만큼 반락하지는 않는 것이 일반적이다.

이를 명확히 할 수 있는 예를 들어보면 〈그림 19〉에서 (a)의 경우 5파 완성으로 보기에는 3파가 1파보다 짧은 상태이고 4파가 1파와 겹쳐 있으므로 2파가 플랫한 형태의 조정을 보인 것으로 판단해야 한다. (b), (c)의 경우도 3파가 1파보다 짧아 2파의 진행조정(Running Correction)형태이거나 3파가 확장하는 형태로 보아야 한다.

파동 변화의 법칙

파동 간의 관계를 나타내는 성질 중에서 파동 변화의 법칙(The Rule of Alternation)이라는 것이 있다. 이 법칙의 일반적인 착안점은 연속해서 같은 형태로 반응하지는

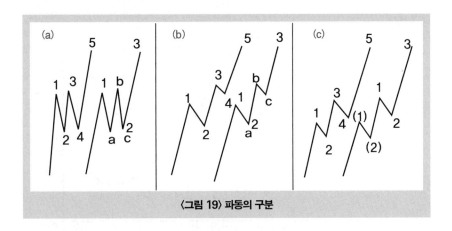

〈그림 19〉 파동의 구분

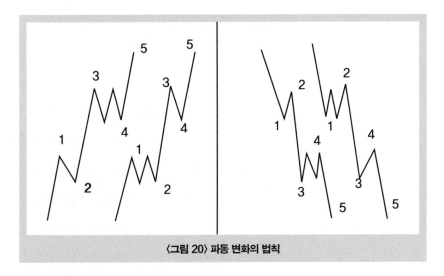

〈그림 20〉 파동 변화의 법칙

않을 가능성이 높다는 것이다. 즉 일반적으로 앞의 파동이 완성한 형태를 다음에 오는 파동이 똑같이 반복하지 않는다는 것이다. 예를 들어 〈그림 20〉의 상승 파동에서 2파가 복잡해지면 4파는 간단할 가능성이 높고, 앞의 경우와는 반대로 2파가 복잡하면 4파가 간단해질 가능성이 높다는 것이다.

추세대

파동이론에서도 추세대를 사용하고 있다. 파동이론에서는 추세대를 목표가격의 설정과 파동을 파악하는 방법으로 사용한다. 〈그림 21〉의 왼쪽 그림과 같이 상승 추세가 형성되면 최초의 추세는 1파의 저점과 2파의 저점을 잇는 기본 추세선을 긋고 1파 고점에서 이와 평행한 선을 그어 추세대를 설정한다. 전체적인 상승 추세가 이 두 선 사이에서 형성되는 경우도 있다.

그러나 3파가 1파 고점을 돌파할 경우 1파 고점에서 외곽선은 다시 그어야 하는데, 이때 추세대는 2파 저점에서 다시 그어야 한다. 다시 추세선을 그을 경우에는 보통 〈그림 21〉의 오른쪽 그림과 같이 3파 고점과 조정파인 2파, 4파 저점을 연결하여 최종 추세선을 그리게 된다. 특히 확장이 강할 경우 외곽선을 1파 고점에서 긋는다. 보통 5파는 이 외곽선 부근까지 상승하게 된다.

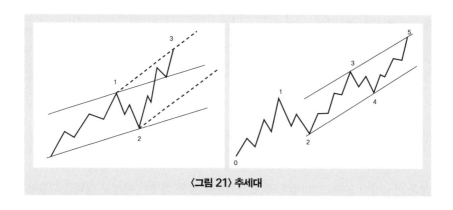

〈그림 21〉 추세대

4파의 지지 역할

파동이론은 파동의 형태와 파동의 구분방법 등에서 살펴본 대로 파동 사이의 상호관련성으로 향후 가격 움직임을 미리 예상할 수 있는 근거를 제시할 수 있다. 이와 관련하여 특히 4파동의 저점은 5파 형성 이후 하락 과정에서 지지 역할을 하는 것으로 알려져 있다. 물론 예외는 있지만 상승 추세가 완료되고 약세로 반전해도 그 약세의 하락이 4파 저점을 넘지 않는 경우가 많기 때문이다.

엘리어트 파동이론의 매매 전략

'급한 마음은 병든 것이고, 느긋한 마음은 건강한 것이고, 흔들리지 않는 마음은 신의 것이다.' 메허 바바의 말이다. 주식시장에서 수익을 내기 위해선 신의 마음이 필요할 것 같다.

1파에서의 매매 전략

1파가 완성되기 전에는 지금의 파동이 5개의 파동으로 완성될지, 아니면 3개의 파동으로 될지 모른다. 따라서 1번 파동에서는 보통 매입하기가 어렵다. 앞으로 있을 2번, 3번 파동에서 매입을 해도 얼마든지 많은 이익을 낼 수 있다.

2파에서의 매매 전략

강력한 3파 앞에서의 하락 파동이다. 매입의 적기이므로 저점에서는 적극적으로 매수에 나서야 한다. 파동이론의 중요한 법칙 가운데 하나는 2파의 바닥은 1파의 바닥 이하로 내려가서는 안 된다는 것이다. 그러므로 2파라고 생각하여 매입하는 것은 매우 바람직한 일이 되겠지만, 만약 2파로 생각되던 하락 파동이 1파라고 생각했던 상승 파동의 바닥을 지나쳐서 내려가는 일이 발생한다면 즉시 손절매(Stop Loss Selling)를 해야 한다. 그러나 매입시점과 손절매를 반드시 해야 하는 1파의 바닥 수준과의 차이가 너무 커서 이에 따른 손실을 감당하지 못할 경우가 발생할 수도 있다. 이때는 주가의 움직임이 1파를 70% 이상 되돌리는 수준까지 기다렸다가 손절매에 나서는 것도 하나의 대안이 될 수 있다.

2파는 조정파이므로 3개의 소파동이 나타난다. 파동균등의 법칙상 대부분 a파와 c파가 비슷한 수준을 보인다는 것을 인지한다면, 2파가 언제쯤 끝날 것인지를 미리 알아낼 수 있다. 보통 2파에서의 조정 패턴은 플랫이거나 지그재그형일 가능성이 높다. 플랫과 지그재그형을 제외한 나머지 조정 패턴 중에서 삼각형은 4파에서만 나타나는 패턴이므로 2파에서는 나타날 수가 없다. 또한 불규칙 조정은 5파가 끝난 다음에 진행될 확률이 높다. 즉 a파가 5개의 파동으로 세분되면 지그재그로 형성되고, a파가 3개의 파동으로 완성되었다면 플랫형으로 진행될 것이 확실하다. 이러한 사실은 2파에서의 매수결정에 유용한 정보가 된다.

3파에서의 매매 전략

3파는 매수시기를 기다려주지 않는다. '상투'를 잡는 한이 있더라도 적극적인 매수를 하는 것이 중요하다. 일반적으로 3파를 인식하는 시점은 2파에서 비롯된 주가의 하락이 끝나고 주가가 다시 상승 분위기를 타기 시작하여 이전에 1파에 의해서 형성된 고점을 통과하는 순간이다. 이러한 때 매수에 나서는 것이 가장 무난하고 안전하다. 한편 3파라고 믿었던 것이 사실은 3파가 아닐 수도 있다. 새로운 고점이 형성되었지만 상승하던 주가의 움직임이 꺾여서 기존의 1파의 고점을 하향 돌파해버린다면 3파가 아니다. 이럴 경우 즉시 손절매를 통해 손실을 최소화해야 한다. 3파는 갭이 자주 발생하는 특징이 있다.

갭 중에서도 급진갭(Run Way Gap)이거나 또한 최소한 돌파갭(Break Away Gap)이 나타나야 한다. 그리고 이 갭은 채워지지(Gap Filling) 않아야 한다. 갭이 채워지는지를 관찰하는 것도 3파의 여부를 확인하는 데 유용한 방법이 될 것이다.

4파에서의 매매 전략

3파에 대한 하락 조정파동이므로 매도 기회를 노리기보다는, 4파의 바닥 수준에서 앞으로 다가올 5파를 대비한 매수 전략을 생각하는 것이 보다 적극적인 거래 전략일 것이다. 특히 4파는 그 성격상 바로 앞의 3번 파동을 세분했을 때의 한 등급 낮은 네 번째 파동과 바닥이 서로 일치하는 경향이 많다. 따라서 5파의 상승을 기대하고 4파에서는 주식을 매입해야겠지만, 매입하는 주가의 수준은 앞선 3파를 한 등급 낮은 파동으로 세분해서 참고하는 것이 바람직할 것이다. 만약 4파로 믿었던 하락 움직임이 1파라고 생각했던 파동의 고점을 통과하여 하락을 지속하는 일이 발생하면 반드시 손절매에 나서야 한다. 미련 때문에 버텨봐야 손실만 커질 뿐이다. 버리지 못함은 패배의 지름길임을 다시 한 번 기억해야 한다.

5파에서의 매매 전략

5파에서 주의할 점은 바로 매도 타이밍이다. 상승장의 마지막 국면이므로 이 기회가 마지막이기 때문이다. 전형적인 5파는 파동균등의 법칙에 따라 1파와 비슷한 크기로 형성되거나, 또는 최소한 1파의 61.8%의 길이로 형성되는 경향이 높다. 또한 추세대로 5파의 최종 목표 수준을 미리 알아볼 수도 있다. 5파는 마지막 상승 파동이므로 비록 주가가 좀 더 상승할 가능성이 있다 하더라도 앞날을 위하여 미리 주식을 처분하는 것이 보다 현명한 선택이 될 것이다. 엘리어트는 5파에서의 거래량이 3개의 충격파 중 가장 많다고 했다. 이른바 마지막 투혼을 보이는 것이다. 따라서 거래량도 면밀히 살피는 것이 필요하다. 또한 소멸갭(Exhaustion Gap)이 나타나는 일이 많으며, 일반적으로 이 갭은 채워진다. 갭이 나타나는 순간이 바로 매도 타이밍이 된다. 왜냐하면 갭이 나타난 수준 이하로 주가가 다시 하락하면서 갭이 채워지는 순간이 상승 추세가 끝났다는 것을 알려주는 신호가 되기 때문이다.

조정파동에서의 매매 전략

엘리어트 파동이론을 외환시장에 적용하는 방법에 대해 역작을 펴낸 로버트 발란(Robert Balan)은 그의 저서 『엘리어트 파동이론의 외환시장 적용(Elliott Wave Principle applied to Foreign Exchange Markets)』에서 시장의 움직임은 충격파동에서 30%의 시간이 걸리고, 조정파동을 지나는 데 70%의 시간이 걸린다고 하였다. 즉 충격파동과 조정파동이 소요되는 시간은 30 대 70으로, 조정 파동이 월등하게 더 오래 걸린다는 이야기다. 발란은 외환시장의 경우로만 국한시켰지만, 주식시장의 경우도 마찬가지다. 통상 조정 국면을 지나는 데 걸리는 시간이 훨씬 더 긴 법이다. 그러므로 이 사실을 반드시 알고 거래에 임해야 할 것이다.

a파에서의 매매 전략

조정장세는 a-b-c파동으로 구성되며, 조정의 형태에 따라 지그재그, 플랫, 불규칙 조정, 삼각형의 형태로 이루어진다. a파는 5파에서처럼 매도에 치중해야 한다. 그런데 5파에서와 a파의 초기에 매도 타이밍을 놓쳤다면 b파까지 기다렸다가 매도하는 편이 더 낫다. 사실 a파의 바닥이라는 것도 a파가 끝나야 확인할 수 있는 것이다. 단기 매매 전략을 구사하려면 a파의 바닥이 완성되는 것을 확인한 다음에 b파의 초기에서 단기적인 매수 전략을 구사하는 것도 하나의 방법이 될 수 있다.

b파에서의 매매 전략

b파는 5파 혹은 a파에서 처분하지 못하던 주식을 매도할 마지막의 기회이다. a파가 몇 개의 파동으로 구성되어 있는지를 살펴보는 것이 b파에서의 매매 전략을 결정하는 중요한 변수로 작용한다. a파가 5개의 파동으로 구성된다면 앞으로 전개될 a-b-c파동은 반드시 지그재그(5-3-5)의 형태를 나타낼 것이다. 일반적으로 b파동은 많이 반등해야 a파의 61.8% 정도 상승하는 수준에 머무른다. a파가 3개의 파동으로 세분된다면 앞으로 전개될 모양은 플랫이거나 불규칙 조정, 또는 삼각형의 형태를 띠게 될 것이다. 이 경우는 조금 더 욕심을 내어 a파의 꼭지점(플랫), 또는 그 이상의 수준(불규칙 조정)까지도 기다려 볼 수 있다.

하지만 b파에서는 너무 욕심을 부리지 않는 것이 좋다. b파가 끝나면 c 파가 찾아오는데, 이 c 파에서는 강력하고 빠른 하락세가 이어진다. 이 국면에서는 이제까지 그나마 조금이라도 벌었다고 생각했던 투자수익이 하루 아침에 사라지고 마는 불행한 사태가 종종 빚어진다.

c파에서의 매매 전략

충격파의 3파처럼 강력하고 급격하게 진행되는 특징을 보인다. 그러므로 c파는 하락 일변도로 주가가 움직이게 되며, 주식시장의 분위기는 돌변하여 모든 사람이 '팔자'를 외치게 된다. 따라서 c파는 매도 위주의 거래 전략이 되어야 한다. 비록 지금이 바닥이라고 생각하는 한이 있더라도 과감하게 주식을 팔아버려야 한다. '조금만 오르면 팔 것'이라는 생각은 c파에서는 통하지 않는다. 좀 과장해서 말한다면, 일단 먼저 매도하고 나서 그다음에 생각해야 할 것이다. c파에서의 전략은 오직 매도다.

비율 분석

비율 분석(Ratio Analysis)이란 하나의 파동이 다른 파동의 가격폭에 비례하는 관계를 말한다. 일반적으로 가격폭의 비율이 정상 이하의 조정을 보인다면 시장의 기조는 아주 강세이며 상당히 역동적인 밀어붙임(Thrust)이 형성되고 있다는 것이다. 반대로 정상적인 조정비율보다 더 크다는 것은 바로 시장이 약세라는 것을 암시한다. 앞서 살펴본 바와 같이 하나의 파동이 5파, 3파 등 8개의 파동으로 이루어지고, 세분화할 경우 34, 144, 610……개의 파동으로 구성되는 등 파동의 원리는 모두 피보나치 수열에 근거한다. 비율 분석은 각 파동의 길이 간에 비율관계를 분석한 것인데 여기에도 피보나치 수열에 의한 일정한 관계가 성립한다.

여기서 잠깐 비율 분석을 이용한 주가 예측의 역사적인 사례를 살펴보자. 1942년부터 1966년까지의 미국 다우지수의 움직임을 보면 1942년 92포인트를 형성한 후 1966년 마침내 대망의 1,000포인트까지 상승하였다. 그런데 이 주가 상승 과정에서 1,000포인트에 도달할 것이라고 예언한 사람들이 있었는데 모두 엘리어트 파동이론의 신봉자들이었다. 이러한 것은 그들이 1966년 1,000포인트에 도달하기 1~2개월 전에 예측한 것이 아니라 길게는 10년 전, 짧게는 2년 전에 예측한 것이었다. 바로 1~2달 후의 주가도 예측하기 어려운데 엘리어트 파동이론의 추종자들은 2~10년 전에 단순한 코멘트를 넘어서 그들의 저서에서 자신 있게 기록한 것이었다.

몇 가지 일반적인 파동비율

가장 널리 사용되는 파동비율의 몇 가지 결론은 다음과 같다.

3개의 추진파 중 1개만이 확장되므로 나머지 2개의 추진파는 시간 및 크기 면에서 동일하다. 만일 5파가 확장되면 1파, 3파가 거의 동일하며 3파가 연장되면 1파, 5

파는 동일한 정도로 수렴한다. 3파의 고점의 최소 목표치는 1파의 길이에 1.618을 곱한 후 2파 저점에 합하여 산출한다.

5파의 고점은 1파에 3.236(2×1.618)을 곱한 후 그 합을 1파의 고점과 저점에 더함으로써 최대 및 최소 목표치를 산출할 수 있다. 1파와 3파의 크기가 같고 5파가 확장된다면 1파의 저점에 3파의 고점까지 높이에 1.618을 곱하여 4파 저점에 더하는 것이 5파의 목표치가 된다.

조정파동의 경우 정상적인 5-3-5 지그재그 조정에서 c파는 통상 파동 a의 길이와 같다. c파의 또 다른 측정방법은 파동 a의 길이에 0.618을 곱한 후 그 결과를 a파동의 저점에서 차감하면 된다. 3-3-5의 플랫형 조정인 경우 b파가 a파의 고점 이상으로 상승하였다면 c파는 a파의 길이에 1.618을 곱하여 산출한다. 수렴형인 대칭삼각형의 경우 각각의 연속된 파는 각 선행파의 약 0.618배로 진행되는 관계를 가지고 있다.

조정비율

조정비율에는 여러 가지가 있을 수 있으나 앞에서 살펴본 비율이 가장 일반적으로 사용된다. 이외 가장 일반적으로 사용하는 조정비율은 38%, 50%, 62%인데 이 숫자들이 앞의 피보나치 수열에서 설명한 38.2%, 50%, 61.8%의 비율이다. 이것은 추세 분석에서 이용하였던 1/3, 1/2, 2/3 비율과 유사하다. 추세가 강할 경우 조정 비율은 보통 38%이고 추세가 약할 경우 62% 조정이다. 이외 100%(1/1), 50%(1/2), 67%(2/3), 60%(3/5) 등도 피보나치 비율이다.

파동	피보나치 비율
2파	1파의 38.2% 나 61.8%되돌림 : 절대불가침
3파	1파의 1.618배(61.8%)
4파	3파의 38.2% 되돌림
5파	1파의 길이와 같거나 1파에서 3파까지 길이의 61.8%의 길이로 형성되는 경우가 많음
b파	지그재그에서는 a파를 38.2% 또는 61.8%의 비율로 되돌림
삼각형 패턴	삼각형을 구성하는 각 파동들은 서로 앞 파동의 61.8%의 길이로 결정되는 경우가 많음

〈표 3〉 엘리어트 파동이론의 조정비율

시간 분석

현재까지 파동 분석에서 시간적 측면에 대해서는 별로 자세히 언급하지 않았다. 그러나 파동이 걸리는 시간 사이에도 상관관계가 존재한다는 것은 부정할 수 없는 사실이다. 물론 시간적 상관관계는 예측하기가 상당히 어려워 엘리어트 파동이론을 연구하는 학자들은 파동이론의 3가지 요소 중 가장 중요도가 낮은 것으로 생각하고 있다.

피보나치의 시간 목표치는 중요한 가격 변화로부터 피보나치의 수를 적용함으로써 산출할 수 있다. 예를 들면 일간 차트에서 중요한 고점이나 저점의 전환점이 되는 시점부터 미래의 13번째, 21번째, 34번째, 55번째, 89번째 일에 고점 또는 저점이 형성될 것이라는 예상을 갖고 거래일수를 계산함으로써 산출한다. 이와 동일한 방법을 주간, 월간 또는 심지어 연간 단위 차트에 사용할 수 있다.

주식 분석 외 파동이론의 적용과 한계

주식시장에 적용되는 원리가 상품시장이나 선물시장에도 대체로 그대로 적용된다. 그러나 선물시장이나 상품시장에서만 나타나는 특징이 있다. 예를 들면 선물시장에서의 상승 추세는 주식시장의 일간 차트에서 1파보다 낮은 가격이 형성되기도 하는 등 몇 가지 원칙은 적용되지 않는다. 특히 상품시장에서 두드러진 차이가 나타난다. 이것은 상품시장에서는 선행한 강세시장의 고점이 다음 강세의 고점을 제약한다는 점 때문이다. 상품시장에서 파동이론이 잘 적용되는 경우는 장기적으로 돌파가 발생할 때이다.

한편 파동이론은 대중들의 심리(Mass Pscychology) 상태가 이론의 근거이다. 따라서 개별적인 주가에 적용에도 효용성이 떨어지기도 하며 거래가 한산한 일반상품의 거래나 선물시장에서도 적용되지 않을 수 있다는 점은 어떤 면에서 당연한 것이다. 금(Gold)가격의 변동은 파동이론이 잘 적용되는 예인데 이는 금의 거래에 많은 사람이 적극적으로 참여하고 있기 때문이다.

엘리어트 파동이론은 우리 주식시장에서 끊임없는 논쟁거리로 등장해왔는데, 이는 이론을 둘러싼 해석 때문이다. 분명한 사실 하나는 엘리어트 파동이론은 분석가들에게 큰 이익을 남겨주었다는 것이다. 이제 엘리어트 파동이론은 주식 · 선물시장에서 가장 기본적인 기술적 분석의 도구가 되었다. 그러나 이 파동이론을 적용할 때 다음과 같은 문제점이 있다. 첫째로는 한 파동의 시작과 끝에 대한 언급이 없다는 점이며, 두 번째로는 각 단계의 전환점을 확인하기 어렵다는 것이다. 다시 말해 어느 한 파동이 끝나 다른 파동이 진행 중이라고 믿고 있다 하더라도 그것은 이전 파동의 연장일 뿐, 새로운 파동이 아닌 경우가 있다는 점이다. 이 두 번째 사항 때문에 우리나라 주식시장에서 논쟁이 많은 것이다.

엘리어트 파동이론의 계승자 로버트 프렉터

엘리어트 사후 그의 파동이론을 훌륭하게 계승하고 있는 사람은 미국의 로버트 프렉터(Rebert Prechter)이다. 그는 예일대학 심리학과를 졸업하였고, 이후 월스트리트에 뛰어들어 메릴린치의 리서치센터에서 기술적 분석을 담당해 시장의 움직임을 분석했다. 골드만삭스의 스타 전략분석가인 에비 코언이 '황소(강세장의 상징)'라면 프렉터는 단연 '곰(약세장의 상징)'으로 유명하다. 미국 증시가 만성적 침체 국면이던 1982년 프렉터는 엄청난 강세장이 오고 있다고 전망했다. 모두가 비웃었지만, 놀랍게도 주가는 5년간 계속해서 상승했다. 또한 1987년에 자신의 뉴스레터를 통해 주식을 처분하라는 급박한 메시지를 투자자들에게 보내어 세계를 놀라게 했다. 월스트리트는 그를 조롱했지만, 정확히 2주일 후 사상 최악의 '블랙 먼데이'가 미국 증시를 덮쳤다. 당시 〈뉴욕타임스〉는 "그는 예언가이자 신이다"라는 최상의 찬사를 보냈다.

프렉터는 1978년 이후 수많은 저작을 발표했고, 각국 언어로 번역돼 세계 투자자들의 의사결정에 상당한 도움을 주고 있다. 그리고 월간 뉴스레터인 〈엘리어트 파동이론가들(Elliott Wave Theorist)〉을 발행하여 정확한 타이밍 예측으로 최고의 스타 전략가라는 명성을 떨쳤다. 현재는 사회경제학, 사회예측 신과학 등을 개척하는 데 심혈을 기울이며, 인터넷 경제 분석 사이트인 엘리어트 웨이브 인터내셔널(Elliott Wave International : www.elliottwave.com)을 운영하고 있다. EWI는 전 세계 개인 투자자들에게 경기 변동과 전 세계 증시의 장단기 전망을 제공하고 있는 홈페이지다. 특히 EWI는 증시뿐 아니라 선물, 통화, 이자율, 상품시장의 전망도 발표하고 있다.

프렉터(Rebert Prechter)는 다우지수가 1932년 이후 다섯 번에 걸친 거대한 파동을 보였다고 말한다(〈그림 22〉). 그는 2002년 발간된 저서인『공황극복(Conquer the Crash)』에서 다음과 같이 미국시장을 말하고 있다.

"1784년 이후 사이클은 대체적으로 5개 파동으로 구성되어 있지만, 1932년 이후 사이클은 뚜렷한 5개 파동으로 이뤄져 있다. 그리고 1974년 이후 사이클에서는 5개의 파동이 비교적 뚜렷하게 나타나 있다. 따라서 대공황 이후 상승 국면은 분명히 끝나가고 있다고 단언할 수 있고, 이는 다시 미국의 독립 이후 나타난 더 큰 사이클의 종말을 의미하는 것이기도 하다."

2003년 미국에서 처음 출간된 이 책은 16주간 경제경영서 부문 베스트셀러가 되면서 프렉터는 예언가로서의 명성을 드높였다. 이 책은 파동이론을 근거로 내린 암울한 증시 전망과 이에 대한 대처법을 담고 있다. 그는 이 책에서 그는 '기업 신용등급 하락 → 지자체 파산 → 미국 국가신용 등급 위기'로 이어지는 시나리오를 제시

〈그림 22〉 프렉터가 말하는 다우지수의 슈퍼사이클 파동(V)

하고, 미국은 경제 공황(디플레이션) 국면에 접어들고 있다고 경고한다.

　기술적 분석가에서 출발한 프렉터는 부단한 노력을 통해 최근 사회경제학자로서의 면모를 선보이고 있다. 「인간행동의 파동이론과 사회경제학의 새로운 학문」에서 사회적 인과성의 '사회경제학적 가설'을 제안했는데 요약하면 다음과 같다. "사회 분위기는 사람들의 상호작용의 자연스러운 결과다. 사회 분위기의 동향과 범위는 경제적, 정치적, 문화적 행동을 포함한 사회적 행동의 특징을 결정짓는다. 다른 말로 하자면, 분위기가 사건을 지배한다는 것이 사회경제학의 가설이다."

　프렉터는 이러한 사회경제학의 가설을 토대로 주가와 미 대선과의 관계를 분석하기도 하였다. 그는 "미국에서 주식시장의 동향이 현직 대통령이나 여당이 승리하거나 패배할 가능성에 극적으로 영향을 미친다"라고 말한다. 역사적으로 주식시장이 상승세일 경우에 현직 대통령이 압도적 승리(Landslide)를 거두어 연임을 했다. 하지만 주식시장이 하락세로 전환하여 조정이 깊어지는 상황에서는 현직 대통령이 연임에 성공하지 못했다는 것이다. 예를 들어 조지 부시가 앨 고어를 꺾으며

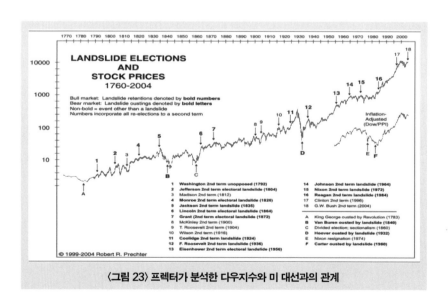

〈그림 23〉 프렉터가 분석한 다우지수와 미 대선과의 관계

재선에 성공할 때 다우지수는 상승세에 있었다. 반면 버락 오바마가 당선되면서 공화당에서 민주당으로 정권이 바뀔 때는 주식시장이 침체된 상황이었다. 〈그림 23〉은 프렉터가 제시한 근거이다.

주식시장의 흐름은 사람들이 미래를 낙관적으로 보느냐 비관적으로 보느냐, 사회를 긍정적으로 보느냐 부정적으로 보느냐를 나타내는 대표적인 지표라고 본다면, 긍정적이고 낙관적인 사회 분위기 형성에 기여했다고 여겨지는 지도자를 계속 두고 싶어 한다는 것이 프렉터의 설명이다. 반대로 주가가 연일 하락한다면 정책의 실패로 그런 상황에 일조했다고 생각되는 지도자를 다른 사람으로 바꾸고 싶어 한다고 말한다. 사람들이 중요하게 생각하는 것은 특정 정책의 실행이 아니라 변화에 대한 욕구 때문이라는 것이다.

10

일목균형표에
대한 이해

투자이익의 50%는 증시 상황의 정확한 판단에서,
30%는 올바른 산업 부분에 투자하는 것에서,
그리고 20%는 올바른 주식에 투자하는 것에서 온다.

-데이비드 에드워드-

살아오는 동안 우리를 지배하고 있던 수많은 법칙들을 생각한다. 에너지 보존의 법칙, 작용 반작용의 법칙, 관성의 법칙…… 이런 자연 법칙 외에도 우리의 생각과 행동에 알게 모르게 영향을 미쳐 온 법칙들이 많다. 신용 우선의 법칙, 욕망 절제의 법칙, 즐거움 만끽의 법칙 그리고 정신 개방의 원칙과 희망 공급의 원칙…… 이런 법칙들은 언제나 우리의 방향감각을 조절해준다. 주식시장에서는 기술적 분석의 다양한 원칙과 법칙들이 우리들의 방향감각을 조절해주고 있다.

01 | 일목균형표란
무엇인가

　순천 송광사에 있는 스님의 부도(浮屠, 사리나 유골을 봉안한 탑)에는 이런 글이 적혀 있다. "스님은 위의(威儀)를 잘 거두어 항상 우행호시(牛行虎視)하면서 힘든 일과 울력을 하는 데 솔선했다." 우행호시는 '소 걸음과 호랑이의 관찰'이란 뜻이다. 현실을 호랑이처럼 예리한 눈으로 보되, 행보는 소처럼 착실하고 끈기 있게 한다는 얘기다. 소는 도가(道家)에서 은일과 유유자적, 유가(儒家)에선 의(義)를 상징한다.

　노자가 어지러운 세상을 버리고 소를 타고 유유히 사라졌다는 건 도가다운 전설이다. 그런가 하면 세종대왕이 유교의 가치를 알리기 위해 편찬한 삼강행실도엔 호랑이와 싸워 주인의 생명을 구하고 죽은 소의 이야기가 나온다. 불가에선 어떨까. 백담사 등 사찰에 가면 '심우도(尋牛圖)'를 볼 수 있다. 불자가 불성(佛性)을 깨닫는 수행의 과정을 묘사한 그림이다. 여기서 소는 불성을 상징한다. 소를 찾는 '심우'는 곧 불성을 찾는다는 뜻이다. 만해 한용운 선생이 자택을 '심우장'이라고 한 데는 이유가 있는 것이다. 증시에서도 시황은 호랑이처럼 예리한 눈으로 보고, 상승장이라면 주식을 매수한 후 소처럼 끈기 있게 기다릴 줄 알아야 한다.

일목균형표는 1935년 일본의 일목산인(一目山人)이 도(都) 신문사였던 미야코 신문사(나중에 도쿄신문으로 바뀜)에 재직하던 중 증권시황란 작성을 위해 개발한 것으로, '신동전환선(新東轉換線)'이라는 이름으로 발표하면서 처음 소개된 기술적 분석법이다. 처음엔 그 이론의 상세한 내용을 극비에 부쳐오다가 1969년 책자로 발간하였다. 초판본은 전 7부작으로 알려져 있으나 절판되었고, 재판에 들어간 〈일목균형표〉, 〈완결편〉, 〈주간편〉, 〈나의 최상 형보론〉 등 4권이 전해지고 있다.

일목산인은 이 균형표를 완성하는 과정에서 시뮬레이션을 위해서 대학생 아르바이트를 대량으로 채용하였고, 또한 수년의 세월을 보냈다. 일목산인이 1975년까지 소비한 종이는 25만여 장에 달하고, 신문에 시황을 쓰던 때에는 1년에만 9,000여 장의 종이를 사용했다고 한다. 일목산인의 본명은 호소다 코이치로 1898년에 태어나 1982년 85세로 타계했다.

근래 들어 다시 알려지기 시작한 것은 닛코리서치센터 투자조사부 주임연구원으로 있던 사사키 히데노부에 의해서다. 일목균형표 연구가인 사사키 히데노부는 1990년 도쿄증시의 대폭락과 환율 100엔대 돌파를 적중시킨 바 있는 일본을 대표하는 기술적 분석가이다. 그의 저서 『일목균형표 연구』는 공전의 히트를 기록하였고, 이를 바탕으로 1995~1996년 연속 인기 애널리스트 및 기술적 분석가 1위 자리에 올랐다. 일목균형표의 이름을 보면 '일목+균형+표'로 이루어져 있다.

일목(一目)이란 '한눈에', '한 번만 봐도 금방 알 수 있는'이란 뜻을 가지고 있다. 즉 오랜 시간 자세히 살펴보지 않아도 우선 외형만으로 주가의 현재성을 파악할 수 있다는 것이다. 일목균형표는 후행스팬을 제외한 각 괘선 산출에 중심값을 사용하고 있다. 이것이 바로 '시세의 중심'을 보고 전후좌우의 중심을 보고자 하는 것이다.

일목균형표는 이와 같이 시세의 균형을 쉽게 파악하고자 하는 시세 철학이 바탕에 깔려 있다. 또한 증권시장에 관한 많은 것들을 한눈에 보여주는 것은 차트, 즉 표(表)인 것이다. 차트는 시각화된 역사적 기록이자 항해와 운전에서의 길잡이 역할을 하기 때문이다.

02 | 엘리어트 파동이론과
일목균형표의 차이

　일본 최대의 증권사인 노무라증권을 창업한 사람은 노무라 도투시치이다. 그는 대세 상승의 변곡점을 판단하여 큰돈을 벌어 재벌이 되었다. 그의 투자기법은 강세에서 약세, 약세에서 강세로 변환하는 큰 변곡점을 만드는 모멘텀을 예리하게 판단해 승부를 거는 투자법을 사용했다. 그는 주가가 대바닥을 찍고 크게 오르는 변곡점은 반드시 어떤 계기로 만들어진다는 신념을 가졌다. 노무라가 사용한 종목 고르기 비법은 기업이익의 변화율과 변화 속도를 숫자로 분석하여, 변화 각도가 가파를 것으로 보이는 종목을 매입했다.

　일반적으로 기술적 분석에서는 주로 과거의 가격과 추세 등을 중시하고 시간의 개념은 부차적인 것으로 취급하고 있다. 이에 비해서 시간을 주체로 하고 가격은 부차적인 것으로 간주하는 일목균형표가 최근 투자자들의 관심 대상이 되고 있다. 여기에 등장하는 기본수치 등을 보면 신비로운 점성술의 한 종류로 생각할 수도 있지만 원리를 알면 간단하고 이해하기 어렵지 않다.

엘리어트 파동이 〈1, 2, 3, 5, 8, 13, 21……〉 등 피보나치 수열을 근간으로 하는데 비해 일목균형표는 일목산인의 오랜 경험의 결과치인 〈9, 17, 26, 33, 42, 65, 76, 129……〉 등을 기본으로 하고 있다. 즉 일목산인이 발견한 수열에 해당하는 날에는 주가가 크게 상승하거나 하락하는 등 변화가 발생할 가능성이 높다는 것이다. 이밖에 대등수치, 기준선, 전환선, 후행스팬, 선행스팬 등 여러 요소를 통하여 향후 주가를 예측하게 된다.

엘리어트 파동이론과 일목균형표를 비교해보면, 기술적 분석의 최대 단점인 후행성 극복에 있어 엘리어트 파동이론보다 일목균형표가 다소 앞선다. 그 근간이 바로 '여백'이라는 개념이 삽입된 일목균형표 차트상의 수평구간이다. 서양철학에서 비롯된 모든 기술적 지표들이 일정 구간에서의 평균값을 중시하여 지표상의 곡선으로 그려지는 반면, 일목균형표는 일정구간에서의 중간값을 중시하여 지표상의 직선으로 그려진다. 곡선은 과거 데이터를 중심으로 현재의 상승과 하락만을 강조하는 반면, 직선은 상승과 하락에 수평이라는 여백의 개념을 첨가함으로써 향후 장세를 예측하는 데 있어 매우 중요한 기준점이 된다.

일목균형표의 연구와 활용에 있어 백미는 바로 시간론에 있다고 할 수 있다. 일목균형표를 만든 일목산인은 시간이야말로 주식 그 자체라고 강조하였다. 일본에서 시작된 캔들차트 및 미국 시장에서 태동되어 전 세계적으로 널리 사용되고 있는 추세 분석 그리고 비시계열 분석방법 등이 기술적 분석의 근간을 이루어왔으나, 일목균형표와 같이 시간을 중요시 여기는 기술적 분석법은 그리 많지 않다. 물론 서구에서도 피보나치과 갠라인을 통하여 시간의 개념을 사용하였다.

또한 현대 기술적 분석에서는 이동평균수치 계산에 있어 치환(Displaced) 이동평균을 사용하여 현재의 이동평균수치를 미래로 이전하여 지지선과 저항선을 위한 도구로 사용하기도 한다. 컴퓨터와 인터넷의 발달로 인하여 기술적 분석은 점차 수리 해석 위주로 개량화, 과학화되면서 급속도의 진전을 거듭하고 있다. 하지만 일목균형표는 이와는 다른 관점에서 기술적 분석에 영향을 미치고 있으며 시간론에서 오는 균형표만의 '예상 변화일'은 일목균형표만의 백미로 인식되어지고 있다.

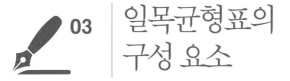

03 | 일목균형표의 구성 요소

주식 투자와 골프의 공통점은 무엇일까. 돈과 권력 그리고 의지대로 이뤄지지 않는다는 것이다. 골프에는 주식 투자와 비슷한 점이 적지 않다. 승패에 따라 스포트라이트와 쓸쓸한 은퇴가 엇갈리는 냉엄한 승부의 세계라는 점만이 아니다. 공부(연습)를 하지 않고 돈 벌(잘 칠) 욕심만으로는 이길 수 없으며, 승패를 가르는 최종적인 원인은 바로 자기 자신의 감정이라는 점에서 닮았다.

지수에 대한 주식시세는 항상 현 시점에서 보면 '상승할 것인가, 하락할 것인가, 아니면 움직이지 않고 횡보할 것인가'의 세 갈래 길이 존재한다. 일단 움직이기 시작하면 살 것인가, 팔 것인가의 두 갈래 길밖에 없기 때문에 어떻게 보면 시세에 대한 판단이 대단히 단순할 수도 있다. 아마 이 단순한 것을 어렵게 생각하는 것은 시장 참여자들이 너무 많은 것을 생각하기 때문일 것이다.

일반적으로 시세란 수급 면에서 보면 기본적으로 매수세력과 매도세력의 균형이 깨진 쪽으로 크게 움직이게 된다. 실제의 주식시세에 대해 이 균형관계를 보고자 하는 것이 기준선, 전환선, 후행스팬, 선행스팬 1과 2이며, 각각의 균형관계를 찾고자 하는 것이 일목균형표라고 할 수 있다. 무릇 시세는 한 번 움직이기 시작하면 크게 움직인다. 그것을 파악하려고 한다면 그 방법은 무엇보다도 '간단명료'해야 한다. 복잡한 기술을 사용한다면 오히려 시세의 급변에 대응하기 힘들 것이다. 현재의 주가 그 자체가 가지고 있는 힘을 안다는 것은 매우 중요하다. 즉 파는 세력과 사는 세력 중 어느 쪽이 이기고, 어느 쪽이 지고 있는가를 아는 것이 시세 파악에 있어 가장 중요한 요소라는 것을 인지할 필요가 있다.

일목균형표는 '단순한 것 속에서 진리가 나온다'라는 것을 기본 가정으로 시작한다. 일목산인이 '단순명료하다'고 한 것은 차트를 구하는 공식이나 그 차트를 구성하는 각 괘선들이 단순명료한 것이라기보다는 일목균형표 하나만으로도 과거와 현재, 미래의 흐름이 단순명료하게 나온다는 뜻이었다. 거기에 각 괘선들과 기운층, 구름대까지 가미하면 하나의 일목요연한 향후 장세 전략이 나온다는 것이다. 시장을 파악하기 위해서는 무엇보다 차트가 간단명료해야 한다. 일목균형표를 구성하는 특수 요소들(기준선, 전환선, 후행스팬, 선행스팬 1, 선행스팬 2) 역시 간단하다.

한편으로 일목균형표 저자인 일목산인이 언급한 대로 '주식시장을 이해하는 사람 각자의 능력에 따라 차이가 난다'라는 대전제를 간과해선 안 될 것이다. 즉 시세를 받아들이는 사람에 따라 같은 일목균형표라도 다르게 해석할 수 있기 때문이다. 이러한 점에서 일목균형표는 객관적인 기술적 도구가 아니라 동양 철학이 가미된 주관적인 기술적 도구라고 명명할 수 있다.

일목균형표는 현재의 주가(전환선, 기준선)를 중심으로 현재 주가의 과거(후행스팬)와 미래(선행스팬 1, 선행스팬 2)를 서로 연결하여 하나의 차트를 만든다는 점에서 인과론적인 색채가 매우 강하다. 또한 일목산인은 하나로 통일된 일목균형표를 해석하는 데 있어 자연의 법칙을 응용했는데 그 하나가 '순환'이요, 또 하나는 '반복'이다. 순환은 자연에서 양과 음의 순환과 파동을 의미하며, 반복은 자연의 리듬을 말한다. 이 같은 단순한 균형표 속에서 주식시장의 현재와 미래에 대한 방향성 탐구를 위한 고민이 이루어져야 할 것이다. 먼저 일목균형표를 구성하는 5개의 선(기준선, 전환선, 후행스팬, 선행스팬 1, 선행스팬 2)이 어떻게 만들어지는지 자세히 알아보기로 하자.

전환선

전환선은 현재의 매수세력과 매도세력 간의 힘의 균형관계와 시세의 중심을 말해준다. 또한 앞으로 언제 그 힘의 균형이 무너져 시세를 형성해나갈 것인가를 알려주기도 한다. 당일을 포함한 과거 9일간 최고치와 최저치의 중간값을 평균선으로 나타낸 것이며, 이는 단기 이동평균선으로 해석될 수 있다.

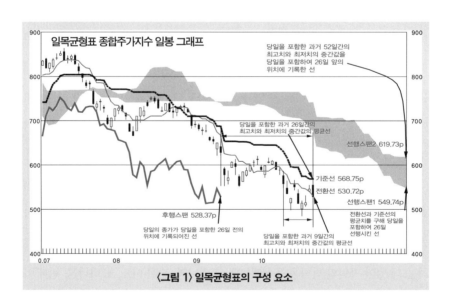

〈그림 1〉 일목균형표의 구성 요소

예) 당일을 포함한 과거 9일간의 최고치는 10월 11일의 576.44포인트이며, 최저치는 10월 18일의 485포인트라는 것을 알 수 있다. 따라서 10월 23일 당일의 전환치는 (576.44+485)/2=530.72포인트가 되며 이를 10월 23일 위치에 기입한다(〈그림 1〉).

기준선

기준선은 일목균형표에서 기준이 되는 선으로, 힘의 균형과 함께 시세의 방향성과 지지 및 저항 혹은 시세의 현재 위치 설정에 중심이 되는 선이다. 당일을 포함한 과거 26일간 최고치와 최저치의 중간값을 평균선으로 나타낸 것이며, 이는 중기 이동평균선으로 해석될 수 있다.

예) 10월 23일을 포함한 과거 26일 전(거래일수 기준임을 항상 유념)은 9월 15일인데, 이 사이의 최고치는 9월 15일 고점 652.5포인트가 최고치이며, 최저치는 전환선과 마찬가지로 10월 18일의 485포인트이다. 따라서 10월 23일 당일의 기준선 수치는 (652.5+485)/2=568.75포인트가 되며 이를 10월 23일 위치에 기입한다.

후행스팬

후행스팬은 당일의 종가가 당일을 포함한 26일 전(과거)의 위치에 기록되어진 선을 말한다. 다시 말해 현재의 주가를 일정 구간 뒤로 미루어 하나의 선으로 그려 놓은 것이다. 여기서 사용한 26일은 기준선의 주기와도 같은데, 이는 일목균형표의 시간론상 하나의 파동이 완성되는 1기(26일)를 기준으로 하고 있음을 의미하는 것이다.

예) 10월 23일 당일의 종가는 528.37포인트이며 후행스팬이 기입되어질 위치는 당일을 포함하여 26일을 거슬러 올라간 9월 15일이다.

선행스팬 1

선행스팬이란 현재 주가를 일정 구간 미래로 앞당겨 현재까지의 움직임을 토대로 미래의 움직임을 예측하려 하는 것이다. 선행스팬 1은 전환선과 기준선의 평균치를 구해 당일을 포함하여 26일 선행시킨 선을 말한다. 선행스팬 1은 현재 주가의 흐름에 대해 중단기적인 힘의 균형과 시세의 중심을 알려주는 이정표이다.

예) 앞에서 계산한 대로, 10월 23일 당일의 전환선 수치는 530.72포인트, 기준선 수치는 568.75포인트이므로, 선행스팬 1은 (530.72+568.75)/2=549.74포인트가 되는데, 이 수치를 기입할 위치는 당일이 아니라 당일을 포함한 26일 앞(선행스팬 1)인 11월 27일(거래일수 기준임을 다시 한 번 상기할 것)이다.

선행스팬 2

당일을 포함한 과거 52일간 최고치와 최저치의 중간값을 당일을 포함하여 26일 앞의 위치에 기록한 선을 말한다. 선행스팬 2는 일목균형표상의 괘선들 중에서 최장기선이면서 변동 속도가 가장 느린 선이다.

예) 당일을 포함한 과거 52일 전은 8월 4일인데, 이 기간 동안의 최고치는 8월 16일 고점인

754.46포인트이며, 최저치는 역시 10월 18일의 저점인 485포인트이다. 따라서 선행스팬 2는 (754.46+485)/2=619.73포인트이며, 위치는 현재 선행스팬 1이 위치하고 있는 11월 27일에 이 수치가 같이 놓여 있게 된다.

04 | 일목균형표의 구성 요소와 매매신호

1624년(인조 2년) 음력 2월의 일이었다. 인조반정의 일등공신이면서도 논공행상에 불만을 품은 평안병사 이괄이 군대를 이끌고 2월 10일 도성인 한양에 입성했다. 도성 사람들은 이틀 전 줄행랑을 친 인조 임금을 배신하고, 길 위에 황토를 뿌려 펴는 등 이괄의 군대를 극진히 환영했다. 그러나 불과 하루 뒤 도성 사람들은 기회주의자가 되어야 했다. 11일 새벽 도성 외곽에서 벌어진 전투에서 이괄의 반군이 관군에게 패퇴하자 도성 사람들의 태도가 돌변했다. 이들은 돈의문과 서소문을 패쇄해 반군의 퇴로를 차단하는 등 관군의 승리를 도왔다.

명분론으로는 결코 설명이 되지 않지만, 당시 도성 주민들의 행동은 생존을 위한 어쩔 수 없는 선택이었다. 세상 흐름을 변화시킬 수 없다면, 변화하는 세상에 적응할 수밖에 없다는 민초들의 전형적인 행동방식으로 해석된다. '세상이 바뀌면 변화해야 한다'는 이치는 400년 가까이 지난 오늘날 '자본주의의 꽃'이라는 증시에서도 마찬가지로 통용된다.

앞에서 일목균형표에 대한 간단한 소개와 일목균형표를 구성하는 5개의 요소(기준선, 전환선, 후행스팬, 선행스팬 1, 선행스팬 2)가 어떻게 만들어지는지 알아보았다. 이번에는 이렇게 만들어진 5개의 구성요소가 어떻게 활용되는지 살펴보기로 하자.

전환선과 기준선의 관계

전환선이란 당일을 포함한 과거 9일간의 최고가와 최저가의 중간값을 말하며, 기준선이란 당일을 포함한 과거 26일간의 최고가와 최저가의 중간값을 말한다. 이 두 개의 차트를 이용하여 시세의 강약을 파악할 수 있는데, 만약 상승장이라면 당연히 9일간의 전환선이 26일간의 기준선보다 위에 위치하게 될 것이다. 상승장에서 5일 이동평균선은 당연히 20일 이동평균선 위에 위치하게 된다는 것을 상기하면 쉽게 이해할 수 있을 것이다. 여기에서 전환선은 이동평균선의 의미를 빌리자면

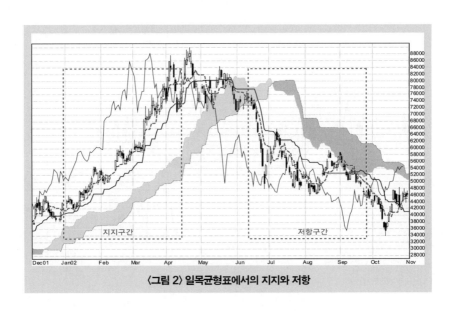

〈그림 2〉 일목균형표에서의 지지와 저항

단기 이동평균선이 될 것이며, 기준선은 중기 이동평균선이 될 것이다. 그러므로 전환선이 기준선 위에 위치하면 매수, 반대로 전환선이 기준선 아래에 위치하면 매도 국면이 된다. 또한 기준선이 주가의 위에 위치하면 저항선, 주가의 아래에 위치하면 지지선으로 작용한다(〈그림 2〉).

일목균형표에서는 전환선이 기준선을 밑에서 위로 상향 돌파하는 것을 '호전되었다(골든크로스)'라고 하고 매수신호로 받아들인다. 반대로 전환선이 기준선을 위에서 아래로 뚫고 내려오는 것을 '역전되었다(데드크로스)'라고 하고, 매도신호로 판단한다(〈그림 3〉). 전환선과 기준선을 좁은 의미에서의 '균형표'라 칭하기도 한다. 이런 의미에서 이것을 균형표가 '호전되었다', '역전되었다'라고 표현하고, 강세와 약세를 시사하는 하나의 지표로 사용된다. 물론 호전과 역전만으로 장세를 완전히 설명할 수는 없을 것이다.

만약 호전이나 역전이 발생하면, 그 시점에서 현재 주가와의 관계를 살펴 그 신뢰도를 파악해야 한다. 즉 호전 발생시점에서 현재 주가가 기준선보다 위에 위치하

〈그림 3〉 일목균형표에서의 역전과 호전

고, 기준선이 상향 이동 중이면 그 호전은 매우 신뢰도가 높다고 말할 수 있다. 또한 역전 발생시점에서 현 주가가 기준선보다 아래에 위치하고 기준선이 하향 이동 중이면 그 역전 역시 매우 신뢰도가 높다고 말할 수 있다. 따라서 항상 호전이나 역전 발생시점에서 현재 주가와의 위치 관계를 따져보면서 그 신뢰도를 검증하는 것이 바람직하다.

기준선 방향의 중요성

기준선이 나타내는 방향은 시세의 방향성을 판정하는 데 있어 매우 중요한 역할을 한다. 즉 기준선의 방향 역시 매매 타이밍을 결정하는 데 있어 중요한 영향을 준다. 전환선이 기준선을 밑돌더라도 기준선이 지향하는 방향이 위로 향하고 있으면 본격적인 매수를 예고하는 경우로 판단한다. 지수가 반등세를 연출하고는 있지

〈그림 4〉 일목균형표 기준선의 방향

만, 기준선의 움직임은 횡보 상태를 계속 유지하고 있다면 유의해서 살펴봐야 할 것이다. 중기적인 관점에서는 기준선의 상승을 수반하지 않은 반등에는 한계가 있기 때문이다.

후행스팬의 역전과 호전

후행스팬은 당일의 종가를 당일을 포함한 26일 전의 위치에 기입한 것이다. 26일 전을 기점으로 그 후가 상승장세라면, 26일 전보다도 현재가 반드시 높을 것이며, 반대로 하락 장세라면 26일 전보다도 현재가 낮을 것이다. 여기서 잠깐 일목산인이 사용한 '26'이란 숫자에 대하여 알아보자.

26에 대해 일목산인은 다음과 같이 정의하고 있다. "나는 26을 파동 파악의 중추적인 것, 즉 절대수로 생각하고 싶다. 시세가 26일간 상승(하락)하면 하락(상승) 혹은

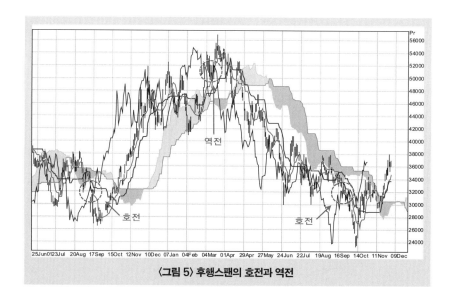

〈그림 5〉 후행스팬의 호전과 역전

보합으로 변하기 쉽고, 26일간 서로 변화 없이 유지되면 움직이기 쉽다. 따라서 기본적으로 26일에 설정된 후행스팬을 사용하면 좋겠으나, 때에 따라서는 9의 반수인 5, 26의 반수인 13, 26에서 9를 뺀 17을 사용할 수도 있다.

그리고 이것들에 의한 후행스팬을 모두 기입하다 보면, 바로 앞의 변화에서부터 소추세, 중추세, 대추세의 변화가 명료하게 보인다." 후행스팬의 본질은 바로 26일 전의 가격과 현재를 항상 비교하는 데 있는 것이다. 예를 들어 후행스팬이 주가를 밑에서 위로 상향 돌파하고 있다면 이는 후행스팬이 호전되었다고 한다. 즉 매수신호 발생으로 간주할 수 있다. 반대로 후행스팬이 주가를 밑돌게 된다면 이는 후행스팬이 역전되었다고 하며, 매도신호가 발생한 것으로 판단한다(〈그림 5〉).

구름대의 역할

구름대란 선행스팬 1과 선행스팬 2 사이를 말하며, 이를 알기 쉽게 표현하기 위하여 일반적으로 빗금을 쳐서 밴드로 표현한다. 선행스팬 1과 선행스팬 2 사이의 구간을 구름층이라 하는데, 주가의 지지 구간과 저항 구간의 역할을 한다. 또한 구름층의 두께에 따라 지지 구간과 저항 구간의 힘을 예측할 수가 있다.

양운은 지지 영역, 음운은 저항 영역이며 구름의 두께가 두꺼울수록 현 추세에 대한 신뢰도가 높음을 의미한다. 양운에서 음운으로, 음운에서 양운으로의 변화시점은 중요한 추세 반전시점으로 판단할 수 있다(〈그림 6〉).

이와 같이 전환선, 기준선, 후행스팬과 선행스팬 1, 선행스팬 2라는 균형표의 각종 지표들은 주가와의 다양한 관계를 통하여 실로 많은 정보를 제공하고 있다. 앞

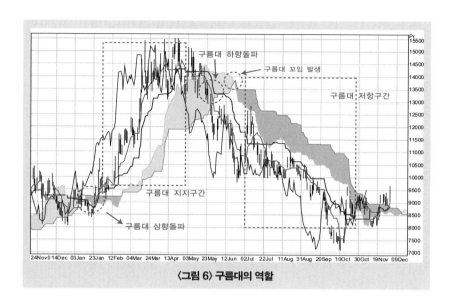

구름대 하향돌파

구름대 꼬임 발생

구름대 저항구간

구름대 지지구간

구름대 상향돌파

24Nov 01 14Dec 03Jan 23Jan 12Feb 04Mar 24Mar 13Apr 03May 23May 12Jun 02Jul 22Jul 11Aug 31Aug 20Sep 10Oct 30Oct 19Nov 09Dec

〈그림 6〉구름대의 역할

에서도 언급한 것처럼 투자자들은 지표에 대한 세심한 관찰과 개개인의 이해능력
정도에 따라 해석상 차이가 발생한다는 것을 유념하고 일목균형표에 접근해야 할
것이다.

일목균형표에서의 매수 국면 진행 과정

일목균형표를 통해 보면 하락세가 지속되는 매도우위 국면에서 매수우위의 국
면으로 전환해가기 위해서는 일반적으로 다음과 같이 진행된다(〈그림 7〉).

① 전환선에 눌려 하락세를 지속해온 주가가 간신히 전환선을 돌파

② 이후 기준선을 돌파 혹은 전환선이 기준선을 상향 돌파(호전)

③ 후행스팬이 26일전 주가를 상향 돌파(호전)

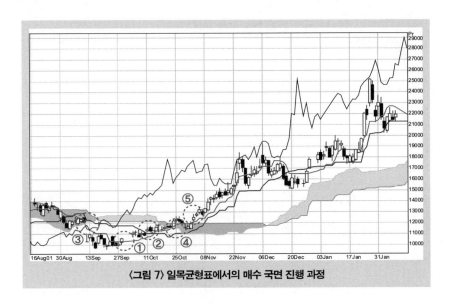

〈그림 7〉 일목균형표에서의 매수 국면 진행 과정

④ 주가가 구름대(저항대)의 하한을 돌파

⑤ 주가가 구름대(저항대)의 상한을 돌파

05 | 일목균형표
시간론

일본 증시에서 최고의 개인 투자자였던 고레가와 긴조는 63세부터 주식 투자를 본격적으로 연구하여 350만 엔으로 1,000억 엔의 부를 축성했던 전설적인 인물이다. 그는 항상 다른 사람이 권유하는 종목은 절대 선택하지 않고 본인이 스스로 연구하여 투자 유망종목을 선정하였다. 그의 종목 선정기준은 다음과 같다.

- 과거 3년 이상 불황업종일 것
- 주가도 3년 이상 하락한 종목일 것
- 경기민감 업종일 것
- 부도 가능성이 없을 것
- 1~2년 내 경기호황으로 전환이 예상되는 업종일 것

이번에는 일목균형표에서만 볼 수 있는 '시간론'에 대해서 알아보기로 하자. 일목균

형표 시간론은 미국시장에서 기술적 분석가들이 이야기하는 단순한 치환(Displaced) 이동평균(현재 이동평균수치를 며칠 선행시키는 것. 일목균형표상 선행스팬과 유사)과는 사뭇 다른 동양적인 의미를 내포하고 있으며, 우주 삼라만상의 심리를 반영하고 있다.

일목균형표는 파동론, 수준론 그리고 시간론으로 구성되어 있다. 파동론에서는 파동의 규정이 엘리어트 파동이론에 비해 단순하다. 시세가 오르고 내리고 오르는, 즉 N자형을 파동의 기본형으로 한다. 수준론에서는 주가도 균형을 갖춘 균형점으로 생각하기 때문에 일반적으로 상승 및 하락에 대한 목표치와는 다르다.

주가의 균형점이란 쉽게 말하자면 안정감 있는 가격, 균형을 갖춘 수준으로 해석이 가능하다. 무엇보다 일목균형표의 백미는 시간론에 있다고 할 수 있다. 즉 시세의 시간을 중시하여 '얼마의 진폭으로 언제까지 오를(내릴) 것인가?'에 초점이 맞춰져 있는 것이다.

기본수치

일목균형표의 골자는 바로 시간론에 있다. 즉 '시세의 주체는 시간에 있고, 가격은 결과로서 따라오는 것이다'라는 대명제를 기억할 필요가 있다. 균형표의 시간론은 우선 '기본수치'라는 개념으로 설명할 수 있다. 기본수치란 시세가 스스로의 힘으로 능동적이고 주체적으로 파동을 만들어가면서 변화하는 시간이다. 이는 능동적인 시세 변화일을 추정하기 위하여 사용되는 것을 말하는데, 즉 기본수치에 해당되는 날에는 주가가 변할 가능성이 높다. 여기서 변화일이란 명칭대로 어떤 변화가 일어나기 쉬운 날이다. 다시 말해 시세가 반전하든지 아니면 동일 방향으로 가격 움직임이 연장 혹은 가속화되는 날이다. 이른바 시세의 파란이 예고된 날이다.

일목균형표 저자인 일목산인은 이 기본수치의 확정에 이르기까지, 수학에 관한 문헌을 동서불문하고, 4년 이상의 시간을 들여 연구했다고 한다. 그리고 삼라만상에 걸친 변화가 3개의 숫자에 의하여 크게 영향을 받는다는 것을 발견했다. 오랜 연구결과 끝에 얻어진 숫자는 9, 17, 26이다. 이 3개의 숫자는 자연의 섭리를 구현한 것으로, 이것이 곧 기본수치 자체이다. 그리고 일목균형표 시간론에서 9, 17, 26은 각각 1절, 2절, 1기(3절)로도 불려진다.

	기본수치	구분	조 합
단순 1	9	1절	
단순 2	17	2절	
단순 3	26	3절 = 1기	
복합 1	33		17+17-1
복합 2	42		17+26-1
복합 3	65		33+33-1
복합 4	76	3기 = 1순(巡)	26+26+26-2
복합 5	129		65+65-1
복합 6	172		33+65+76-2
복합 7	226	3순 = 1환(環)	76+76+76-2

〈표 1〉 기본수치 정리

위에서 제시된 9, 17, 26을 기본수치 중에서도 단순 기본수치라고 명명한다. 이것을 기초로 하여 복합 기본수치(33, 42, 65, 76, 129, 172, 226)를 생성하며, 기본수치는 합계가 10개로 이루어진다. 기본수치에서 흥미로운 사실 하나를 접하게 되었다. 1979년 일본의 요시무라가 태양의 활동을 이론 물리학적인 입장에서 연구하여 발표한 '요시무라 모델'이라는 것이 있다. 그 중에서 태양의 자전은 지구의 적도에 해당하는 부분이 26일에 1회전, 극에 해당하는 부분이 33일에 1회전 한다고 발표하였다. 관측 결과 이것은 사실로 확인되었는데 실질적으로 기본수치 26과 33은 태양의 자전주기와 정확하게 맞아 떨어지고 있다. 인간의 행동 또한 태양 활동의 영권 내에 놓여 있다는 것을 감안해 본다면 이러한 수치가 나오는 것 또한 무관해 보이

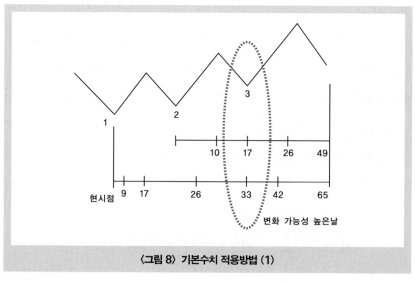

〈그림 8〉 기본수치 적용방법 (1)

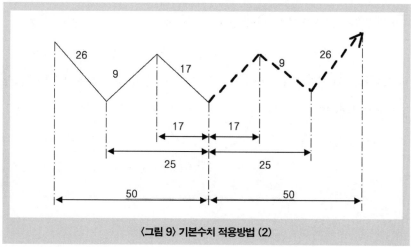

〈그림 9〉 기본수치 적용방법 (2)

지 않는다. 기본수치는 균형표의 시간론 중에서도 골자를 이루는 개념이다. 기본수치에 해당하는 날에 반드시 전환이 일어나는 것은 아니나, 이를 전후해서 '지금까지의 방향에 변화가 생길 가능성이 대단히 높다'라는 것을 인지해야 한다.

〈그림 8〉과 〈그림 9〉에서 볼 수 있지만 기본수치 그 자체만으로도 변곡점의 자리를 차지하고 있을 뿐 아니라, 기본수치들이 겹치는 지역에서는 변곡점의 자리로서 신뢰도를 높이고 있다.

대등수치

대등수치란 기본수치 이외의 시간관계로 주가가 전환하는 움직임을 포착하려는 것이다. 기본수치가 선행적인 수치로서 현재까지의 시세와는 무관하게 추세를 시작한 이후 특정한 날짜가 지나면 반드시 변곡점이 발생한다는 해석인데 반해, 대등수치는 후행적인 수치로서 과거의 완성된 추세에 걸린 시간만큼 향후에도 대등

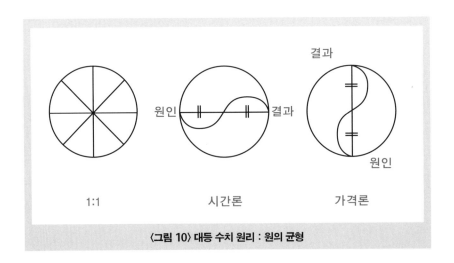

〈그림 10〉 대등 수치 원리 : 원의 균형

한 수치로 또 하나의 완성된 추세를 만든다는 해석이다. 다시 말해 이전의 시세에서 보였던 진폭과 시간에 따른 흐름을 갖고 향후의 진폭과 시간에 따른 흐름을 예측하겠다는 것이 대등수치의 주된 개념이다.

실질적으로 대등수치는 기본수치보다 오히려 시간론적으로의 접근에 있어 높은 효과를 발휘하고 있다. 또한 대등수치의 대칭관계는 기간이 길수록 높은 신뢰성이 나타나고 있다. 대등수치는 '과거에 형성된 파동이 미래에 영향을 준다'라는 전제하에 성립된다. 가령 과거 50일 동안 상승세를 형성했다면 다음 50일 동안은 하락 파동이 형성될 수 있다는 것이다. 따라서 대등수치는 과거의 움직임이 미래에도 영향을 주는 인과관계에서의 1:1 등식, 즉 등가격 법칙(원의 균형)이 적용된다(〈그림 10〉). 기본수치는 스스로 움직임을 형성해 가는 능동적인 수치인 반면, 대등수치는 과거에 영향을 받는 수동적인 수치이다.

변화일 예측

일목균형표의 시간론을 이용하는 가장 큰 이유는 변화일 예측에 있다. 즉 봉의 개수를 세어서 기본수치 및 대등수치를 적용하는 것은 의미 있는 변화일을 찾기 위해서다. 변화일은 시세 움직임에 어떤 변화가 일어나기 쉬운 날로 정의된다. 여기서 어떤 변화는 전환일이 될 수도 있고, 연장일이 될 수 있으며 강화일이 될 수도 있다. 이러한 변화일을 예측하기 위해서는 기본수치와 대등수치를 갖고 복합적으로 활용해서 찾아내는데, 이 중에서 기본수치와 대등수치가 겹치는 날은 중요한 변화일로 받아들일 수 있다(〈그림 11〉). 왜냐하면 연장 또는 강화일이 될 확률보다는 전환일이 될 가능성이 매우 높기 때문이다. 이러한 분석을 하기 위해서는 우선 차트

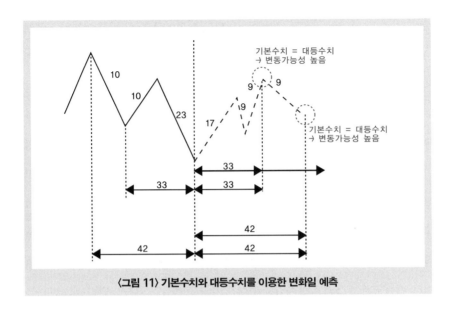

〈그림 11〉 기본수치와 대등수치를 이용한 변화일 예측

상에 의미 있는 저점 혹은 고점을 찾아서 기본수치를 표시한다. 그 다음에는 주가
가 기본수치에 해당되는 날이 왔을 때부터 과거의 주가를 가지고 대등수치를 파악
하여 미래의 변화가 예측되는 날을 찾으면 된다.

변화일 예측 시 주의점

첫째, 변화일은 추세가 상승세일 때는 잘 맞는 편이지만 하락장에서는 맞지 않
는 경우가 많다. 이 같은 현상에 대해 일목산인은 "하락 장세는 결국 주가가 붕괴하
는 것이기 때문에 알 수가 없다"고 말한 바 있다. 따라서 하락 장세에서는 변화일이
단축되거나 오히려 연장되는 경우가 많다.

둘째, 시간론은 개별 종목의 분석보다는 주가의 자연적 흐름에 충실한 대형주

나 지수에 사용하는 것이 유효하다.

그럼 지수차트를 통하여 기본수치와 대등수치에 대한 구체적인 사례를 알아보기로 하자. 종합주가지수(KOSPI)의 1993년 9월과 1999년 10월을 비교 분석한 것이다. 〈그림 12〉는 종합주가지수 일봉을 기준으로 시간론에 입각한 분석이다.

1993년에는 중간 반락 기간이 시간론의 1순환 마감일(기본수치 76일)과 유사한 패턴을 보였다. 1993년도 일목균형표를 보면 당시 6월 10일(종합주가지수 780포인트)이 상승세가 마감되고 중간 반락의 시작점이었다. 그 반락은 9월 6일(종합주가지수 670포인트)까지 이어진다. 여기에서 주목해야 할 것은 중간 반락 과정에서의 조정일 수가 일목균형표상 1순환 마감일에 하루 못 미친 75일이어서 방향성을 예측할 수 있는 의미 있는 수치로 간주될 수 있다. 마찬가지로 1999년 10월 27일은 기본수치 76일이 교차되는 예상 변화일이었으며, 1993년 차트와의 동조화 가능성(일목균형표 분석에서는 일정 기간을 사이를 두고 대등수치가 이루어지는 것을 '격의'라고 한다)의 입장에서 보면, 대등수치 75일이 교차되는 날이 10월 26일이다. 그러므로 시간론적 접근에서는 기본수치와 대등수치가 공존하고 있는 10월 네 번째 주에 그 어느 때보다 높은 변동성을 기대할 수 있는 것이다.

1999년의 일목균형표 일봉을 보면 기본수치에 있어서는 1순환 마감일 변동성 이후 거래일 수를 기준으로 17일 후(기본수치 17)에 다시 변동성이 나타났다. 결과적으로는 이러한 하락 변동성이 중장기적인 의미로까지 확산되는 결과를 가져왔다. 대등수치는 과거의 파동거래일수가 현재 파동 분석에 있어 하나의 전환점을 포착하는 데 유용하게 사용된다. 〈그림 12〉에서는 대등수치 23일을 기준으로 한 단기 변곡점과 대등수치 46일에 대한 변곡점 설정은 파동 분석에 있어 유용한 도구로 사용되어지고 있다. 대등수치에 대한 신뢰성은 기간이 길면 길수록, 반복 횟수가 많으

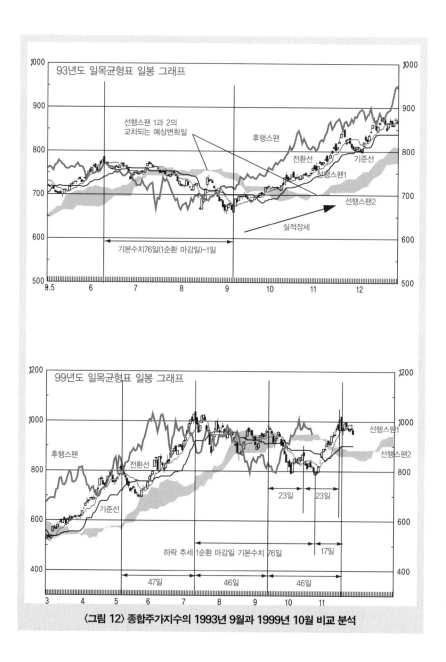

93년도 일목균형표 일봉 그래프

선행스팬 1과 2의
교차되는 예상변화일

후행스팬

전환선   기준선

선행스팬1

선행스팬2

실적장세

기본수치76일(1순환 마감일)-1일

99년도 일목균형표 일봉 그래프

후행스팬

전환선

선행스팬1

선행스팬2

기준선

23일   23일

17일

하락 추세 1순환 마감일 기본수치 76일

47일   46일   46일

〈그림 12〉 종합주가지수의 1993년 9월과 1999년 10월 비교 분석

면 많을수록 높아진다는 것을 기억해야 할 것이다.

일목균형표를 근거로 한 차트 중에서 무엇보다 가장 높은 신뢰성을 가지는 것이 주봉에 근거한 일목균형표 시간론, 파동론, 수준론이다. 〈그림 13〉의 일목균형표에서는 시간론의 위력을 느낄 수 있다. 1998년 10월을 기준으로 종합주가지수(KOSPI)는 주봉차트상 새로운 1순환을 시작하였다. 그리고 기본수치 76주, 즉 중기 1순환이 2000년 2월 하순경에 마감되었다. 2000년 2월 하순엔 새로운 하락파동의 시작된다. 일반적으로 일목균형표에서 주봉차트가 구름대에 접어들게 되면 향후 몇 개월 혹은 그 이상의 기간 동안 구름대에 머문다. 심한 조정의 경우 구름대를 하회하기도 한다. 따라서 중기적으로 보수적인 시각에서의 시장접근이 필요한 상황이었다.

만약 2000년 2월 하순경 지수가 구름대를 지지선으로 반등에 성공했었더라면 시장의 판도는 달라질 수도 있었다. 2000년 2월 하순 이후 기본수치 9주가 걸리는 자

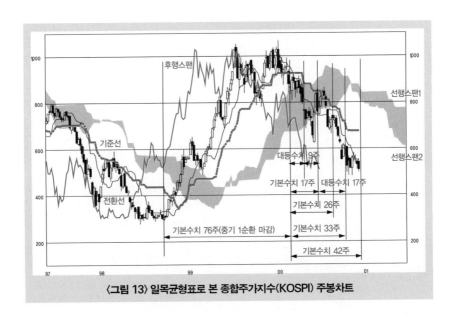

〈그림 13〉 일목균형표로 본 종합주가지수(KOSPI) 주봉차트

리에서 갭을 동반한 하락세를 기록한다. 기본수치 17주와 대등수치 9주가 교차한 2001년 6월엔 구름선을 돌파하기 위한 시도를 보인다. 그러나 결과적으로 음봉과 함께 다시 하락 추세가 이어진다. 그리고 기본수치인 26주가 교차한 2000년 8월엔 흑삼병이 나타난 것을 계기로 기술적 반등이 마감된다. 〈그림 13〉에서 주요 변화일 은 차트가 그려지지 않은 다음주가 된다. 이는 일목균형표 기본수치 42주가 교차되 는 예상 변화기간이기 때문이다.

06 | 일목균형표 파동론

미국의 전설적인 상품 트레이더인 리처드 데니스는 야구 통계를 통해 중요한 매매 원칙을 깨달았다. 가장 많은 득점을 하는 선수는 일관된 실적을 보이는 타자가 아니라 홈런 타자였던 것이다. 그는 "매매도 마찬가지다. 일관성은 우리가 추구해야 할 것이지만 언제나 최선의 것은 아니다. 매매는 기다리는 게임이다. 우리는 앉아서 기다리다가 한꺼번에 많은 돈을 번다. 이익은 무더기로 오기 쉽다. 비밀은 한 홈런에서 다음 홈런을 칠 때까지 옆걸음질하면서 그 사이에 너무 많이 잃지 않는 것이다"라고 말했다.

파동론 하면 제일 먼저 떠오르는 것이 엘리어트 파동이론일 것이다. 일목균형표의 파동론은 엘리어트 파동이론에 비해 상대적으로 간단명료한 개념으로 이루어져 있다. 엘리어트 파동이론은 기본적으로 상승 5파와 하락 3파로 주 순환 사이클이 정형화되어 있는 형태를 보이는데 반해, 일목균형표의 파동론은 고점과 저점이 갱신되는 하나의 상승·하락 파가 연장된다고 본다. 따라서 엘리어트 파동이론과는 달리 상승 파와 하락 파를 정형화시키지 않고 고점과 저점의 상대 비교를 통해 파동이 연장될 수 있다는 유연한 사고를 지니고 있다. 일목균형표상에서의 파동은 크게 기본파동과 중간파동으로 구성된다.

파동의 결정방법

추세가 진행된다는 것은 시세가 한 방향으로 꾸준히 이어가고 있다는 것을 의미하며, 이는 고점이 전고점보다 계속 높아지고 저점 역시 전저점보다 계속 높아지는 상황을 말한다. 파동이 깨어지는 경우는 상승 추세 경우 전파동의 저가를 하회할 때, 하락 추세의 경우 전파동의 고가를 상회할 때이다.

기본파동

〈그림 14〉에서 볼 수 있는 I, V, N 3개의 파동을 기본파동이라 하는데, 상승이든 하락이든 최종적으로는 N파동으로 집약된다. Y파, P파는 각각의 형태에서 확대파동, 축소파동이라고 부르기도 하는데 기본적으로는 중간파동으로서, 대세파동(10년 이상)의 기간에서는 거의 발생하지 않는다. 기본파동을 기준으로 주가지수를 분석하기로 한다면 일봉차트를 우선 제시하고 그 다음은 주봉을 제시해야 된다.

파동의 기본적인 개념이 일봉이든 주봉이든 월봉이든 차이는 없다. 하지만 다루는 대상이 바뀜으로써, 시간적인 관점은 달라질 수 있다. 일반적으로 주봉은 중기 시

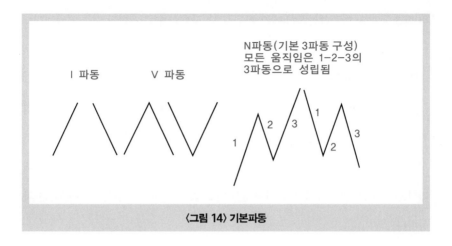

〈그림 14〉 기본파동

세 및 대세관의 파악을 가능하게 하고, 월봉은 장기 시세의 파악을 가능하게 한다.

① I 파동 : 한 번의 상승 또는 하락파동을 나타내는 것으로 영어 알파벳의 I자 모양이다.

② V 파동 : 상승에서 하락 또는 하락에서 상승의 2파동으로 진행되는 것으로 영어 알파벳의 V자 모양이다.

③ N 파동 : 가장 기본이 되는 파동으로 상승-하락-상승, 하락-상승-하락의 3파동이다. 상승 2파동에서는 전저점을 하향 돌파하지 않고, 하락 2파동에서는 전고점을 상향 돌파하지 않는다. 상승 3파동에서는 전고점을 돌파하고, 하락 3파동에서는 전저점을 돌파해야 한다. 영어 알파벳의 N자 모양이다.

중간파동

중간파동은 기본파동으로 가기 위한 중간 과정에서 볼 수 있는 파동이다. 향후의 진행 방향을 예측하는 방법에만 이용될 뿐, 파동의 수를 계산할 때는 제외된다.

P파동 : 축소 파동

고점은 낮아지고, 저점은 높아지는 파동이다. 상하의 진폭이 점차 축소되어 고점과 저점이 점점 수렴하는 형태이다. 수렴된 수준이 파동의 중심선보다 위에 있으면 상승, 아래에 있으면 하락하고 중심선상에 있으면 다음에 향하는 방향으로 전환해 간다(〈그림 15〉). 보통 추세의 끝자락에서 기간성 횡보 구간을 만들 때 나타나는 파동이다.

Y파동 : 확대 파동

고점은 높아지고 저점은 낮아져 상하의 폭이 점차로 확대되어 진행되다가 언젠가는 상하 어느 한쪽으로 움직이게 되는 파동으로 P파동과 같이 파동계산에서는

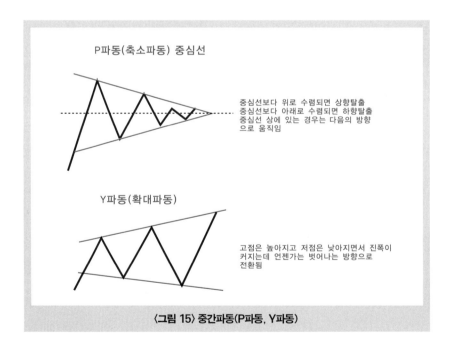

P파동(축소파동) 중심선

중심선보다 위로 수렴되면 상향탈출
중심선보다 아래로 수렴되면 하향탈출
중심선 상에 있는 경우는 다음의 방향
으로 움직임

Y파동(확대파동)

고점은 높아지고 저점은 낮아지면서 진폭이
커지는데 언젠가는 벗어나는 방향으로
전환됨

〈그림 15〉 중간파동(P파동, Y파동)

제외된다(〈그림 15〉). Y파동이 나타난다는 것은 시장에 큰 변동성이 나타나면서 파란이 일어나기 때문이다. 이것은 강한 추세의 끝자락에서 추가 진행과 역방향의 매매가 충돌하면서 변동성이 극대화된 것이다. 기존 추세에 대한 믿음이 의구심으로 변하고 있다는 반증으로 해석되면서 추세 전환으로 이어지는 경우가 많다.

07 | 일목균형표 가격폭 관측론

50년이 넘는 긴 세월 동안 소수 대박 종목을 끊임없이 발굴하여 명성을 얻었던 필립 피셔의 투자기법을 소개하려고 한다. 그는 절대로 많은 종목을 찾지 않았다. 다만 소수의 탁월한 종목 발굴을 위해 집중하였다. 또한 그는 최고가 아니면서 적당한 수익률에 만족하는 투자방식을 싫어하였다. 필립 피셔의 종목 선별에 대한 기준은 업계 최고 기술력을 보유할 것, 나쁜 뉴스가 터진 후 매수할 것, 불황일 때 매수하고 호황일 때 매도할 것 등이었다.

일목균형표는 시간론, 파동론에 더하여 가격폭 관측론(수준론)에 기초하여 만들었다. 가격폭 관측론은 간단하지만 자칫하면 예측 계산치를 절대시하기 쉽다. 그러나 어디까지나 시간론, 파동론을 바탕으로 한 후에 가능한 것임을 상기할 필요가 있다. 단순하게 생각한다면 가격폭 관측론은 4가지 단순한 계산식에 기초하여 주가의 목표치를 계산하는 것이다. 여기에 일목균형표에서 가장 중요하게 생각하는 시간론적인 변화일과 파동수 등이 전제가 되어야만 그 의미를 가질 수 있다. 가격폭 관측에는 기본적으로 4개의 관측법이 있는데 V, N, E, NT계산치로 구분된다.

V계산치

V계산치는 〈그림 16〉에서와 같이 V파동에서 생긴 포인트로 그 모양에 기인하여 이름 붙인 것이다. B에서 C로의 하락폭의 배수를 되돌리는 수준을 구하는 것으로 계산식은 V=B+(B-C)가 된다. 즉 이것은 B에서 C로 내린 만큼을 배수로 되돌리는 운동으로, V파동에서 발생하는 포인트이며, 그 형태에서 V계산치라고 명명한 것이다.

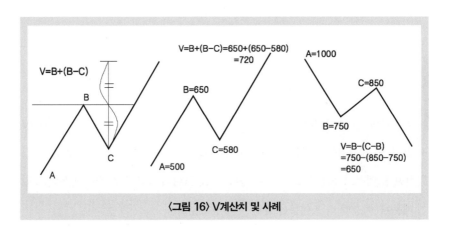

〈그림 16〉 V계산치 및 사례

N계산치

N계산치는 A에서 B로의 상승폭만큼 이후 C에서도 똑같은 폭으로 상승한다는 것이다. 계산식은 N=C+(B-A)가 된다. N파동의 최초 상승폭과 나중의 상승폭이 같다고 보는 것으로, 역시 그 모양에서 N계산치라 부르게 된 것이다(〈그림 17〉).

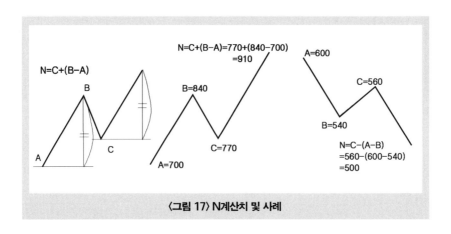

〈그림 17〉 N계산치 및 사례

E계산치

E계산치는 A에서 B로의 상승을 B에 가산하는 방법이다. 계산식은 E=B+(B-A)가 된다. 이 계산방법을 '이층배'라고도 부른다. A에서 B로의 상승 첫 파동을 '지질학적인 층'이라고 표현하고 있다. 이 층 위에 또 하나의 층을 겹친 것을 반복하고 있기 때문에 '이층배'라고 이름을 붙인 것이다(〈그림 18〉).

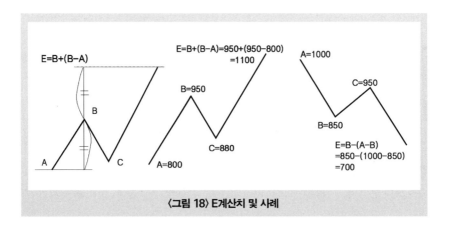

〈그림 18〉 E계산치 및 사례

NT계산치

NT계산치는 A에서 C까지의 상승폭을 다시 C에 가산한 것이다. 이것은 V계산치로는 상승폭이 작고, N계산치와 E계산치로는 상승폭이 큰 경우에 발생하는 포인트이다. 경우에 따라서는 V계산치가 훨씬 높게 나타날 수도 있다. 계산식은 NT=C+(C-A)가 된다. 이 NT계산식은 아주 드물게 출현한다(〈그림 19〉).

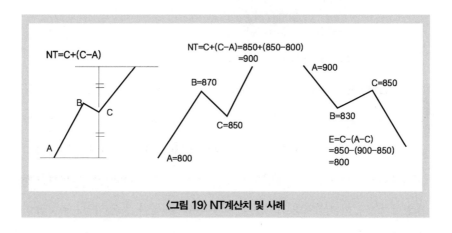

〈그림 19〉 NT계산치 및 사례

계산식으로 보면 '이렇게 간단한 것인가'하고 생각할지도 모른다. 주식시세 변동의 본질은 지극히 간단한 것으로 실제로 고점, 저점의 출현 방식은 거의가 V, N, E계산식 가운데 하나에 해당된다. 중요한 것은 어디까지나 가격은 시간에 의해 결정된다는 것이다. 시간론을 파악한 후에 비로소 계산치(가격 관측)가 활용된다는 점을 기억해야 할 것이다.

한정 가격폭

하락 파동에서 N계산값은 직전 하락 파동의 길이를 그 다음에 나타나는 파동에 적용시키는 방법이고, V계산값은 반등의 폭을 적용시켜나간 것이다. 이렇게 하락 과정에서 나타나는 반등폭 중에서 가장 크게 나타난 반등 범위를 '한정 가격폭'이라고 하며, 이후 하락 추세 중 반등 발생 시 그 폭을 가늠하게 하는 데 하나의 기준으로 사용되기도 한다.

S구성점

상승세라면 파동의 정점을 일단 웃돈 후에 조정이 나타난다. 이때 이전의 고점을 깨지 않거나 살짝 밑도는 정도라면 조정 후 반등 시 전고점을 상향 돌파하는 것이 일반적이다. 이 이상적인 위치를 S자를 본떠서 'S구성점' 혹은 약칭으로 'S점'이라 표현한다(〈그림 20〉).

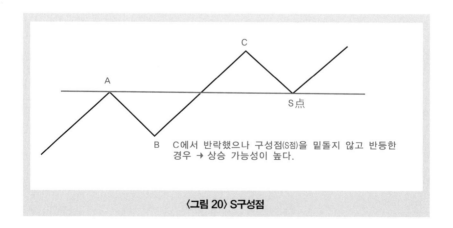

〈그림 20〉 S구성점

배반치

배반치의 전형적인 예는 정역삼존(역Head & Shoulder 패턴)이다. C를 저점으로 D까지 1차 상승을 한 시세가 조정에 들어갔을 때, E는 직전 하락 과정에서 발생한 A~B까지의 반등폭과 같은 값을 갖는다. A~B는 상승세이기 때문에 플러스(+)부호, D~E는 하락했기 때문에 마이너스(-)부호인데, 그 절대치는 차이가 없다(〈그림 21〉).

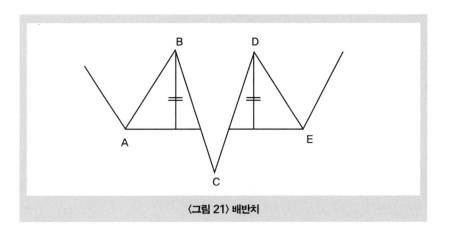

〈그림 21〉 배반치

가격폭 계산의 활용법

가격 계산값의 차이가 너무 많으면 계산값들의 최고와 최저의 중간값을 취할 수 있다. 이를 응용 계산값이라고 한다. 목표값 한 가지만 갖고 적용하기보다 시간, 파동, 선행스팬 등 여러 다른 지표와의 관계를 주시하면서 매매를 결정해야 한다.

E계산값은 미리 계산하여 새로운 N파동 형성 시마다 목표값을 계속 산출해나간

다. 습성가격이란 '가격은 이전에 내린 만큼(오른 만큼) 내리려고 하는(오르려고 하는) 습성이 있다'는 의미이다. 목표값 분석법은 이것을 이용하는 것이다.

일목균형표에서 '예상'보다 '예측'이라는 표현을 많이 쓴다. 예상이란 '미리 생각하는 것'이고, 예측은 '미리 측정해두는 것'이다. 가격 측면에서는 미리 예측해두는 것이 중요하다. 시세의 매커니즘으로서 또한 이후의 가능성으로서 가장 확률이 높은 변동의 코스를 예측해보는 것이 중요한 것이다. 이것은 어디까지나 예측으로, 이후의 시세의 변동과 예측한 것과의 차이가 발생하면 수정해가면 된다. 이러한 과정을 통해서 분석의 기술이 생기고 그 방법을 터득해가는 것이다. 여기서 중요한 것은 예측을 하는 데 있어서는 이론적 적합성이 없으면 안 된다는 것이다. 일목균형표에는 이러한 예측을 위한 방법이 많다.

08 | 일목균형표 형보론

    모두들 정보의 시대라고 말하지만, 우리가 더불어 산다는 그 정보라는 것이 과연 무엇일까? 주식시장을 보면 너무나도 많은 사람이 따끈따끈하다 못해 뜨거운 정보를 손에 넣으려고 안달이다. 자신들의 운명을 하루아침에 바꿔줄 단 하나의 비밀에 목을 맨 나머지 그들은 길거리에 돌아다니는 가짜 정보에 희생되고 만다. 점성술사의 예언이나 찻잎의 모양을 보고 투자를 하는 사람은 아마 없을 것이다. 그런데도 그것들보다 하나 나을 것 없는 근거에 따라 주식을 사고파는 사람들이 너무나도 많다는 사실이 그저 놀라울 따름이다. 그러한 결정의 동기가 맹목적으로 지름길을 찾으려는 것일지 몰라도 그것은 본질상 극도로 비합리적일 수밖에 없다.

    일목균형표에 대한 분석의 마지막으로 '형보'에 대해서 살펴보도록 하자. 먼저 '형보(型譜)'를 살펴보면 '형(型)'은 '이미 모양이 갖추어져 있다'는 의미로 주어진 양봉과 음봉을 시사하고, '보(譜)'는 '부호를 의미하는 것'으로 위치 및 배열관계를 나타낸다. 본래는 일목균형표와는 완전 독립된 개념으로 성립된 것이지만, 일목균형표 분석과 동시에 형보를 고찰하는 것이 보다 큰 성과를 거두는 데 도움이 될 것이다.

봉형, 즉 봉의 성격이나 위치 및 배열관계를 통하여 미래 시세를 예측하는 방법으로 가장 유명한 것은 이미 앞에서도 언급한 '사께다 5법'이다. 이 사께다 5법은 실전용으로 매우 가치가 높다. 일목균형표의 봉형은 간단한 개념을 기본으로 하고 있어 판단이 용이하다. 개념에 있어 근본적인 생각은 '음의 극에 달하면 양으로 향한다', '양의 극에 달하면 음으로 향한다'라는 것이다.

양련(陽連)은 양봉이 연속적으로 늘어선 모습이고, 음련(陰連)은 음봉이 연속적으로 늘어선 모습이다. '연(連)'이란 '이어지다, 연속되다'라는 의미로, 일목균형표의 형보에서는 최소한 5일간 양봉 또는 음봉이 연속될 때 사용하는 표현이다. 5양련이란 5일간 연속하여 양봉이 출현하는 것을 의미한다. 사께다 5법에서도 적삼병, 흑삼병이라 하여 3일 연속한 양봉과 음봉을 중시하고 있는데, 횡보 장세나 하락 및 상승 장세가 오래 계속된 후에 나타나는 연속한 양봉이나 음봉은 투자심리의 중요한 변화이다. 사께다 5법에서는 이것을 3일 연속 양봉이나 음봉을 방향의 변화로서 파악하려는 것이다. 3일과 5일의 차이는 있지만, 그 기본적인 생각에는 큰 차이가 없다. 다만 3일의 경우 아무리 시세판단에 능한 사람이라도 속임수에 걸려드는 경우가 더러 있다. 그러한 점에서 5일 정도 되면 통상적으로 속임수가 나타나기 힘들다고 할 수 있다.

봉형을 판단하는 데 있어, 여러 가지 명칭을 기억하는 것보다 양봉과 음봉의 수, 출현방식 등에 주목하는 것이 합리적이다. 형보 자체로도 상당한 위력을 발휘하지만, 형보가 출현하기까지의 진행 과정이 중요한 것이다. 예를 들어 단지 5양련이 출현했다고 해서 매수가 확정되는 것은 아니다. 그러므로 이 점을 주지한 후에 이용하는 것이 중요하다. 5양련(5일 연속 양봉)이나 5음련(5일 연속 음봉) 발생 시 그 상승과 하락은 고가와 저가의 폭이 좁을수록 그리고 갭을 동반하지 않을수록 좋다는 것을 항상 기억해야 한다. 그리고 형보는 반전신호 이전의 가격 변동 상태와 상대적으로 비교하여 이후의 상승 지속 여부를 판단해야 한다. 단기간에 급등해버리면 반등의 기력을 다 소모해버리는 경우가 많기 때문에 연속 양봉에 대한 기대심리가 빨리 식을 수도 있다.

실제 주가차트를 통하여 형보에 대하여 분석해보기로 하자.

〈그림 22〉를 보면 2000년 3월 고점을 형성한 후 하락 추세를 지속하고 있다. 하락 추세에 대한 신호로서 흑삼병에 대한 신뢰도는 높다. 일단 하락 추세에서의 5음련을 기준으로 해석해보기로 하자. 코스닥지수의 고점은 2000년 3월 10일에 형성되었다(〈그림 23〉에서 표시한 사각형 1). 이날을 포함하여 이후 거래일수 기준으로 6일 동안 다섯 번의 음봉과 한 번의 양봉이 시현되었다. 형보에서는 음봉이 연속하는 도중에 1개의 양봉이 출현하는 것을 '개재'라고 표현한다(양봉이 연속하는 도중에 1개의

〈그림 22〉 일목균형표 형보분석

음봉이 출현하는 것도 '개재'라고 표현한다). 이러한 1양개재5음런이 소폭이라면, 단순한 5음런에 준할 정도의 하락 시세를 전개한다라고 볼 수 있다.

여기서는 1양개재5음런이 마감되는 3월 17일을 본격적인 매도시점으로 볼 수 있다. 그렇지만 거래일수 6일 동안의 하락폭 심화로 추가적인 하락 전개는 선행스팬 1과 2가 교차되는 변동성 기간에서 마감되고 다시 소폭의 상승세로 전환되었다. 그러나 이 역시 1양개재5음런 출현에 따른 영향으로, 구름대 상한선을 저항선으로 하여 다시 되밀리며 하락 추세를 이어갔다. 5월 2일에는 양봉이 나타나면서 1음개재 5양런을 시현하며 상승 추세로의 전환을 모색하는 발판을 마련하였다(사각형2). 그렇지만 이는 전고점을 저항선으로 하여 다시 되밀리는 하나의 속임형으로 기록되었다. 1음개재5양런이 출현한 후 곧 바로 5음런이 발생하였다(사각형3). 점진적인 하락이 아닌 단기 급락으로 인하여 기력을 다 소모해버린 모습이다.

이를 반영하듯 그 후 3일 후 반등의 신호가 제시되며 1음개재5양런이 출현하였다(사각형4). 바닥권에서의 점진적인 상승이 수반된 1음개재5양런의 출현으로 하락 추세에서 단기 랠리가 거래일수 기준 6일 동안 전개되었다. 그러나 곧바로 1양개재 5음런이 출현되면서 매도신호를 보였다. 이에 대한 점진적 반발 매수가 발생하기도 하였으나 구름대를 다시 하회하며 코스닥지수는 하락세를 이어간다. 하락 추세 돌파를 위한 바닥 다지기를 시도하였지만, 5양런이 출회되지 않고 음봉과 양봉이 등락을 거듭하고 있는 상황이어서 추세 전환신호는 발견되지 않는 모습이다.

09 | 금융시장에서의 일목균형표 적용

피터 와이코프는 주식 투자에 심리적 투자기법을 이용하여 미국시장에서 엄청난 수익을 올린 투자의 대가다. 그는 '군중심리는 항상 틀린다'라고 전제하고 대중과 반대로 투자하는데 주력했다. 따라서 군중심리분석에 심혈을 기울였다. 와이코프는 다우의 추세이론, 엘리어트 파동이론, 배론의 확신지수, 수급 관련 지표 등을 이용하였다. 이를 통해 대중들이 공포심리 단계인지, 확신의 단계인지를 파악하여 매매함으로써 큰 성공을 거두었다.

시세는 일단 움직이기 시작하면 오르든지, 내리든지 둘 중 하나이다. 이렇게 간단한 것이 어렵게 생각되는 것은 너무 많은 것을 생각하기 때문이다. 여러 가지 많은 것을 알고 있기 때문에 오히려 직면한 장세에 대응하지 못하고 머뭇거리는 경우가 있다. 본래 아무것도 모르는 것보다는 아는 쪽이 좋다. 안다는 것의 고귀함, 앎으로 해서 새로운 세계, 새로운 경지를 열 수 있는 것이다.

주식 투자의 세계에서는 안다는 것이 망설임의 씨앗이 되지 않도록 해야 한다.

안다는 것이 망설임의 씨앗이 되지 않도록 하기 위해서는 주식시세의 현재성을 아는 것이 매우 중요하다. 시세의 현재성이란 현재의 시세가 갖고 있는 힘 그 자체를 말한다. 이 시세의 현재성을 아는 데는 시간, 가격, 파동의 3개는 최소한 습득할 필요가 있다. 이 개념을 갖추고 있는 것이 일목균형표라 할 수 있다.

일목균형표 분석은 주식 분석에만 한정되는 것은 아니다. 금리, 환율, 원유 또한 금값도 이 개념으로 분석이 가능하다. 즉 변동하는 가격의 전부에 통용되는 것이다. 특히 인위적인 개입이 적을수록 일목균형표의 신뢰성은 높아진다는 명제를 항상 기억할 필요가 있다. 인위적인 개입의 강도가 다소 낮은 환율시세를 이용하여 균형표를 한 번 연구해보기로 하자.

일목균형표에 의한 원/달러 분석

우선 원/달러 주봉을 보면 1999년 10월 일목균형표 구름대 돌파에 실패한다. 2000년 말 패턴상으로는 원형 바닥을 완성하였고, 구름대라는 저항밴드를 완전히 상향 돌파하였다. 그러므로 선행스팬 2가 위치하고 있는 1,162원선은 강한 지지선으로 작용할 수 있다. 더불어 후행스팬은 구름대를 돌파하였는데 조정 시 선행스팬 2의 지지력을 받고 있어 원/달러의 중장기 약세 가능성을 시사하고 있다. 이러한 원/달러 약세 기조하에 일봉 차트상으로는 선행스팬 1과 2의 교차기에서 강한 변동성이 나타난다. 상승세는 대등수치 26일이 교차된 12월 1일을 기점으로 일시적인 조정 국면을 나타내고 있다. 단기 패턴상으로는 머리어깨형을 나타낼 가능성이 높지만 추세 상승의 입장에서 보면 지속형보다는 반전형, 즉 다시 상승세로 전환될 가능성이 매우 높다. 상승과 하락에 대한 목표치는 12월 1일 전고점 상향 돌파 시

선정이 가능한 모습이다. 비록 지속형 출현으로 원/달러가 약세로 전환될지라도 구름대는 점차 고점을 높여가고 있어 다음해 초부터는 구름대가 1,170원선 이상에서 형성될 수 있는 모습이다. 즉 지지선의 점진적인 상승과 함께 원/달러는 하방경직성을 확보한 채 상승 국면을 지속할 가능성이 높다는 것을 알 수 있다.

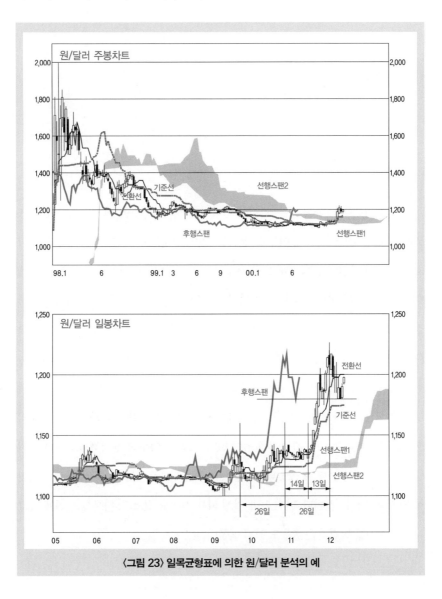

〈그림 23〉 일목균형표에 의한 원/달러 분석의 예

10 | 일목균형표를 마치며

　주가의 미래에 대한 전망은 언제나 정확하게 서 있는 것이 아니다. 일목균형표 역시 미래를 읽으려 할 때, 아무런 망설임 없이 읽어낼 수 있는 것은 아니다. 하락 흐름 속에서 마침내 균형점에 도달하여 반등세로 돌아선다면 이후 펼쳐질 시세에 대한 숙고가 필요하다. 여기에서는 얼마만큼 그 증거가 확보되었는지 시세의 현재성에 대한 것을 새삼 음미할 필요가 있는 것이다. 투자자는 항상 자기 자신의 판단에 잘못은 없는지 혹은 전혀 반대의 개념이 성립되는 것은 아닌지 깊이 생각해봐야 한다. 현재까지 시세의 방향성을 잘 알고 있다고 생각하지만 실제로는 잘못 이해하고 있는 경우가 발생할 수도 있다. 시세가 중기적으로 전환을 나타내는 것인지의 여부를 쉽게 알 수 있을 때는 망설임이 없다. 그러나 아무리 생각해봐도 결정적인 증거를 찾아내지 못할 때도 있다. 이러한 때에는 '현재로서는 알 수 없다'라는 것만을 인지하면 되는 것이다. 며칠 후에 알게 되는 경우도 있고 또 하루를 사이에 두고 새로운 증거를 발견하는 경우도 있기 때문이다.

이와 같이 시차를 두고 나중에 아는 것도 대단히 중요하고 의미 있는 것이다. 모른 채 방치하는 것은 편안하다. 그러나 수일 후에라도 납득할 수 있는 증거를 찾아내는 것은 훨씬 귀중한 것이다. 여기서 증거라고 표현한 것은 물론 시간관계, 가격관계, 파동의 진전, 균형표 등 각 지표의 균형을 말하는 것이다. 자기 자신이 시세의 현재성에 대해 어느 정도의 근거를 설명할 수 있을 것인가가 균형표를 배우는 데 있어 중요하다. 이런 의미에서 일목균형표는 하나의 논리학으로 자리매김할 수 있다. 나중에 아는 것마저도 중요하다고 지적한 것은 자기 자신이 시세를 설명하지 못한 채 추세가 전환된 경우 아무래도 이에 대응하는 시간이 한 발 늦어지기 때문이다.

엘리어트 파동이론을 계승한 대표적 분석가가 로버트 프렉터라면, 일목산인의 일목균형표를 계승한 사람은 사사키 히데노부이다. 제1장에서 잠시 언급한 대로 그는 9년 연속 일본 1위 기술적 분석가로 선정되었고, 아시아 최고 분석가로 3년간 선정되었다. 그는 자신의 저서인 『일목균형표 연구서』에서 "일목균형표 연구자는 1985년 시점에서 약 1만 명 정도이며, 그 중에서 종횡으로 인식이 가능한 레벨에 달한 사람은 10명 정도"라고 말하고 있다. 여기서 종횡이란 시간론과 가격론을 거의 완전하게 파악 가능한 수준을 말하는 것이다. 사사키 히데노부의 책을 보면 천문학 서적을 보다가 태양의 적도 자전주기가 26일이라는 것을 발견하고 놀랐다는 글도 접할 수 있다. 일목균형표에 나오는 수치가 그냥 나온 것이 아니라는 생각을 갖게 된다. 최근 일목균형표에 대한 원전이 속속 번역되어 국내에 소개되고 있는데, 이에 대한 이해를 위해서는 부단히 노력하는 방법 밖에는 없는 듯하다.

11

투자심리 분석과
주가 사이클의 형태

나는 천체의 움직임은 예측할 수 있으나 집단의 광기는 예측하지 못한다.

-아이작 뉴턴-

그레고리 멘큐 하버드대 교수는 우리에게도 잘 알려진 책인 〈맨큐의 경제학〉에서 인간의 행동 동기를 설명하기 위해 한 가지 통계를 인용하였는데, 매우 흥미롭기에 소개한다. 1960년대 말 미국 의회는 랄프 내이더 등 시민운동가들의 주장을 받아들여 안전벨트 설치를 의무화했다. 결과는 어떠했을까? 1975년 경제학자 샘 펄츠만의 연구에 따르면 교통사고 1건당 사망률은 감소했지만, 교통사고 건수는 오히려 증가했다고 한다. 더구나 보행자 사망률이 더 늘어난 것으로 나타났다. 안전벨트를 믿고 과속과 난폭 운전을 하는 사람들이 늘어났기 때문이다. 비슷한 사례로 1997년 미국의 뉴저지주에서는 스키어들의 안전을 위해 헬멧 착용을 의무화하는 법안을 준비하다가 포기한 적이 있다. 입법을 위한 실증 조사 결과 헬멧을 착용한 스키어들이 오히려 머리를 더 많이 다친다는 연구 결과가 나왔기 때문이다. 이 모두 사람들의 행동은 의도한 목적, 다시 말해 당연히 그럴 것이라고 생각했던 순효과와는 정반대의 결과를 낳기도 한다는 역설들이다. 아울러 사람의 심리가 개입되기 마련인 경제현상이 얼마나 다루기 어려운 영역인지를 말해주고 있다. 경제현상 중에서도 심리전의 최전방이라고 할 수 있는 증시에서는 아마 천재 학자인 멘큐조차 성공을 자신하지 못할 것 같다.

01 투기의 역사, 군중심리 그리고 주식시장

한 청년이 부자 노인에게 어떻게 많은 돈을 모았는지 물었다. 노인은 자신의 다 닳은 모직 조끼를 손가락으로 가리키며 말했다. "젊은이, 그러니까 1932년의 일이야. 대공황이 한창일 때이지. 난 가진 돈을 모두 날려버리고 달랑 5센트 동전 하나만 남았다네. 그 동전으로 사과를 샀지. 하루 종일 그 사과를 닦고 또 닦았어. 그리고 날이 저물 무렵 그 사과를 팔아서 10센트를 벌었다네. 다음날 아침 난 그 10센트로 사과 두 개를 샀어. 하루 종일 그것들을 닦아서는 오후 5시쯤에 20센트에 팔았지. 이런 방식으로 한 달을 일했더니 월말경에는 1달러하고도 37센트나 모인 것이야." "그럼 그 돈으로 지금의 대기업을 일구신 거로군요?" 청년이 물었다. "물론, 아니야!" 노인이 대답했다. "바로 그때 장인어른이 돌아가셨는데, 우리에게 200만 달러를 남기셨단 말이야."

인간의 욕망은 끝이 없으며 아울러 만족을 모른다. 하나를 가지면 둘을 가지고 싶고 둘을 가지면 셋을 가지고 싶어 하는 것이 속성이다. 이런 욕망이 투기의 배경이 되어왔다. 투자자들은 누구나 가장 합리적이고 객관적인 입장에서 시세를 보고 있다고 생각하지만, 그 바탕에는 언제나 투자자들의 기대나 욕망이 깔려 있는 것이다. 이러한 투기는 동서와 고금을 초월하여 존재해왔으며, 강력한 경쟁원리와 투자자의 여러 가지 심리적인 요소가 결합하여 탐욕의 커다란 거품을 만들었다가 사라지곤 했다.

노벨 경제학상 수상자로 유명한 갤브레이스는 1994년 그의 저서인『금융도취의 짧은 역사(A Short History of Financial Euphoria)』에서 "내 책(『대공황 1929년』)의 인기가 떨어질 때쯤 되면 새로운 투기열풍과 그에 따른 시장붕괴가 나타나 내 책의 인기를 다시 올려놓고는 했다"고 술회하고 있다. 왜 이런 일들이 반복되고 있는 것일까. 갤브레이스는 이를 '군중심리(Crowd Psychology)'에서 찾고 있다. 공황의 근본적인 이유는 사람들이 '투기적 도취 상태(Speculative Euphoria)'에 젖어 군중심리에 휩쓸리기 때문이다. 여기서 투기적 도취감이란 '진실에 대한 차분한 통찰이 배제된 심리적 상태'를 의미한다.

'투기적 도취 상태'의 마지막은 미국 연방준비제도이사회의 앨런 그린스펀 의장이 말했던 '비이성적 과열(Irrational Exuberance)'이다. 즉 주식이 오르고 또 올랐지만 지금 증시에 합류하지 않으면 영원히 낙오자가 되리라는 확신에 가까운 믿음의 상태일 것이다. 환각에 빠진 사람이 제 정신을 찾기란 쉽지 않은 것이 사실이다. 한편으로 사막의 신기루처럼 떠오른 환상을 좇아가는 현상을 연상하고 있는지 모른다. 갤브레이스는 이러한 환각적 현상을 '어쩔 수 없는 자연적인 것으로 받아들일 수밖에 없다'고 했다. 그는 '끊이지 않고 반복되는 투기적 과대망상(Speculative Insanity)'과 이에 따른 '금융재난(Financial Deprivation)'은 차라리 경제의 일부분으로 간주되고 또한 인식되는 것이 타당하다고까지 말하고 있다.

일찍이 맹자는 "이해하지 않고 행동하는 것, 그것이 군중의 방식이다"라고 했다. 프랑스의 철학자이자 정치가인 구스타브 르봉(Gustave LeBon)은 오늘날 최고의 저서 중 하나로 평가받는 『군중심리(The Crowd)』를 1897년 발표한다. 여기에서 "사람들이 모여서 군중이 될 때 그 군중이 되는 개개인이 누구든지 간에 삶의 방식과 직업, 성격, 지적 수준이 비슷하거나 비슷하지 않거나 간에, 그들이 군중으로 형성되었다는 사실이 그들을 어떤 종류의 집합적인 생각으로 몰아넣는다. 그리고 그들이 고립된 상태에 있을 때 개개인으로 느끼고 생각하고 행동하던 것과는 사뭇 다른 방식으로 느끼고 생각하고 행동하도록 만든다"라고 군중심리에 대하여 말하고 있다. 금융재난의 역사는 '새로운 것'에 현혹되는 군중심리와 무관하지 않다.

17세기 튤립의 등장이 그 대표적인 예가 될 것이다. 최초의 현대적 거품시장이며 400년이 지난 지금까지도 대표적인 사례로 손꼽히는 튤립열풍은 만약 네덜란드 사람들이 이미 주식시장이라는 것을 만들어놓지 않았다면 일어날 수 없었을 것이다. 한편으로 주식시장은 네덜란드가 유럽의 주요 무역국으로 부상하면서 갑자기 플로린화(貨)가 넘쳐나지 않았다면 번성하지 못했을 것이다. 더불어 창간된 지 얼마 안 되는 신문들이 튤립의 가치를 떠들어대면서 다들 튤립으로 떼돈을 벌고 있는 것처럼 호들갑을 떨지 않았다면 튤립 구근의 값이 그렇게 엄청나게 치솟지는 않았을지도 모른다.

1849년 캘리포니아의 골드러시나 1852년 오스트레일리아의 골드러시도 마찬가지다. 미국의 미식축구팀 가운데 '샌프란시스코 포티나이너스(San Francisco 49ers)'라는 팀이 있다. 포티나이너스(Forty-niners)란 1849년 금을 찾아 전 세계에서 캘리포니아로 몰려온 황금 탐색자들을 일컫는 말이다. 골드러시를 기리는 의미에서 지금도 미식축구팀 샌프란시스코 포티나이너스는 황금빛 헤드기어를 사용한다.

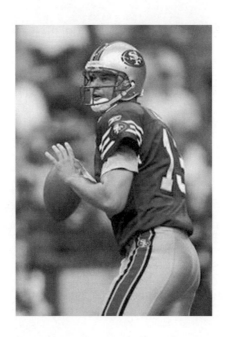

〈그림 1〉 황금빛 헤드기어를 쓴 샌프란시코 포티나이너스의 경기 모습

    일확천금은 정상적인 경제활동보다는 투기 거래를 통해서 이루어지는 경우가 많다. 일찍이 G. 짐멜이 『돈의 철학』에서 지적한 것처럼 자본주의 사회에서 돈은 단순한 교환 수단을 넘어서 사회적 지위와 권력, 심지어 인격까지 결정짓게 하는 것이므로, 자본주의 사회에서 살아간다는 것만으로도 투기의 유혹에 빠지게 되는 이유는 충분한 셈이리라.

    한반도에도 이른바 금열풍이 몰아쳤던 '황금광 시대'가 있었으니 1930년대였다. 그때 당시 처음에는 어처구니없이 일시적 유행으로 가볍게 취급하던 지식인들도 금광이 대세가 되자 슬그머니 그 열풍에 올라탔다. 이성을 찾자고 타일러도 시원찮을 신문기자, 법학자, 경제학자, 공학자들이 앞장서서 가뜩이나 뜨거운 열기에 기름을 부었다. 공학자들은 한반도의 지질구조와 최신 채굴법을 소개했고, 토론회에 불려나온 경제학자들은 금광열풍이 우연히 생긴 것이 아니라 1930년대 세계 경제의 흐름상 발생할 수밖에 없었던 필연적인 현상임을 역설했으며, 변호사들은 금광을 하려면 무엇보다도 광업 관련 법령부터 익혀야 한다고 충고했다. 금광업자들에게 자신의 전문 지식을 파는 데 만족할 수 없었던 지식인들은 직접 금광업에 뛰어들기도 했다. 언론에 비친 그 당시의 모습을 잠깐 살펴보자.

수삼 년 내로 금광열이 부쩍 늘기도 하였거니와 금광 때문에 졸부 된 사람도 훨씬 많아졌다. 그래서 웬간한 양복쟁이로 금광꾼 아닌 사람이 별로 없고 또 예전에는 금전꾼이라 하면 미친놈으로 알았으나 지금은 금광 아니하는 사람을 미친놈으로 부르리만치 되었다.

- 〈금광계 재계 내보(金鑛界 財界 內報)〉, 삼천리, 1934. 8 -

사라진 줄 알았던 금광열풍은 보물선으로 멋지게 포장되어 2000년 12월 여의도 주식시장에서 되살아났다. 울릉도 저동 앞바다에서 침몰한 러시아의 돈스코이 호가 그 중심에 있었다. 1905년 5월 29일 오전 6시 동해의 일출을 뒤로 하고 돈스코이 호가 가라앉은 지 무려 95년 만의 일이었다. 2000년 12월 5일자 조간신문을 통해 퇴출을 앞두고 있던 동아건설이 150조 원 상당의 금괴가 실린 보물선을 발견했다는 소식이 전해졌다. 주식시장의 반응은 그 어느 때보다 뜨거웠다. 동아건설은 개장과 함께 상한가를 나타내더니 종가까지 흔들리지 않는 초강세를 이어갔다. 상한가 매수 잔량도 시간이 지날수록 쌓여만 갔다.

2000년 12월 4일 종가가 315원(액면가 5,000원)이었던 동아건설의 주가는 12월 5일부터 매일매일 15%씩 올랐다. 적정주가를 두고 어떤 사람은 3만 원을 이야기했고, 화끈하고 통 큰 사람은 80만 원까지 내다보기도 했다. 전문가들도 추격 매수의 위험성은 경고했지만, 동아건설 소액주주들에게는 섣불리 매도하지 말라는 당부를 잊지 않았다. 상한가는 15차례 연속 이어졌다. 12월 4일 315원이었던 주가는 미친 듯이 올라 3주 만에 3,000원을 돌파하는 기염을 토했다. 주가가 3,000원을 넘기고, 매수 희망자가 아직은 충분히 있었을 때, 기관들의 매도 물량이 순식간에 쏟아졌다. 그날이 역사상 동아건설 주식이 3,000원대에 거래된 마지막 날이었다. 그로부터 6개월 후, 돈스코이 호의 금괴는 세인의 기억 속에서 흐지부지 사라졌고, 동아건설은 주식시장에서 퇴출되었다. 동아건설 주식이 증권거래소에서 거래된 마지막 날 종가는 30원이었다. 이러한 사건은 소설의 소재로도 등장한다. 김영하의 소설 「보물선」이 그것이며, 작가는 이 소설로 2004년 황순원문학상을 수상하기도 했다.

거품 붕괴를 이야기할 때 자주 등장하는 것은 대공황의 길을 닦은 1929년 10월의 사태다. 이 역시 1920년대를 마법에 걸린 10년으로 만든 거센 풍요의 소용돌이와 따로 떼어놓고는 생각할 수 없다. 당시엔 어딜 가나 낙관론이 팽배했다. 돈을 벌기는 쉬웠고, 신용계좌를 개설하기도 식은 죽 먹기였다. 시장은 마른풀에 놓은 불처럼 타올랐고, 높이 더 높이 솟구쳐 올랐다. 결국 모든 투기의 거품이 도달하는 낭떠러지 앞에 이르렀을 때 이제 남은 길은 수직으로 곤두박질치는 것뿐이었다. 1990년대 신경제가 몰고 온 버블을 보자.

당시 굴뚝산업(Bricks-and-motor)의 낡은 회사들은 모두 사라져버릴 것만 같았다. 다우지수와 나스닥지수는 현기증이 날 정도로 상승했다. 정상적인 사고를 가진, 또한 직장에서 열심히 일하는 미국인들도 전부 개인용 컴퓨터의 하단에 주가 변동을 알려주는 티커를 띄워놓고 있었다. 1999년 소위 주식시장의 전문가들이 쓴 세 권의 책이 출간됐는데, 제목이 각각 『다우36000』, 『다우40000』, 『다우100000』이었다. 주식시장이 가르쳐주는 단순하고도 일관된 교훈이 하나 있는데, 그것은 바로 시장에게는 극단에 도달하면 스스로 바로잡는 자동 교정 능력이 있다는 사실이다. 당시 우리나라는 어떠했던가. 우리나라 역시 미국시장과 동조화 현상을 보이며, 기술주로 대표되는 코스닥 기업들의 주가가 객장의 전광판을 연일 붉게 물들이던 시기였다. 증시에서 괄목할 만한 성과를 보인 투자자들에 자극받은 젊은이들과 멀쩡한 직장에 잘 다니던 직장인들이 앞 다투어 전업 투자자로 나섰다. 또한 주식시장에서 거둔 수익률에 대한 이야기가 무용담이 되어 인터넷을 떠돌던 시기였다. 우리나라에서도 『다우36000』에 필적할 만한 책들이 쏟아져 나왔으니, 이른바 '나는 하루에 얼마씩 번다', '몇십만 원으로 몇 억 원을 벌었다'는 식의 책들이었다. 그 해 출간된 〈비지니스 위크〉의 표지기사 가운데 3분의 1 이상이 '인터넷혁명'을 다룬 것이었다. '〈월스트리트저널〉과 〈뉴욕타임스〉는 당시 주식시장에 고전적인 투기적 거품이 일고 있다는 것을 부정하는 전문가들의 기고가 잇달아 실렸다. 한결 같은 내용은 '이번엔 정말 다르다'는 것이었다.

월스트리트에서는 순이익을 전혀 내지 못하고 있는 기업조차도 주식의 시가총액이 1조 달러가 넘는 세상이 됐었다. 우리나라에서는 상장된 지 얼마 안 된 코스닥 기업이 시가총액 기준으로 국내에서 다섯손가락 안에 진입하기도 했다. 정말 역사를 돌아보고 경제를 따져볼 필요도 없이 상식적으로 도저히 성립될 수 없는 일이 연이어 발생하던 시기였다. 한창 뜨겁게 달궈진 시장을 향해 모두들 돈을 싸들고 달려갈 때면 월스트리트의 전설적인 투자자이자 플랭클린 루스벨트 대통령을 비롯한 여러 명의 미국 대통령 밑에서 경제보좌관으로 일했던 버나드 바루크를 떠올리게 된다. 주식시장이 소용돌이치듯 한창 광풍에 휩싸여 있던 1920년대 말 바루크가 우연히 길거리에서 구두를 닦고 있는데, 구두닦이 소년이 좋은 정보를 그에게 흘려주는 것이었다. 그는 앞서 소개한 케네디와 마찬가지로 구두가 번쩍거리는 것을 확인하자마자 곧장 사무실로 돌아가 갖고 있던 주식 전부를 팔았다.

군중심리에 의한 거품시장마다 독특한 특징을 지니고 있지만, 대중들의 심리는 언제나 본질적으로 동일하다. 시장에 참여하는 순간 현재는 늘 유일한 순간처럼 느껴지기 마련이다. 과거는 이미 흘러갔고, 미래는 수수께끼에 불과한 듯하다. 그러나 현재란 계속해서 과거의 재활용으로 만들어지는 미래가 통과하는 교차로이며 문턱이라는 것을 알아야 한다. 오늘날의 주식시장은 1970년 전과 혹은 그 이전과는 사뭇 다른 모습을 띤다. 돈은 빛의 속도로 지구를 종횡무진 누비고, 기관 투자자들은 사람이 아니라 컴퓨터에 의해 매매 결정을 한다. 중요한 것은 오늘날의 주식시장도 그 성격 면에서는 대공항 당시나 4세기 전에 처음 만들어졌던 주식시장과 크게 다를 바가 없다는 것이다.

02 | 심리적 분석의 개념과 역사

　대박이란 단어가 언제부터 우리 사회에 유행하게 되었을까? 대박의 '박'자는 제비가 몰고 온 박씨가 자라 큰 박을 터뜨려 흥부가 횡재했다는 이야기에서 유래했다든가, 아예 쪽박의 반대말로 나왔다든가, 각기 다른 주장이 있다. 그렇지만 언제부터 쓰였는지에 대해서는 뚜렷한 견해는 없다. 단지 10여 년 전 어떤 배우가 흥행의 성공과 연관지어 '대박'을 운운했다는 것을 기억하여 그 시작을 찾아보는 이도 있지만, 본격적으로 쓰인 것은 외환위기 이후라는 점에 대하여 많은 사람이 동의한다. 우리에게 외환위기는 사회 양극화의 출발점이기도 했다. 시간이 지나면서 이러한 양극화 현상은 현실로 굳어지고 심화되고 있다. 이러한 상황에서 대박은 밑으로의 한없는 추락을 두려워하는 사람들에겐 가장 현실적인 위안이자 외줄타기가 될 수밖에 없을 것이다.

　이 책의 서두에서 증권 분석에는 크게 기본적 분석과 기술적 분석으로 나눌 수 있다고 했다. 기본적 분석은 어떤 현상이 왜 나타났는지에 대한 본질적인 문제를 연구하는 데 중점을 두며, 기술적 분석은 현상의 본질적인 원인은 제쳐두고 오직 나타난 결과만을 분석의 중점 대상으로 삼는다. 이들 전통적인 분석의 중간에 위치하고 있는 제3의 분석기법을 '심리적 분석(Psychological Analysis)' 혹은 '정서 분석(Sentiment Analysis)'이라고 한다. 심리적 분석은 어떤 현상이 나타나게 되는 근본적인 원인도 분석하지만, 또한 그 원인에 따라 나타나는 결과에 대해서도 관심을 버리지 않는다. 증권 분석에 심리적 분석을 추가시킴으로써 보다 정확한 분석과 시장 예측이 가능해질 수 있음이 이론적으로나 경험적으로 증명되고 있다.

심리적 분석이란 장래 주가와 시장에 관한 시장 참여자들의 믿음과 확신을 분석하고 연구하는 것이다. 심리적 분석이 분석의 대상으로 삼는 것은 증권시장 및 국제 금융시장을 구성하고 있는 사람들의 심리 상태이다. 앞의 사례를 통하여 살펴본 바와 같이 사람들의 심리 중에는 군중심리라는 것이 있다. 사람들은 군중과 같은 행동을 하면 자신과 다른 사람들을 동일시한다. 더불어 군중 속에서 다른 사람들과 같이 있는 한, 개인으로서의 자신의 존재는 드러나지 않고 안전하다고 여기기 마련이다.

이러한 군중심리에 따른 행동은 때때로 예측하지 못할 결과를 가져왔으며, 역사적으로 보더라도 군중심리가 낳은 비극들을 쉽게 찾을 수 있다. 이러한 군중심리는 사회현상뿐만 아니라 사람들이 모이는 곳이면 어디에서나 발견된다. 증권시장의 경우에도 예외는 아니다. 주식시장에서 가격 변화에 반응하는 인간의 심리 변화가 나름대로 일정한 법칙을 갖고 움직인다. 또한 이러한 움직임은 나름의 리듬을 갖게 된다. 이 리듬을 이해한다는 것은 보다 깊이 있는 인간 이해와 연결되어 있다. 이러한 인간이해를 바탕으로 접근할 때 투자의 성공 가능성을 높일 수 있을 것이다.

심리적 분석의 대 전제는 '대중은 항상 틀리다'라는 말로 요약된다. 다시 말해서 모든 사람들이 어떤 미래에 대해서 일관된 공통적인 견해를 가지고 있다면, 그 견해는 틀릴 가능성이 아주 많다는 것이다. 그러나 다른 분석과는 달리, 심리적 분석은 새로운 거래를 하기 위한 시장가격의 수준을 포착하거나 또는 거래시점을 발견하는 분석기법은 아니다. 왜냐하면 심리적 분석은 언제 매도하라거나, 어느 시점에서 반드시 매입신호를 나타내는 기법은 아니기 때문이다. 단지 심리적 분석을 이용하면 현재의 시장 분위기, 다른 말로 하면 시장을 구성하고 있는 사람들의 심리상태가 대체적으로 어떤 수준에 있는지를 알려줄 따름이다.

심리적 분석은 월스트리트의 많은 투자 전략가에 의해 심도 있게 활용되고 있다. 미국의 투자연구기관인 SIR은 전통적인 기본적 분석과 기술적 분석에 심리적 분석을 추가한 세 가지 접근을 종합적으로 동원한 3차원의 분석만이 보다 효율적이며 정확한 주가 예측을 가능케 함을 강조한다. 이렇게 볼 때 기본적, 기술적 분석 및 심리적 분석은 어느 것도 결코 과소평가될 수 없고, 이들이 개별적으로 활용되기보다는 상호보완적으로 활용될 때 그 유효성은 극대화될 수 있을 것이다. 심리적 분석의 유용성과 전략성 또한 여기서 찾아야 할 것이다.

1841년 찰스 맥케이(Charles Mackay)는 군중의 행동양식에 관한 세미나에서 『대중적 환각과 군중의 광기(Extrordinary Popular Delusions and the Madness of Crowds)』를 발표했는데, 여기서 그는 군중이 어떻게 투기적 열광의 도가니로 빠져드는가에 대하여 설명하였다.

에드윈 르페브로(Edwin Lefevre)가 1923년 발표한 『어느 주식 투자자의 회상(Reminiscences of Stock Operator)』은 역발상 사고방식의 중요한 자료가 되었다. 본격적인 심리적 분석은 1930년, 샤바커(Richard W. Schabaker)가 쓴 『주식시장의 이론과 실제』란 책에서 비롯된다. 그는 "만약 평소에는 별다른 뉴스거리가 되지 못할 뉴스에도 주식의 가격이 상승한다면, 그때가 보유하고 있던 주식을 매도할 적기이다"라는 말로 주식시장에 참여하고 있는 사람들이 뉴스를 분별력 있게 해석하는지 살펴보라고 하였다. 그의 이론에 따르면 사람들이 별다른 뉴스거리가 아닌데도 불구하고 주식을 매수하는 근거로 삼는다면 그것은 사람들이 주식 매입에만 정신이 팔려 이성적인 판단 능력을 상실했다는 증거가 되므로 머지않아 주가는 급락할 것이라는 예상이 가능하다는 것이다.

역발상 사고방식의 원조로 여겨지는 험프리 네일(Humphrey B. Neill)은 1954년에 『역발상 사고의 기술(The Art of Contray Thinking)』을 썼다. 그는 역발상 사고기법이라는 말을 처음으로 사용하고, 시장의 심리상태를 분석하는 기법을 구체화하였다. 네일은 주식시장의 투자자들이든 상품선물시장의 거래인들이건 어떤 종류의 집단이든지 생각이나 행동이 극단으로 흐르는 경향이 종종 있으며, 따라서 사려 깊은 분석가라면 이러한 군중심리를 이용할 수 있어야 한다고 주장하였다. 즉 시장의 심리상태가 극단적인 군중심리로 흘러가면, 사려 깊은 분석가는 다른 사람들이 생각하는 것과 반대로 거래하면 큰 이익을 얻을 수 있다는 것이다. 그의 이러한 생각은 오늘날 이용되고 있는 심리적 분석의 근간을 이루게 되었다. 25년 후 데이비드 드레먼(David Dreman)은 역발상 사고방식에 대한 두 권의 책인『역발상 투자 전략(Contrarian Investment Strategy)』과『신 역발상 투자 전략(New Contrarian Investment Strategy)』을 통해 역발상 투자 전략을 더욱 발전시켰다.

기술적 분석에서 새로운 영역을 개척한 알렉산더 엘더((Alexander Elder)도 주목해볼 만하다. 그는 정신과 의사로서 심리 분석을 주식시장에 도입했는데 그의 기법은 대단히 의미 있는 발전으로 평가받고 있다. 그는『심리투자의 법칙(Trade For Living)』이라는 저서를 통해 주식 투자에서 투자자 개인과 집단의 심리가 얼마나 중요한지를 실증적으로 분석했다. 그는 이 책에서 "승리를 위한 결정적인 요인은 컴퓨터가 아니라 내 안에 있다는 것을 깨달은 때부터 시작되었다"고 말했다. 또 그는 "매매에 들어가면 통제력을 잃어버리고 고통으로 인한 몸부림이나 즐거움으로 인한 기쁨에 어쩔 줄 몰라 한다. 그들은 감정의 롤러코스터를 타고 자신을 잃어버린다. 자신을 다스릴 수 있는 능력의 부재로 인해 자신들의 계좌를 깡통으로 만든다"라고 말했다.

기술적 분석가인 잭 슈웨거(Jack Schwager)는 그의 유명한 저서인 『시장의 마법사들 : 최고 트레이더들과 나눈 대화(Market Wizards : Interviews With Top Traders)』에서 왜 우리가 역발상으로부터 수익을 거둘 수 있는지를 설명하였다. 이 책에서 다음과 같은 사례를 들었다. "트레이더들의 대다수가 낙관적인 견해를 가지고 있는 상황이라고 가정해보자. 주가가 더 오르리라고 믿고 있는 낙관적인 투자자들의 대부분은 이미 주식을 매입한 상태이다. 이제 주식을 추가로 매수할 사람들은 남아 있지 않다. 결국 남은 것은 내리막이 시작되는 것뿐이다." 마찬가지로 대부분의 트레이더들이 비관적일 때도 이와 유사한 상황이 벌어진다는 것이다.

● 404 차트의 기술

03 | 심리적 분석의 장단점

　'포성이 들릴 때 사고, 승리의 나팔이 울릴 때 팔라'는 프랑스의 격언도 있지만 주식 투자는 참으로 이상한 게임이다. 가격이 비싸면 비쌀수록 점점 더 많은 사람이 사려고 하는 우리가 아는 유일한 매매이기도 하다. 이는 자동차나 집과 같은 일반 상품의 매매에서는 결코 일어나지 않는 현상이다. 대개 사람들은 세일기간 중에 쇼핑을 하고, 싼값에 구매하려고 애를 쓴다. 그런데 주식시장은 그렇지가 않다. 주가가 올라갈수록 더 많은 사람이 사려고 한다. 물론 투자자들은 그렇게 하면 안 되는데도 말이다. 대부분의 사람들은 주식시장이 오름세를 타기 시작하는 초기에는 그 대열에 합류하기를 꺼리다가 주가가 장기적으로 오르고 있을 때가 되어야 비로소 관심을 갖고 투자를 시작한다.

　심리적 분석은 논리적이다. 대부분의 시장 참여자들이 시장가격의 향후 움직임에 대해 의견일치를 보이고 있다면, 그것은 확실히 비정상적인 상태라고 볼 수밖에 없다. 주식시장은 막대한 자금이 오고 가는 아주 거대한 시장이므로 시장 참여자들

간에 의견이 일치되기는 일반적인 경우 아주 힘들다. 누군가가 시장가격의 상승을 기대한다면 이와 거의 비슷한 숫자의 시장 참여자들은 시장가격의 하락을 기대하고 있고, 이에 따라서 시장에선 매입과 매도가 활발하게 진행되는 것이다.

대다수의 시장 참여자들이 시장가격이 상승한다고 믿어 매입에만 열중하거나, 또는 시장가격 하락을 확신하고 매도에만 전념한다면 그것은 주식시장이 일반적인 상태를 벗어난 비정상적인 상태라고 말할 수밖에 없다. 이러한 사실은 시장이 비정상적인 상태에 따른 거래를 할 수 있는 근거가 되는 것이다. 이러한 논리가 외환시장이나 상품선물시장에서도 동일하게 적용된다. 각 시장은 수많은 투자자가 모인 시장이며, 투자자들은 저마다 독특한 기법과 가치관을 가지게 마련이다. 그런데 이들 투자자 대다수가 주식가격의 방향을 어느 한 방향으로만 예측하고 있다면, 현재 시장의 분위기가 너무 과열되어 있는 상태이거나 또는 극도로 냉각된 분위기라고 생각되므로, 이 또한 비정상적인 상태로 간주되는 것이다.

심리적 분석을 이용하면 정확한 거래의 시기를 잡을 수는 없다고 할지라도 최소한 시장의 흐름을 크게 볼 수 있는 안목을 기를 수는 있다. 다른 사람의 의견만을 맹목적으로 듣는 사람이라면, 대다수의 의견을 좇아서 뒤늦게 거래에 뛰어들어 손실을 볼 가능성도 크지만, 심리적 분석을 이용한다면 자신이 시장의 분위기를 나름대로 파악할 수 있게 되므로 뒤늦은 시장 참여로 인한 손실의 위험은 막을 수 있다.

반면 심리적 분석의 단점으로 지적되는 것은 다음과 같다. 먼저 시장의 의견을 정확하게 수렴하기 어렵다는 점이다. 우리가 분석의 대상으로 삼는 주식시장 또는 상품선물시장은 그 시장의 규모가 큰 만큼 이에 따라 수많은 사람의 의견을 수집해야 하지만, 시장에 참여하는 대다수의 의견을 집약하기란 현실적으로 매우 힘들다. 만약 시장에 참여하고 있는 많은 사람의 의견을 적절히 집약할 수 있다 하더라도 개개인이 생각하는 시장가격 추세의 강도를 측정하기는 아주 힘들다. 예를 들어 시장에는 가격이 반드시 약세로 갈 것으로 생각하는 사람들도 있지만, 반대로 시장가격이 강세는 되지 않을 것으로 생각하는 사람들 또한 많다. 이러한 중립적인 의견을 어떻게 평가할 것인지가 과제로 남는다. 증권시장을 포함하여 대부분의 국제 금융시장에서 군중심리가 발동되고, 또 시장의 매매자들이 '미친 듯이' 한쪽 방향으로만 시장가격을 몰고 가는 경우는 흔치 않다. 따라서 역발상 투자 전략을 잘 알고 있다 하더라도 거래에 실제로 응용할 기회는 많지 않다는 이야기다.

04 역발상 분석

사람들은 살아있는 투자의 전설이라고 불리는 워런 버핏이 주식으로만 돈을 벌었다고 생각한다. 하지만 그가 세계에서 몇 손가락 안에 드는 부자가 된 근원은 절약에 있다. 그는 아직도 미국의 교외에 살면서 햄버거를 먹는 검소한 생활을 즐긴다. 그는 최근 〈포천〉과의 인터뷰에서 최근 자가용 비행기를 구입한 사실을 놓고 "그것이 많은 돈으로 나의 삶을 바꾼 유일한 한 가지"라고 털어놓았다.

사람들은 일확천금을 꿈꾼다. 한탕으로 많은 돈을 벌려고 한다. 하지만 부자는 하루아침에 이뤄지지 않는다. 부(富)란 절약을 생활 속에 실천해 종자돈을 만든 뒤 꾸준히 불려나가는 기나긴 인고(忍苦)와 노력의 과정이기 때문이다. 그 과정을 참고 이겨내는 사람들만이 부(富)라는 달콤한 과실을 맛볼 수 있다. 그런 뜻에서 부자는 명예로운 타이틀이다.

역발상 분석의 개념

증권시장을 움직이는 여러 가지 심리적 요소 가운데 두려움과 욕심이 차지하는 비중은 상당히 크다. 그동안 주식시장의 역사가 보여주는 것은 투자자들의 두려움이나 욕심이 양극단으로 치닫는 경향이 높다는 것이다. 과열된 시장에서는 투자자들이 평범한 2등이나 3등의 주식들을 과대평가하면서 매수에 집착하는가 하면, 침체된 장세에서는 확실한 1등 주식마저도 기피하는 극단적인 성향을 보인다. 그런데 시장 참여자들의 이러한 극단적 행동들이야말로 주식시장의 상황을 역전시키는 중요한 신호탄이다. 따라서 가장 효과적인 투자 전략은 주식시장의 정서가 극단적 상황에 도달하기를 기다려 시장의 정서와는 정반대의 방향으로 투자에 나서는 것이다. 그동안의 경험에 입각해서 극단적 상황을 감지한 투자자들에게 가장 현명한 행동방향에 관해 해답을 주는 것이 소위 역발상주의, 즉 컨트라리어니즘 (Contrarianism)이다.

"모든 사람이 생각하는 것과 동일한 방법으로 생각하는 것은 잘못된 판단과 결론을 낳는다"라는 말은 험프리 네일(Humphrey B. Neill)의 저서『역발상 사고의 기술(The Art of Contray Thinking)』에 나와 있다. 이미 100년 전에 네일은 이 책에서 개인들은 현존하는 추세하에서 일반적으로 수용되는 관점들에 대해 도전해야 한다고 제시하고 있다. 오늘날 많은 투자 전략가들이 네일의 이러한 전략적 사고를 투자에 적용하면 좋은 결과를 얻게 된다는 점을 입증하고 있다.

소위 역발상 투자 전략(Contrarian Investing)의 기본 원리는 대부분의 투자자들이 어느 것에 동의할 때 그들은 대개는 잘못되기 마련이라는 점에 입각한 것이다. 많은 투자자가 역발상 투자 전략을 탁월한 투자자인 워런 버핏(Warren Buffett)의 투자 전략에 버금가는 것으로 생각하고 있다. 그러나 결코 역발상 분석이 언젠가 고가의 주식으로 바뀔 것이라는 막연한 기대 속에 오랫동안 하락을 계속해 온 저가의 주식을 무작정 구입하는 것을 뜻하지는 않는다. 그보다는 오히려 '군중심리'를 피하기 위해 좀 더 비판적이고 독립적으로 생각하는 방법인 것이다.

역발상 분석의 전제조건

대부분의 사람들은 역발상 분석을 단순히 현재의 추세와는 반대의 거래를 하는 것으로 이해할지 모른다. 그러나 그것은 너무나 단순한 생각이며, 대다수의 사람들이 갖는 생각과는 반대되는 포지션을 가지기 위해서는 최소한 다음에서 설명하는 두 가지 전제조건이 충족되어야 한다.

첫째, 현재 시장에 참가하는 대다수의 사람들이 앞으로의 시장가격 움직임에 대하여 의견을 같이해야 한다. 즉 대부분의 사람들이 앞으로 시장가격이 계속 상승할 것으로 굳게 믿거나 또는 시장가격의 하락 추세가 지속될 것으로 확신하고 있어야 한다.

둘째, 시장의 이러한 공통적인 의견이 사실은 '미약한' 근거에 비롯되어야 한다. 금융시장을 뒷받침하는 이런 의견들이 강력한지 또는 미약한지를 결정하는 방법에 있어 심리적 분석은 기본적 분석과 큰 차이가 있다.

역발상 분석을 이용하는 분석가들은 시장가격의 추세를 뒷받침하는 원인이 다음의 두 가지 중 어느 하나라도 속한다면 그것은 미약한 원인이라고 간주한다.

첫째, 모든 사람들이 추세의 배경이라고 생각하는 원인이 사실은 이미 상당기간에 걸쳐서 모두가 알고 있는 일이라면 그것은 미약한 원인이다. 만약 추세의 원인이 모두가 알고 있는 사실이라고 한다면, 그것은 이미 시장가격의 움직임에 충분히 반영되어 있기 때문이다.

둘째, 모든 사람들이 추세의 배경이 된다고 생각하는 원인이 사실은 확실한 근거도 없이 오직 막연한 추정에서 비롯되었다면 이 또한 미약한 원인이 된다.

역발상 분석을 위한 주요 지표

오늘날 많은 역발상 지표가 개발되어 있다. 그러나 투자자의 입장에서 보면 이들 역발상 분석을 위한 지표를 모두 면밀히 관찰하는 것은 결코 쉬운 일이 아니다. 또한 보다 많은 지표를 고려한다고 해도 그에 비례하여 좋은 결과를 얻는 것이 아니기 때문이다. 일반 투자자들이 쉽게 접할 수 있으면서도 현실적으로 유효성이 크게 입증된 주요 지표들만을 중점적으로 고찰하기로 한다.

각종 언론에서의 표지기사 및 톱 뉴스(top news)

투자자가 사회의 증시 전망과 기대를 판단하는 데 있어서 가장 먼저 관찰해야 할 것은 주요 경제지 및 시사지에 실린 표지기사이다. 주요 잡지들이 증시 관련 기사를 표지기사, 즉 커버스토리로 다룰 경우 그것은 역발상 분석을 적용해 증시를 예측하는 매우 귀중한 심리적 지표가 된다. 증시가 그 정도로 민감한 뉴스가 된다는 것은 그 내용이 낙관적이건 비관적이건 간에 증시의 방향 전환이 임박했음을 의미한다. 증권시장의 추이가 잡지의 커버스토리를 장식할 정도에 이르렀다면 그러한 증권시장 추이는 대중들에게 이미 널리 알려져 있고, 상당한 기간에 걸쳐 진행된 것임에 틀림없다. 한편으로 보면 투자자들로서는 사실상 최적의 의사결정 시점을 놓친 것이다. 예를 들어 미국의 경우 〈포브스(Forbes)〉, 〈비지니스위크(Business Week)〉, 〈배론스(Barrons)〉, 〈타임(Time)〉, 〈뉴스위크(Newsweek)〉 등이 증시 관련 기사를 커버스토리로 올릴 시점에 이르면 그 뉴스는 이미 뉴스가 아닌 것이다. 역발상 분석에 입각한 투자 전략이 투자자들에게 말하는 것은 이러한 경우 뉴스를 그대로 듣고 따르지 말라는 것이다. 즉 '루머에 사고 뉴스에 팔라(Buy on the rumor, Sell on the news)'는 마음가짐을 갖으라는 것이다.

SIR(The Schaeffer Investment Research)은 1998년부터 미국 주요 잡지들의 증시관련 커버스토리 이후 3개월간의 주식시장 움직임을 관찰하여 〈표 1〉과 같은 결과를 얻었다. 역발상 분석을 통해 투자에 나섰다면 뉴스를 신뢰한 일반 투자자에 비해 상대적으로 우수한 수익을 거뒀을 것이다.

커버스토리 내용	커버스토리 건수	주가 상승률(%)				
		5일 후	10일 후	1개월 후	2개월 후	3개월 후
비관적	12	4	2	−1	7	5
낙관적	38	0	−1	−3	−3	−7

〈표 1〉 주요 잡지의 증시관련 커버스토리와 주가추이

VIX와 VXN

최근 국내 시장에서 자주 소개되고 있는 지표가 VIX, VXN이다. VIX, VXN은 주가의 등락을 가지고 시장 참여자들의 심리적 민감도를 측정하는 지표이다. 주가가 갑작스럽게 변한다거나 시장이 출렁거릴 때의 강도를 측정해 투자자들의 심리상태를 측정하는 것이다. 이들은 특히 주식시장이 외부충격에 의해 심리적인 공황상태에 빠졌을 때 혹은 패닉상태에 빠진 주식시장에서 시장의 과매도나 심리적 과열에 의한 과매수가 언제쯤 마무리되는지를 판단할 수 있는 지표로 자주 인용되고 있다.

•VIX

VIX는 시카고선물시장의 일명, 옵션 변동성 지수(Chicago Board Options Exchange's Volatility Index)이다. 미 증시를 눈여겨본 사람이라면 많이 들어보고, 또 실제로 사용하고 있는 도구지만, 일반 개인 투자자에게는 좀 생소한 용어일 것이다. 내재변동성은 옵션의 시장가격으로부터 추출했기 때문에 그 중요성은 가격과 동등할 정도다. 한편 주식과 마찬가지로 옵션도 콜과 풋이 있고, 행사가격 또한 다양하기 때문에 주가지수(Stock Index)와 마찬가지로 이를 대표할 수 있는 지수(Index)가 필요한데, 이것이 바로 VIX(Volatility index)다.

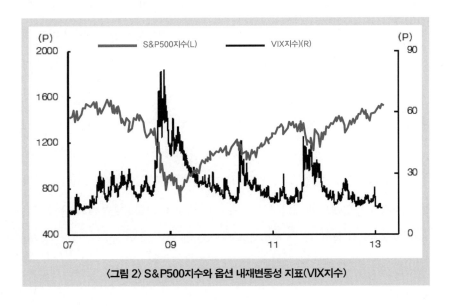

〈그림 2〉 S&P500지수와 옵션 내재변동성 지표(VIX지수)

S&P500지수의 지수옵션을 기준으로 만기가 1개월 남은 최근월물 옵션을 현재 가격과 가장 가까운 등가격을 중심으로 지표를 만든다. 이 지표는 등가격 옵션을 중심으로 풋과 콜을 각각 4개씩, 8개를 선정하여 각 옵션들의 내재변동성을 가중 평균하는 방식으로 구한다. 일반 투자자들이 산출하기 어려운 만큼 CBOE(www. cboe.com)에서 매일 발표한다. VIX의 단골손님은 물론 그 태생적 특성상 옵션 투자 자들이지만(특히 옵션 매도 전문가 또는 Hedger), 기술적 분석가들에게도 꽤 좋은 재료가 될 수 있다. 왜냐하면 이 지표는 통상 지수와 반대 방향으로 움직이는 한편, 한계 없이 계속 오를 수 있는 지수와는 달리 기술적 지표의 오실레이터처럼 등락폭이 제한되며 사이클을 그리는 경향이 뚜렷하기 때문이다. 즉 일반적으로 이 수치가 고점 부근이라면 지수는 반락할 단계에 왔다는 얘기가 되며, 반대로 저점 부근이라면 반등할 가능성이 높다는 해석이 가능하다.

VIX지수는 1990년대 이후 금융공학이 급속도로 발전하면서 만들어졌다. 투자심리까지 계량화해 VIX지수를 만든 사람은 미국 듀크대학의 로버트 웨일리 교수다. VIX의 본고장인 미 증시에서는 이에 따른 지수 예측성과가 꽤 양호한 것으로 알려져 있다. 실제로 미국시장에서는 VIX지수가 일종의 '역발상(Contrarian) 지수'로 해석된다. VIX지수를 가지고 시장의 상태를 분석할 때는 보통 과거의 경험치를 가지고 과매수와 과매도 국면을 판단한다. 일반적으로 과매수 국면은 VIX지수가 20 이하인 경우이고, 과매도 국면은 VIX지수가 40 이상인 수준이다.

2000~2007년 동안 평균값이 19.6이었던 VIX지수는 2008년 리먼 브라더스의 파산 후 89.86(11월 20일)을 기록했다. 이는 역대 최고치로, 1997년 아시아 외환위기 때 38.20, 롱텀캐피털 매니지먼트 파산 때 45.74를 비교해보면 2008년 주식시장의 공포심리가 얼마나 극심했는지를 알 수 있다. VIX지수가 40을 웃도는 기간이 지나면 시장은 항상 급격한 추세 반전을 보였다. VIX지수가 가장 낮았던 때는 지

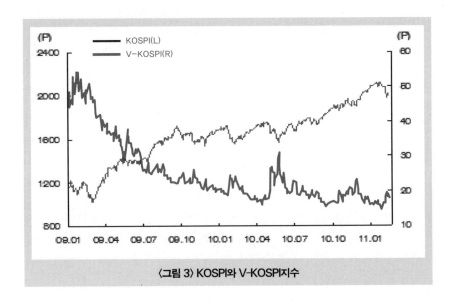

〈그림 3〉 KOSPI와 V-KOSPI지수

난 1993년 9.48을 기록한 것이다. 헤지펀드들도 포지션을 구축할 때 VIX지수를 시장 위험에 대한 척도로 삼고 있는 등 VIX지수의 중요도는 점점 확산되고 있다. 한편 한국판 VIX지수도 있다. 이름하여 V-KOSPI지수다. 코스피200 옵션가격을 이용해 KOSPI200지수의 변동성을 나타낸다. V-KOSPI지수는 지난 2009년 4월부터 처음 발표되기 시작했다(〈그림 3〉).

• VXN

VXN(Volatility Index Nasdaq)은 나스닥100을 기초자산으로 해서 만든 옵션 내재 변동성 지표이다. VXN은 VIX와 유사하지만, 나스닥100의 변동성을 나타낸다는 점에서 차이가 있다. VXN지수가 20이면 과열 국면이고 90이면 바닥 국면으로 해석한다. 평균적으로 VXN지수는 40~60의 수준에서 움직인다. 9.11테러 이후 미국시장에서 나스닥지수가 일시적으로 1,400선이 붕괴되기도 했는데, 이때 VXN지수가 90까지 상승해 많은 시장 분석가가 나스닥지수의 반등을 주장했던 근거가 되기도 했

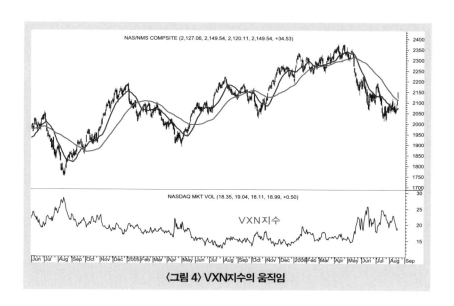

<그림 4> VXN지수의 움직임

다. VXN지수가 90까지 상승한 예는 2000년 1월 러시아 금융위기 이후 나타났던 투매상황과 그해 12월 기술주 버블이 붕괴되면서 나타났던 주가 급락 국면 등이 있다.

루비니지수(Roubini Sentiment Indicator)

월스트리트의 대표적인 비관론자로 꼽히는 사람이 누리엘 루비니 뉴욕대 교수이다. 그가 유명해진 것은 미국의 금융위기를 예측하면서부터다. 경제와 주식시장의 상황이 좋지 않을 때 재앙을 예고하면서 투자자들의 부아를 돋구는 것이 그의 주특기다. 세계 경기침체가 본격적으로 시작되었을 때는 앞으로 회복되는 데 시간이 오래 걸릴 것이라고 예언했다. 그러다가 막상 회복세에 들어서자 경기가 반짝 살아나는 듯 하지만 얼마가지 못해 다시 하락할 것이라는 '더블딥(Double Dip)'론을 들고 나왔다.

금융위기는 어쩌다 맞추었지만 이후 계속해서 헛발질을 해대고 있는 것이다. 우리는 흔히 이런 사람들을 인간지표라 부른다. 투자자들은 인간지표인 루비니를 지수화해 '루비니지수(Roubini Sentiment Indicator)'를 만들어내기에 이르렀다. 이 루비니지수란 인터넷 검색사이트 구글에서 루비니라는 단어가 들어가는 검색 건수가 얼마나 되느냐를 지수화한 것이다. 한마디로 사람들이 루비니를 얼마나 많이 그리고 자주 찾느냐를 나타낸다.

　루비니지수와 KOSPI와의 상관관계를 살펴보면 〈그림 5〉와 같다. 2007년 1월 이후 KOSPI와 루비니지수의 상관관계는 -0.63, 2009년 3월 이후엔 -0.69의 상관계수, 즉 역의 관계를 가진다. 루비니지수는 최악의 시장상황, 즉 투자심리가 극도로 불안한 상황에 대해 선행성을 갖는 것으로 판단된다. 투자자들이 '루비니'에 대한 검색을 많이 할수록 시장에 대한 두려움은 더욱 커져가는 것이다. 2008년 9월 12일에서 2008년 10월 24일의 기간을 보면 루비니지수가 급상승함에 따라 KOSPI가 일시적으로 폭락한 것을 볼 수 있다. 또한 루비니지수가 다시 안정권에 들자 KOSPI가 반등을 나타내는 것을 알 수 있다. 올해 들어 1월 14일 루비니지수가 저점을 확인하고 반등을 보이자, 1월 27일 이후 KOSPI는 조정을 보이고 있다.

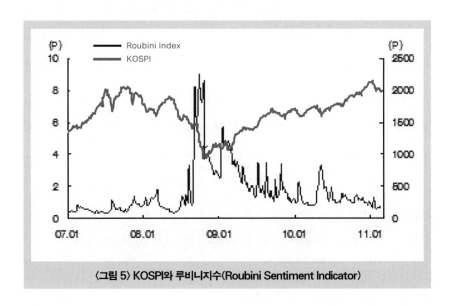

〈그림 5〉 KOSPI와 루비니지수(Roubini Sentiment Indicator)

미국 유명 투자기관의 역발상 지표

 증권사에서 투자자들의 심리상태를 측정하는 또 하나의 지표는 주요 증권회사 전략가들의 추천 또는 시행하는 자산분배에서 있어 주식이 차지하는 비중이다. 메릴린치(Merill Lynch)의 투자 전략가였던 리처드 번스타인(Bernstein, 현 캐피탈 매니지먼트의 대표, 사진)이 개발한 심리적 지표도 바로 이러한 점에 착안한 것이다. 번스타인은 메릴린치사에 의해 시행되는 자산배분 전략의 내용이야말로 가장 믿을 만한 주가방향전환 예고지표임을 발견하였다. 즉 전문가들이 포트폴리오의 60% 이상을 주식에 배분할 것을 추천할 때 주식시장은 좋지 않게 되는 경향이 있는 반면, 주식배분비율이 50% 미만일 때 주식가격은 상승하는 경향이 있음을 발견한 것이다.

도프만 인베스트먼트(Dorfman Investment)의 사장 존 도프만(John Dorfman)은 블룸버그 인터넷판에 기고한 '모든 사람들이 동의할 때 당신은 동의해서는 안 된다'라는 제목의 글에서 역발상 분석의 타당성을 강조하고 있다. 그는 다음의 사례를 들고 있다. 2000년 초 26명의 증권사 애널리스트들이 세계 최대 컴퓨터 네트워킹 및 인터넷 장비 생산업체인 시스코(Cisco)에 대해 매수 의견을 제시했다. 그러나 이 회사 주식은 2000년에 29% 하락하였고, 2001년 상반기 중엔 54%나 폭락했다. 도프만은 애널리스트들이 어느 한 주식에 대해 전원일치의 생각을 갖게 될 때 투자자들은 반대방향으로 움직일 것에 대해 심각히 생각해야 한다고 제의한다. 애널리스트들이 모두 동의할 시점에선 많은 투자자자 이미 그 주식들을 갖고 있기 마련이고, 따라서 그 주식을 추가로 매입할 투자자들은 별로 남아 있지 않기 때문이다.

05 | 행동과학(Behavior Science) 이론과 인간심리

주식시장의 흐름이 좀처럼 보이지 않을 경우 분석가들은 온갖 방법을 다 동원한다. 한때 "주가차트를 뒤집어 놓고 보면 주가가 더 잘 보인다"는 논리로 '거꾸로 보는 차트'가 소개된 적이 있었다. 일견 설득력이 있지만 한계가 있는 얘기이다.

이유는 상승과 하락은 전혀 다른 힘으로 생기는 현상이기 때문이다. 서 있는 자전거를 쓰러뜨리려면 손가락 하나로 밀어도 충분하다. 하지만 쓰러져 있는 자전거는 어른도 두 손으로 들어올려야 세울 수 있다.

서 있건 누워 있건 간에 그 모양은 같지만, 서 있을 때의 에너지와 누워 있을 때의 에너지 상태는 전혀 다르다. 이는 주가차트에서도 마찬가지로 적용된다는 것을 기억해야 할 것이다.

임계거리(Critical Distance)

행동과학(Behavior Science)이란 인간행동의 일반법칙을 체계적으로 규명하여, 그 법칙성을 정립함으로써 사회의 계획적인 제어나 관리를 위한 기술을 개발하고자 하는 과학적 동향을 포괄적으로 일컫는 말이다. 원래는 미국의 포드재단에서 연구비를 원조받은 한 과학그룹이 1950년대에 행동과학계획에 따라 연구를 추진한 데서 일반화된 말이다. 행동과학에서는 실질적으로 심리학, 사회학, 인류학의 3가지가 그 핵심적인 요소이다. 행동과학(Behavior Science) 이론에 임계거리(Critical Distance)라는 개념이 있다. 이것은 자연계에는 종(種)과 종 사이, 혹은 동종 간에도 힘의 균형을 이루는 일정한 물리적 거리가 있다는 이론이다.

밀림에서 사자가 사슴을 사냥할 때 100m 안에 사슴이 들어오면 사냥에 성공하지만, 100m를 벗어나면 사냥에 실패한다. 두 동물의 순발력과 지구력에 차이가 있기 때문이다. 그래서 사자는 사슴사냥에 성공하기 위해 몸을 수풀 속에 감추고 꼬리를 높이 쳐든 다음 낮은 포복으로 접근한다. 사슴은 사자의 꼬리만 보고 안전거리로 인식하지만, 이때 이미 사자의 앞발은 100m 거리 안쪽에 들어서 있게 되고, 사슴은 결국 사자의 먹잇감이 되고 만다.

이런 현상은 주식시장에서도 똑같이 벌어진다. 인간의 행동은 치밀하고 과학적인 것 같아 보이고, 특히 주식시장은 다양한 논리적인 변수에 의해 지배되는 것처럼 여겨진다. 그러나 각 개체가 시장이라는 이름으로 통합돼 있기 때문에, 시장은 심리적 변수에 쉽게 휘둘리는 속성이 있다. 따라서 주식시장에서도 임계거리를 인지하는 것이 시장심리 판단에 핵심 관건이 된다.

관성의 함정

심리학에 '관성의 함정' 이론이 있다. 겨울에 눈 쌓인 산에서 밤길을 가다보면 주위 구조물을 보지 못해 눈 위의 발자국만 보고 따라가게 되는 경우가 있다. 이럴 때 자신은 길을 보고 앞으로 가고 있지만, 실제로는 제 자리를 맴돌게 되는 일이 발생한다. 또한 이 경우 시간이 흐를수록 두려움과 공포가 엄습하게 된다. 이 순간 침착하게 상황 판단을 하지 못하고 오히려 걸음을 재촉하면 결국 조난을 당하게 된다. 주식시장도 마찬가지다.

주가가 수급 요인에 의해 하락 국면이 발생한다. 단기적 악재가 주가에 반영되면서 하락 추세가 순간적으로 강해지면 사람들은 일단 하락의 근거를 수급보다 악재에서 찾게 된다. 사실 이런 경우는 악재가 주가에 반영되는 정도가 수급상의 하락 요인을 상쇄하는 수준 이상으로 지나치게 반영될 가능성이 높다. 따라서 시장이 단계적으로 제자리를 찾아갈 것으로 예상하고 그 근거를 찾아야 한다. 그러나 순간적으로 사람들은 급락의 관성을 이기지 못하고, 오히려 실체가 없는 추가 악재 요인만 탐색하게 된다.

집합적인 도주 현상(패닉 현상)

개인들이 특정 대상이나 현상에 대해 일시적이고 우발적으로 보이는 집합적 대응양태를 패닉 현상이라고 부른다. 패닉(Panic)은 인간이 본능적으로 갖고 있는 일종의 회피반응이며, 생명이나 생활에 대한 중대한 위협을 회피하기 위해 일어나는 '집합적인 도주 현상(逃走現狀)'이다. 시위나 폭동은 구심점이 있고 공격적인 경향을 보이지만, 패닉은 구심점이 없이 흩어지는 경향을 보인다. 동물 행태학적 관점에서 보면 한 개체가 야생 상태에서 특정 천적의 공격을 받았을 때 함께 행동하기보다는 각자의 판단으로 흩어지는 것이 해를 입을 가능성이 적다는 학습경험에서 이런 행동이 나온다.

시위나 폭동은 한곳으로 뭉치려는 경향을 보인 뒤 상황이 끝나면 흩어지는 경우가 많지만, 패닉은 뿔뿔이 흩어졌던 개체가 위기상황이 끝나면 오히려 강력한 구심력을 보이는 경우가 많다. 패닉은 주로 극장의 화재, 여객선의 침몰, 적군의 갑작스러운 공습, 경제공황처럼 수습하기 어려운 대혼란 때 나타난다. 하지만 최근에는 매스컴의 영향으로 개인들이 어떤 사건에 직접 노출되지 않고도 공통의 정서를 느끼면서 패닉 현상이 나타나는 경우도 있다. 국내 주식시장을 비롯해 세계 주식시장 역시 이러한 패닉 현상을 몇 년 주기로 경험한다.

어느 곳에나 존재하는 하이에나

밀림의 왕이라는 사자는 병이 들면 무리에서 이탈해 개별적인 삶을 살아간다. 그런데 사자가 부상당하거나 나이 들어 무리에서 이탈하는 즉시 그 사자는 하이에나들의 주목 대상이 된다. 하이에나 무리는 사자가 스스로 지쳐 쓰러질 때까지 뒤를 따라다니며 끝까지 기다리는 인내심을 보인다. 병든 사자를 공격하는 데 무려 40일 정도가 걸리기도 한다는 보고도 있다. 사자가 단 한 마리뿐일지라도 가장 효율적인 공격의 때를 기다리는 것이다.

공격의 순간 밀림의 질서가 뒤집히고, 먹이사슬의 서열이 역전된다. 증시에도 하이에나는 존재한다. 이들은 시장이 비틀거리고 투자심리가 와해되는 결정적인 시기에 무리지어 나타난다. 가끔은 자금을 퍼부어 시장의 추세를 격렬하게 뒤집기도 한다. 그 뒤 포식자의 만족감을 애써 숨기려고도 않은 채 유유히 이빨을 쑤시며 홀연히 사라진다.

물리적인 시간

물리학적 좌표에서 시간은 언제나 정해진 비율로만 존재한다. 즉 하루는 24시간, 한 달은 30일 등 고식적인 틀에서만 시간 개념이 이해된다. 이렇게 직선화된 시간 개념은 일상의 삶이나 각자의 행위에까지 영향을 미치는 기초변수가 된다. 주식시장에서도 투자자들은 왼쪽(y축)은 가격, 오른쪽(x축)은 기간으로 정해둔 차트에 시각을 고정시키고 있다. 이에 따라 수백만 명의 참여자들의 긴장과 갈등이 부딪히는 심리전쟁을 좁은 컴퓨터 화면을 통해서만 들여다보고 판단하려는 오류를 범하기가 쉽다.

현실의 인간 혹은 동물에게 시간은 절대적이고 직선적인 개념이 아니라 유연하고 곡선적인 개념으로 존재한다. 보통 하루살이는 24시간을 살고, 개는 20년, 사람은 70년, 거북이는 500년, 학은 천 년을 산다고 한다. 70년을 사는 인간의 눈으로 보면 하루살이의 일생이란 허무하고 무의미하기 짝이 없고, 거북이나 학의 일생은 천년 장수의 꿈으로 비칠 것이다. 그러나 동물생태학의 관점에서 시간을 운동량이라는 개념과 함께 고려하면 전혀 다른 결과가 나온다.

체중 대비 운동에너지에서는 하루밖에 못 사는 하루살이나 천년을 사는 학이 결코 70년을 사는 인간과 다르지 않다. 따라서 총량적 시간 길이가 어떠하든 간에, 자연계는 결국 한 개의 단위 구간이라는 눈으로 볼 때 각자의 운동에너지가 항상 일정하다는 결론을 내릴 수 있다. 이런 개념이 물리학적 총량 개념으로만 현상을 해석하는 아인슈타인의 일반상대성 원리를 부정할 수 있는 과학 철학적 입장의 논거가 되기도 한다.

신체의 변화

1938년에 심리학자 클린버그는 '중국 문학에서 나타난 정서 표현에 대한 연구'라는 논문에서 "중국 소설에서는 '정서'에 따른 신체의 변화(얼굴 붉힘, 창백해짐, 오한, 전율, 소름 등)를 묘사한 것을 많이 볼 수 있는데, 서양 소설에서와 마찬가지로 동양인들의 감정표현 역시 다양하다"라고 설명했다. 특히 중국 소설의 표현을 서구 독자들이 받아들인 사례들을 제시하면서 같은 정서라도 그 표현양식은 동양과 서양 사이에 완전히 다를 수 있다는 점에 주목했다. 중국의 표현을 예로 들면 다음과 같다. 원문에 나와 있는 '그녀의 눈은 둥그렇게 크게 떠졌다(독자의 해석: 그녀는 화가 나기 시작했다)', '그들은 혀를 내밀었다(놀라움을 표시했다)', '그는 손뼉을 쳤다(걱정하거나 실망했다)', '그는 귀와 뺨을 긁었다(그는 행복했다)' 등이다.

세계 공통으로 여겨지는 기초적 정서표현조차 사실은 문화에 따라 서로 다르게 해석될 수 있음을 알 수 있다. 물론 노련한 배우는 관객들에게 목소리의 높낮이, 몸짓, 얼굴 표정 등을 통해 자연스럽게 감정을 전달할 수 있을 것이다. 하지만 노련하지 못한 배우인 우리들은 관습적인 표정을 매우 과장되게 표현해야만 의도를 겨우 전달할 수 있다. 이 점은 관객 입장에서도 마찬가지다.

세련되지 못한 관객은 배우가 이를 갈거나 주먹을 불끈 쥐어야 화가 난 것을 알고, 입꼬리가 아래로 처져야 슬픈 장면으로 인식하며, 눈썹을 치켜세워야만 의심이나 불만이 있음을 알아챈다.

인간의 행위는 명백한 신호가 없는 상황에서는 의도하지 않은 결과로 읽힐 위험을 갖고 있다. 특히 주식시장과 같이 수많은 사람의 의사결정 과정이 맞부딪히는 곳에서는 오류가 발생할 가능성이 더욱 크다. 이제 투자자들은 관객의 입장에서 각 주체들의 표정을 보고 그 의도를 읽어내야만 하는 어려운 입장에 서 있다. 이들 중 어느 쪽이 노련한 배우인지, 어느 쪽이 과장된 몸짓으로 표현하는 어설픈 연기자인지를 가려내야 한다. 정말 속내가 무엇인지도 정확히 간파해내야 할 것이다.

코쿠닝(Cocooning)

독일의 사회심리학자 팝콘(S.Popcon)은 현대 사회를 '코쿠닝(Cocooning)'이라는 용어로 설명했다. 고대 사회에서는 새로운 정보를 얻기 위해 끊임없이 다른 사람을 만나고 접촉해야 했지만, 현대에 들어서는 정보통신의 발달로 사람과 직접 접촉하지 않고서도 더 많은 정보를 신속하게 획득할 수 있게 되면서 사람들끼리 격리 현상이 점점 심화되고 있다는 이야기다. 바꿔 말하면 사회 속에서 얻고자 하는 정보와 생활에 필요한 각종 물품마저 인터넷을 통해 구매하게 되고 친구를 사귀거나 오락을 즐기기 위해서도 굳이 옷을 입고 거리로 나서지 않아도 컴퓨터가 해결해줄 수 있는 세상이 되었다. 이에 따라 차츰 자신의 공간 속에 고립되고 사회와의 접촉이 단절되며 이런 단절의 영향으로 사회적 의무나 연대감을 상실해간다는 설명이다.

팝콘은 이런 단절 현상으로 인해 누에가 고치를 짓는 것처럼 사람들이 점점 자신의 활동반경을 축소시킨다고 해서 코쿠닝, 즉 '누에고치 짓기' 현상이라고 이름 지은 것이다. 그는 이런 코쿠닝의 결과로 사람들은 객관적 비교의 기회를 상실하게 되고, 그에 따라 각종 정보의 왜곡이나 합리적 판단력의 상실 등이 문제점으로 부각된다고 경고했다.

증권시장에서도 1998년 이후 홈트레이딩 시스템 사용이 기하급수적으로 늘어나면서 대부분의 투자자들이 컴퓨터를 통해서 정보를 얻고 거래를 하고 있다. 예전에는 객장에 나아가 주문표에 적어 주문을 내면서 다시 한번 생각할 수 있었고 증권사 직원이나 다른 투자자들과 직접 대면하면서 충분히 의견을 교환할 수 있었다. 하지만 이제는 그러한 기회들이 사라져가고 있다.

아울러 생산된 정보는 인터넷 메신저와 게시판 등을 통해 무서운 속도로 전달되고, 정보통신의 발달은 정보의 참과 거짓을 가릴 기회도 없이 대중에게 전염되는 무서운 속성을 갖게 되었다. 이 때문에 특정인이 마음먹기에 따라서는 의도적인 거짓 정보의 전달이나 대중적 조작까지 가능한 세상이 되고 말았다.

06 행동재무학
(Behavioral Finance)

주식 투자의 어려움은 주식 투자를 오래해 보지 않으면 잘 알 수가 없다. 비틀즈의 노래 (The Long And Winding Road)처럼 그야말로 멀고도 또 험한 길이다. 이런 멀고 험한 여정에 도움이 되는 것이 있으니 바로 '투자일지'를 적어나가는 것이다. 주가라는 것은 주식 투자에 참가한 많은 사람의 의사가 결정되어 이루어진 결과이다. 그러므로 여러 가지 요인으로 인해 하루아침에 변할 수 있다는 것을 인지해두어야 한다. 끊임없이 유동한다는 인식이 투자일지를 기록하는 데 중요한 포인트가 된다.

다이내믹한 시세를 어떤 시간의 정적인 상태를 포착하고 그것을 기록해두면, 다시 말해 주가가 그린 발자취와 왜 그렇게 되었는가를 기록해 두면 앞으로의 흐름을 읽는 데 많은 도움을 받게 된다. 왜냐하면 주식의 세계에서는 놀랄 정도로 역사가 반복되기 때문이다. 비록 나쁜 결과가 나왔더라도 그 원인을 파악하는 습관을 길러두는 것이 중요하다. 그래야만 다음에 똑같은 실패를 반복하지 않을 수 있기 때문이다.

　실수는 한 번으로 족하다. 모르는 길을 가다가 돌부리에 걸려 넘어질 수도 있다. 그건 경험이지 잘못이 아니다. 그러나 똑같은 돌부리에 걸려 두 번 세 번 넘어진다면 그는 어리석은 사람이다. 실패를 반복하지 않기 위해서는 투자자 자신의 매매상황과 손익을 빠짐없이 기장하고 그 원인을 파악해두어야만 한다.

　경제학을 공부하는 데 왜 심리학까지 배워야 하는지는 경제학자들 중에 부자가 된 사람이 극히 드물다는 것을 보면 알 수 있다. 무슨 말이냐 하면 경제활동에 참가하는 사람들이 이성적으로 합리적인 선택을 할 것으로 전제하고 대응할 경우 거의 성공할 확률이 없다는 것이다. 이는 주식시장만 봐도 금방 알 수 있다. 너무 올랐다는 이유로 떨어지기도 하고, 너무 떨어졌다는 이유로 오르기도 하는 것이 주가다. 또한 한없이 떨어지는 주식은 '혹시나' 싶어 계속 보유하여 손실을 키우고, 계속 올라갈 것 같은 주식도 '이때다' 싶어 매도하여 작은 이익에 만족하는 일들이 비일비재하게 일어나는 것이 주식시장인 것이다.

　이런 점에 착안하여 1970년대부터 주류 경제학의 합리주의에 반기를 들고 경제학과 심리학을 결합한 연구가 행해졌는데, 이를 행동재무학(Behavioral Finance)이라고 한다. 행동재무학은 심리학과 경제학이라는 두 가지 학문 분야를 결합시켜 사람들이 소비하고, 투자하고, 저축하고, 돈을 빌릴 때 '왜', 또는 '어떻게 해서' 비합리적이라고 여겨지는 결정을 내리는지에 대해 설명한다. 쉽게 말하자면 '돈 앞에선 왜 모두 바보가 되는가'를 연구하는 것이다. 그동안 논리적이고 합리적인 것을 좋아하는 정통경제학의 텃세에 고전을 면치 못하다가 2002년 노벨경제학상을 수상하면서 자리를 잡게 되었다.

　행동재무학을 가장 열심히 연구하고 있는 곳으로는 시카고 대학의 경제학과이다. 코넬 대학 출신인 리처드 탈러(Richard Thaler) 교수가 시카고 대학의 경제학과에 부임한 이후 그는 투자자들이 항상 합리적으로 행동한다는 기존의 이론, 즉 효율적 시장 가설에 대하여 의문을 가졌고 이것을 중점적으로 연구하였다. 실제로 주식시장은 합리적이고 이성적이기보다는 비합리적이고 감성적인 경우가 너무나 많았기 때문이다. 행동재무학에서 주목해야 할 해는 1985년이다. 그해 〈재무저널〉에는 심리가 주가에 미치는 충격을 탐구한 두 편의 중요한 논문이 실렸다.

첫 번째 논문인 '주식시장은 과민 반응하는가?'에서 베르너 드 본트와 리처드 탈러는 투자자들이 흔히 좋은 소식이든 나쁜 소식이든 상관없이 새로운 정보에 과민 반응한다고 주장한다. 이런 과민반응 때문에 좋은 소식은 회사의 실질적인 경제지표보다 주가를 훨씬 더 높이는 경향이 있고 나쁜 소식은 회사의 경제지표가 보여주는 것보다 훨씬 아래로 주가를 곤두박질치게 만들곤 한다는 것이다. 산타클라라 대학의 허쉬 세프린과 메이어 스탯먼이 쓴 두 번째 논문은 '오를 주식은 너무 일찍 팔고 내릴 주식은 너무 오래 가지고 있는 성향'이다. 여기에서는 주가가 곧 이전 수준을 회복하지 않을까라는 희망 속에 가망 없는 주식을 너무 오래 보유하거나, 유망한 주식을 너무 일찍 팔아버리는 투자자들의 심리적 성향을 기술하였다. 이러한 것을 '기분 효과(Disposition Effect)'라고 한다.

지난 20여 년 동안 행동재무학은 심리와 투자의 관계를 지속적으로 탐구해왔다. 오늘날 많은 심리학자가 나쁜 소식에 과민반응하고, 좋은 소식에는 너무 느리게 반응하는 것이 투자자들의 공통적인 반응양태라고 생각한다. 행동재무학의 또 다른 측면은 일부 심리학자들이 얘기한 소위 '마음의 회계학'이다. 그것은 돈을 상이한 범주로 생각하려는 경향인데 사람들은 상황에 따라 자금을 마음의 각기 다른 '회계 장부'에 넣는다는 것이다. 마음의 회계학은 사람들이 월급보다는 연말 상여금을 가지고 더 흔쾌히 주식매매를 하게 되는 이유이기도 하다. 연말 상여금이 예상했던 것보다 훨씬 많을 땐 더욱 그러하다. 그것은 또한 가망 없이 주식을 끝까지 쥐고 있는 또 다른 이유이기도 하다. 그 주식을 팔기 전까지 투자자들은 손실을 손실로 느끼지 않기 때문이다.

투자자들을 괴롭히는 모든 심리적인 편향들 중에서 가장 심각한 것은 '과도한 자신감'이다. 자신감 그 자체는 나쁜 것이 아니다. 하지만 과도한 자신감은 다른 문제를 낳는다. 과도한 자신감을 가진 투자자는 자신이 평균적인 투자자들보다 더 많은 지식을 가지고 있으며 더 큰 능력을 갖고 있다고 믿는다. 과도한 자신감이 야기하는 한 가지 위험은 매매 횟수를 증가시킨다는 것이다. 일반적으로 높은 회전율 전략이 매수 후 보유 전략보다 수익률이 낮다. 그럼에도 불구하고 자기가 가졌다고 생각한 고급 정보를 이용해 돈을 벌겠다는 희망 속에 과도한 자신감을 가진 투자자들은 미친 듯이 주식을 사고판다.

과도한 자신감은 우리를 곤경에 빠뜨릴 엄청난 잠재력을 갖고 있기 때문에 그것의 근원적 심리를 이해하는 것이 현명하다. 무엇보다 과도한 자신감은 정보에 대한 잘못된 측정에서 생겨난다. 또 다른 전형적인 특징은 과도한 자신감을 가진 투자자들의 경우 자신이 직접 밝혀낸 정보에 너무 많은 무게를 둔다는 것이다. 그리고 자신이 옳다고 너무도 강력하게 믿기 때문에 틀릴 수도 있음을 지적하는 그 어떤 조언이나 정보도 흘려버린다. 우리는 정보를 어떻게 이해하며, 또 어떻게 믿게 되는가? 이 엄청난 질문에 답하려면 심리의 두 영역, 즉 인지와 감정 모두를 들여봐야만 한다.

07 | 주가 사이클의 형태

투자설명회에 가면 가장 많이 받는 질문 가운데 하나가 주식 투자를 어떻게 하면 잘할 수 있느냐는 것이다. 이에 대한 필자의 대답은 언제나 똑같다. 주식 투자의 기본을 철저히 익히고 꾸준히 연구하고 노력하는 것이라고 말한다. 계단을 따라 올라가는 사람이 가장 높이 올라갈 수 있다. 학문이나 스포츠 그리고 여타의 모든 분야에서 가장 중요한 것은 기본인데, 주식 투자에 있어서도 마찬가지이다.

그런데 많은 투자자가 기본을 무시하고 투자를 하고 있는 실정이다. 그 이유를 들자면 많겠지만 가장 큰 이유는 굳이 기본을 익히지 않더라도 투자에는 별로 어려움을 느끼지 않기 때문이다. 세상의 모든 일이 그렇듯이 주식 투자의 세계에서도 노력하지 않고 성공할 수는 없다. 성공하기 위해서는 성공하기 위한 방법을 연구해야 한다. 물론 시간과 노력이 필수적이다. 무릇 성공과 실패에는 원인이 있는 법이다. 그것에 대하여 꾸준히 연구를 계속하면 무엇이 주식 투자에 있어 실패의 원인이며, 성공의 포인트는 어디에 있는지 알게 될 것이다.

주식시장에서 투자자의 목표는 가격을 특정 방향으로 변화시키는 데 있다. 매수 세력은 가격을 상승시키려고 노력하고, 매도 세력은 가격을 하락시키려 할 것이다. 모든 투자세력은 나름대로의 수명주기를 갖고 있다. 추세 반전이 이루어지고 있는 동안은 두 집단이 공존하지만 일단 추세가 형성되고 나면 단지 한 집단만이 지배하게 되는 것이다. 〈그림 6〉은 이와 같은 주가의 추세와 그에 따른 군중의 수명주기를 도식적으로 표현하고 있다.

그림에서 알 수 있듯이 시장이 강세 추세를 형성하는 구간은 매수세력의 성장, 성숙기간으로 이때는 매수세력이 시장을 지배하게 된다. 반대로 시장이 약세 추세를 형성하는 구간은 매도세력의 성장, 성숙기간으로 이때는 매도세력이 시장을 지배하게 된다. 또한 시장이 강세 추세에서 약세 추세로 전환되는 국면은 매수세력과

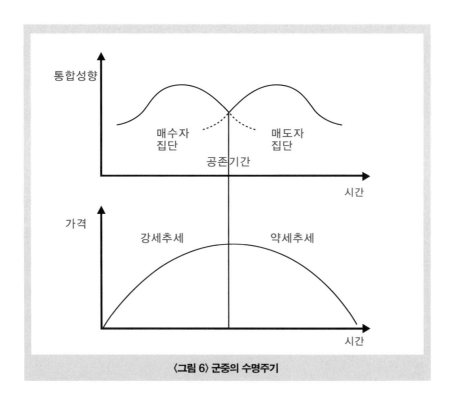

〈그림 6〉 군중의 수명주기

매도세력이 잠시 동안 공존을 이루는 기간으로, 매수 력의 쇠퇴기와 매도세력의 성장 초기가 이에 해당된다. 따라서 한 사이클 내에서 처음에는 매수세력이 지배를 하다가 잠시 매도세력과의 공존을 이루며 마침내 매도세력이 지배하게 된다. 그러므로 어느 특정 시점에서는 하나의 성공적 세력과 하나의 패배한 세력만이 존재하게 되는 것이다.

가격과 감정의 한계 사이클

성공한 세력의 구성원들은 탐욕에 차 있고, 성공의 기쁨을 누리며 같은 생각을 가진 투자자들과 심리적으로 융화된다. 반면에 패배한 세력의 구성원들은 투자손실의 두려움을 경험하고 기분이 처진 상태에서 구성원들 간의 결속도 약화된다. 결과적으로 패배한 세력의 구성원들은 이러한 압박을 이겨내지 못하고 하나씩 둘씩 성공한 세력 쪽으로 이동하게 된다.

가격 변동이란 결국 매수세력과 매도세력 간의 투쟁 또는 갈등의 결과임을 경험해 왔다. 또한 가격 변동은 피드백 순환을 통하여 점점 많은 수의 투자자 세력 구성원들로 하여금 동일한 신뢰체계를 받아들이도록 함으로써, 결과적으로 추세가 지속되도록 하는 경향이 있다. 그리고 추세반전은 투자자 세력이 전체적으로 같은 생각으로 기울어졌을 때 나타난다.

가격 변동과 투자자 감정 사이에는 필연적으로 한계 사이클이 존재한다. 여기서 투자자 감정(Investor Sentiment)은 미래의 가격 추세에 대한 예측과 이에 따라 형성된 거래량으로 파악될 수 있을 것이다. 단순화시켜, 매도세력의 구성원 수에 대한 매수 세력 구성원 수의 비율을 감정의 대용물로 적용시켜보자.

〈그림 7〉에서 이 비율은 수평축에 나타나 있다. 그림에서 오른쪽으로 갈수록 가격이 상승하리라고 기대하는 구성원 수가 상대적으로 증가하고, 반대로 왼쪽으로 갈수록 가격이 하락하리라고 기대하는 구성원 수가 상대적으로 많아진다. 〈그림 7〉은 가격과 감정의 한계 사이클, 즉 가격의 변화율에 따른 감정의 변화를 나타낸다. 그림에서 한계 사이클이 오른편으로 약간 기울어져 있는 것은 투자자 감정이 가격반전에 선행하여 전환됨을 의미한다. 즉 가격이 정점에 도달하기 직전에 투자자의 감정은 가격 상승률이 감소함에 따라 약화되기 시작한다.

그리고 반대로 가격이 저점에 이르기 전에 가격 하락률이 점차 낮아지고, 이에 따라 투자자의 감정은 가격의 저점에 앞서 회복되기 시작하는 것이다. 그러나 이러한 가격 변동과 투자자 감정 간의 한계 사이클은 주변 환경과 분리되어 독립적으로 존재하는 것은 아니다. 즉 주가는 물리적인 수요 · 공급에 의해 결정되며, 이러한

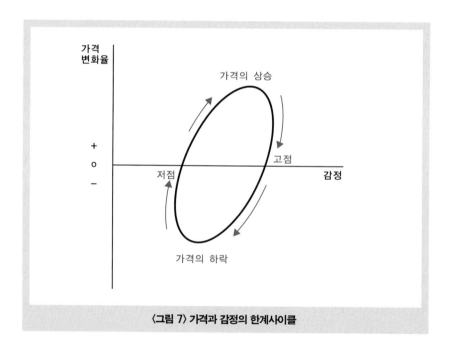

〈그림 7〉 가격과 감정의 한계사이클

수요·공급은 일반적인 경제 여건에 의존한다. 또한 투자자 감정도 경제, 사회, 정치 등 사회 전반적 분위기에 의하여 많은 영향을 받는다.

특히 주식시장에서의 변화는 사회 전체의 부에 의해 영향을 받기도 하고, 부를 창출하기도 한다. 예를 들면 향상된 경제여건에 의하여 주가가 상승하고, 이는 다시 개인의 부를 향상시켜 소비를 촉진하며 이에 따라 경제여건도 향상되는 것이다. 이러한 선순환을 통하여 사회 전반적으로 낙관론이 팽배해지며, 이것은 투자자 감정에도 좋은 영향을 미치게 된다. 마찬가지로 주가의 하락은 사회 전반적인 비관론으로 이어지고, 투자자 감정에도 나쁜 영향을 미치게 된다. 결국 주식시장에서의 가격과 감정 간의 한계 사이클은 경제, 사회, 정치 등 제반 환경과 연관되어 하나의 한계 사이클로서 통합되는 것이다. 따라서 주식시장은 주변 환경과 완벽한 조화를 이루고 있다고 말할 수 있다.

충격의 영향

주식시장이 이와 같이 외부환경과 조화를 이루기 때문에 외부환경의 변화는 필연적으로 주식시장 내부변화를 초래하기 마련인데, 이러한 외부환경 변화는 주식시장에 충격(Shock)의 형태로 나타난다. 충격은 또한 내부적 변화, 즉 가격 자체의 예상치 못한 변동에 의해서도 발생할 수 있다. 결국 충격은 현재의 가격동향과 예상된 가격동향이 갑작스런 괴리현상을 보임으로써 발생하는 것이다. 이러한 충격에는 순추세 충격(Pro-trend Shock)과 역추세 충격(Contra-trend Shock)의 두 가지 형태가 있다.

• **순추세 충격** : 순추세 충격은 시장 참여자들이 갑자기 현재 가격과 예상 가격 간 차이가 원래 생각했던 것보다 훨씬 크다는 것을 발견함으로써 발생한다. 충격으로 인하여 감정 변화와 가격 변화 사이에 차이가 생기고, 이러한 차이를 줄이기 위해 가격의 급격한 변동이 뒤따르게 된다. 따라서 순추세 충격은 패배한 세력을 더욱 궁지로 모는 반면, 성공한 세력의 결속을 더욱 다지는 계기가 된다.

• **역추세 충격** : 역추세 충격은 성공적 군중 내의 결속을 약화시킴으로써 현재의 추세를 손상시킨다. 그러한 충격은 현재의 추세와 예상 가격 움직임의 갑작스런 괴리에 의하여 혹은 외부환경의 예상치 못한 변화에 의하여 발생한다. 원인이 무엇인지에 관계없이 시장 참여자들은 갑자기 향후의 가격 움직임이 현재의 가격 추세와는 반대방향으로 움직일 것으로 생각하게 된다.

이에 따라 현재의 가격 추세에 대한 믿음이 약화되기 시작한다. 결국 가격은 기존 추세와는 반대방향인 새로운 추세를 형성하기 시작하고, 투자자들의 감정에도 변화가 일어난다. 기존 추세에서의 성공적 집단의 신뢰체계(Belief System) 및 통합성향은 약화되고 조정 과정으로 진입하는 것이다.

조정의 형태

충격의 원인이 무엇인가에 관계없이 시장의 반응은 가격의 급격한 변화로 나타난다. 여기서 가격의 변화는 그 진행 방향의 변화를 수반하는 경우와 수반하지 않는 경우로 나누어진다. 즉 충격에 따른 시장의 반응은 가격 진행 방향의 변화와 진행 속도의 변화로 구분할 수 있다. 앞에서 살펴본 순추세 충격은 단지 가격 진행 속도만을 빠르게 함으로써 현재의 추세를 더욱 강하게 하며, 역추세 충격은 가격 진

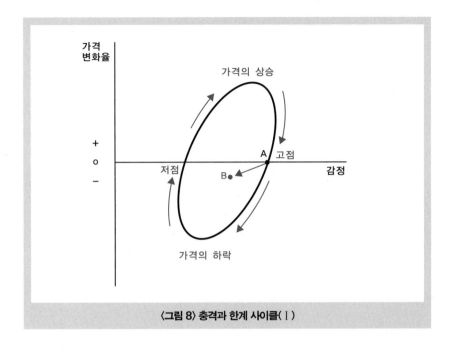

그림의 내용:
- 세로축: 가격 변화율 (+, o, −)
- 가로축: 감정
- 가격의 상승
- 저점
- A 고점
- B●
- 가격의 하락

〈그림 8〉 충격과 한계 사이클(Ⅰ)

행 방향을 변화시킴으로써 추세의 반전을 가져오는 원인이 된다. 즉 역추세 충격은 가격 변화율이 상승에서 하락으로 또는 하락에서 상승으로 변화함에 따라 나타나는 것이다. 그러면 역추세 충격과 투자자 감정의 변화를 살펴봄으로써 조정의 형태와 추세 반전의 의미에 대해 알아보자.

〈그림 8〉는 충격에 따른 가격과 감정의 변화를 나타낸다. 그림에서 충격이 있기 전까지는 가격 변화율과 투자자의 감정은 한계사이클의 균형경로(Solution Path)를 따라 안정적으로 변화함을 알 수 있다. 그러나 충격이 발생하면 우선 가격 변화율의 진행 방향이 상승에서 하락으로 급격히 변화하고 이에 따라 투자자의 감정도 급격히 약화된다. 즉 충격은 한계 사이클의 균형경로로부터 내부로의 급격한 이탈(Jump)로 표현될 수 있다.

따라서 시장이 강세에서 약세로 전환되는 경우 이는 그림에서 A점으로부터 B점

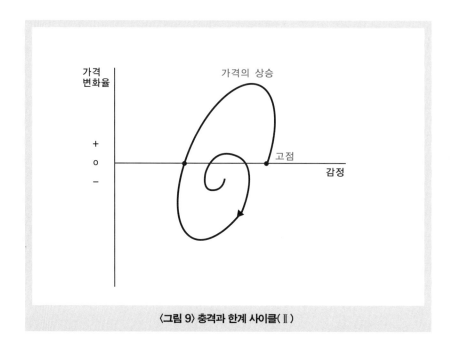

그림의 좌표축: 세로축 "가격 변화율" (+, 0, −), 가로축 "감정", "가격의 상승", "고점"

〈그림 9〉 충격과 한계 사이클(Ⅱ)

으로의 이동을 의미하며, 가격 하락과 동시에 감정약화가 이루어지는 것이다. 그러나 한계 사이클은 본질적으로 안정적이므로 군중의 행동은 균형경로로 회귀하려는 경향이 있다. 이러한 회귀 과정은 〈그림 9〉와 같은 형태로 나타나는데, 회귀 과정을 단계별로 설명하면 다음과 같다.

① **충격의 영향** : 충격이 발생하면 우선 가격이 급격히 하락하고, 이에 따라 감정도 약화된다.

② **반등 국면** : 그러나 가격의 급격한 하락은 곧이어 둔화되고, 급락에 따른 반등 국면이 이어진다. 이 반등 국면에서는 투자자의 감정도 차츰 회복된다. 그러나 충격의 영향으로 추세에 대한 믿음이 매우 약화된 상태이므로, 가격 변화율과 감정의 수준이 충격 이전 상태로까지 회복되는 경우는 많지 않다.

③**추세의 반전** : 반등이 어느 정도 진행됨에 따라 이익실현을 위한 매도가 나타나게 된다. 이는 충격의 영향으로 기존의 상승 추세에 대한 믿음이 약화되었음을 의미한다. 그러나 이미 대다수의 투자자들이 기존 상승 추세에서 성공적 세력으로의 감정위임을 통하여 주식을 매입한 상태이기 때문에 추가 매입을 할 수 있는 여력은 매우 제한되어 있다. 따라서 가격은 다시 하락하게 되고 이러한 하락은 한계 사이클의 균형경로를 따라 움직이게 된다. 이런 과정을 통하여 추세가 반전되는 것이다.

우리는 이상의 분석을 통해 다음과 같은 세 가지 결론을 내릴 수 있다.

• 충격 이후의 조정 과정은 〈그림 9〉와 같은 나선형의 모양을 띠며 나타난다.
• 기존의 추세는 반등 국면을 통하여 재확인 과정을 거친다. 즉 반등 국면에서 이전의 고점을 돌파하지 못할 경우, 이는 기존의 상승 추세가 더 이상 유효하지 않음을 의미한다.
• 투자자의 감정은 반등 국면 동안 극적으로 회복될 수는 있지만, 대부분의 경우 이전의 상승 국면에 미치지 못한다.

시장이 강세에서 약세로 전환되는 경우에 충격의 영향과 그에 따른 조정 형태에 대하여 살펴보았다. 이러한 과정은 시장이 약세에서 강세로 전환되는 경우에도 그대로 적용될 수 있다. 결과적으로 충격에 의해 하락이 일단 멈추게 되면, 적절한 조정 과정을 거친 후 새로운 추세가 형성된다. 결국 충격은 추세의 반전을 이루는 중요한 원인이 되는 것이다.

투자자의 감정과 가격 변동

투자자의 감정과 가격 간에는 한계 사이클의 관계가 성립함을 살펴보았다. 추세가 한 방향으로 진행하는 동안 투자자 감정의 변화는 가격의 변화를 초래한다. 가격의 변화는 또한 투자자의 감정과 행동에 영향을 미친다. 예를 들어 상승 추세가 지속되는 동안 투자자들은 현재의 추세가 지속되리라는 믿음이 점점 강해지고, 이러한 믿음은 다시 매수 포지션의 확대를 통하여 가격 상승을 불러온다. 그리고 이러한 가격 상승이 다시 투자자들을 열광하게 만드는 것이다.

그러나 전환시점에 있어서는 다음과 같은 일들이 차례로 발생한다.

첫째, 가격과 투자자의 감정 간의 순환(Circular)관계가 무너진다. 즉 가격의 변화가 더 이상 투자 포지션의 추가 변화를 가져오지 못하는 국면이 발생하며, 이는 시장이 한 극단으로 치우침을 의미한다.

둘째, 가격이 대다수 투자자들의 기대와는 반대방향으로 움직임에 따라 투자자들은 심리적인 충격을 받게 된다.

셋째, 가격이 충격 직전의 가격수준 근처까지 회복되는, 이른바 이전 추세에 대한 재확인 과정을 거친다. 이 과정에서 때로는 가격이 실제로 신고가 혹은 신저가를 형성하지만 때로는 그렇지 않을 수도 있다.

넷째, 가격이 적절한 반전을 시작하고 투자자의 감정도 함께 반전된다.

이러한 투자자의 감정과 가격변동 간의 관계에 대한 분석이 시사하는 바는 다음과 같다. 먼저 시장이 한 극단으로 치우칠 경우 충격이 발생할 것을 대비해야 한다. 다음으로 기존 추세에 대한 믿음은 충격에 의해 약화되므로 충격 직전의 가격수준에 대한 재확인과정은 기존 추세와 반대방향으로의 새로운 거래 포지션을 개설하는데 이용될 수 있다는 것이다.

이 두 상황에서 반전이 임박했다는 주된 신호는 투자자의 감정과 행동 수준에 있어서의 변화이다. 추세가 한 방향으로 진행되는 동안 대부분의 투자자들은 새로운 포지션을 개설하고, 거래활동을 증가시키고, 가격 추세가 더 강력해지는 것을 기대한다. 그러나 반전이 임박해지면 이상 조짐이 발생한다. 즉 시장이 한 극단으로 치우칠(과매도 혹은 과매수) 경우, 투자자들은 불가피하게 새로운 거래 포지션을 개설할 수 없게 된다. 그리고 충격 이후의 반등 국면에서는 가격이 실제로 신고가 혹은 신저가를 기록할 수 있음에도 불구하고, 약화된 투자심리의 영향으로 새로운 거래 포지션을 개설하지 않으려는 경향이 나타나게 된다.

12

기술적 분석에 대한
기타 점검사항

증권분석은 주식의 '적정가치'를 측정할 때 필요한 일반적인 법칙을
가정하고 있지는 않다. 주식의 가격은 정밀한 계산에 의한 산물이 아니라,
인간의 반응을 종합한 결과물인 것이다.

-벤저민 그레이엄-

노벨연구소가 몇 해 전 역사상 가장 위대한 문학작품으로 꼽은 소설이 있다. 여러분은 누구의 어떤 작품이라고 생각하시는지요? 기라성 같은 문호들의 걸작을 제치고 당당히 최고로 꼽힌 소설은 세르반테스가 쓴 〈돈키호테〉다. 2006년으로 출간 401주년을 맞은 이 소설이 최고로 꼽힌 이유는 돈키호테라는 주인공을 통해 인류가 본받을 만한 인간상을 만들었기 때문이라는 게 노벨연구소측의 설명이다. 이상을 향해서 끊임없이 도전하는, 다소 무모해보이면서도 순수한 인간이 바로 돈키호테이다. 현실적인 벽을 생각지 않아 무모한 것이지만 누구라도 마음에는 그렇게 하고 싶어하는 바, 그것이 돈키호테가 살아가는 방식이다. 돈키호테의 꿈을 요약하면 이렇다. '이룩할 수 없는 꿈을 꾸고, 이루어질 수 없는 사랑을 하며, 이길 수 없는 적과 싸우고, 견딜 수 없는 고통을 견디며, 잡을 수 없는 저 하늘의 별을 잡자.' 어떻습니까? 여러분의 꿈과 비교해보면. 어떤 꿈이건 꿈을 갖고 있다면 그것으로 가능성이 있는 사람이 된다. 어제와는 다른 오늘, 그리고 내일을 만들겠다는 각오가 그 속에 있기 때문이다.

01 증권시장에서 자주 언급되는 동물과 기술적 분석가

레저스포츠인 경마와 재산증식을 위한 투자수단인 주식 투자와의 닮은 점은 무엇일까. 먼저 베팅의 책임은 본인에게 있다는 것이다. 진짜와 가짜가 뒤섞인 루머가 무성하며, 정보를 확보하기 위한 한바탕 전쟁이 치러진다. 한쪽에선 건전한 투자로 위장한 작전세력이 존재하기도 한다. 베팅하기 전에는 반드시 과학적 분석이 필요하다는 것도 닮은 점이다. 상위의 20%가 전체 이익의 80%를 독차지하는 '2080의 법칙'이 나타나며, 지식과 정보를 독점한 전문가가 다수의 이익을 챙긴다. 또한 엉터리 예상지들이 난립해 베팅하는 이들의 판단을 흐리게 한다. 용어만 다를 뿐 본질은 같은 것도 많다. 예를 들어, 기관 투자자(마주), 시세표(출마표), 종합주가지수(평균배당률), 거래금액(배팅금액), 투자가이드(베팅 포인트), 추천 종목(추천 마권), 우량주(깜박이) 등이다. 경마와 주식 투자 간에는 이와 같이 유사성이 있다. 특히 치열하고 공정한 경쟁하에서 각종 정보와 훈수가 난무하는 경마와 주식시장이다. 그러면 그럴수록 투자 대상에 관한 객관적이고 깊이 있는 분석이 요구된다는 점에서 우리에게 시사하는 바가 크다.

과거 농경문화 유산들은 주식 투자자들의 언어 가운데 지금도 존재하고 있다. 월스트리트(Wall Street)는 맨해튼 꼭대기에 위치한 농장에서 동물들이 구역 밖으로 나가는 것을 방지하기 위한 벽의 이름에서 유래한 것이다. 특히 네 마리의 동물들, 즉 황소(Bull), 곰(Bear), 돼지(Hog), 양(Sheep)은 지금도 자주 월스트리트에서 언급되고 있으며 앞으로도 그럴 것이다.

흔히 투자자들은 '황소와 곰은 돈을 벌지만, 돼지는 도살당한다'라고 이야기하곤 한다. 황소는 뿔을 치켜세운 채 싸운다. 상승세에 돈을 걸고, 가격 상승으로 이익을 챙기는 매수자를 우리는 흔히 황소에 비유한다. 월스트리트에서 두 블록 남쪽의 볼링그린(Bowling Green) 공원에는 큼지막한 '황소상(Charging Bull)'이 있다. 청동으로 만든 큼지막한 조각이 맘에 들어 관광객들이 앞다투어 포즈를 취하고 사진을 찍는다. 기다리는 줄이 워낙 길기 때문에 새벽에 일찍 나와야 독사진 한 컷을 찍을 수 있다. 그런데 재미있는 것은 이 조형물이 1989년 12월에 불법으로 무단

〈그림 1〉 월스트리트에 있는 조각가 데모디카가 제작한 황소상

설치되었다는 점이다. 이탈리아 태생의 무명 조각가 아르투로 테모니카(Arturo D. DeModica)는 자신의 맨해튼 소호 아파트 뒷뜰에서 길이 4.8미터, 무게 2.5톤의 거대한 청동작품을 만들었다. 1987년 10월의 '블랙 먼데이'처럼 증시가 폭락하는 일이 없이 시장의 안정을 염원하는 마음으로 제작했다고 말하는 그는 한밤중에 포크레인을 동원해 자신의 아파트 뒤뜰에서 월스트리트 한복판으로 옮긴 것이다 (〈그림 1〉).

곰은 발톱을 아래로 차면서 싸운다. 하락에 돈을 걸고 가격 하락으로 이익을 챙기는 매도자들을 이에 비유한다. 최근 미국 경제지 〈월스트리트저널〉은 글로벌 경제상황을 영국 전래동화에 빗대 '골디락스와 세 마리 곰'으로 표현했다. 고유가(엄마곰), 부동산 버블(아빠곰), 인플레이션(아기곰)이라는 세 마리 곰이 세계경제의 '골디락스' 기조를 위협하고 있다는 경고였다. 골디락스란 고성장 속에서도 물가상승 압력이 크지 않은 이상적 경제성장 패턴을 말한다. 곰과 사냥꾼의 유머는 알려진 이야기가 많지만 주식 투자와 관련해 흥미로운 시사점을 던져주기에 소개한다.

한 여자 사냥꾼이 곰 사냥에 나섰다. 사냥꾼은 숫곰을 발견하고 방아쇠를 당겼지만 날쌘 곰은 몸을 피했고, 되레 곰에게 잡히는 신세가 되었다. 곰에게 험한 꼴을 당하고 간신히 살아남은 사냥꾼은 이를 악물고 더 좋은 총을 사고 사격 연습도 열심히 해 다시 곰을 잡으러 갔다. 그런데 또 실패하여 곰에게 잡히고 말았다. 세 번째 곰을 잡으러 갔지만 실패했다. 그러자 곰이 윙크를 하며 사냥꾼에게 이렇게 말한다. "야, 너 솔직히 말해. 사냥하러 온 거 아니지?"

모든 투자자들이 돈을 벌기 위해 증권시장에 들어온다지만 정말 돈 벌러 온 건지 의심스러운 사람들이 상당수 있다. 주식 투자자 주는 심리적인 쾌감이 투자 방식까지 결정해버리는 투자자들의 경우가 특히 그렇다. 수익을 추구한다고 하지만 알고 보면 사실은 투자자 재밌으니까 주식을 사고파는 식이다. 공통적으로 이런 투자자들은 투기꾼으로서의 스릴을 즐기는 경우가 많고, 어쩌면 자신이 처해 있는 현실적 문제에 대한 심리적 탈출구로 주식 투자를 선택하는 것으로 보인다.

　돼지는 탐욕스럽다. 돼지는 너무 탐욕스러운 나머지 대세에는 관심이 없다. 그저 커다란 콧구멍을 벌름거리며 눈에 띄는 먹이는 모두 먹어버리겠다는 욕심 하나만으로 쓰레기통까지 뒤집어 엎으며 난리를 친다. 돼지는 욕심을 빼고 나면 슬프게도 나름대로의 전략이나 특기가 없다. 오늘은 이 종목 내일은 저 종목, 귀를 쫑긋 세우고 코를 벌름거리면서 눈은 휘둥그레 뜨고 흘러다니는 정보와 하루하루의 시황에 민감할 뿐이다.

　양들은 때때로 황소의 뿔이나 곰의 피부 위에서 활보하지만 시장이 불안해질 때면 애처로운 울음소리만으로도 우리는 그들을 식별할 수 있다. 주식시장에서는 털이 깎이고 학살당하기를 기다리는 많은 어리석은 양(Sheep)들이 즐비하다. 그 밖에 동물들을 살펴보면, 개(Dogs)는 다우지수 종목 30개 중 가장 높은 수익률을 내는 10개 주식만을 구입하는 투자 전략을 뜻하는데 이는 발음에서 비롯된 것이다. 거미(Spider)는 S&P500지수의 가운데 시가총액의 약 10% 정도만 구입하는 투자 전략이다. 타조(Ostriches)는 자신의 기존 투자 전략에만 집착하여 상황 변화를 전혀 의식하지 못하는 투자자들을 의미한다. 마지막으로 코끼리(Elephants)는 뮤추얼 펀드, 연금, 은행, 보험회사 등과 같이 대규모 거래를 통해 주가에 충격을 줄 수 있는 대형 기관 투자자를 뜻한다.

　랄프 웬저는 '얼룩말'과 '펀드매니저'는 같은 문제를 안고 있다고 말한다. 양자 모두는 이익을 추구하지만, 위험을 싫어하면서 무리를 지어 움직인다. 적극적인 얼룩말들은 무리 외곽에서 더 많은 싱싱한 풀을 먹게 되지만, 소극적인 얼룩말들은 무리 중앙에서 뜯다 남은 풀만 먹게 된다. 그러나 사자가 달려들 때에는 상황이 달라진다. 외곽에 있는 얼룩말들은 사자의 점심 식사로 끝나지만, 무리의 중앙에 있던 야윈 얼룩말들은 덜 먹더라도 살아남을 수 있게 된다는 것이다. 랄프 웬저는 투자자들은 늘 외곽에 있는 얼룩말이 되려고 노력해왔으며, 이 때문에 투자자에게는 사자의 발톱에 할퀸 수많은 상처가 남아 있다고 말한다.

기술적 분석가는 모든 금융시장에서 군중심리의 움직임을 연구한다. 시장은 가격이 올라가면 돈을 버는 황소와 가격이 떨어지면 돈을 버는 곰 사이에서 벌어지는 전쟁터이다. 기술적 분석가가 지향하는 바는 황소(매수세)와 곰(매도세) 사이에서 힘의 균형점을 찾아서 승리하는 집단에 베팅하는 것이다. 만약 황소가 더욱더 강해지고 있다면, 매수보유(Buy and Hold) 전략을 취해야 할 것이며 곰이 강해지고 있다면 매도 전략이 바람직할 것이다. 만약 두 세력의 힘이 동등하다면, 현명한 투자자는 옆에 서서 지켜본 후 합리적인 판단에 입각해 승리할 것으로 예상되는 포지션을 취할 것이다.

02 주식 투자를 위해서 눈여겨봐야 할 현상들

　주변을 돌아보면 신 나는 게 없는 세상이다. 그나마 위안이 되는 게 있다면 해외 파 운동선수들의 맹활약이라고들 말한다. 몇 해 전까지는 일본에서 이승엽 선수의 활약이 대단했었고, 최근엔 메이저리그의 추신수 선수가 단연 화제다. 홈런을 만들 어내는 그들의 스윙을 보면 부드럽기 그지없다. 아울러 문득 한 분야에서 최고 수 준에 도달한 장인 경지를 느끼곤 한다. 이승엽 선수의 스윙은 한결같이 빠르면서도 결코 급해 보이지 않고 여유로우면서 부드럽다. 야구와 같은 운동이든 뭐든 그 분 야 대가 수준에 오른 사람들에게서 발견할 수 있는 공통점은 여유와 부드러움의 미 학이다. 이승엽 선수나 추신수 선수의 스윙에서도 이 같은 대가들에게서 공통적으 로 발견되는 '부드러움의 미학'이 나타난다. 그래서 수많은 팬이 그들의 활약에 환 호하고 즐거워하는 것이리라.

　주식 투자에서도 마찬가지다. 성공한 투자자로 남기 위해서는 조급증을 버리고 유연한 사고와 여유로운 마음을 가져야 할 것이다. 또한 시장에서 유연성을 유지하기 위한 최선의 방법 가운데 하나가 '당신이 믿는 것을 거래할 것이 아니라 당신이 직접 보는 것을 거래하는 것'이다.

재무학 분야의 연구자들은 주식시장이 효율적이라고 말한다. 효율적 시장에서는 어떤 정보를 이용하여 투자 전략을 수립하더라도 주식의 내재가치에 근거하여 타당하고 정상적인 이윤만을 낼 수 있다는 것이다. 따라서 초과적인 이윤은 얻을 수 없다고 주장해왔다. 이러한 효율적 시장에 반하는 현상을 이례 현상(anomaly)이라고 한다. 이례 현상은 크게 세 가지로 분류될 수 있다. 첫째는 주가가 새로운 정보로 인해 과잉반응하여 초과 수익률이 역전된다는 과잉반응현상이다. 둘째는 계절적으로 월별, 일별, 요일별 또는 거래시간대별로 나타나는 현상, 즉 계절적 이례 현상이다. 셋째는 기업규모, 주가수익비율(PER), 증권 분석가의 관심의 정도, 또는 신규상장 되었는가의 여부에 따라 나타나는 기업 특성적 이례 현상이다.

이러한 이례 현상에는 다음과 같은 특징이 존재한다. 이례 현상은 오랜 기간 동안 지속되어왔으며 시간이 지남에 따라 사라지는 현상이 아니라는 것이다. 또한 이러한 현상은 전세계적으로 나타나고 있으며, 이례 현상이 왜 발생하는지에 대한 명확한 해답은 아직까지 발견되지 않고 있다. 이 장에서는 계절적 이례 현상과 이례 현상이라고는 딱히 말할 수 없으나 이와 유사한 사례를 소개해 본다.

거리 경제학(Street Economics)

기업탐방을 다니는 이유는 회사 관계자를 만나 그 회사의 재무제표, 실적, 기타 투자사항 등을 알아내고, 예상치를 확인하기 위해서다. 여기에 중요한 목적이 더해지는데, 바로 회사의 전반적인 분위기를 파악하는 것이다. 필자도 처음 방문하는 기업의 경우 그 회사의 분위기를 자세히 살펴본다. 직원들의 얼굴표정, 화장실이나 기타 작업장의 청결 정도, 근무 환경, 특히 사무집기의 상태까지 꼼꼼히 살핀다. 실제로 이러한 것들이 그 회사를 재무제표를 통해 보는 것보다 더 많은 것을 말해주기 때문이다.

2000년을 전후로 신생 벤처기업들을 많이 탐방했었는데, 그때 당시 엄청나게 사치스런 내부 인테리어로 미루어 벤처열풍이 오래가지 못할 것임을 짐작했었다. 이와 같이 현장에 나가보면 단순한 수치로 짐작하는 것보다 피부에 와 닿는 것이 많다. 경기와 관련해서도 마찬가지다. 단순한 통계수치로 느끼는 것보다 거리로 나가보면 실물경기를 명확하게 판단할 수 있다. 정부나 경제전문가들은 생산, 소비, 투자, 수출, 고용, 금리 등 갖가지 난해한 지표를 들이대며 경기논쟁을 벌이지만, 일반인들은 일상적인 삶에서 경제상황을 훨씬 간결하고 명확하게 파악한다.

화장품은 실물경기 판단에 있어서 나름대로 정확한 잣대를 가지고 있다. 화장이 짙어지면 불경기, 옅어지면 호경기라는 것이다. 2차 대전이라는 어려운 시기를 배경으로 한 영화 〈카사블랑카〉에 등장하는 잉그리드 버그만의 옅은 화장과 전후 호황기에 인기를 누린 오드리 햅번의 눈과 눈썹이 불거지는 짙은 화장이 그 대표적인 예라 할 수 있다. 우리 주변에서 볼 수 있는 거리의 경기지표는 다양하다. 남대문 시장 환경미화원에 의하면 쓰레기 배출량을 보는데, 평소 리어커 5대 분이 평균이라면 불경기에는 그 절반 정도로 줄어든다고 한다. 광화문 사거리 쓰레기통 속의 담배꽁초 중 장초가 많으면 호경기, 필터 가까이까지 태운 꽁초가 많으면 불경기라는 설이 있다. 또한 유통업계의 전통적인 분석으로 '경기가 나빠지면 신사복 매출이 먼저 줄어든다'는 것이 있다. 백화점 관계자들은 경기에 민감한 신사복 매출과 KOSPI(종합주가지수)가 실제로 비슷하게 움직인다고 말한다.

무엇보다도 거리 경제학자들의 전통적 지표의 대상은 여성들이다. 의상심리학자들의 관찰에 의하면 화려한 색상의 옷은 경기가 좋아지는 징조라는 것이다. 치마의 길이에 관해서는 여성의 다리 노출이 많아지면 주가가 상승한다는 이른다 '치마 끝선의 법칙(hemline theory)'이 있다. 경기가 최악의 상황으로 치달아 바닥에 이르면 여성들은 옷감 절약을 위해 미니스커트를 많이 입는다는 분석이 깔려 있다. 이와 관련해 몇 년 전 CNN머니에 난 기사를 인용해본다. "경제적으로 어려움을 겪었던 1930년대 말 미니스커트가 유행하면서 미 증시가 다시 살아났다. 특히 월스트리트의 증권종사자들은 대부분 남성들이어서 이 법칙을 신봉하는 경향이 강하다. 이번 주말까지 이어질 뉴욕 패션위크에서 캘빈클라인, 토미힐피거 등 유명 디자이너들은 세탁이 편리하고 저렴한 소재를 사용한 미니스커트를 잇달아 선보일 예정이어서 월가 투자자들의 관심도 높다."

달콤한 식품과 불황지표

〈워싱턴포스트〉에 '유용한 지표, 남성 속옷 판매'란 제목의 기사가 실린 적이 있다. 미국 중앙은행(Fed) 의장을 지낸 앨런 그린스펀이 경기 판단의 지표로 활용했다는 설명도 덧붙었다. 그린스펀의 남성 속옷 지표는 그가 쓴 『격동의 시대』란 책에서 처음 소개됐다. 불황 때는 남성들이 다른 사람이 볼 수 없는 것부터 줄이기 때문에 속옷 판매가 감소한다는 논리다.

미국 경제전문 인터넷 매체인 비즈니스인사이더는 남성 속옷 판매 감소, 사탕 소비 증가 등 불황 때 나타나는 소비 트렌드 12가지를 모아 소개했다. 음주 운전은 불황 때 감소한다. 애주가들이 금전적 부담을 줄이기 위해 밖에서 술을 마시는 것을 자제하기 때문이다. 소비가 줄어드는 대표적 항목은 1회용 기저귀다. 유아용품은 경기 영향을 거의 받지 않는다. 그러나 불황에는 이마저도 감소하고 있다. 1회용 기저귀를 사는 대신 천으로 된 기저귀를 쓰는 부모들이 늘어나고 있기 때문이다. 이 밖에 허리띠를 더 졸라매기 위해 저렴한 넥타이도 많이 찾기 시작했다. 장롱 안에 넣어두었던 금·은은 물론이고 명품을 내다파는 이들도 많아지면서 전당포의 수도 늘어난다.

불황은 연애방식도 바꿔놓는다. 경기가 나빠지면서 장거리 연애나 주말 부부가 늘어난다. 거주지에서 일자리를 찾지 못하거나 해고를 당해 다른 도시에서 직장을 구하는 이들이 급증하기 때문이다. 혼전 동거도 증가한다. 따로 방을 얻어 사는 것보다 동거가 더 경제적이기 때문이다. 반면 적은 돈으로 기분 전환을 하려는 사람들이 늘면서 사탕 소비와 미장원 고객, 정원을 관리하는 사람들의 숫자는 늘어난다고 비즈니스인사이더는 전했다. 절도 등 재산 관련 범죄는 줄어든다. 경기악화로 빼앗을 것조차 줄어들었기 때문이다.

우리나라에서도 불황이 지속될수록 사탕 판매가 늘어난 것으로 나타났다. 이를 두고 국내 세븐일레븐 관계자는 "스트레스를 받으면 기분 전환을 위해 단 음식을 찾게 된다"고 설명하고 있다. 또 "지난 2008년 하반기 금융위기 당시에도 200원짜

불황 트렌드 12가지

〈자료:비즈니스 인사이더〉

⬇ 음주운전	⬆ 캔디 판매량	⬆ 피크닉
⬇ 남성 속옷 판매	⬆ 장거리 연애	⬆ 전당포 수
⬇ 기저귀 매출	⬆ 정원 가꾸는 가구	⬆ 동거
⬇ 재산 관련 범죄	⬆ 미용실 고객	⬆ 싼 넥타이 소비

리 막대사탕이 편의점 상품 판매량 부동의 1위인 바나나맛 우유를 제치고 1위를 차지한 바 있다"고 말하고 있다.

최근에는 경제위기를 겪고 있는 미국에서 도넛 가게들이 때아닌 호황을 누리고 있다고 〈파이낸셜타임스(FT)〉 등 외신이 보도하고 있다. 상황이 이렇게 되자 던킨도너츠, 크리스피크림 같은 도넛 업체들은 속속 매장을 늘리고 있다고 한다. 경기침체로 스트레스를 받은 사람들이 단 음식에 끌리고 있기 때문이다. 또 다른 '불황지표'가 생긴 셈이다.

대선과 주가와의 상관관계

미국에서는 4년마다 한 번씩 대통령 선거를 치르는데 선거 전 2년의 주가 상승률은 선거 후 2년에 비해 평균 10배 가까이 높은 것으로 나타났다. 선거 전 선심용 각종 경기부양책이 많이 나와 주가가 상승하는 반면, 선거가 끝난 후에는 통화팽창, 인플레이션 수습책으로 강력한 금융긴축이 이루어지는 관계로 주가가 오히려 하락하는 요인이 되었다.

1976년 지미 카터는 당시 대통령이었던 포드와의 대결에서 승리하여 대통령이 되었다. 카터가 포드를 이긴 이유는 포드가 경제를 엉망으로 운영했기 때문이었다. 카터는 '불행지수(Misery Index)'라는 그럴듯한 지수를 만들어 포드가 대공황 이후 가장 큰 불행을 가져왔다고 비난했다. 1980년 카터와 레이건과의 대결에서는 상황이 역전된다. 로널드 레이건은 당시 카터 대통령을 상대로 대권을 겨루면서 경제학 용어 몇 가지를 다음과 같이 재치 있게 정의했다. "경기후퇴(Recession)란 당신의 이웃이 실직할 때를 말합니다. 경기침체(Depression)란 당신이 실직할 때를 말합니다.

경기회복(Recovery)이란 지미 카터가 실직할 때를 말합니다."

이와 같이 선거에 민감한 영향을 받는 미국 경제는 선거형 경제라는 신조어가 나올 정도이며 미국과 같이 일본도 주가와 선거와의 연관성이 뚜렷하게 나타나 선거 후보다 선거 전에 주가 상승률이 높게 나타난다. 그러나 우리나라는 주가가 대체로 선거전보다 선거 후에 더 많이 오르는데 선거 전 정국 불안요인이 선거에 작용하였기 때문이다. 특히 여권이 압승한 때는 주가 상승폭이 컸다.

한국과 미국의 대통령 임기와 주가와의 관계를 살펴보면 한국은 임기 초반에 강세를 나타냈고, 미국은 임기 후반부에 강세를 나타냈다. 한국에서는 이른바 '허니문 랠리(Honeymoon Rally)'가 진행된 것으로 볼 수 있다. 새 정부가 출범하면 새 출발에 대한 기대로 국민이 새 정부에 대한 협조적인 자세를 보여 사회가 안정된다. 이런 원활한 협조와 사회 안정을 신혼여행에 비교해 '허니문 현상'이라고 부르는데, 이를 증시에 적용한 말이 '허니문 랠리'다. 여기에는 새 정부 출발을 계기로 주가도 단기적으로 크게 오를 것이라는 기대가 숨어 있다.

이와 같이 우리나라에서는 대체로 임기 첫해와 두 번째 해에 주가가 대폭 상승하다가 임기 세 번째 해와 네 번째 해를 거쳐 마지막 해에 이르면 소강상태를 보이는 경우가 많았다. 물론 예외도 있었다. 노무현 대통령 시절에는 임기 5년 내내 주가가 상승세를 나타냈다. 2008년 발생한 글로벌 금융위기 직전에 세계 증권시장이 호황을 누렸기 때문이다. 이명박 대통령의 경우 임기 첫 해에 주가지수가 급락하였는데, 글로벌 금융위기의 직격탄을 맞았기 때문이다.

우리나라에서는 대통령 임기 첫해와 두 번째 해에 주가가 상승하는 흐름을 보이는 이유로 그 시기에 경기부양을 위한 정책이 본격화되기 때문이라고 풀이하고 있다. 임기 1년 말에서 2년 초까지 경기부양을 위한 다양한 정책들이 구체화되면 시장에서도 이에 대한 기대감이 증폭되기 때문이다. 하지만 임기 3년 이후부터는 대

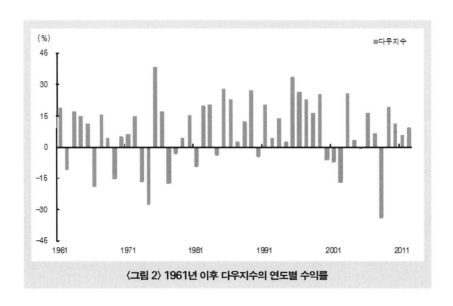

〈그림 2〉 1961년 이후 다우지수의 연도별 수익률

체로 경기부양에 대한 실효성을 찾기 힘들어지고 갈수록 레임덕 현상이 심화되면서 주가 역시 저조한 흐름을 보인다.

미국 증시는 대통령 취임 3년 차에 활황세를 보였다(〈그림 2〉참고). 정치적 경기순환론(Political Business Cycle)에 따르면, 선거를 앞둔 임기 후반부에 재선을 목적으로 집중적인 경기부양책이 실시됨에 따라 경기는 활성화되고 주가는 상승세를 보인다는 것이다. 미국 증시는 대통령 임기 2년 차에 바닥을 찍고 3년 차부터는 강세장으로 돌아서는 것으로 나타났다. 1939년 이후 임기 3년 차에 증시가 하락한 경우는 단 한 차례도 없었다.

한편 미국증시는 지난 1943년 이후 공화당 대통령 때(연 11.7%)보다 민주당 대통령이 재직할 때 증시 수익률이 13.6%로 약간 높게 나타났다. 1980년에서 이후 업종별로 볼 때 컴퓨터, 전기제품, 반도체, 천연가스, 정유업 등은 민주당이 집권할 때 상승했고, 자동차부품, 음식료, 유통, 섬유, 포장재, 폐기물 처리, 트럭운송 등은 공화당이 집권할 때 상승했다. 공화당은 대기업에 유리한 정책을 펴고 민주당은 소비자 중심의 정책을 펴왔지만 실제 주가는 민주당 때 제조업체가 많이 올랐고 공화당 때는 소비재 생산업체의 주가가 많이 올랐다.

스포츠 징크스와 주가

스포츠와 사회현상에 대한 징크스는 여러 가지가 있다. 증시와 관련된 것 중 대표적인 것으로 미국의 '슈퍼볼 징크스'와 일본의 '한신 효과'를 소개한다.

슈퍼볼(Super Bowl) 징크스

미국에서 가장 인기 있고 또한 가장 미국적인 스포츠 중 하나가 바로 미식축구이다. 프로미식축구 내셔널 컨퍼런스(NFC) 우승팀과 아메리칸 컨퍼런스(AFC) 우승팀이 겨루는 챔피언 결정전인 슈퍼볼(Super Bowl) 경기 결과를 언급하는 것은 경기 결과가 한해 미국 주식시장의 향방을 예고해준다는 속설 때문이다. 보통 슈퍼볼이 1월 말에 열리기 때문에, 미국에선 연초에 한해 증시를 예측할 수 있는 지표로 주목받는다. 증시의 상승을 판별하는 기준은 다우지수, 나스닥, S&P500지수 등 3대 주가지수 가운데 2개가 오른 경우이다. 이러한 슈퍼볼 예보는 1978년 〈뉴욕타임스〉에 기사화하면서 매년 시선을 끌고 있다.

1920년대에는 하버드와 예일대의 미식축구 경기 결과를 가지고 미 증시의 방향을 점치기도 했다고 한다. 프로미식축구가 출범하면서 월스트리트에서도 슈퍼볼 징크스가 생겼다. 슈퍼볼에서 AFC에 소속됐던 팀이 이기면 증시는 하락하고, 원래 NFC에 소속됐다 AFC로 옮긴 팀이나 현재 NFC에 소속돼 있는 팀이 이기면 증시는 상승한다는 것이다. S&P500지수 기준으로 슈퍼볼 징크스는 지난 45년간 35차례 (78%) 적중했다.

〈그림 3〉 슈퍼볼(Super Bowl)에서 MVP로 선정된 하인즈 워드의 경기 모습

일본과 한국의 프로야구 우승팀 효과

미국에 '슈퍼볼 징크스'가 있다면 일본에는 '한신 효과'라는 것이 있다. 몇 해 전 일본에선 '한신 타이거즈의 우승 주기와 주가는 밀접한 관계가 있다'는 내용의 닛코시티그룹증권의 보고서가 화제를 모은 적이 있다. 이 보고서 내용에 따르면 한신은 대략 20년마다 우승해왔으며 이는 일본 기업의 설비투자 순환 주기와 거의 일치한다는 것이다. 한신이 우승한 1944년, 1947년, 1964년, 1985년은 '19년 주기'로 순환하는 설비투자 사이클의 바닥에 해당되는데, 이듬해면 어김없이 주가가 상승하고 투자도 활발해지는 등 경기가 회복된다는 주장이다. 일본주가는 1965년 15%가 상승했다. 또 1985년 '플라자 합의'에 따라 엔화가 강세로 반전된 다음해인 1986년에는 42%나 올랐다. 스미토모신탁은행 역시 2003년 일본시리즈에서 한신이 우승

〈그림 4〉 한신 타이거즈의 리그 우승 장면

하기 바로 전에, '한신 타이거즈가 우승할 경우 일본경제가 변한다'라는 보고서를 통해 한신의 우승이 일본경제의 회복을 가져올 수 있다고 지적했다. 스미토모는 한신이 우승한 1964년과 85년 일본경기가 호황을 보였다는 점을 근거로 들었다.

프로야구가 인기를 끌면서 우리나라에서도 '한국시리즈 지표'가 등장했다. 시즌 마감 이후 다음 시즌 시작 전까지(10월~다음해 3월) 한국시리즈 진출팀의 주가 상승률이 KOSPI 상승률을 앞서고 있다. 실제 지난 2001년 한국시리즈에 진출한 두산(두산중공업)과 삼성(삼성전자)의 주가 상승률 평균은 116.85%였다. 같은 기간 KOSPI 상승률은 78.88%였다. KIA(기아차)와 SK(SK텔레콤)이 격돌했던 지난 2009년에도 이들의 평균 주가 상승률은 23.12%로, KOSPI 상승률을 앞선 사례가 있다.

한국과 미국 증시에서 공통적으로 나타나는 계절적 흐름

과거 한국과 미국의 증시에서 공통적으로 10월에서 이듬해 1월에 이르는 동안 주가가 견조한 상승 흐름을 보이는 현상이 일어났다. 1980년 이후 2012년까지 KOSPI와 S&P500지수의 월간 상승률을 비교해보면 〈그림 5〉와 같이 나타난다. 결론적으로 10월에서 이듬해 1월에 이르는 기간의 수익률이 가장 좋기 때문에 주식투자는 이 기간에 하는 것이 바람직해 보인다. 계절적인 요인만을 고려한다면 '랠리 킬러(Rally Killer)'로 불리는 8월과 9월의 투자는 피해야 할 것으로 보인다.

8월이 '랠리 킬러(Rally Killer)'로 불리는 것은 한창 더운 여름에 '서머 랠리'가 이어지다가 8월이 되면 갑자기 꺾이곤 하기 때문이다. 이 같은 '계절적 흐름'에 대해 크게 두 가지를 꼽을 수 있을 것이다.

첫째, 기업들의 3분기 실적이 발표되는 10월 중순까지 증시는 실적에 대한 우

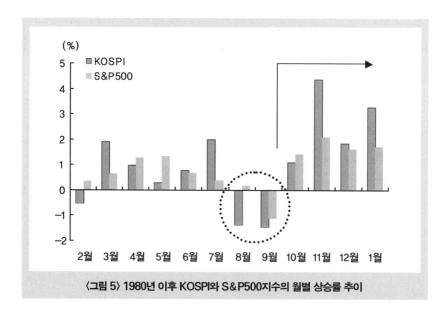

〈그림 5〉 1980년 이후 KOSPI와 S&P500지수의 월별 상승률 추이

려 때문에 약세를 보인다는 것이다. 하지만 10월에 실적이 실제로 나쁘게 발표되어도 이미 우려가 주가에 반영돼 있기 때문에 더 떨어지지 않고, 좋은 것으로 발표되면 반등하는 계기가 된다.

둘째, 4분기에는 미국의 경우 크리스마스, 추수감사절 등이 들어 있어 내수 소비가 살아나는 시기인 만큼 기업들의 실적 개선에 따라 증시도 긍정적인 영향을 받는다. 주가가 4분기 후반으로 갈수록 강한 상승세를 연출하는 것을 두고 '산타 랠리'라고 말하기도 한다. 산타 랠리란 크리스마스를 전후한 연말과 연초 소비 증가로 내수가 늘어나고, 관련 기업의 매출이 증가하면서 주가가 오르는 현상을 말한다. 4분기에 이어 이듬해 1월까지 강세가 이어지는 것은 새해를 맞이하는 계절적 심리요인이 복합적으로 작용한 데 따른 것으로 풀이된다.

미국의 주식 투자자들에게 '10월은 특별한 의미'가 있다. 미국 증시 역사상 가장 큰 두 번의 폭락이 1929년과 1987년의 10월에 있었고, 2008년 금융위기 때도 10월에 대폭락을 기록했다. 다우지수를 산출한 이래 일간 낙폭 상위 20위 가운데 8번이 10월에 발생했다. 월스트리트 전문가들은 10월에 유독 주가 폭락이 빈번한 것이 우연의 일치라 보기 어려운 이유를 다음과 같이 설명하고 있다. 먼저 10월은 사람들이 여름휴가를 마치고 시장으로 돌아오는 시기다. 또 정부와 기업은 내년을 내다보며 새로운 정책을 펼쳐 보이고 때로는 연말 안에 뭔가를 성취하려고 노력하는 시기다. 그런데 만약 그들의 시도나 노력이 실책으로 나타날 경우 그 충격이 주가의 일시적인 폭락을 야기할 수도 있다는 것이다.

03 | 시장 내 분석과 시장 간 분석
(Intermarket Analysis)

　'깨진 유리창의 법칙'이란 것이 있다. 이 이론은 깨진 유리창처럼 사소한 것들이 사람들에게 중요한 메시지를 전달하며 예상치 못한 커다란 결과를 가져온다는 내용이다. 건물 주인이 깨진 유리창을 방치하면 사람들은 건물 주인이 건물을 포기한 것으로 생각하고 이곳을 무법천지라고 인식하여 마구잡이로 행동한다고 한다. 한 사람이 우연히 집 근처에 쓰레기를 버렸는데 집주인이 이를 놔두면 다른 사람들도 이곳에 쓰레기를 버려도 된다고 생각해 주변이 완전히 쓰레기장이 되는 것과도 같은 이치다. 모든 것은 사소한 것에서 시작된다.

　주식 투자에 나설 때도 다시 한 번 주변의 깨진 유리창을 점검해보고 각자의 위치에서 투자의 기본을 지키는 것이 유리창이 깨지지 않게 하는 가장 좋고 유일한 방법임을 기억하자. 무엇보다 투자의 초기에 시작되는 사소한 단초를 간과하지 않는 것이 문제를 키우지 않고 스스로 위기를 초래하지 않는다는 점을 명심할 필요가 있다.

'데자부(deja ve)'라는 말은 '이미 보았다'는 의미로서, 처음 가본 곳인데 이전에 와본 적이 있다고 느끼거나 처음 하는 일을 전에 똑같은 일을 한 것처럼 느끼는 것이다. 살아가다 보면 자신이 지금 하고 있는 일이나 주변의 환경이 마치 이전에 경험한 듯한 느낌이 들 때가 있다. 대부분 꿈속에서 본 적이 있는 것 같다고 말하는데 이것을 데자부 현상이라고 한다. 우리말로 기시감(旣視感)이라고 하는 이 말은 역사는 되풀이된다는 기술적 분석에 있어 종종 발견하게 된다.

주식시장은 과거 증시의 추세 흐름을 놀랍게도 그대로 따라가는 사례가 많다. 이러한 분석에는 시장 내 분석과 시장 간 분석이 있다. 시장내 분석은 동일 지수나 종목의 과거국면 사례를 통해 미래를 예측하는 분석기법이다. 〈그림 6〉은 S&P500지수의 1960년대 말과 1998년 이후를 서로 비교한 분석이다. 상당히 흡사한 모습으로 주가가 움직인 것을 볼 수 있다. S&P500지수의 1966년 8월 이후의 흐름을 보자.

S&P500지수는 1967년 5월 65포인트 부근에서 바닥을 찍고 제약주와 기술주를

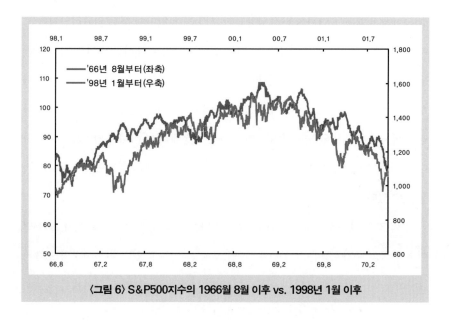

〈그림 6〉 S&P500지수의 1966월 8월 이후 vs. 1998년 1월 이후

필두로 상승 랠리를 선보였다. 1년 반 동안 110포인트까지 육박해 단숨에 65% 가까이 급등한다. 이는 1998년 1,050포인트에 머물렀던 S&P500지수가 기술주랠리에 힘입어 2000년 1,500까지 오르는 과정과 흡사하다. 또 1969년 5월 14일 이래 1년 동안 34.73% 급락하면서 1년 새 저점까지 내려앉은 과정은 지난 2000년 9월 이래 1년 간 36.49% 급락하는 모습으로 뒤따르고 있다. 지수 상승과 하락기간은 물론 상승과 하락폭까지도 거울을 보듯 똑같이 나타나고 있는 것이다.

우주창조의 원리 가운데 '프랙탈 이론(Fractal Theory)'이라는 것이 있다. 이는 하나의 입자 속에 그와 닮은꼴인 무수한 입자가 존재하고 그 무수한 입자 속에는 또다시 그와 닮은 무수한 입자가 존재한다는 것이다. 결국 우주는 이러한 '자기 유사성, 자기 닮음(Self-similarity)'의 연속적인 작용에 의해 생성됐다는 이론이다. 이러한 닮은꼴은 주식시장에서도 시장 간에 존재한다.

시장 간 분석은 미국 등 선진시장에서는 기술적 분석가들 사이에서 보편적으로 받아들여지고 있는 분석법으로 최근 우리나라에서도 사용되고 있다. 이는 여러 시장 사이에 전개되는 연관성을 설명하고 또 시장들이 얼마나 서로 의존적인지를 보여주기 위한 것이다. 시장 간 분석의 기본 전제는 모든 금융시장이 어느 정도 연관되어 있다는 것이다. 여기에는 국내시장은 물론 국제시장도 포함된다. 이러한 연관성은 때로는 한쪽으로 치우칠 수도 있지만 어떤 형태로든 항상 존재한다. 예를 들면 주식시장에 대한 완전한 이해는 어떤 다른 시장에 대한 이해가 없이는 불가능하다. 시장들이 서로 얽혀 있기 때문에 기술적 분석가들에게는 한편으로 유리하게 작용할 수 있다.

〈그림 7〉의 다우지수 움직임과 〈그림 8〉의 KOSPI의 움직임을 살펴보자. 2005년 이후 한국의 주가흐름은 1980년대 '10년 호황'을 앞두고 있던 다우지수의 모습과 흡사하다. 다우지수는 60년대 이후 약 20년간 600~1,000포인트 사이에서 횡보하

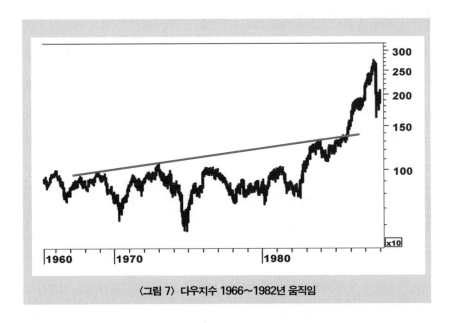

〈그림 7〉 다우지수 1966~1982년 움직임

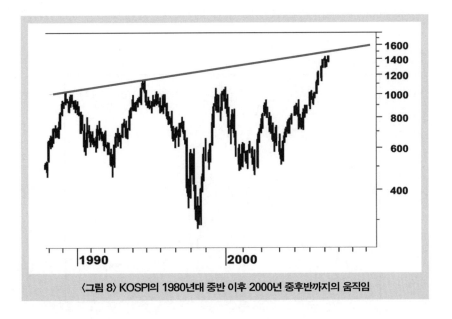

〈그림 8〉 KOSPI의 1980년대 중반 이후 2000년 중후반까지의 움직임

다가 1980년대 초반 고점을 뚫고 1200포인트를 돌파한 뒤 1만선까지 쉬지 않고 올랐다. 한국의 KOSPI도 1984년 이후 2004년까지 20년간 500~1,000포인트 박스권에서 움직였지만, 2005년 마(摩)의 1,200포인트를 뛰어넘었다. 한눈에도 주가지수의 장기적 흐름이 동일한 것을 볼 수 있다. 증시 내외의 여건도 당시 미국과 닮은꼴이다. 저금리기조, 적립식 펀드 등 간접투자문화의 확산, 공적연금자금의 증시유입대기 등 국내 상황이 20여 년 전 미국과 유사하다. 이에 따라 우리나라 증시의 향후 잠재력은 1980년대 초반에서 2000년에 이르는 동안 주가지수가 10배 이상 뛴 미국 증시의 팽창률과 맞먹을 것이라는 전망이 심심치 않게 나오고 있다.

미국에서도 시장 간 분석은 활발하다. 지난 2000년 이후 미국을 필두로 전 세계 증시가 약세장의 강도를 높여 나갈 때마다 세간의 관심을 주도한 쟁점은 버블붕괴 이후 10년 이상에 걸쳐 부진을 거듭하고 있는 일본경제와 일본 증시의 악몽이 미국, 나아가 전 세계에서 재연되는 것은 아닌가 하는 것이었다. 사실 1999년 나스닥

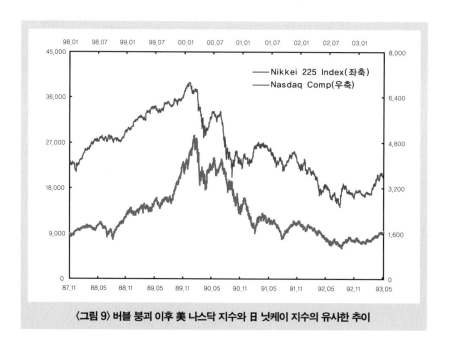

〈그림 9〉 버블 붕괴 이후 美 나스닥 지수와 日 닛케이 지수의 유사한 추이

시장이 급격한 오름세를 탈 때 일각에선 붕괴의 위험성을 조심스럽게 지적했었다. 당시의 주장은 나스닥시장의 폭등과정이 지난 1920년대 다우지수흐름이나 1980년 이래 닛케이지수 움직임과 똑같아 조만간 거품붕괴 과정을 거칠 것이란 주장이었다. 실제로 버블붕괴 이후 1980년대 일본의 증시와 2000년대 미국 나스닥지수는 섬뜩하리만큼 유사한 패턴을 보였다. 〈그림 9〉는 버블붕괴 직전부터 닛케이지수 추이와 미국 나스닥지수 추이를 비교한 것이다.

물론 이러한 시장 간 분석이 비교 대상 간의 질적 차이를 무시한 단순 비교가 될 수 있으나, 오늘날과 같은 복잡한 시장에서는 나름대로 유용한 분석방법으로 사용될 수 있을 것이다.

04 | 주가 사이클에 대한 다양한 견해들

    증시에서 하락신호는 소리 없이 찾아오곤 한다. 증권사 오너 자리까지 올랐던 일본의 젊은 애널리스트가 1953년 2월 11일 일본 신문에 "오동잎 한 잎이 떨어져 천하의 가을을 알린다!"로 시작하는 하락 전망을 기고한 일이 있다. 그 이후 주가는 거짓말같이 폭락의 길을 걸었으며, '오동잎' 이야기는 바다 건너 우리나라 증권계에서도 지금까지 자주 인용되고 있다. 또한 '상투 3일, 바닥 100일'이라는 증시의 격언대로 주식시장의 흥분은 짧고, 인고의 기간은 길게 마련이다. 주식 투자는 일종의 '기다림의 게임(Waiting Game)'이다. 따라서 직접 투자하는 것보다 현금을 보유하고 기다리는 것도 하나의 투자방법이 될 수 있다. 인내심을 갖고 기다려온 투자자들에게는 '좋은 기업의 나쁜 시절'은 위대한 시기로 바뀌어 다가올 수 있다는 것을 알아야 한다.

    주식시장은 주기적으로 상승과 하락 사이클을 되풀이한다. 그 배후에는 경제변수인 경기와 금리 사이클, 증시 내부의 수급과 투자심리 사이클, 대통령 선거와 같은 정치 사이클은 물론, 심지어 태양 흑점 주기와 같은 자연 현상까지도 영향을 주는 것으로 알려지고 있다.

조지 소로스의 자기 암시이론

1947년 겨울 런던 라이온스 코너 하우스 앞에 한 헝가리 출신 소년이 서 있었다. 이리저리 주머니 속을 뒤져봤지만 동전 한 푼 남아 있지 않았다. 방금 먹은 저녁이 자신에게 마지막 식사가 될지도 모르는 일이었다. 요즘 같으면 고등학교 1학년에 다니고 있을 17세 소년으로서는 받아들이기 힘든 현실이었다. 소년은 우울해지는 기분을 달래며 "더 이상 떨어질 곳이 없는 상황까지 왔으니 이제 올라가는 일만 남았다"며 스스로 위로했다. 그가 훗날 월스트리트의 황제가 된 조지 소로스다. 그는 자기암시이론 또는 재귀 효과(Reflexivility Effect) 가설을 통해 자신의 투자 철학

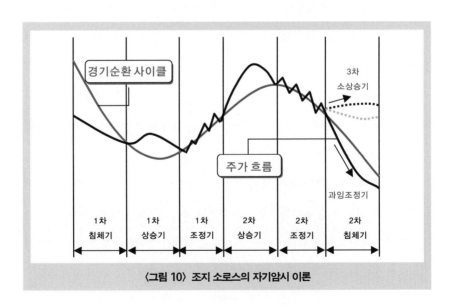

〈그림 10〉 조지 소로스의 자기암시 이론

을 설명하였다.

재귀 효과란 간단히 요약하면 '인간은 실제 현실과는 다른 머릿속 현실을 근거로 판단을 내리는 만큼 자신이 생각하는 현실이 실제 현실에도 영향을 미친다'는 것이다. 주가를 예로 들자면 투자자들이 생각하는 주식가치와 실제 주식가치는 다르다. 그러나 투자자들은 자신들이 생각하는 가치를 믿고 행동에 나선다. 이 때문에 실제 가치와 달리 사람들이 생각하는 가치가 가격이 된다는 것이다. 이를 바탕으로 그는 기존 경제학의 균형이론을 정면으로 반박하는 자신만의 불균형 이론을 만든다. 한 마디로 시장에 균형이란 거의 존재하지 않는다는 얘기다.

최근 월스트리트에서 주가 예측이론으로 각광받고 있는 조지 소로스의 자기암시이론을 살펴보자. 경기가 침체에 빠지게 되면 이때 주가는 실제 경제여건보다 더 낮게 형성된다(AB). 경기침체로 투자자들의 심리가 '비관'으로 집중되면서 투자심리가 급격하게 위축되기 때문이다. 일정시간이 지나면 투자자들 사이에는 경기가 개선되고 있다는 견해가 나오기 시작한다. 점차 투자심리도 낙관으로 옮겨오면서 주가 상승 속도가 경기회복 속도보다 빨라지는 1차 소(小)상승기를 맞는다(BC).

이 시기에 투자자들의 성향은 안전자산(Flight to Quality)에서 주식과 같은 위험자산에 대한 선호도(Resort to Risk)가 높아지는 경향을 보인다. 이 추세가 지속되면 주가 상승이 언제까지 지속될 수 있을지에 대한 궁금증이 생기면서 낙관으로 몰렸던 투자자들의 집중 현상이 흐트러진다. 결국 향후 주가에 대해 낙관론과 비관론이 얽히면서 맴돌이(조정)국면을 맞게 된다(CD).

이때 경기와 기업실적이 수반되느냐가 중요하다. 만약 경기와 기업실적이 수반되면 투자자 심리가 재차 낙관으로 집중되면서 주가가 1차 소상승기보다 더 오르는 2차 상승 국면을 맞게 된다(DE). 물론 이때는 악재가 발생한다 하더라도 시장 자체적으로 흡수해 주가 흐름에는 장애요인이 못된다. 마지막으로 어느 순간 거품에 대한 우려가 높아지면서 한동안 낙관으로 집중되었던 투자자들의 심리가 흐트러지면서 재차 맴돌이 국면을 맞는다(EF). 이 상황에서 경기와 실적이 뒤따라오면 3차 소상승기를 맞게 된다. 반대로 경기와 실적 악화가 지속될 경우 투자자들의 심리가 비관으로 집중되면서 주가는 실제 경제여건보다 더 떨어지는 과잉조정 국면에 직면한다(FE).

경기순환 4국면과 엘리어트 파동이론

일본의 유명한 애널리스트 우라가미 구니오는 그 저서인 『주식시장 흐름 읽는 법』에서 경기순환의 4국면에 대응하여 주식 시장에도 4국면이 있다고 했다. 즉, 경기는 회복기에서 활황기라는 호황 국면이 있어 상승을 계속하지만, 그것이 정점에 도달하면 후퇴기를 거쳐 침체기에 들어가는 4개의 국면을 갖고 있는데, 주가 사이

구분	금리	실적 증가율	주가 상승률
금융 장세	↓	↘	↑
중간 반락	→	→	→
실적 장세	↗	↑	↗
역금융 장세	↑	↗	↘
중간 반등	→	→	→
역실적 장세	↘	↓	↘

〈그림 11〉 주식시장의 국면 추이

클도 이에 대응하여 '금융장세', '실적장세', '역금융장세', '역실적장세'의 4국면으로 나눌 수 있다는 것이다(〈그림 11〉).

이광희는 『엘리어트 파동이론과 한국증시전망』에서 경기 순환과 맞물리는 주식시장 4국면을 엘리어트 파동의 중기파동(Intermediate Wave)에 상응하는 것으로 분석했다. 금융장세는 (1)파에 해당되며, 중간 반락인 (2)파를 거쳐 실적장세 전반인 (3)파와 실적장세 후반인 (5)파로 상승 국면을 마무리한다는 것이다. 또한 역금융장세는 (a)파에 상응하며, 중간 반등인 (b)파를 거쳐 역실적장세인 (c)파로 하락 국면을 마침으로써 주가의 한 사이클이 완성된다고 했다. 이는 우라가미 구니오의 이론과 적절한 조합을 한 것을 판단된다.

각 국면을 좀 더 자세히 살펴보자. 금융장세에서는 불경기하에서 주가가 상승하게 되는데, 이는 주가의 경기에 대한 선행성을 잘 나타내고 있다. 금융장세는 어떤

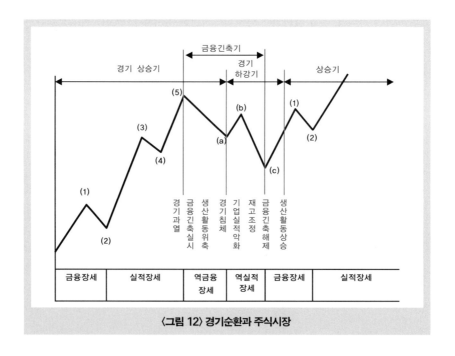

〈그림 12〉 경기순환과 주식시장

의미에서는 '이상 매입' 국면이라고 할 수 있다. 즉 현재 경기가 좋지 않지만 앞으로 경기가 회복되고 기업실적이 좋아질 것을 기대하고 주식을 매입하는 국면이라고 할 수 있다. 주가는 가장 높은 상승률을 보이는 것이 금융장세이다.

실적장세는 장기간에 주가의 반등이 이루어지기 때문에 주가 상승률은 금융장세에 비해 뒤떨어지는 편이다. 금융장세가 '이상 매입'인데 반해, 실적장세는 '현실 매입'이라고 할 수 있다. 실적장세는 호황 국면이 영원히 지속될 것 같은 착각에 빠져 있는 사이에 정점을 맞게 된다. 월스트리트의 투자 격언인 "강세장은 비관 속에서 태어나서, 회의 속에서 자라나고, 낙관 속에서 성숙하며, 행복감 속에서 사라진다"라는 표현은 이를 두고 하는 말이다.

역금융장세에서는 아직 경기는 최고조에 있고 기업수익도 여전히 증가가 예상되고 있다. 금융장세에서 주가 상승률이 가장 큰 것과 마찬가지로 역금융장세에서는 주가 하락률이 가장 크다. 역금융장세는 경기 호황의 최고조에서 시작되기 때문에 투자자들이 속기 쉽다.

역실적장세는 경기순환 사이클로 보면 경기침체기에 해당한다. 역금융장세가 금융긴축과 외부쇼크에 의해서 매물이 쏟아지는 '이상 매도' 국면이라면, 역실적장세는 경기후퇴와 기업수익의 감소에 의한 '현실 매도'국면이 된다. 역실적장세에서는 현실의 악재를 하나하나 반영하며 하락할 뿐만 아니라 최종적으로는 주가 하락 그 자체가 공포심을 불러일으켜 무차별적인 투매를 유도하는 것이다.

재미있는 것은 증시의 이 같은 '사계절'을 따라다니는 애널리스트들의 어려움이다. 금융장은 경기가 나빠서 감히 누구도 증시의 상승 반전을 예측하기 힘든 시점에서 시작되며 사람들이 금융장이라고 떠들 때는 거의 마무리된다. 실제로 기업실적으로 뒷받침이 되지 않으므로 애널리스트로서는 입증에 어려움이 많다. 그리고 금융장 끝에는 상승분을 한번에 다 뺏어가는 폭락 국면도 있게 마련이어서 뒤늦게 상승을 따라 외치다가는 바보가 되기 십상이다.

　실적장에서는 기업실적이 호전되는 모습이 누구의 눈에도 쉽게 나타나므로 특별히 애널리스트만이 알고 있는 것은 아니다. "밀물이 되면 모든 배가 다 뜬다"는 식으로 종목과 관계없이 수익률이 대체적으로 높기 때문에 애널리스트 말에 특별히 귀를 기울이지 않을 뿐만 아니라 '천덕꾸러기' 종목일수록 잘 먹여준다고 생각하는 사람들이 마지막으로 갈수록 많아진다.

　그 다음에 오는 것은 역금융장이다. 금융시장 저편에서는 먹구름이 몰려오고 있지만 실물경제에서 아직 실적 수치가 좋아서 모든 사람이 즐거워하고 있는 판에 애널리스트로서는 현실 숫자에도 어긋나는 비관적 발언을 할 수가 없다. 대개는 즐거운 군중 사이에 섞여서 경쟁적으로 소리 높여 건배를 외치게 된다.

　마지막으로는 역실적장이다. 증시는 이미 엄청난 손실을 입었고 기업 실적은 누가 봐도 나쁘다. 여기서 나쁜 실적을 가지고 더 얘기를 해도 관심 있는 사람도 드물거니와 장세는 실적보다는 수급에 의해 움직이기 쉽다.

앙드레 코스톨라니의 달걀이론

　앙드레 코스톨라니는 필자가 가장 좋아하는 투자자이며 닮고 싶은 모델이기도 하다. "투자자의 가장 중요한 덕목 가운데 하나는 상상력이다"라는 그의 말은 참으로 멋진 말이다. 주식 투자를 하는 데 있어 상상을 하라니! 그이기에 할 수 있는 말이라고 본다. 실제는 그는 "상상력이 지식보다 중요하다"고 말한 아인슈타인의 말에 전적으로 동의하면서, 상상력을 애지중지했다. 그는 가장 문학적이고 감성적인 투자자로도 유명하다. 또한 이율배반적이게도 돈과는 거리가 먼 예술을 무척이나 사랑했다.

그의 저서는 주식 투자를 위한 필독서 중 하나로 자주 언론에 소개된다. 주가를 결정하는 수요와 공급은 심리에 의해 결정되는데 이를 달걀 모양의 6단계 사이클로 나누고 이를 역이용해 투자한다는 '코스톨라니의 달걀'은 유난히 강세장에서 자주 인용되기도 한다. 코스톨라니의 투자이론은 복잡하고 거창하지 않다. 오히려 그는 주가를 예측하려는 투자자를 바보라고 믿었다. 주가는 단지 짐작할 수 있을 뿐이라는 것이다. 따라서 공식처럼 주가를 알아 맞추는 것은 불가능하다고 말했다.

코스톨라니의 달걀은 모두 6단계로 이루어져 있다(〈그림 13〉). A1은 수정 국면으로 거래량도 적고 주식 소유자의 수도 적다. A2는 동행 국면으로 비로소 거래량과 주식 소유자의 수가 증가하게 된다. A3은 과장 국면으로 거래량이 폭증하고 주식 소유자 수도 많아져 X에서 최대치를 이루게 되는 것이다. 결국 A1에서 A2와 A3로 진행되면

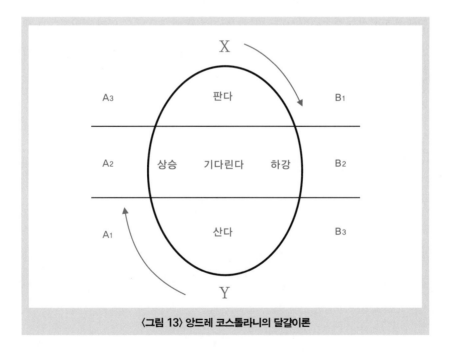

〈그림 13〉 앙드레 코스톨라니의 달걀이론

서 지수가 상승하게 된다. A3을 정점으로 지수가 하락 단계로 접어들게 된다.

B1은 수정 국면으로 거래량이 감소하고 주식 소유자의 수가 서서히 줄어들게 된다. B2은 동행 국면으로 거래량은 증가하나 주식 소요자의 수는 계속해서 줄어드는 국면이다. B3은 과장 국면으로 거래량은 폭증하나 주식 소유자의 수는 적어져 Y에서 최저점을 이루게 된다. 매매 전략은 A1 국면과 B3 국면에서는 매수를 하며, A2 국면에서는 기다리거나 가지고 있는 주식을 계속 보유한다. 한편 A3 국면과 B1 국면에서는 매도한다. B2 국면에서는 기다리거나 현금을 보유하도록 한다.

코스톨라니가 꼽은 훌륭한 투자자가 갖춰야 할 세 가지 덕목은 예리함, 직관력, 그리고 상상력이다. 당시 대부분의 증권전문가들은 주식시장은 현실경제를 반영하는 거울이라며 실물경제의 움직임에 따라 투자를 해야 한다고 주장했었다. 그러나 코스톨라니의 생각은 달랐다. 그는 경제와 주식의 관계를 다음과 같은 예로 설명했다. "한 사람이 개를 데리고 산책을 하고 있다. 이 개는 앞으로 달려갔다가 주인에게 돌아오고 또 다시 앞으로 달려갔다가 주인에게서 너무 멀리 떨어졌다고 생각되면 다시 주인의 곁으로 돌아온다. 여기서 개의 주인은 경제이고, 개는 주식시장이다."

05 | 주가의 움직임에 따른 심리 변화

    심리학자들이 1장 분량의 보고서를 자세히 알 수 있도록 4매로 늘린 다음 1장 분량의 보고서와 4장 분량의 보고서를 두 집단에게 각각 읽게 하고 내용을 얼마나 잘 이해하는지 시험을 실시했다. 결과는 의외로 내용을 자세히 설명한 4장 보고서를 읽고 시험을 본 사람들의 성적이 1장 보고서를 읽은 사람들보다 더 나빴다. 정보가 길고 자세할수록 핵심을 이해하기 더 어려울 수 있다는 정보의 길이에 대한 역설이다.

    정보의 양에 대한 역설도 있다. 니콜라스 다바스라는 미국의 유명한 투자자가 있다. 그는 원래 전 세계를 순회하는 무용가였고, 〈월스트리트저널〉을 통해 주가를 체크하며 주식을 투자하던 아마추어 투자자였다. 그는 펀더멘털이 좋은 종목을 골라 시세가 전고점을 뚫고 상승하는 순간에 투자하는 방법으로 수백만 달러를 벌었다. 이 소식이 알려지면서 증권전문가들은 '춤을 그만 두고 월스트리트에 들어와 본격적으로 투자를 한다면 수천만 달러를 벌지 않겠느냐'고 유혹했다. 월스트리트라면 정보도 많고 빠를 것이라고 생각한 그는 증권가에 들어온 지 2~3개월 만에 돈을 모두 날렸다. 그는 다시 며칠 지난 신문을 보고 투자해야 하는 안무가의 생활로 돌아갔는데 그 방법으로 수백만 달러를 만회했다. 요즘 우리는 통신과 미디어의 발달로 언제 어디서든 원하는 정보를 손에 넣을 수 있는 정보시대에 살고 있다. 그럼에도 신문이나 라디오, 텔레비전 뉴스를 통해서나 증시 정보를 얻던 시대보다 투자자들의 수익률이 더 높아졌다는 얘기는 들어본 적이 없다.

프리드리히 니체는 그의 저서 『인간적인, 너무나 인간적인』에서 '극단적인 행동은 허영의 탓으로, 일상적인 행동은 습관의 탓으로, 그리고 저열한 행동은 두려움의 탓으로 돌린다면 크게 틀리지 않을 것이다'라고 말했다. 고조된 감정과 사고의 마비 같은 상황하에서는 투자자들이 충동에 휩싸이면서 다음과 같은 세 가지 현상이 나타난다.

- **확대** : 대상을 가지지 않는 전염력에 의해 공감하지 않았던 사람들에게까지 감정이 확대된다.
- **강화** : 수많은 사람이 같은 감정을 공유하고 있음을 인지하는 순간, 그 감정은 더욱 강력해진다. 그때 스스로의 존재를 자각하게 된 군중 사이로 서로의 감정이 반사되면서 두 번째 파도가 물결친다.
- **성향** : 하나라는 일체감은 공감을 낳고, 이후로는 비슷한 반응을 일으키기가 더 수월해진다.

이미 11장에서 투자심리에 대한 고찰이 충분히 이루어졌지만, 여기 재미있는 연구가 있어 하나 소개하고자 한다. 투자자들이 주식 투자에서 살아남기 위해 지켜야 할 최소한의 원칙은 무엇일까. 미국의 제임스 다인즈라는 심리학자는 역시 '군중심리에 휩쓸리지 않는 것'을 꼽았다. 이 심리학자가 1990년대 미국 주식 투자자들을

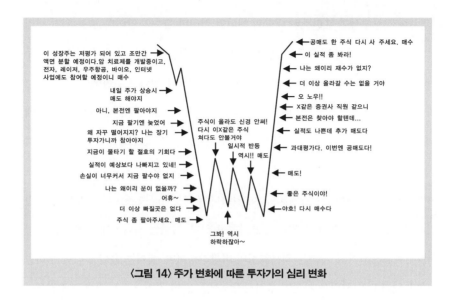

이 성장주는 저평가 되어 있고 조만간
액면 분할 예정이다.암 치료제를 개발중이고,
전자, 레이저, 우주항공, 바이오, 인터넷
사업에도 참여할 예정이니 매수

내일 주가 상승시
매도 해야지

아니, 본전엔 팔아야지

지금 팔기엔 늦었어

왜 자꾸 떨어지지? 나는 장기
투자가니까 참아야지

지금이 물타기 할 절호의 기회다

실적이 예상보다 나빠지고 있네!

손실이 너무커서 지금 팔수야 없지

나는 왜이리 운이 없을까?

어휴~

더 이상 빠질곳은 없다

주식 좀 팔아주세요. 매도

주식이 올라도 신경 안써!
다시 이X같은 주식
쳐다도 안볼거야

일시적 반등

역시!! 매도

그봐! 역시
하락하잖아~

공매도 한 주식 다시 사 주세요. 매수

이 실적 좀 봐라!

나는 왜이리 재수가 없지?

더 이상 올라갈 수는 없을 거야

오 노우!!

X같은 증권사 직원 같으니

본전은 찾아야 할텐데...

실적도 나쁜데 추가 매도다

과대평가다. 이번엔 공매도다!

매도!

좋은 주식이야!

야호! 다시 매수다

〈그림 14〉 주가 변화에 따른 투자가의 심리 변화

관찰해 작성한 〈그림 14〉는 군중심리에 지배받는 투자자의 태도가 주가 등락에 따라 어떻게 변화하는지를 잘 나타내 준다.

'새로운 테마가 떴다'는 얘기에 솔깃해 상투를 잡고 만 이 투자자는 주가가 계속 하락하는 데도 이유를 냉정히 따져보지 않는 대신 자신의 선택을 합리화하는데 급급해한다. 결국 지칠 대로 지쳐 바닥 근처에서 주식을 내던진다. 대세 상승장에서는 한 번 데인 기억 때문에 좀처럼 길게 보유하지 못한다. 이와 같이 투자자들의 실패는 따지고 보면 나름대로의 주관과 철학 없이 주변에 떠도는 한물간 이야기를 그대로 듣고 움직인 데서 비롯되는 것이다. 앞장에서 살펴본 바와 같이 저명한 투자자일수록 나름대로의 투자원칙이나 철학이 있었음을 다시 한번 상기해야 할 것이다. 투자의 원칙과 종목에 대한 선택 기준을 갖지 않고 무작정 발을 내딛게 되면 끝없는 합리화 속에 매몰될 수밖에 없기 때문이다.

"모든 주식 투자자가 자신은 시장에서 돈을 벌 것이라고 과신하지만 실제로는 그렇지 못하다. 주식을 살 때는 과신하고 주식을 팔 때는 소심해진다." 2002년 노벨

경제학상을 수상한 프린스턴 대학의 대니얼 커너먼 교수의 말이다. 그는 인간 심리의 근저에는 지나친 낙관주의, 과감한 결정, 불확실성에 대한 무시, 손실에 대한 두려움 등이 존재하는데 이는 주식 투자에도 그대로 적용된다고 설명했다.

커너먼 교수는 '투자자의 비합리성(Irrationality of Investors)'을 주제로 한 강연에서 고전적인 투자이론은 모든 정보는 알려졌고, 모든 사람이 합리적으로 행동한다는 것인데 현실에서 다르게 적용된다고 지적했다. 그 이유는 수많은 오류가 있으며 곳곳에 군중행동(Herd Behavior)이 일어나기 때문이라는 것이다. 대니얼 커너먼 교수는 그 이유는 크게 세 가지로 요약하고 있다. 첫째는 지나치게 낙관적인 전망(Bold Forecast)이고, 둘째는 의사결정의 비합리성이며, 셋째는 손실에 대한 두려움이다. 먼저 많은 사람은 자신이 주식시장에서 돈을 벌 것이라고 낙관하고 증권투자를 한다. 시장에 대해서도 장밋빛 전망을 한다. 그는 이를 '낙관주의 편견(Optimism Bias)'이라고 불렀다. 인간 본성이 그렇기 때문이다. 운전자 중 80~90%는 자신의 운전 실력이 평균 이상이라고 생각하는데 이는 자신의 기술을 과장하기 때문이다. 이런 본성이 '할 수 있다(Can do)'정신을 낳는다. 많은 식당이 실패를 경험한 장소에 다른 식당이 생기는 이치와 마찬가지다. 많은 사람이 확률을 모르고 일을 저지르며, 불확실성을 저평가한다.

커너먼 교수는 주식시장에는 '나는 시장에서 승리할 것'이라고 믿는 투자자들로 가득 차 있다고 지적한다. 비합리적인 의사결정은 손실에 대한 두려움 때문이다. 이것이 주식시장이 합리적으로 작용하지 않는 원인 중 하나이다. 주식을 팔 때는 산 가격을 잊어버리라는 것이 전통적인 투자이론이다. 그러나 실제 그렇게 하는 사람은 드물다. 누구든 주식을 팔 때는 자신이 산 가격과 비교해 얼마의 손해를 봤는지를 생각한다. 이때 심리적으로 '나의 결정은 잘못된 것이 아니다'라는 변명을 찾게 된다는 것이다. 이는 의사결정의 실패에 따른 고통을 원하지 않기 때문이다. 앞에서 살펴본 바와 같이 두려움과 탐욕 그리고 비합리성은 항상 투자자들의 마음을 어지럽히려 들 것이다. 하지만 이것 하나만은 반드시 기억할 필요가 있다. 주변의 모든 사람이 할 때는 하지 말아야 한다는 것을!

06 | 기술적 분석에 있어서의 점검사항

주식 투자에서 제일 중요한 것은 '언제 파느냐', '언제 사느냐' 그리고 '어떤 종목을 사느냐' 일 것이다. 그렇다면 무엇이 제일 중요할까. 곰곰이 생각해보자. '무엇을 사느냐'도 중요하지만 그보다 더 중요한 것은 '언제 사느냐'이고, '언제 사느냐'보다 더 중요한 것은 '언제 파느냐'이다. 주식 투자가 '타이밍의 게임'이라고 일컬어지는 이유도 여기에 있다. 처음으로 주식 투자를 하는 사람들이 실패하기 쉬운 이유는 위에서 제시한 3요소를 잘 파악하지 못하기 때문이다. 특히 투자시기를 잘못 선택했다는 것에서 원인을 찾을 수 있다.

노벨상을 수상한 경제학자 사무엘슨은 이런 말을 했다. "의학도와 같이 주식을 주의 깊게 살피고 당신이 위대한 투기사와 같은 냉철한 신경과 천리안에 가까운 육감, 그리고 사자의 용기를 갖추고 있으면 당신은 미미하지만 성공할 전망이 있다." 세계 최고의 권위를 자랑하는 노벨상을 수상한 경제학자가 평한 주식시장이다. 다시 말해서 이만큼 주식 투자로 수익을 낸다는 것이 쉽지 않다는 말이다. 오랜 시간에 걸쳐 다양한 기술적 분석기법에 대하여 설명하였다. 기술적 분석이란 여러 가지 분석방법들의 집합적인 접근이다. 그러면 이러한 분석방법들을 어떻게 조화시켜 시장의 움직임에 적용할 것인가? 이에 대해서는 다음과 같은 몇 가지 측면에서 생각해볼 필요가 있다.

첫째, 접근 방법

즉 다양한 기술적 분석 방법들을 조화시키기 위해서 어떻게 접근할 것인가 하는 문제인데 위에서 아래로의 방법과 아래에서 위로의 방법으로 나누어 볼 수 있다. 위에서 아래로(Top-down)의 방법은 장기 투자를 목적으로 하는 분석에 적합한 방법으로 범위가 넓은 것에서부터 시작해 차츰 범위를 좁혀가면서 분석하는 방법을 말한다. 즉 시간의 측면에서는 장기 추세나 사이클이 어떻게 형성되어 있는가 하는 것부터 시작해서 중기 · 단기의 추세를 분석해나가고, 분석 대상의 측면에서는 시장전체에서부터 업종 · 종목의 움직임 등으로 범위를 좁혀가면서 분석해 매매시기와 종목을 결정하는 것이다.

장기적으로 길게는 20년 정도에 이르는 주가의 흐름에서부터 시작해 다우이론에서 말하는 주추세, 중간 추세, 단기 추세를 파악하면 현재 시장이 갖는 위치를 알 수 있게 된다. 이에 반해 아래에서 위로(Bottom-up) 방법은 단기의 투자를 목적으로 하는 분석에 더 적합한 방법으로서 범위가 좁은 것에서부터 시작해서 차츰 범위를 넓혀가면서 분석을 하는 것이다. 즉 단기의 종목 분석에서부터 시작해서 중장기의 업종 · 시장 분석에까지 이르는 것이다. 이와 같이 크게 대조되는 접근방법은 분석가의 필요에 따라서 선택하는 것이지만 어떠한 방법에 의하든지 분석기간과 범위에 있어서 이러한 계층구조가 있다는 것을 생각하고 접근할 필요가 있다. 일반적으로는 위에서 아래로(Top-down)의 방법이 바람직하다.

둘째, 점검사항을 적용하는 방법

기술적 분석은 복잡하게 한다고 좋은 결과가 나오는 것은 아니다. 오히려 분석의 방법이 간단할수록 좋은 결과를 얻는 경우가 많을 수 있다.

셋째, 분석 결과에 대한 해석 방법

먼저 여러 가지 분석방법들 중에 한 가지 방법이라도 확실하게 해석할 줄 알아야 한다. 깊이 없이 여러 가지를 아는 것보다는 하나를 깊게 아는 것이 필요하다. 기술적 분석이 주관적인 성격이 강한 것이기는 하지만 과거의 분석사례를 많이 앎으로써 지표의 성격을 확실하게 이해하고 해석하는 데 도움이 될 수 있다. 그러나 어떤 한 가지 분석방법에 깊숙한 지식을 얻은 후에는 각 지표들을 꿰뚫어서 연결할 수 있는 기술이 필요할 것이다. 한두 가지 지표에 너무 집착한다든지, 여러 가지 분석이 각종 지표의 나열에 지나지 않는다면 좋은 결과를 얻기는 힘들다.

기술적 분석의 결과 얻은 각종 지표들의 상호관계를 이해하고, 기술적 분석의 여러 가지 방법들은 전체를 구성하는 요소들 중의 하나라는 사실을 이해할 때에 진정한 기술적 분석가가 될 수 있을 것이다. 그런데 각종 분석방법들은 서로 보완적으로 작용하기도 하지만 분석의 결과가 서로 다르게 나오기도 한다. 또한 기술적 분석의 각 방법들은 상황에 따라서 현실을 잘 분석하기도 하지만 어떤 경우에는 그렇지 못할 때도 있다. 어떤 지표의 분석이 잘 들어맞지 않을 때에는 포기하고 다른 지표를 찾아야 한다. 상황에 따라서 어떠한 분석방법이 더 잘 맞는지를 알기 위해서는 지식과 오랜 경험 그리고 끊임없는 노력이 무엇보다 필요할 것이다.

이 책의 시작에서도 말했지만 투자자들이 염두에 두어야 할 제일 중요한 것은 투자수익을 거두기 위해서는 무엇보다 위험을 관리해야 한다는 것이다. 성공적인 트레이딩은 40%가 위험관리이고 60%가 자기관리라고 한다. 월스트리트에서 성공한 한 펀드매니저의 일기를 보면서, 위험관리에 대한 중요성을 다시 한 번 느껴보자.

나는 오랫동안 위험관리에 초점을 맞춰 투자를 해왔다. 이러한 나의 투자 전략은 고수익이 예상되는 투자에 대해 주저하게 만들곤 하였다. 고객들은 전화를 걸어 큰 수익이 예상되는 주식에 대하여 나의 생각을 묻고 한다. 그럴 때, 먼저 하는 일은 그 투자에 숨어 있는 위험을 측정해보는 것이다. 무엇이 잘못될 수 있고, 언제 그럴 가능성이 있는가? 만약 우리가 투자에 실패하게 된다면 어느 정도의 손실을 보게 될 것인가? 등등. 결국 이렇게 커다란 기대를 받는 주식들은 성공할 가능성은 희박한 반면 위험은 너무 크다는 결론으로 끝을 맺는 경우가 대부분이다. 이런 사실은 투자자들이 저평가되어 있는 보수적 주식의 위험은 과대평가하면서 고수익을 낼 수 있을 것 같은 주식에 내재되어 있는 위험은 과소평가하는 경향이 있다는 나의 믿음을 더욱 굳게 해준다. 나는 매일매일 이러한 위험들을 지켜보면서 위험을 측정한다는 것이 얼마나 어려운 일인가를 깨닫는다. 많은 투자자들이 투자에 실패한 것은 바로 위험을 측정할 만한 전략을 가지고 있지 못하기 때문이다.

월스트리트의 전설적인 투자자 중 한 사람인 제시 리버모어는 나이가 들어감에 따라 초단기 투자자에서 점차 추세 매매자로 변해가며, 그 과정에서 주식과 상품선물을 올바르게 매매하는 방법과 감정을 다스리는 방법을 깨닫게 되었다고 말한다. 그는 주식시장의 속성이 변하지 않는 것은 인간의 본성 때문이라고 말하고, 주식시장에서 나타나는 인간적인 감정, 즉 무지(無知), 공포(恐怖), 희망(希望) 그리고 탐욕(貪慾)이라는 네 가지 인간본성을 극복해야 진정한 고수(高手)의 반열에 오를 수 있음을 말하고 있다. 또한 성공한 투자자들이 갖추어야 할 네 가지 덕목으로 관찰력, 기억력, 경험 및 수학적 계산능력의 중요성을 강조하였고, 성공하기 위해서 반드시 자기 자신에 대한 신뢰가 있어야 한다고 말했다.

찰스 스왑(Charles Schwab)의 투자 전략가 그룹은 일반적으로 성공하는 개인투자자들의 3C로서 cool(냉정한), calculating(철저히 따지는), 및 committed(진지한) 등을, 실패하는 개인들의 3C로서 compulsive(강박관념에 사로잡힌), chaotic(혼돈된), 및 casual(우발적) 등을 각기 들고 있다. 대부분의 투자자(Trader)들은 매매에 들어갈 때 신경과민이 된다. 그들의 판단은 일단 대중에 속하게 되면 여러 가지 감정들로 인해 흐려지기 마련이다. 이렇게 판단의 흐려짐을 유도하는 감정들이 투자자(Trader)들을 매매 계획으로부터 이탈시키고, 돈을 잃게 한다.

마크 더글러스(Mark Douglas)는 『훈련된 트레이더(Disciplined Trader)』이라는 책에서 "만약 시장의 움직임이 잘 이해되지 않는다면 자신의 행동이 이상하며 통제되고 있지 않기 때문이다. 다음에 어떻게 할 것인가를 알 수 없을 때 당신은 결코 시장이 어떻게 움직일지를 예측할 수 없다. 궁극적으로 당신이 통제할 수 있는 것은 자신이다. 투자자로서 당신은 스스로에게 돈을 주거나 다른 투자자에게 도움을 줄 수 있는 능력을 가지고 있다"라고 했다. 그는 '돈을 지속적으로 만들 수 있는 투자자(Trader)는 정신적인 훈련의 측면을 통해서 매매에 접근한다'라고 말한다. 주식시장은 당신의 안녕에 대해서는 일일이 신경 쓰지 않는다. 따라서 성공적인 투자자가 되기 위해서는 독립적인 사고를 해야 하는 것이다.

사이렌은 그리스 신화에 나오는 바다 생물인데 노래를 너무나 아름답게 해서 선원들이 그 노래를 듣다가 갑판에서 뛰어내려 빠져 죽었다고 한다. 오디세우스는 사이렌의 노래를 듣고 싶어 부하들에게 자신을 돛대에 묶고, 부하들은 귀로 밀랍으로 막으라고 명령했다. 덕분에 오디세우스는 사이렌의 노래를 들었지만 뛰어내리지 않을 수 있었다. 당신도 맑은 날에 자신을 매매 계획과 자금 운영 규칙이라는 돛대에 자신을 묶어놓는다면 투자자로서 생존할 수 있을 것이다.

07 유용한 기술적 분석 사이트와 기술적 체크 리스트

　요즈음은 골프가 대중적인 스포츠로 인기를 모으고 있지만 1980년대만 하더라도 테니스가 인기였다. 그 시절 동네마다 주말이면 테니스 코트에서 운동을 하던 사람들을 많이 볼 수 있었다. 사이먼 라모 박사에 따르면 테니스에서 이기는 방법은 두 가지다. 하나는 잘 치는 것이고 다른 하나는 실수를 하지 않는 것이다. 즉 자신이 잘해서 득점을 하거나 상대방의 실수에 의해 득점을 하는 두 가지 방법이 있는데 프로의 세계에서는 전자의 방법으로 승리를 거두고 아마추어의 세계에서는 후자의 차이에 의해 승패가 갈린다는 것이다. 그는 전자를 '승자의 게임(Winner's Game)'이라 부르고 후자를 '패자의 게임(Loser's Game)'이라고 부르고 있다.

　중요한 것은 테니스뿐 아니라 전쟁, 골프, 선거 등에 모두 이 패자의 게임 원리가 적용되고 있다는 것이 전문가들의 지적이다. 특히 골프가 전형적인 '패자의 게임'으로 분류되고 있는데, 어느 전문가는 단적으로 "이기기 위한 최선의 방법은 미스 샷을 가능한 한 줄이는 것이다"라고 말하고 있다. 주식 투자에 있어서도 절대 다수의 투자자들이 '패자의 게임' 논리 아래에 있다. 이런 맥락에서 '용돈을 벌려고 증권 시장에 들어온 사람은 목돈을 만지고, 목돈을 벌려고 설치는 사람은 용돈까지 날린 다'거나 '여러 번의 이익보다 한 번의 손실을 주의하라'라는 증시 격언은 역설적이 지만 사실일 수밖에 없다. 또한 '나는 매일 얼마씩 번다'든지, '서너 달 동안 수천 퍼 센트의 이익'이라는 욕심이야말로 일반 투자자들의 패인이라는 것이 '패자의 게임' 의 결론일 것이다.

국내에서 기술적 분석에 의한 투자 전략이나 종목 분석 내용은 각 증권사의 리 서치 사이트를 이용하면 된다. 또한 차트를 이용하고자 한다면 각 증권사의 매매 화면을 이용하면 된다. 해외의 경우 기술적 분석을 전문으로 하는 사이트는 수없 이 많다. 또한 이들 전문 사이트 이외에도 Bloomberg.com, CBS Market Watch, CNNfn 등 주요 통신 사이트에서는 주가 동향에 관한 각종 차트를 마련하여 제공 하고 있다.

차트 분석을 전문으로 하는 해외 사이트 중에서 쉽게 접근 가능한 사이트로는 Stockcharts.com과 Investertech.com이다. Stockcharts.com(www.stockcharts. com)에서는 free chart의 Candle Glance Groups에 가면 시장상황 전반, 주요 지표별 상황, 주요 산업 및 업종별 상황 등에 관한 차트를 관찰할 수 있다. 이들 차 트는 주로 20일 및 50일 이동평균과 RSI를 다루고 있어 골든크로스 및 데드크로 스 발생 및 과매도와 과매수의 가능성 등을 찾아볼 수 있다. 한편 Investertech. com(www.investertech.com)은 주요 주가지수, 산업 및 업종별 주가, 업종별 주요 기업들의 주가 등의 움직임을 5일, 10일, 20일 이동평균 및 RSI 등의 주요 기술적 지 표들로써 종합적으로 보여준다.

마지막으로 현존하는 최고의 기술적 분석가 중 한 명인 존 J. 머피가 제시하는 기 술적 체크 리스트를 소개한다.

기술적 체크 리스트

(1) 전체 시장의 방향은?
(2) 여러 업종의 방향은?
(3) 주간, 월간 차트는 어떠한가?
(4) 주추세, 중간 추세, 소추세는 상승, 하락 또는 횡보인가?
(5) 중요한 지지선과 저항선이 어디에 있는가?
(6) 중요한 추세선과 가격경로는 어디에 있는가?
(7) 거래량과 미결제약정이 가격움직임을 뒷받침하는가?
(8) 33%, 50%, 66% 반전은 어디에 있는가?
(9) 가격갭이 존재하는가? 존재한다면 어떤 형태인가?
(10) 주요 반전형이 나타나는가?
(11) 지속형이 나타나는가?
(12) 이러한 패턴들의 목표가격은?
(13) 이동평균은 어떤 방향으로 움직이고 있는가?
(14) 과매수 오실레이터인가, 아니면 과매도 오실레이터인가?
(15) 오실레이터상에 이탈이 나타나는가?
(16) 상반된 의견수가 극단적인가?
(17) 엘리어트의 파동 패턴은 무엇을 보여주는가?
(18) 어떤 분명한 3 또는 5파가 나타나 있는가?
(19) 피보나치 되돌림 비율은 어떠한가?
(20) 임박한 주기적 고점 또는 저점이 있는가?
(21) 컴퓨터 추세는 어느 방향으로 움직이는가? 상승, 하락, 또는 횡보인가?
(22) 캔들차트는 무엇을 나타내는가?

하락 또는 상승 시장이라는 결정이 내려진 뒤에 스스로에게 다음을 질문한다.
(1) 향후 몇 개월 동안 어느 방향으로 시장추세가 움직일 것인가?
(2) 매수할 것인가 매도할 것인가?
(3) 얼마나 많은 양을 거래할 것인가?
(4) 잘못될 경우에 대비해 얼마나 철저히 준비했는가?
(5) 나의 목표수익은 얼마인가?
(6) 어느 시점에 시장에 참여할 것인가?
(7) 어떤 종류의 주문을 이용할 것인가?

*출처 : 존 J. 머피, Technical Analysis of Financial Markets

참고문헌

국내 서적

강태욱, 『우리 나라 증시에서 검증된 한국형 일목균형표』, 거름, 2005년

게리 무어, 박정태 역, 『존 템플턴의 영혼이 있는 투자』, 굿모닝북스, 2002년

게리 벨스키, 노지연 역, 『돈의 심리학』, 한스미디어, 2006년

고승덕, 『고변호사의 주식강의 2』, 개미들출판사, 2002년

고승덕, 『고변호사의 주식강의 1』, 개미들출판사, 2002년

김석기, 『주식의 기술적 분석』, 세기문화사, 1993년

김석중, 『한국증시 vs. 미국증시』, 국일증권경제연구소, 2002년

김성우, 『금융시장예측』, 한국경제신문사, 1997년

김상범, 『알기 쉬운 주가차트』, 더난출판사, 2001년

김정환, 『기술적 분석 뛰어넘기』, 대우증권, 2006년

김준형, 『투자의 세계에 NG는 없다』, 굿모닝북스, 2003년

김중근, 『미래의 주가를 예측하는 일목균형표』, 청아출판사, 2003년

김중근, 『숨겨진 상한가를 찾아라』, 밀알, 1999년

김중근, 『국제금융시장의 기술적 분석』, 법문사, 1995년

김중근, 『엘리어트 파동이론』, 사계절, 1994년

김지민, 『성공투자 클리닉』, 중앙M&B, 2001년

김용, 『선물옵션을 알아야 주식 투자 성공한다』, 한국경제신문사, 2000년

김희욱, 『다우&나스닥 제대로 읽는 법』, 가디언, 2011년

남궁덕, 『나만 몰랐던 주식 투자 비밀』, 한국경제신문사, 2003년

니시노 다케히코, 안춘식 역, 『주식 투자는 심리전이다』, 지식여행, 2005년

니콜라스 다비스, 권정태 역, 『나는 주식 투자로 250만불을 벌었다』, 국일증권경제연구소, 2003년

대니얼 카너먼, 이진원 역, 『생각에 관한 생각』, 김영사, 2012년

대신경제연구소, 『알기 쉬운 신기술적 분석』, 대신경제연구소, 2001년

대신경제연구소, 『초보자를 위한 차트분석』, 대신경제연구소, 2001년

대우증권 투자공학부, 『기술적 분석의 신전개』, 대우증권, 1994년

대우증권, 『기술적 분석과정』, 대우증권, 2000년

데이비드 드레먼, 박승직 역, 『주식 투자는 심리전쟁』, 증권서적출판사, 1994년

데이비드 시실리아, 정순원 역, 『그린스펀 효과』, 20세기북스, 2000년

로렌스 A. 커닝햄, 안진환 역, 『그레이엄처럼 생각하고, 버펫처럼 투자하라』, 동방미디어, 2003년

로버트 레아, 박정태 역, 『다우 이론』, 굿모닝북스, 2005년

로저 로웬스타인, 이승욱 역, 『천재들의 실패』, 동방미디어, 2001년

로버트 멘셜, 강수정 역, 『시장의 유혹, 광기의 덫』, 에코리브르, 2005년

로버트 알렌, 이종인 역, 『머니트리 키우기』, 가야넷, 2001년

로버트 프렉터 2세, 강남규 역, 『디플레 뛰어넘기』, 루비박스, 2003년

로버트 헤그스트롬 저, 김택 역, 『탐정과 투자가』, 휘슬러, 2003년

로버트 헤그스트롬, 김중근 역, 『워렌 버펫의 완벽투자기법』, 세종서적, 2002년

로버트 헤그스트롬, 석기용 역, 『지혜와 성공의 투자학』, 이끌리오, 2001년

로버트 코펠, 김시현 역, 『도 닦는 주식 투자자』, 청년정신, 2003년

마이크 대시, 정주연 역, 『튤립, 그 아름다움과 투기의 역사』, 지호, 2002년

마이클 루이스, 윤동구 역, 『머니볼』, 한스미디어, 2006년

마이클 세이모, 임수현 역, 『주가는 반드시 오른다』, 퍼스픽 네트워크, 2000년

마이클 신시어, 김명렬 역, 『주식 투자 절대불변의 법칙 89』, 사과나무, 2005년

마이클 코벨, 이광희 역, 『추세추종전략』, 더난출판사, 2005년

마샤 T. 샤르코비치, 최경선 역, 『월가의 데이 트레이딩』, 뜨락, 2000년

마키노 요, 신동기 역, 『나는 사람에게 투자한다 : 워렌 버펫의 투자 인생』, 시아출판사, 2002년

마크 파버, 구홍표 역, 『내일의 금맥』, 필맥, 2003년

마크 티어, 박진곤 역, 『워렌 버핏과 조지 소로스의 투자습관』, 국일증권경제연구소, 2006년

머니투데이 국제부, 『월스트리트 제대로 알기』, 아카넷, 2005년

박병창, 『주식공부』, 넥서스, 2003년

박진근, 『미국 증시 알아야 한국증시 이긴다』, 박영사, 2003년

버튼 G. 멜키엘, 김헌 역, 『월가에서 배우는 랜덤워크 투자전략』, 국일증권경제연구소, 2001년

벤저민 그레이엄, 강남규 역, 『현명한 투자자』, 국일증권경제연구소, 2002년

사이 하딩, 형선호 역, 『하락장에서 큰돈을 벌어라』, 사과나무, 2000년

스티브 니슨, 조윤정 역, 『스티브 니슨의 캔들차트 투자기법』, 이레미디어, 2008년

스티브 니슨, 장인선 역, 『스티브 니슨의 캔들차트 바이블』, 이레미디어, 2010년

알렉산더 엘더, 신가을 역, 『심리투자 법칙』, 이레미디어, 2010년

앙드레 코스톨라니, 정진상 역, 『실전 투자강의』, 미래의창, 2005년

앙드레 코스톨라니, 최병연 역, 『개인 투자자가 가장 알고 싶은 투자의 비밀』, 미래의창, 2002년

앙드레 코스톨라니, 『투자는 심리게임이다』, 미래의창, 2001년

앙드레 코스톨라니, 김재경 역, 『돈, 뜨겁게 사랑하고 차갑게 다루어라』, 미래의창, 2001년

양봉진, 최흥식, 『자본시장의 투기적 환상』, 한국경제신문사, 1993년

웨드워드 젠틀러, 강남규 역, 『금융투기의 역사』, 국일증권경제연구소, 2001년

에드윈 르페브르, 박성환 역, 『월스트리트의 주식 투자 바이블』, 이레미디어, 2005년

엘리어트, 이형도 편 『엘리어트 파동이론』, 이레미디어, 2006년

앤디 케슬러, 형선호 역, 『변화 사냥꾼』, 이지앤, 2005년

앤터니 M. 갤리어, 장호연 역, 『역발상 투자 불변의 법칙』, 청년정신, 2005년

와코경제연구소, 『주식 매매찬스 99가지 법칙』, 청림출판, 2002년

우라가미 구니오, 박승원 역, 『주식시장 흐름 읽는 법』, 한국경제신문사, 2002년

윌리엄 오닐, 박정태 역, 『The Successful INVESTOR』, 굿모닝북스, 2004년

윌리엄 오닐, 박정태 역, 『최고의 주식 최적의 타이밍』, 굿모닝북스, 2003년

윤영섭 외, 『주가변동과 이례 현상』, 학현사, 1994년

윤지호, 『최신 기술적 분석』, 가야넷, 2001년

이광희, 『엘리어트 파동 이론과 한국 증시 전망』, 새날, 2001년

이국봉, 『신비한 엘리오트 파동이론』, 정성출판사, 1995년

이동웅, 『최강 차트분석기법』, 진리탐구, 2002년

이원재, 『한국 증시, 장기투자 가능한가?』, 김&정, 2006년

이윤학, 『프로만을 위한 신 차트분석』, 석탑, 2002년

이장욱, 『주가차트 알고 보니 쉽네』, 청림출판, 2002년

이철우, 『주식시장을 움직이는 심리의 법칙』, 매일경제신문사, 2001년

임상현, 『시간파동과 추세변화의 원리』, 시대의창, 2002년

전봉관, 『황금광 시대』, 살림, 2005년

정남구, 『한국 주식시장 흐름 읽는 법』, 더난출판사, 2002년

정성훈, 최운열 공저, 『증권투자자들의 투자심리 행태』, 한국학술정보원, 2006년

정의석, 『주가학 원론』, 도서출판무한, 2000년

정창영 외 2인, 『시장의 지배자들』, 매일경제신문사, 2001년

정홍기, 『데이트레이더의 심리기법』, 차림, 2002년

제레미 시겔, 김종완 역, 『주식 투자 바이블』, 거름, 2001년

제시 리버모어, 박성환 역, 『주식 매매하는 법』, 이레미디어, 2006년

잭 슈웨거, 『기술적 분석 못하면 절대 주식 투자 하지 마라』, 청림출판, 2002년

잭 슈웨거, 김태완 역, 『타이밍의 승부사』, 21세기북스, 2000년

잭 슈웨거, 임기홍 역, 『시장의 마법사들』, 이레미디어, 2008년

조셉 E. 그랜빌, 김인수 역, 『그랜빌의 최후의 예언』, 국일증권경제연구소, 2000년

조지 소로스, 김국우 역, 『금융의 연금술』, 국일증권경제연구소, 1998년

존 머피, 최용석 역, 『금융시장의 기술적 분석』, 국일증권경제연구소, 2000년

존 보글, 강남규 역, 『투자의 정석』, 국일증권경제연구소, 2002년

존 볼린저, 신가을 역, 『볼린저 밴드 투자기법』, 이레미디어, 2010년

존 스틸 고든, 강남규 역, 『월스트리트 제국』, 참솔, 2002년

존 L. 캐스티, 이현주 역, 『대중의 직관』, 반비, 2012년

존 R. 노프싱어, 안진환 역, 『미친 투자』, 나누리, 2003년

존 R. 노프싱어, 이주형 역, 『투자의 심리학』, 스마트비지니스, 2005년

존 앨런 파울로스, 이상근 역, 『수학자 증권시장에 가다』, 까치, 2003년

존 G. 핸하르트, 『백남준의 세계』, 삼성미술관, 2000년

증권연수원, 『기술적 분석』, 한국증권연수원, 2004년

지길홍, 『주식 투자의 이론과 실제』, 지성문화사, 2004년

짐 로저스, 박정태 역, 『상품시장에 투자하라』, 굿모닝북스, 2005년

짐 슬레이터, 대한투자신탁 경제연구소 역, 『줄루의 원칙』, 대한투자신탁주식회사, 1996년

최세일, 『기술적 지표분석』, 진리탐구, 1999년

최정일, 『주식, 선물시장의 기술적 분석』, 영언문화사, 2000년

최정일, 『캔들차트분석』, 고도, 2001년

캔들마스터, 『실전 캔들 매매법』, 이레미디어, 2012년

클라우스 뮐러, 김대웅 역, 『돈과 인간의 역사』, 이마고, 2004년

토마스 N. 불코우스키, 조윤정 역, 『차트 패턴』, 이레미디어, 2008년

토마스 K. 카, 신가을 역, 『추세 매매 기법』, 이레미디어, 2009년

패트리샤 월리스, 황상민 역, 『인터넷 심리학』, 에코리브르, 2001년

피에르 빌라르, 김현일 역, 『금과 화폐의 역사』, 까치, 2000년

피터 나바로, 이창식 역, 『브라질에 비가 내리면 스타벅스 주식을 사라』, 예지, 2003년

피터 린치, 한국신용평가 평가부 역, 『전설로 떠나는 월가의 영웅』, 국일증권경제연구소, 2000년

피터 L. 번스타인, 강남규 역, 『세계 금융시장을 뒤흔든 투자 아이디어』, 이손, 2006년

피터 L. 번스타인, 김승욱 역, 『황금의 지배』, 경영정신, 2001년

피터 크라스 편, 권 루시안 역, 『투자의 지혜』, 국일증권경제연구소, 2002년

하진태, 『기술적 분석 핵심 노하우』, 국일증권경제연구소, 2003년

하상주, 『펀드보다 안전한 가치투자』, 국일증권경제연구소, 2005년

헤리 S. 덴트, 최태희 역, 『버블 붐』, 청림출판, 2005년

한혜론, 『주식 투자, 엘리어트와 함께 하자』, 생활지혜사, 2002년

혼마 무네히사, 이형도 편저, 『거래의 신, 혼마』, 이레미디어, 2004년

홍찬선, 『똑똑한 청개구리의 주식 투자 전략』, 진리탐구, 2003년

A. J. 프로스트, 로버트 R. 프렉터 주니어, 김태훈 역, 『엘리어트 파동이론』, 이레미디어, 2011년

영문 서적

Achelis, Steven B, *Technical Analysis from A to Z,* Chicago, Probus Publishing, 1995

Blau, William, *Momentum, Direction, and Divergence,* New York, John Wiley & Sons, Ins., 1995

Edwards, Magee, *Technical Analysis of Stock Trends,* New York, St.Lucie Press, 2001

Equis International, *MetaStock Manual,* Salt Lake City, UT., Equis International, 2003

Huston, Jack K.(editor), *Technical Analysis of Stocks and Commodities,* eattle, WA., Technical Analysis Ins., Monthy

Muphy, Juhn J., *Technical Analysis of Futures Markets,* New York, New York Institute of Finance, 1986

Prechter, Robert R. and Frost, Alfred J., *Elliott Wave Principle,* Gainesville, Georgia, New Classics Library, 1995

Pring, Martin J., *Market Momentm,* New York, McGrowHill, Inc., 1993

Pring, Martin J., *Technical Analysis Explained,* New York, McGrowHill, Inc., 2001

한 권으로 끝내는 기술적 분석의 모든 것

차트의 기술

개정판 1쇄 발행 2013년 6월 20일
개정판 26쇄 발행 2024년 9월 13일

지은이 김정환

펴낸곳 ㈜이레미디어
전화 031-908-8516(편집부), 031-919-8511(주문 및 관리)
팩스 0303-0515-8907
주소 경기도 파주시 문예로 21 2층
홈페이지 www.iremedia.co.kr
이메일 mango@mangou.co.kr
등록 제396-2004-35호

편집 정은아
디자인 사이몬
마케팅 김하경

ISBN 978-89-91998-82-7 13320

가격은 뒤표지에 있습니다.

이 책은 투자참고용이며, 투자 손실에 대해서는 법적 책임을 지지 않습니다.

이 도서의 국립중앙도서관 출판시도서목록(CIP)은 서지정보유통지원시스템 홈페이지(http://seoji.nl.go.kr)와
국가자료공동목록시스템(http://www.nl.go.kr/kolisnet)에서 이용하실 수 있습니다.
(CIP제어번호: CIP2013007539)